本书系云南大学《中国边疆研究丛书》成果之一，得到云南大学专门史国家重点学科建设经费资助。

云南大学 中国边疆研究丛书

林文勋 主编

元明清西南边疆特殊政区研究

陆韧 凌永忠 著

人民出版社

图书在版编目（CIP）数据

元明清西南边疆特殊政区研究 / 陆韧,凌永忠著.
–北京：人民出版社，2012
（中国边疆研究丛书 / 林文勋主编）
ISBN 978-7-01-011389-0

Ⅰ.①元… Ⅱ.①陆… ②凌… Ⅲ.①边疆地区–行政区划–研究–西
南地区–元代 ②边疆地区–行政区划–研究–西南地区–明清时代
Ⅳ.①D691

中国版本图书馆 CIP 数据核字（2012）第 262918 号

元明清西南边疆特殊政区研究

YUANMINGQING XINANBIANJIANG TESHUZHENGQU YANJIU

丛书主编：林文勋
作　　者：陆　韧　凌永忠
责任编辑：张秀平
封面设计：徐　晖

人民　出版社 出版发行

地　　　址：北京朝阳门内大街 166 号
邮政编码：100706　http://www.peoplepress.net
经　　　销：新华书店总店北京发行所经销
印刷装订：北京昌平百善印刷厂
出版日期：2013 年 2 月第 1 版　 2013 年 2 月第 1 次印刷
开　　　本：880 毫米×1230 毫米　1/32
印　　　张：13.125
字　　　数：350 千字
书　　　号：ISBN 978-7-01-011389-0
定　　　价：39.00 元

总　序

林文勋

　　我国幅员辽阔,民族众多,是一个统一的多民族国家。而中国的边疆地区则是我国统一多民族国家的重要组成部分,历来在国家的经济发展、社会进步和政治稳定中占有十分重要的地位。古往今来,历朝历代莫不重视边疆问题的研究与边疆治理。近代以来,随着世界局势的变化和边疆问题的凸显,边疆问题的研究更加受到重视,并形成了几次大的研究热潮。在这一过程中,一些学者提出了"边政学"、"边疆学"等概念,极大地推动了边疆问题研究的开展。目前,尽管人们对"边疆学"、"边政学"等概念还持有不同的看法,但边疆问题研究的重要性已没有人怀疑。构建一门具有中国特色的边疆学学科,在更高的层面和更大的范围开展中国边疆问题的研究越来越成为更多的人们的认识。

　　云南大学地处祖国西南边疆,是我国西南边疆建立最早的综合性大学之一。长期以来,依托特殊的区位优势和资源优势,大批学者对边疆问题特别是西南边疆的问题开展了持续不断的深入研究。在几代学者的共同努力下,通过将区位优势和资源优势转化为学科优势,再将学科优势转化为人才培养的优势,云南大学边疆问题的研究与人才培养蓬勃发展,并积累了深厚的学术基础,呈现出旺盛的发展潜力。中国边疆研究现已成为云南大学重要的优势和特色学科。在全力推进、发展中国边疆学学科建设的进程中,云南大学应该义不容辞、责无旁贷地肩负起建设和发展中国边疆学学科的重任。

基于此,为进一步巩固和提升云南大学边疆问题研究的水平与实力,2002年,我们提出了在云南大学建设中国边疆学学科的建议并拟定了具体的方案。2007年,通过整合边疆问题研究、中外关系史和经济史研究的力量,云南大学专门史学科被批准为国家重点学科。同年,我们又在历史学一级学科博士学位授权下自主增设了"中国边疆学"二级学科博士学位授权。2008年,我们再次抓住国家"211工程"三期建设的契机,提出"西南边疆史与中国边疆学"作为云南大学国家立项的学科项目加以建设,旋即得到批准。

"西南边疆史与中国边疆学"学科项目,计划从中国西南边疆史、中国与南亚东南亚关系史和中国边疆学研究三个方面较全面地开展边疆问题的研究和中国边疆学学科体系的探讨。同时,还将有计划地整理有关西南边疆的历史文献和档案资料,翻译和介绍国外学者关于中国西南边疆研究的重要成果。

此次我们编辑和出版云南大学《中国边疆研究丛书》,就是为了系统地反映我们在推进边疆问题研究和中国边疆学学科建设中所形成的研究成果,增进与国内外学术界的交流与合作。

从传统的边疆史地研究到中国边疆学学科建设,决不只是研究范围的扩大和研究内容的增加,而是一种研究视野的转变和研究范式的创新。

中国边疆学学科的建设还将经历长期的探索过程并面临较为

艰巨的任务,我们的工作也仅只是在自己原有基础上的一个新的开端。为此,我们真诚地期望各位专家学者给我们提出宝贵的意见和建议,以便我们的工作做得更好,共同为推进中国边疆学学科的发展与繁荣作出新的贡献!

2011 年春节

目　录

导　　论

　　政区作为分地域和分层级的行政管理体系，是国家对行政区域的划分，就其本质来说就是国家对地方的行政管控和开发，体现了政府控制地方和宣示国家主权的政治诉求。政区地理是历史地理学重要而传统的研究对象，学界对此已有深入而成熟的研究，取得了丰硕的成果，并有了向历史政治地理升华的理论成果。

　　疆域与政区是历史政治地理研究的主题，同时构成历史地理研究的基础。由于历史疆域与现代国家领土一样与行政区划紧密联系在一起，因为疆域是由行政区划组成的，行政区划史研究是疆域史研究的重要组成部分，所以，老一辈历史地理学家，为维护国家统一和领土完整，通常将政区与历史疆域结合起来研究，注重对行政区划设置的考释，通过政区考释揭示政区发展在中国历史疆域到现代国家领土过程中的主权演进规律。1938 年商务印书馆出版顾颉刚、史念海著《中国疆域沿革史》，已经从全国的角度对西南疆域沿革进行了研究，就带有这样的特点。在西南边疆与政区关系的研究上，方国瑜著《中国西南历史地理考释》（上下册，中华书局，1987 年版）；尤中著《中国西南边疆变迁史》（云南教育出版社，1987 年版）作出了重大贡献。而 20 世纪 60 年代至 80 年代,在谭其骧先生带领下,老一辈历史地理学者共同努力完成的《中国历史地图集》八卷本则是我国历史疆域、政区考释和历史地图编绘的集大成之作。在政区研究上,形成以考订为主的特色。老一辈学者在行政区划研究上廓清历史真相,为解决疑难问题,奠定了坚实基础。

1990 年以来,政区研究从政区地名考释为主向历史政治地理构建转变,相关研究集中体现在周振鹤、李晓杰著《中国行政区划通史·总论》中,强调从政治地理的视角,分析中国历史上行政区划变迁的基本特点以及影响其变迁的因素,分析历代特殊形式的行政区划类型。[1] 反映了行政区划研究的重大进展。特别是对行政区划进行了分类和概念定义、基本要素的诠释。周振鹤指出:"行政区域的划分过程是在既定的政治目的与行政管理需要的指导下,遵循相关的法律法规,建立在一定的自然与人文地理基础之上,并充分考虑历史渊源、人口密度、经济条件、民族分布、文化背景等各种因素的情况下进行的,其结果是在国土上建立起一个由若干层级、不等幅员的行政区域所组成的体系。"[2] 行政区划应当具备层级、幅员、边界、治所和地理区位诸要素[3],由此,将我国历史上的政区分类为正式政区和准政区,所谓"正式政区是具备成为政区的充分必要条件,而在狭义政区之外的政区形式,则为准政区,即上述监察、军管、理财、宗教事务区域及边疆与少数民族特殊治理区域都是准政区,这些类型政区只具备部分的充要条件。"[4] 周振鹤提出的政区基本要素,为行政区划研究建立了基本探讨范畴及诠释和类比的标准,是对历史行政区划研究的方法和理论的重大贡献。

但是,上述行政区划诸要素基本上是以地理要素来考量的,无法完全解析行政区划的真正功能和实质。我们知道,国家进行行政区划的核心是行政管理,目的是通过建构起来的行政层级,管理行政区域内的人口和土地,而上述政区诸要素的确立和诠释都局限于政区的地理要素方面,缺乏政区是如何对区域内的人口和土地进行行政管理的探讨。事实上,我国幅员辽阔,民族众多,不同区域的人口、民族差异相当大,内地与边疆不仅地理环境差异巨大,而且社会发展程度也存在巨大的差别。行政区划研究如果只考虑地理条件诸要素的话,难以解释我国历史上为什么出现那么多名类繁杂、形态各异的政区形式。所以,我们认为行政区划研究的核心要素应当是"掌土治民"。所谓"掌土",即在行政区划内实施的土地管理方式,在边疆特别表现为疆域领土的管控,其内部则表现为国家对土地资源的占有形式、土地开发制度和土地的收益管理。如少数民族土司地区的土地占有、开发和管理就与内地存在着很大差异,这是构成少数民族地区行政区划特殊性的重要方面。所谓"治民",则是对行政区域内人口管理的方式。民,在汉族地区毋庸解释,几乎都是国家户籍制度管理下的人口,而国家户籍制度管理的基础就是各级正式政区,但是在边疆少数民族地区,大部分情况下历史文献中的"民"是编入国家户籍的汉民,各地少数民族并不列入历代王朝的编户籍民的范畴,而是由中央王朝任命地方民族首领代理国家依照各民族内部的社会结构和组织形式进行管理的。国家对那些没有实际掌控土地开发权,即没有进行土地清丈、也没有将人口纳入国家户籍管理的地区,虽然建立了行政区域,具备了行政区划地理诸要素,是国家疆域的重要组成部分,但是国家必需采取与内地不一致的行政管理模式进行管理,具有特殊性。所以,我们认为行政区划的研究除了考虑地理诸要素外,"掌土治民"是行政区划的核心内涵,政区内对土地、民族、人口管理的差异是行政区划分类的重要指标。

　　因此,行政区划还应当有正式政区和特殊政区之分,历史上除了内地省份设置了大量府、州、县等正式政区外,在边疆省份还设有不少的特殊政区。葛剑雄先生认为特殊政区是指在边远地区、新控制或占领的地区、非汉族(或非本民族)聚居区所设置的行政区,统治者给予一定的优待,实行比较松散的管理。这些单位的长官由中央或上一级政府任命,往往是一种过渡形式,等条件成熟后就会改为正式行政区。[5] 特殊政区相对正式政区而言,其名称、内部组织形式和管理体制都存在极大的差异性,带有典型的边疆民族地区的特殊性,关键是在这类政区里,国家对其土地和民族人口的占有、管理方式存在着重要的差别,即"掌土治民"的特殊性构成了特殊政区。由于这些区域政区的"掌土治民"特殊性决定国家不得不设置特殊政区进行管理,其表现为设置正式政区的条件不充分,特别是设县条件不成熟的边疆地区,设置的目的是推进边疆地区的管理和开发,创造设县的条件,为将来设县做准备。所以特殊政区的设置关乎边疆地区与内地一体化发展的进程,是中央政府加强管控和开发民族地区、巩固统一的多民族国家的重要措施。学界对内地省份的正式政区有了相当深入的研究,取得了丰硕的成果,但对西南边疆民族地区特殊行政区划的研究较为薄弱。

　　周振鹤在进行历史政治地理构建时,提出我国历史上疆域发展中政治地理格局中的"边疆区与内地的圈层型关系"的重要观点,这是我国历史政治地理研究的重大突破。同时他的研究还比较准确地解析了秦汉至唐宋时期我国边疆与内地的政治地理格局形态和特点,但缺乏对元明清边疆与内地圈层型关系的深入解析[6]。我们的研究认为,元明清西南边疆特殊政区研究或许正是深入解析边疆与内地圈层形态的锁钥。因为,元明清边疆特殊政区分布区域正好构成了边疆与内地圈层结构,正是边疆区与内地的圈层型关系的典型表现,同时边疆特殊政区形态的演变和特殊政区区域的逐渐压缩和消失则反映着边疆与内地的一体化进程,将成为解析我国历史疆域发展、稳定的重要考量依据。

西南边疆具有极为特殊的地理环境和民族社会环境。由于民族政权南诏、大理国的独立存在,使得唐宋王朝的西南边疆处于唐宋王朝正式政区与南诏、大理辖区间,是唐宋王朝大范围的羁縻统治区,主要在今贵州和广西地区。该地区为典型的喀斯特地貌,沿边溪洞地形特点极为突出,少数民族长期生活其间,从而形成了特殊的民族、地理和地缘特征。经过唐宋羁縻州县的设置和溪峒群落地区社会经济发展的互动和整合,成为元朝在湖广行省设置特殊政区宣慰司的政治地理基础。元朝武力征讨和统一中国的过程中,一改唐宋在西南边疆的羁縻管理为直接管理,设立了军政一体的特殊军政统筹管理区——宣慰司,加强了对西南边疆的控制。

元朝实现对西南地区直接管理的另一措施则是设立安抚司,安抚司早在隋唐就已出现,在元代则成为新征服区广设的过渡型军政机构,并逐渐发展为仅存于湖广行省西部的特殊行政区域。安抚司之下对归附的洞寨头领广授蛮夷官,以实现对沿边溪洞的间接管理,从而形成了元代西南边疆地区宣慰司——安抚司——蛮夷官的管理体系,但蛮夷官制度并非行政区划,是元朝特殊政区安抚司之下的当地民族与地理环境结合的洞寨基层管理组织。

明朝平定云南和粉碎麓川分裂势力后,西南边疆版图得到极大地拓展,并逐渐形成了“明朝的国家疆域观”。由于西南边疆疆域的扩大,明朝中前期,逐渐建立起一套适应西南边疆复杂地理形势、地缘政治和边疆民族社会,呈现出一种具有“内边”与“外边”分野的边疆政区体制,其中内边政区冠以“直隶”,为正式政区;而外边政区则冠以“御夷”,或在新招抚区设宣慰司,在麓川势力发源地设置宣抚司,从而形成了稳定存在的西南边疆外边区政区体系,即通常所说的"三宣六慰"(三宣抚司和六宣慰司),以及特别冠以"御夷"称号的 2 御夷府、4 御夷州和 2 御夷长官司,属于特殊政区,具有极大的军管性和羁縻性特点,适应了云南边疆外弧地带复杂的国际地缘政治、地理环境和多样的民族性特征。这一政区格局反映了历史政治地理格局中的"边疆区与内地的圈层型关系"的观点[7],这是明朝国家疆域观指导下的边疆控制、管理、王朝版图认同和边疆政区制度的创新体制,为我国现代国家领土的确立奠定了重要的基础。

清王朝在不留统治死角的理念下,进一步加强了对西南边疆地区的行政控制,厅是清代创制的特殊过渡型行政区划,大都设立在各省边远、边疆地区或海疆地区。特别是有些少数民族地区,由于历史发展、地理环境、社会结构、民族构成等方面因素的特殊性,不适宜设置州县进行常态化管理,从而在部分地区采用"厅"这样一种灵活适用的特殊行政制度进行管理。

首先,直隶厅的创制。在清朝行政区划的调整中,特别注重对边疆的控制和保持民族地区的稳定,直隶厅即是在清朝治边方略指导下,对边疆民族地区因汉人增加、汉民垦殖区扩大而导致的民族构成变化和经济开发扩大情况下,创设的一种既能保持边疆民族地区稳定,又能实现对其辖区内所有民族人口进行管理的政区模式。直隶厅直隶于各省布政司,以抚民同知为主官,在保留了原有的土司机构的同时,朝廷派出抚民同知治地、掌民、控土司、兼汛防;直隶厅还有偏重对经济和汉人管理的特点。因此,清代的直隶厅不仅具备了行政区划各要素,而且具有行政双结构、民族构成多样性、户籍管理分类性、赋役征收差异性和军事控管等特征,是边疆民族地区行政体制由土司制度或当地民族自行管理模式向全国政区一体化演进的过渡型政区。随着边疆民族地区汉人增加，汉民垦殖区的扩大导致民族构成的演变，乾隆中期至嘉庆年间完成了直隶厅的定制，出现了第一次直隶厅的设置高潮；光绪至清末出现第二次设置高潮，在新疆、内蒙古和东北地区新置数量众多的直隶厅，同时又将大量的"理事厅"改为直隶厅，使直隶厅逐渐摆脱了两套职官体制和行政管理双结构的模式，成为抚民同知主持下的单一的行政管理体制。所以，清代的直隶厅的创制，强化了边疆控制和民族地区的行政管理，促使边疆民族地区平和地向内地基本一致的行政区划体系过渡，是一种过渡型的政区模式，也是清朝全国政区一体化的重要措施。

其次，散厅的大量设置。清朝在"改土归流"和"开辟苗疆"的背景之下设置了为数不少的厅。随着大量汉族移民进入少数民族世居地区，边疆民族地区的民族构成发生了变化，出现民族构成多样性的特点，导致行政管理的双重性和户籍管理的分类性、赋役征收的差异性，政府则派出抚民同知掌印控地治民，偏重于经济管理和汉民管理，同时在厅内部保留原有的土司，以土司治少数民族，从而使国家实现对这类地区的行政管理，并节制土官，而土官仍然管理土民，形成行政管理双结构，是清朝政府的重要"治边"政策。厅创制的目的具有强化边疆民族地区统治的实质，促使边地和民族地区平和地向内地基本一致的行政区划体系过渡。

我们认为，行政区划的实质在于中央对地方实行有效的分层级行政管理，中央通过行政区划把行政权力深入到地方"掌土治民"。行政区划的核心是管理行政区内的人口及与之相关的各类事务，同时实现对地方经济利益撷取。所以当一个地方民族构成发生变化而原有的行政区划在管理体制上不能有效地对辖区内的所有民族人口进行管理时，中央王朝必将进行行政区划的调整或调适,甚至创立新的行政区划类型来行使行政管理职能。边疆特殊政区的变迁反映了边疆地区特有的政治过程。元明清时期,西南边疆特殊行政区划演变的过程就是内地和边疆通过不断的互动和整合而进一步巩固统一的多民族国家的政治过程,也是边疆和内地一体化发展的政治过程,具有重要的历史地位和学术价值。但是,学界对西南边疆特殊政区的研究非常薄弱,几乎将其置于学术边缘,甚至留下相关专题研究的空白。

通过全面廓清元明清时期西南边疆特殊政区的设置及其特点,有利于深入了解西南边疆地区特殊的地理环境、民族社会环境和地缘政治基础,从而全面而正确的认识西南边疆地区的历史政区发展进程和政治过程。同时,西南边疆特殊行政区划的研究充分弥补了相关领域研究的空白,关于特殊过渡型政区的思考,对历史政区地理学科体系的完善具有重要意义。更重要的是,通过元明清时期西南边疆特殊政区研究,将有力地纠正学界因对史料的误读,比如学界普遍认为蛮夷官制度为元代行政区划而产生的错误,所以该研究具有极大的学术价值。

本书由陆韧、凌永忠师生合著,其中第一至第六章由陆韧撰写,第七至第九章为凌永忠在其硕士学位论文《清代湘黔"苗疆"十厅行政建置和管理体制研究》基础上修改而成。本书的研究还存在很多不足和不成熟之处,敬请读者批评指正。

注   释

1 周振鹤、李晓杰著:《中国行政区划通史・总论、先秦卷》,复旦大学出版社,2009 年。

2 周振鹤:《行政区划史研究的基本概念与学术用语刍议》,《复旦学报(社会科学版)》,2001 年第 3 期。

3 周振鹤:《行政区划史研究的基本概念与学术用语刍议》,《复旦学报(社会科学版）》,2001 年第 3 期。

4　周振鹤:《行政区划史研究的基本概念与学术用语刍议》,《复旦学报（社会科学版）》,2001 年第 3 期。

5　葛剑雄著:《中国历代疆域的变迁》,商务印书馆,1997 年,第 12 页。

6　周振鹤:《中国历史上两种基本政治地理格局分析》,《历史地理》21 辑,上海人民出版社,2004 年。

7　周振鹤:《中国历史上两种基本政治地理格局分析》,《历史地理》21 辑,上海人民出版社,2004 年。

第　一　章

元代西南边疆宣慰司制度

第一节　元代宣慰司制度的边疆转移

　　关于元代的宣慰司,史卫民《元朝前期的宣抚司与宣慰司》[1]和李治安《行省制度研究》[2]已经有非常系统的研究,他们着重于宣慰司性质职能的分析,指出宣慰司的性质有阶段性特征,即有元一代的宣慰司大抵可以划分为中统年间的"监司"、元世祖忽必烈至元元年至十五年的临时处理军政事务的机构和至元十五年以降的分治机构等三个阶段[3]。元代宣慰司前两个阶段各自的时间不长,均带有临时性特征,而第三阶段从至元十五年到元末(1278—1367年)宣慰司作为分治机构存在的时间最长,共90年,是元代宣慰司主流。如果将元代宣慰司设置区域与宣慰司阶段性特征结合起来分析,不难发现,元代宣慰司的阶段性特征与其设置的地域有密切关系,不同阶段和不同性质的宣慰司所设置的区域迥然不同,显示宣慰司设置区域发生了重大变化,前期它们曾在全国广泛设置,但后期这类建置逐渐归于沿边和边陲地区,特别是西南少数民族区域，成为特殊的管理体制。所以对元代宣慰司区域转移进行分析，对元代沿边和边陲宣慰司进行研究，有助于清楚认识元代宣慰司在西南边疆军政管控中的特殊作用。

一、元朝前期的宣慰司

元代宣慰司的第一阶段是中统年间蒙古灭金、占领北方中原地区和平定云南的大理国过程中逐渐设置的。蒙哥汗三年（1253年）忽必烈派遣王府的儒臣姚枢前往京兆（今陕西省西安市）设置陕西宣抚司，随后忽必烈挥兵南征，于同年平定了云南地方性民族性政权大理国。在忽必烈班师之际，一方面"命姚枢等搜访图籍"，为全面掌握和管控大理作准备；另一方面，"留大将兀良合带戍守，以刘时中为宣抚使，与段氏同安辑大理，遂班师"[4]，设置了大理宣抚司为战争服务并"和辑"降民[5]。忽必烈即汗位后，于中统元年（1260年）五月在北方占领区域设置和整合为燕京、益都济南、河南、北京、平阳太原、真定、东平、大名彰德、西京、京兆十路宣抚司，十路宣抚司的建置存在了仅19个月便逐渐罢去。中统三年（1262年）十二月作为平定李璮叛乱后实行军民分治的重要措施，为监治北方各汉地世候，遂"立十路宣慰司"[6]。各宣慰使由朝廷派出，设置区域仍在北方重要地区，监临地方，设置燕京、西京、北京、河东（又称山西、平阳太原）、东平、大名、河南、真定顺德、顺天、开元等宣慰司作为"监司"机构[7]。到1264年"至元改元，罢宣慰司"[8]，元朝开始迁调"世职守令"，罢黜汉地世候，北方十路宣慰司的历史使命即完结而被废止[9]。这一阶段的宣慰司作为监治北方汉地世候的"监司"机构仅存不足两年，其典型的地域性特点是均设置于北方中原地区。

据李治安的研究，宣慰司的第二阶段是至元元年至至元十五年(1264—1278年)临时处理军政事务时期。笔者认为这一阶段应该是至元元年到至元末年(1264—1294年),处于元朝行政区划体制建设的探索、创行和健全时期。这一时期元朝的行省尚未定制,行省只以临时处理军政事务和半固定化的形式出现。在行省作为元代行政区划高层政区的探索过程中,宣慰司常常与行省迭为废立[10],而且宣慰司与行省的职能均不明晰,互有交叉,甚至可以相互替代。曾于中统二年(1261年)设置的北京等处行省,在至元二年(1265年)十二月罢废,改立"宣慰司以控制东北州郡"[11],至元三年(1266年)中兴行省也改宣慰[12]。在向南征伐灭宋的过程中,元朝采取以荆湖行省和江淮行省为征伐主力,辅以诸路宣慰司实施军政合一的统治体制[13],至元十年(1273年)设河南宣慰司"供给荆湖、淮南军需"[14]。至元十三年(1276年)克定南宋,开始在南宋统治区域内广泛设置宣慰司:"立浙东西宣慰司于临安,以户部尚书麦归、秘书监焦友直为宣慰使,吏部侍郎杨居宽同知宣慰司事,并兼知临安府事"[15]。同年十二月"除浙西、浙东、江西、江东、湖北五道宣慰使"[16]。至元十四年(1277年),改广西道宣抚司为宣慰司,设淮西道宣慰司,福建道宣慰[17]。到至元十五年三月,元朝在原南宋辖境先后设置浙东道、浙西道、江西道、江东道、湖北道、淮西道、淮东道、荆湖北道、湖南道、广西道、福建道等十二道宣慰司[18]。十六年春正月,"分川蜀为四道:以成都等路为四川西道,广元等路为四川北道,重庆等路为四川南道,顺庆等路为四川东道,并立宣慰司"[19]。从至元元年至至元十六年,在元朝灭南宋初期南方行省尚未完全健全的短暂时期内,宣慰司的性质为辅助行省或在行省尚未完全健全时作为临时处理军政事务机构,其典型的地域特征是在原南宋辖境,以南宋南方诸路为宣慰司设置的基础。

　　元朝在南方大规模设置宣慰司的同时进行着行省行政区划建设。由于至元十三年(1276 年)元朝规定在南方"设诸路宣慰司,以行省官为之,并带相衔;其立行省者,不立宣慰司"[20]。由此可见,元朝行省建置健全后,便开始罢废与行省并存的内地宣慰司。据李治安研究,从世祖至元十九年(1282 年)到成宗大德七年(1303 年),内地宣慰司被大量罢废,元朝初期设置的宣慰司,在至元十九年罢云南宣慰使司、江西道宣慰使司、湖北道宣慰使司;至元二十年(1283 年)罢四川西道、四川东道、四川北道三宣慰使司;至元二十一年罢陕西汉中宣慰使司;至元二十二年罢河西道宣慰使司;至元二十三年罢开元等路宣慰使司、咸平道宣慰使司;至元二十六年(1289 年)罢浙西道宣慰司;至元二十八年罢巩昌宣慰使司;至元二十九年罢河南道宣慰使司;至元三十一年罢肇州宣慰使司[21]。这样在元朝建立行省过程中"其立行省者,不立宣慰司",大量内地的或与行省省治并立的宣慰司被罢废,反映元代前期的行政区划设置的《大元混一方舆胜览》所载宣慰司基本上是至元末年所存宣慰司的情况,共计有河东山西道宣慰司、山东东西道宣慰司、辽东道宣慰司、四川南道宣慰司、叙永等处宣慰司、淮东道宣慰司、荆湖北道宣慰司、罗罗斯宣慰司、乌撒乌蒙等处宣慰司、曲靖道宣慰司、临安道宣慰司、大理金齿等处宣慰司都元帅府、浙东道宣慰司、江东道宣慰司、福建道宣慰使司都元帅府、广东道宣慰司都元帅府、八番顺元宣慰司、八番罗甸宣慰司、湖南道宣慰司、广西两江道宣慰使司都元帅府、淮北淮南道宣慰司等 21 个宣慰司[22]。成宗年间承袭至元罢废内地宣慰司的政策,成宗即位后燕南道宣慰使司罢,成宗大德二年(1298 年)罢江东道宣慰使司,大德三年(1299 年)罢淮西道宣慰使司,大德七年(1303 年)罢辽东道宣慰使司[23]。据李治安统计,整个元代共设置过 40 个宣慰司,元末仍存的只有 14 个[24]。

二、元代中期以后宣慰司的类型与地域特点

《元史·地理志》所记载的时间大约为后至元三年（1337年），是元代后期的情况。《元史·百官七》记载宣慰司职官体系时说：

"宣慰司，掌军民之务，分道以总郡县，行省有政令则布于下，郡县有请则为达于省。有边陲军旅之事，则兼都元帅府，其次则止为元帅府。其在远服，又有招讨、安抚、宣抚等使，品秩员数，各有差等。

宣慰使司，秩从二品。每司宣慰使三员，从二品；同知一员，从三品；副使一员，正四品；经历一员，从六品；都事一员，从七品；照磨兼架阁管勾一员，正九品。凡六道：山东东西道，益都路置。河东山西道，大同路置。淮东道，扬州置。浙东道，庆元路置。荆湖北道，中兴路置。湖南道，天临路置。

宣慰使司都元帅府，秩从二品，使三员，同知二员，副使二员，经历二员，知事二员，照磨兼架阁管勾一员。

广东道，广州置。大理金齿等处，蒙庆等处。右二府，设官如上。唯蒙庆一府，使二员，同知、副使各一员，经历、都事亦减一员。

广西两江道，静江路置。海北海南道，福建道，八番顺元等处，察罕脑儿等。右五府，宣慰使都元帅三员，副都元帅、佥都元帅事各二员，余同上。

宣慰使兼管军万户府，每府宣慰使三员，同知、副使各一员，经历一员，都事二员，照磨兼管勾一员。曲靖等路，罗罗

斯,临安广西道元江等处。"[25]

据上述史料为宣慰司 17 个。此后,元文宗至顺二年(1331 年)置八百等处宣慰司都元帅府,顺帝至正二年(1342 年)夏四月己酉罢蒙庆宣慰司都元帅府,并入八百等处宣慰司都元帅府[26]。元代还有在播州(今遵义地区)的"沿边溪洞宣慰使司"[27]。元顺帝至正三年(1343 年)"秋七月戊寅,立永昌等处宣慰司"[28]。故元末共有19 个宣慰司。

元朝的 19 个宣慰司可分为两种类型,第一种类型是普通宣慰司,第二种类型为边陲宣慰司都元帅府或兼管军万户府。

所谓普通宣慰司,即"宣慰司,掌军民之务,分道以总郡县,行省有政令则布于下,郡县有请则为达于省。"仅具有行省与郡县间转承机构的性质。普通宣慰司"每司宣慰使三员,从二品;同知一员,从三品;副使一员,正四品;经历一员,从六品"等,这类宣慰司"凡六道:山东东西道,益都路置。河东山西道,大同路置。淮东道,扬州置。浙东道,庆元路置。荆湖北道,中兴路置。湖南道,天临路置":

山东东西道宣慰司,属中书省,在今天的山东省东部;

河东山西道宣慰司,属中书省,在今山西省大同市地区;

淮东道宣慰司,属河南行省,为今江苏省北部地区;

浙东道宣慰司,属江浙行省,约为今浙江省;

荆湖北道宣慰司,属河南行省,为今湖北省中西部;

湖南道宣慰司,属湖广行省,约为今湖南省。

按地理区位考察,六道普通宣慰司均置于内地行省距离省会治城较远的地区,是距离行省中心较远区域作为"分道以总郡县"的转承机构。由于地处内地,元朝中后期这些地区很少有军事行动,故主要职能是"行省有政令则布于下,郡县有请则为达于省",

朝廷派往这六道普通宣慰司的职官特点是宣慰使不加都元帅衔,军事职能不突出。

　　所谓边陲宣慰司,除了具有普通宣慰司的职能外,最重要的是设置于"有边陲军旅之事"之地,宣慰司"兼都元帅府,其次则止为元帅府",具有很强的军事职能,元代边陲宣慰司共计 14 个:

　　　　大理金齿等处宣慰使司都元帅府

　　　　永昌等处宣慰司都元帅府

　　　　曲靖等路宣慰司军民万户府[29]

　　　　罗罗斯宣慰使司兼管军万户府

　　　　乌撒乌蒙宣慰司兼管军万户府

　　　　临安广西道元江等处宣慰使司兼管军万户府

　　　　蒙庆等处宣慰使司都元帅府[30]

　　　　广西两江道宣慰使司都元帅府

　　　　八番顺元等处宣慰使司都元帅府

　　　　沿边溪洞宣慰司都元帅府

　　　　广东道宣慰使司都元帅府

　　　　海北海南道宣慰使司都元帅府

　　　　福建道宣慰使司都元帅府

　　　　察罕脑兒宣慰使司都元帅府

　　从地理区位分析,这 14 个边陲宣慰使司,除察罕脑兒宣慰司都元帅府和永昌等处宣慰司都元帅府在北方外,其余 12 个均设置于元朝疆域南部的沿海地区和西南边疆地区。沿海的宣慰司都元帅府有:广东道宣慰使司都元帅府、海北海南道宣慰使司都元帅府、福建道宣慰使司都元帅府 3 个,覆盖了整个东南和南部沿海地区,不在本文的研讨范围。

三、元代西南边疆宣慰司的特点

元朝中后期宣慰司主要集中设置于西南地区,有:大理金齿等处宣慰使司都元帅府、蒙庆等处宣慰使司都元帅府、广西两江道宣慰使司都元帅府、八番顺元等处宣慰使司都元帅府、播州沿边溪洞宣慰司都元帅府、曲靖等路宣慰司军民万户府[31]、罗罗斯宣慰使司兼管军万户府、乌撒乌蒙宣慰司兼管军万户府、临安广西道元江等处宣慰使司兼管军万户府等9个。元朝中后期的西南宣慰司有两大特点:一是直接处于元朝边疆前沿与域外国家接壤,如大理金齿等处宣慰使司都元帅府、蒙庆等处宣慰使司都元帅府处于云南行省与缅国、暹罗等国接壤的边境地区,广西两江道宣慰使司都元帅府位于广西与安南国接壤边境地区,故这三个宣慰司都元帅府是非常鲜明的边陲宣慰司。二是位于唐宋王朝的西南边疆羁縻统治地带,原本是唐宋王朝的边陲,元代统一西南地区以后,已经处于元朝版图的内部,但是还有唐宋西南边疆的边陲性,故八番顺元等处宣慰使司都元帅府、曲靖等路宣慰司军民万户府、罗罗斯宣慰使司兼管军万户府、乌撒乌蒙宣慰司兼管军万户府、临安广西道元江等处宣慰使司兼管军万户府、播州沿边溪洞宣慰司都元帅府等6个宣慰司虽然不在边境前沿,但是在元朝视野里依然是边陲地带,该区域为唐宋时期正式政区之外在西南边疆设置羁縻州县地带,也是西南诸蛮夷地区。"西南诸蛮夷,重山复岭,杂厕荆、楚、巴、黔、巫中,四面皆王土"[32],唐宋在没有纳入直接统治的正式政区"王土"的"西南诸蛮夷"地区,采用"树起酋长,使自镇抚"的羁縻政策,设置了大量的羁縻州县,任其"蛮酋分据其地,自署为刺史"[33]。元朝征服或招降西南溪洞羁縻州县后,注意到这些羁縻州县是南宋统治区的沿边地区,故在元代的文献和地理记载中,常将南宋直接管辖的正式政区与云南大理国接壤而设置羁縻州县的地区以"沿边"之名冠之,如忽必烈在深入陕西与四川南宋羁縻州地区时"诏秦蜀行省发银二十五万两给沿边岁用"[34]。至元三年"谕四川行枢密院,遣人于碉门、岩州西南沿边,丁宁告谕官吏军民"[35]。"世祖至元二十一年,从四川行省议,除沿边重地,分军镇守,余军一万人,命官于成都诸处择膏腴地,立屯开耕"[36]。在征伐南宋的过程中,曾因"南镇邓州,与荆、襄接境,沿边城壁未筑"[37],世祖忽必烈特别派郝经率军队"使沿边进筑,与敌郡邑犬牙相制,为屯戍之卒"[38]。特别是湖广行省管辖区内的原唐宋羁縻州县地区,常称之为"沿边溪洞"。泰定帝时专门招抚羁縻地区,"以岑世兴为怀远大将军,遥授沿边溪洞军民安抚使,佩虎符,仍来安路总管。黄胜许为怀远大将军,遥授沿边溪洞军民安抚使[39]。文宗时"乖西歹蛮三千人入松梨山,烧沿边官军营堡"[40]。所以,原南宋西南地区的羁縻州县在元朝被视为"边陲",又被称为"沿边",元朝在改变唐宋以来对这些地区的羁縻统治为直接治理[41]的同时,加强军事管控,所以在西南地区设置了6个宣慰司都元帅府或宣慰司兼管军万户府,这类宣慰司具有沿边性,分布于湖广行省、陕西行省和云南行省。

从地缘方面看,西南宣慰可分为西南边疆宣慰司、边陲宣慰司和沿边溪洞宣慰司三个类型。所谓西南边疆宣慰司均设置于元朝西南与域外国家直接接壤的边疆地区,即云南行省的大理金齿等处宣慰使司都元帅府、蒙庆等处宣慰使司都元帅府两宣慰司;所谓边陲宣慰司,或设置于边疆宣慰司靠内地的边陲地带的军事交通战略地区,主要有云南行省的乌撒乌蒙等处宣慰司兼管军万户府、曲靖等路宣慰司军民万户府[42]、罗罗斯宣慰使司兼管军万户府、临安广西道元江等处宣慰使司兼管军万户府等;沿边溪洞宣慰司的地缘基础是南宋正式政区的沿边地带,这一区域主要为宋代所谓的"溪洞"地区,为少数民族群落广泛分布的南宋羁縻州县地带,有湖广行省的广西两江道宣慰使司都元帅府、八番顺元等处宣慰使司都元帅府、沿边洞溪宣慰司都元帅府三个宣慰司。

从其职责、职官设置和设置地域分析,由于边陲宣慰司处于边疆前沿,常有军旅之事,因此元朝对这类宣慰司的职官派遣上,不仅所设职官较普通宣慰司多,普通宣慰司一般设"每司宣慰使三员,从二品;同知一员,从三品;副使一员,正四品,经历一员,从六品"[43]等,而"宣慰使司都元帅府,秩从二品,使三员,同知二员,副使二员,经历二员"[44]。不仅宣慰使加"都元帅"衔,兼军事职能,而且宣慰司都元帅府的属官同知、副使、经历均比普通宣慰司多一员,宣慰使兼管军万户府也兼军事职能,说明元朝对边陲宣慰司的重视。

元代宣慰司除了上述各行省的外,还有青藏高原宣政院辖地的三个宣慰司。宣政院是元朝将青藏高原纳入版图后设置的政教合一的统治机构,"宣政院,秩从一品。掌释教僧徒及吐蕃之境而隶治之。遇吐蕃有事,则为分院往镇,亦别有印。如大征伐,则会枢府议。其用人则自为选。其为选则军民通摄,僧俗并用。至元初,立总制院,而领以国师。二十五年,因唐制吐蕃来朝见于宣政殿之故,更名宣政院"[45]。"吐蕃之境"隶治于宣政院后,为便于管理,世祖忽必烈至元二十九年二月,从宣政院臣言,"授诸路释教都总统辇真术纳思为太中大夫、土蕃等处宣慰使都元帅"[46]。同年九月,置乌思藏纳里速古儿孙等三路宣慰使司都元帅[47]。泰定二年(1325年)春正月"以乞剌失思八班藏卜为土蕃等路宣慰使都元帅,兼管长河西、奔不儿亦思刚、察沙加儿、朵甘思、朵思麻等管军达鲁花赤,与其属往镇抚参卜郎"[48]。将青藏高原分为三大区进行管理。由于宣政院所辖三宣慰司设置地域特殊,管理模式有别于西南边陲宣慰司,本文暂不讨论。

第二节　元代湖广行省宣慰司设置区地理与民族

一、"沿边"与"溪洞"

元代湖广行省所属宣慰司共三个,即八番顺元等处宣慰司都元帅府、沿边溪洞宣慰司都元帅府和广西两江道宣慰使司都元帅府,它们共同的地域特征是南宋西南边缘地带的羁縻统治区。地域和民族基础可以"沿边溪洞"来概括。

南宋及其此前朝廷在这一中原王朝的沿边地带长期实行羁縻统治,而该区域内的地理环境、民族构成和社会经济发展复杂而具有特殊性。元朝时在南宋西南边疆沿边地带复杂的地理环境、民族群落构成和地缘政治基础上,设置湖广行省三个沿边宣慰司,以此作为改变历代在这一地带实行羁縻统治政策为实行直接统治政策,所以湖广行省的边陲宣慰司既带有南宋西南边疆的边陲性,又是元朝在民族地区实行直接统治的重要军政机构。因而,要解析元代湖广行省的边陲宣慰司,就得从探讨南宋及其以前这一区域的地理环境、民族群落和历代羁縻统治政策的演变着手。

元代西南有一个地理与民族族群名词复合的词汇很特别,即"沿边溪洞",或"沿边溪峒",它由"沿边"和"溪洞"两词合成。这两个词在宋代广泛使用,多为分开运用。凡宋朝直接管理设置正式政区的边缘地带,北方与辽、金交界,南方正式政区外围,与罗氏鬼国、大理国相连的羁縻州县地区均称为沿边,如有宋真宗曾"给河东沿边将士皮裘毡袜"[49],有"陕西沿边堡砦"[50],"复行河北沿边

州军入中粮草见钱法"[51]等说法。从仁宗开始还专门在北方沿边
地带设置"沿边经略安抚使",仁宗宝元二年(1039年)"七月,以
夏竦知泾州兼泾原秦凤路沿边经略安抚使、泾原路马步军都总管,
范雍兼鄜延环庆路沿边经略安抚使、鄜延路马步军都总管"[52],"以
夏守赟为宣徽南院使、陕西马步军都总管、经略安抚使。诏潼关设
备。……壬辰,夏守赟兼沿边招讨使"[53]。"淳熙二年,因臣僚言,
沿边七路,每路以文臣一人充安抚使以治民,武臣一人充都总管以
治兵"[54],河北路代州"旧置沿边安抚司"[55]。"庆历元年,分陕西沿
边为秦凤、泾原、环庆、鄜延四路"[56]等。南方也同样,特别是南宋,
在成都路的绵州"绍兴三年,以知州事兼绵威茂州、石泉军沿边安
抚使,节制屯戍军马",文州"建炎后,带沿边管内安抚"[57],南方设
置羁縻州县的地方普遍称为沿边,如"川峡、广南及沿边"[58]。北宋
后期也在南方钤辖羁縻州县的各路府设置沿边安抚司,"宣和二
年,诏泸州守臣带潼川府、叙州路兵马都钤辖、泸南沿边路兵马都
钤辖、泸南沿边安抚使"[59]。宋代凡地处喀斯特地貌地理环境活动
的民族,群落众多,分散聚居于喀斯特地貌的破碎山涧盆地或河流
溪谷,因此,宋代史书上将地处南宋西南边缘羁縻州县的各民族群
落概称为"溪洞"或"溪峒"。如"南丹州溪洞酋帅莫洪燕内附"。
称为"溪洞"的地区如"岭南溪洞","荆湖溪洞","广西溪洞","湖
北溪洞","湖南、广西埋塞溪洞","邕、钦溪洞","益、梓、利路溪
洞","荆湖溪峒民"[60]。从北宋开始,甚至整个西南地区的民族群
落均称"西南蕃溪峒蛮",或"西南溪峒诸蛮"[61],故《宋史》卷493
为《蛮夷传一·西南溪峒诸蛮传上》,卷494为《蛮夷传二·西南
溪峒诸蛮传下》,卷495和卷496的《蛮夷传三、四》,也是记载"湖
南边郡及二广之地,旧置溪峒归明官"地区,由此看来,宋代泛称
"溪峒"或"溪洞"的民族是活动于今贵州、广西、湖南西部的苗、

彝、瑶、土家民族等的先民,其地理范围包有"自黔、恭以西,至涪、
泸、嘉、叙,自阶又折而东,南至威、茂、黎、雅,被边十余郡,绵亘数
千里,刚夷恶獠,殆千万计。自治平之末迄于靖康,大抵皆通互市,
奉职贡,虽时有剽掠,如鼠窃狗偷,不能为深患。参考古今,辨其封
域,以见琛赆之自至,梯航之所及者尔。若夫边荆楚、交广,则系之
溪峒云"[62],这个区域处于南宋王朝的沿边地带,南宋以后直接称
之为"沿边溪洞",如"建炎多差武臣,绍兴诏专用文臣,然沿边溪
洞处,仍许武臣指射"[63],并且设置了管控沿边溪洞的专职官员,宁
宗嘉泰三年春正月设置"湖南谿洞总首"[64]。与北方一致,西南沿
边溪洞地区也设置安抚使,和沿边溪洞巡检司,"有沿边溪峒都巡
检"[65],南宋沿边府州地方长官"兼兵马钤辖、巡检,或带沿边安抚、
提辖兵甲、沿边溪洞都巡检"[66],天圣年间陈执中任"桂、宜、融、柳、
象沿边兵马都监,遂专溪峒事"[67]。宋朝的"沿边溪洞"地区还是羁
縻州县集中设置的地区,潼川路的叙州钤辖"羁縻州三十。建州、
照州、献州、南州、洛州、盈州、德州、为州、移州、扶德州、播浪州、筠
州、武昌州、志州,已上皆在南广溪洞"[68]。这一区域之能成为元代
湖广行省沿边溪洞宣慰司的设置区,是有民族和地缘基础的。

二、边缘与内地的圈层政治地理特征

在宋末元初所谓的"沿边溪洞"区域形成了内地与统治边缘
地带的圈层政治地理特征,成为元朝在湖广行省设置宣慰司的政
治地理基础。

从行政区划的角度看,沿边溪洞地区位于唐宋时期中原王朝
与云南南诏大理国疆域之间,为广大的羁縻地区和甚至各自为政
的部落联盟诸国区,基本上不受唐宋王朝行政管理。南宋这一独
特的区域范围大约处于潼川府路长宁军及其以南地区、夔州路南

平军以西地区、夔州路遵义军及其以南地区、广南西路地区,为南宋分布广泛的羁縻州县地区。《宋史·地理五》潼川府路的叙州有"羁縻州三十",泸州"领羁縻州十八",长宁军"夷人得箇祥献长宁、晏、奉、高、薛、巩、淯、思峨等十州"。在夔州路的绍庆府北宋为黔州有"羁縻州四十九","南渡后,羁縻州五十六",夔州路南平军也领羁縻州多个,南宋广南西路的邕州下拥有"羁縻州四十四,县五,洞十一",广南西路庆远府则领"羁縻州十"[69]。这一两百个羁縻州县,在《宋史·地理志》和其他地理文献上,记载非常混乱,只有州县名称和简单的羁縻统辖层级,缺乏行政区划必需的行政机构驻地(治所)、行政区划疆界的四至八到和山川地理的描述记载,因此这一区域的羁縻州县不仅数量难以确考,更无法考释每个政区的准确的情况,这些羁縻州县具有特殊的民族构成和地理环境。

在宋代和元代的文献中常以"溪洞"简称位于内地正式政区与云南之间的"西南诸蛮夷"。"溪峒"不仅鲜明地反映生活于该区域民族所处的独特的地理环境,也表示了"溪洞"地理环境下民族群落与地理环境的关系。"溪洞"地区处于中国西南典型的喀斯特地貌的贵州高原和广西地区,受喀斯特地貌影响,该区域地形复杂,地貌破碎,多山涧溪流即"溪"和狭小的山间盆地"峒",因此,溪峒是当地土著民族主要的生活环境,而且"山林翳密,多瘴毒"[70],外人难以进入,在这样地理环境下生活的民族很容易形成封闭的民族群落聚居状态。又由于溪峒狭小,很难形成强大的民族部落和部落联盟,因此,生活于这一区域的民族被唐宋统称为"溪峒",认为"西南溪峒诸蛮皆盘瓠种,唐虞为要服"[71],是"蛮、徭、黎、蜑杂处"[72]的群落,群落之间"或以仇隙相寻,或以饥馑所逼,长啸而起,出则冲突州县,入则负固山林"[73],"况广西溪峒、荆湖、川峡蛮落甚多，大抵好为骚动"[74]。社会经济与内地相比滞后，差异较大，"诸蛮溪峒，茅瘴非人域，鸠鼯与居，况无敢闯吾圉"[75]。该区域处于南宋正式政区边沿，"重山复岭，杂厕荆、楚、巴、黔、巫中，四面皆王土"[76]。西南与大理国之间的"边陲"地带，历史上曾经设治统治，秦统一之前攻打楚国，秦的势力就深入这一地区，并设置了黔中郡，汉代改为武陵郡，并且历汉晋南朝宋、齐、梁、陈均进行设治，但是都未完全控制当地民族群落，"或叛或服"而已。隋唐设治也管控不严，到"唐季之乱，蛮酋分据其地，自署为刺史"[77]，只能羁縻罢了。基于这样的民族构成和地理环境特征，南宋的沿边溪洞地区也是其西南边疆，处于南宋正式政区与大理国之间，形成了边缘区与内地的圈层政治地理关系[78]。

　　第一圈层为南宋在沿边一线设置了军政一体的诸"军"政区。

　　宋代地方行政区划有府州军监，乃朝廷"分命朝臣出守列郡，号权知军州事，军谓兵，州谓民政焉。其后，文武官参为知州军事"[79]，故凡设置为"军"者，更重军事，多置于"沿边州郡，或当一道冲要者"[80]，其长官为知军，具有"兼兵马钤辖、巡检，或带沿边安抚、提辖兵甲、沿边溪洞都巡检"[81]之职衔，是宋朝沿边地区的军事据点。特别是南宋以后，专门针对"溪洞"少数民族地区，各军行政区划下设置了"沿边溪洞都巡检司"，"控制溪峒"[82]，所以南宋在南方沿边溪峒地区的军具有控制溪峒军事据点的特殊作用。主要有：潼川府路长宁军、夔州府路南平军、遵义军和广南西路"广西经略安抚使"所领的融、宜、邕诸州军监，是南宋的边疆区和军事镇抚前沿。

　　宋朝在与"西南蛮夷"区交会的地带设置潼川府路长宁军（今四川珙县）、夔州府路南平军（今重庆綦江）、遵义军（今贵州遵义），各军为南宋军政一体的政区，各管前沿军政寨、堡和羁縻州县,如"长宁军,本羁縻州。熙宁八年,夷人得箇祥献长宁、晏、奉、高、薛、巩、淯、思峨等十州,因置淯井监隶泸州。政和四年,建为长宁军"[83],长宁境内又有淯井盐利,故设军镇抚;"南平军,同下州。熙宁八年,收西番部,以恭州南川县铜佛埧地置军"[84];北宋徽宗政和四年(1114年)"播州杨文贵纳土,以其地置遵义军"[85],宣和三年(1121年)曾废,然南宋宁宗时开熹二年(1208年)"复珍州遵义军。……诏以边事谕军民"[86]。在广南西路,这一军政圈层有"广西经略安抚使"所领的融、宜、邕诸州,《岭外代答》称广西经略安抚使统辖"宜融州守臣兼本路兵马都监,邕州守臣兼本路安抚都监,沿边守臣,并带溪峒都巡检使,尽隶于经略安抚使。帅府既内兼西南数十州之重,外镇蛮夷几数百族,事权不得不重矣"[87]。融州,治所在今广西融水苗族自治县,"本军事州,大观二年,升为帅府。三年,罢帅府,赐军额,又升为下都督府"[88];宜州,治所在今广西宜山县,大观元年开始,宋朝便以"融州为帅府,宜州为望郡"[89]。邕州,治所在今广西省南宁市,是南宋广南西路军事、政治和经济中心,"绍兴三年,置司市马于横山砦,以本路经略、安抚总州事,同提点买马,专任武臣。隆兴后文武通差。宝祐元年,兼邕、宜、钦、融镇抚使"[90]。

这一圈层的最大特点是军政一体,诸军本身就是具有军政镇守和行政管理两重职能的军政机构和政区,宋朝又普遍设置兵马都钤辖或安抚使,增强其边疆区的军事功能,如广西经略安抚使、潼川府、夔州路兵马都钤辖等[91]。除了宋朝正规军队外,上述各军领有乡兵或土丁,《宋史·兵志五》专门有《夔施黔思等处义军土丁》和《邕钦溪洞壮丁》条,边疆"义军土丁、壮丁,州县籍税户充,或自溪洞归投"[92]。广西经略使所辖"宜、融、桂、邕、钦五郡土丁,成丁已上者皆籍之。既接蛮徼,自惧寇掠,守御应援,不待驱策"[93]。各前沿军州为朝廷开拓疆域,设置或认定羁縻州县,南宋宁宗曾"赏宜州捕降峒寇功"[94]。又南宋时,"宜州界外诸蛮乞印,以'宜州管下羁縻某州之印'为文,凡六十颗给之"[95]。各军甚至作为朝廷边疆的全权代表,处理朝廷与其外藩国的关系。宋朝规定"诸国朝贡,其交州、宜州、黎州诸国见辞,并如上仪"[96]。邕州有"左右两江。左江在其南,外抵安南国。右江在西南,外抵六诏蛮夷。两江之间,管羁縻州峒六十余,用为内地藩,而内宿全将五千人以镇之。凡安南国及六诏诸蛮有疆场之事,必由邕以达。而经略安抚之咨询边事,亦唯邕是赖。朝廷南方马政,专在邕。边方珍异,多聚邕矣"[97]。所以,南方西南边疆的第一圈层军州是集军事、行政、经济、外交为一体的机构。

第二圈层为各边疆军、州所领"西南蛮夷"或"西南溪峒"区羁縻州县。

在羁縻州县范围内,宋朝设置了众多的寨(砦)堡军政机构,成为深入控制羁縻州县的据点。如长宁军"地接夷獠",领羁縻州长宁、晏、奉、高、薛、巩、淯、思峨等十州,又"领砦堡六"[98];遵义军领遵义寨,为黔州(绍定元年,升绍庆府)所领的 56 个羁縻州[99]及其"黔州诸砦义军正副指挥使、兵马使、都头、砦将、把截将,并壮丁总千六百二十五人"[100]。南平军统领荣懿寨、安稳寨、秦溪寨等军事寨堡,并钳制羁縻州县[101]。广西经略使的融州"所管皆夷州……在融外置列塞以备之"[102],故有武阳砦、罗城堡、乐善砦,废罗城堡等翟堡[103]。宜州,宋朝皇祐年间,"分宜州为一路帅,所统多夷州",其下置有高峰、带溪、北遐、思立、镇宁寨等军政机构[104]。邕州,领有横山寨、永平寨、太平寨等军政机构。在南宋西南边疆的第二圈层羁縻州县中,其行政管理依凭距离较近的"本路钤辖羁縻之"[105],采用的政策是"以夷治夷",通过招抚使其归附,又"诏长吏察其傜俗情伪,并按视山川地形图画来上"[106],设为羁縻州县,朝廷并不派出官员治理,也不改变其内部的社会结构和酋长统领状况,仅"树其酋长,使自镇抚,始终蛮夷遇之"[107]。所以唐宋在西南边疆设置的羁縻州县虽然众多,但在这个圈层里,朝廷"务在羁縻,不深治也",且"州无税租户籍"[108]。羁縻州县的设置仅是招谕蛮夷归附的标志,唐宋朝并没有真正地进行行政管理,如绍兴三年,"广西经略安抚使吕愿中谕降诸蛮三十三种,得州二十七,县一百三十五,砦四十,峒一百七十九及一镇、三十二团,皆为羁縻州县"[109],"入版图者存虚名,充府库者亡实利"[110]。

从行政区划和行政管理的角度看,羁縻州县,并不完全具备政区各要素的要求,羁縻州县仅具备了行政区划的政区层级要素,却不具有明确的行政中心,即治所。疆域和政区界限的基本条件,是随地和群落结构进行设置,因此,史籍对羁縻州县的记载模糊,大多有其名,知其与边疆军州的"钤辖"关系,却无法考证其具体的治所、疆界情况。如邕州"钤辖""羁縻州四十四,县五,洞十一:忠州、冻州、江州、万丞州、思陵州、左州、思诚州、谭州、渡州、龙州、七源州、思明州、西平州、上思州、禄州、石西州、思浪州、思同州、安平州、员州、广源州、勤州、南源州、西农州、万崖州、覆利州、温弄州及武黎县、罗阳、陀陵县、永康县,武盈洞、古甑洞、凭祥洞、鐏峒、卓峒、龙英洞、龙耸洞、徊洞、武德洞、古佛洞、八虯洞:并属左江道。思恩州、鹅州、思城州、勘州、归乐州、武峨州、伦州、万德州、蕃州、昆明州、娄凤州、侯唐州、归恩州、田州、功饶州、归城州、武笼州及龙川县:并属右江道。初,安平州曰波州,皇祐元年改。元祐三年,又改怀化洞为州"。[111]"绍庆府,下,本黔州,黔中郡,……羁縻州四十九。南宁州、远州、犍州、清州、蒋州、知州、蛮州、袭州、峨州、邦州、鹤州、劳州、义州、福州、儒州、令州、郝州、普宁州、缘州、那州、鸾州、丝州、邛州、敷州、晃州、候州、焚州、添州、瑶州、双城州、训州、乡州、茂龙州、整州、乐善州、抚水州、思元州、逸州、思州、南平州、勋州、姜州,棱州、鸿州、和武州、晖州、毫州、鼓州、悬州。南渡后,羁縻州五十六"。[112]羁縻州县的名称有以地理环境得名,称之为"某某峒"、"某某溪"者,如武盈洞、古甑洞、凭祥洞、鐏峒、卓峒、龙英洞、龙耸洞、徊洞、武德洞、古佛洞,有以民族群落为单位设置等等,所以,羁縻州县是南宋西南边疆还不具备行政功能的特殊政区。在南宋的西南"三方邻溪峒,与蛮、瑶、黎、蜑杂处,跳梁负固,无时无之,西南最为重地。邕、钦之外,羁縻七十有二,地里绵邈,镇戍非一"[113],形成南宋西南边疆形成第二圈层的广阔地带。

羁縻州县之外与宋代存在密切关系的有一个民族群落区发展起来的诸蕃国区和在云南的地方性民族性政权大理国,可视为南宋边疆的第三圈层。

这些羁縻州县"其外有龙、罗、方、石、张五姓,谓之浅蛮;又有西南韦蕃,及苏绮、罗坐、夜回、计利、流求,谓之生蛮,其外又有罗殿、毗那大蛮"[114]。宋、元之时,该地区属"西南番地"。宋时有所谓"五番"(龙番、石番、罗番、方番、张番)、"七番"(增韦、程二番),元时为"八番"(加卢番)。这个区域南宋和大理国都无法掌控和设治,形成设治空白的地方民族群落自主发展区,即"罗氏鬼主"、"罗殿国"、"自杞国"等诸蕃国区。该区域与南宋的关系主要表现为朝贡和互市关系。南宋初年"西南小张蕃贡方物"。"罗殿国贡名马"[115],"西南蕃张氏、罗氏、程氏入贡"[116]。"广马者,建炎末,广西提举峒丁李棫请市马赴行在。绍兴初,隶经略司。三年,即邕州置司提举,市于罗殿、自杞、大理诸蛮","自杞诸蕃本自无马,盖转市之南诏。南诏,大理国也"[117]。这个地带甚至没有纳入南宋的羁縻统治区,因此是南宋西南边疆第三圈层的藩篱区。

　　南宋的西南边疆的政区设置和统治方式表现出明显的三个圈层关系,由于地理环境、民族构成和军政一体的军州和经略安抚使的钤辖关系的影响,到南宋末年出现了地域整合的发展态势。从元朝灭大理国向东推进征讨南宋的过程中,就可看出由于地域的整合出现了羁縻州县民族群落集体归附的情况,如遵义军钤辖"播州安抚杨邦宪、思州安抚田景贤,未知逆顺,乞降诏使之自新,并许世绍封爵"[118],由此整合为播思一区。至元十六年,"西南八番、罗氏等国来附,洞寨凡千六百二十有六,户凡十万一千一百六十有八"[119]归附元朝,以八番和罗氏等国为地域基础整合成为一区。"宋权融、宜、钦三州总管岑从毅,沿边巡检使、广西节制军马李维屏等,诣云南行中书省降"[120]。显然南宋广西经略使钤辖区又为一区,即广西左右两江区。因此,这种"洞夷山獠,荷毡被毳,大主小酋,棋错辐裂,连数千里,受縻听令"[121]的地区经过唐宋羁縻州县的设置和溪峒群落社会经济发展的互动,到南宋末年,经过长期的整合,形成了播思区、八番顺元区和广西两江区三大区域[122],为元朝湖广行省边陲宣慰司设治奠定了地域政治基础。

第三节　元代湖广行省西南边缘区的宣慰司

　　元灭云南的大理国后,南宋沿边地带的第三和第二圈层,即诸藩国区和羁縻州县区成为元朝征讨南宋的必经之地和军事障碍。元朝采取招讨溪峒群落、开通道路与建立军政统治机构并行的方略,在南宋末年逐渐整合的地域基础上,首先设置了军政统领机构宣慰司,该区域即是元代沿边溪洞宣慰司设置的地缘基础。

一、八番顺元宣慰司都元帅府

八番之地，在今贵州贵阳、惠水一带。唐宋以来形成了八大番主控制当地各民族群落的局面。亦奚不薛，又称"一奚卜薛"，当地彝语意为"水西"，为今贵州省鸭池河以西的毕节地区的黔西、大方、纳雍等地，主要分布着彝族部落。元代至元十五年（1278年）蒙古军从云南和潭州行省两面深入八番、罗氏、罗殿和亦奚不薛，"招降西南诸番"，"闰月庚戌朔，罗氏鬼国主阿榨、西南蕃主韦昌盛并内附"[123]。至元"十六年三月，西南八番等国卧龙番主龙昌宁、大龙番主龙延三、小龙番主龙延万、武盛军番主程延随、遏蛮军番主龙罗笃、太平番主石延异、永盛军番主洪延畅、静海军卢番主卢延陵皆来降，其部曲有龙文貌、龙章珍、黄延显、卢文锦、龙延细、龙延回、龙四海、龙助法、龙才零、龙文求等"[124]，说明八番地区的主要群落归附元朝。同年六月"云南都元帅爱鲁、纳速剌丁招降西南诸国。爱鲁将兵分定亦乞不薛"，七月"西南八番、罗氏等国来附，洞寨凡千六百二十有六，户凡十万一千一百六十有八"[125]。至此，八番、亦奚不薛、罗氏等鬼国的主要首领均被元朝招附，于是"朝廷立八番宣慰使司，司官赴镇"[126]，以塔海为宣慰使[127]，统领军政，作为招降八番、亦奚不薛、罗氏诸鬼国的军政最高机构，继续招讨未附群落。"宣慰使塔海以西南八番、罗氏等国已归附者，具以来上，洞寨凡千六百二十有六，户凡十万一千一百六十有八。西南五番千一百八十六寨，户八万九千四百。西南番三百一十五寨，大龙番三百六十寨"[128]。至元十六年"十一月二十一日军至新添，遣千户张旺招罗氏国，惟贺宗一寨投降，余皆迎敌，旺杀散"，八番宣慰"司官至番中呼集土番主"，经多次战事，然诸群落番主叛服不常，甚至"罗氏遂毁虎符以叛"[129]。

为彻底控制该区域,元朝一方面继续招讨与开道镇守,至元十七年云南行省与四川行省、湖广行省合兵进讨亦奚不薛[130],同年十二月,"罗氏鬼国土寇为患,思、播道路不通,发兵千人与洞蛮开道","以征也可不薛军千五百复还塔海,戍八番、罗甸"[131];另一方面加强八番宣慰司的军政统领权和健全建置,首先将八番宣慰司提升为宣慰司都元帅府。至元十九年六月"征亦奚不薛,尽平其地,立三路达鲁花赤,留军镇守,命药剌海总之,以也速带儿为都元帅宣慰使"[132]。至元二十年七月"丙寅,立亦奚不薛宣慰司,益兵戍守,开云南驿路,分亦奚不薛地为三,设官抚治之"[133]。形成八番宣慰司都元帅府招讨八番之地,亦奚不薛宣慰司镇守亦奚不薛。至元二十七年设罗殿宣慰司[134]。这样元初有八番宣慰司都元帅府、亦奚不薛宣慰司和罗甸宣慰司三个宣慰司集中在湖广、云南和四川行省交会的狭小地界里,即今贵州省中西部地区。元朝其他地方的宣慰司都没有如此高的密度和集中度,足以说明该区域的招讨军政事务繁重、交通干线重要,以及元朝对当地民族群落和社会缺乏充分的认识。

为更好地控制处于云南、四川和湖广三行省交会地的八番、亦奚不薛和罗甸诸鬼国,元朝还对该区域的高级政区归属反复进行调整。至元二十二年二月因"荆湖占城行省遣八番刘继昌谕降龙昌宁、龙延万等赴阙","立宣慰司,招抚西南诸蕃等处酋长",然而同年八月又"以荆湖行省所隶八番、罗甸隶西川行省"[135]。至元二十六年八月,八番、罗甸复隶湖广行省[136]。次年七月再以湖广行省八番罗甸宣慰司改属四川行省[137]。至元"二十六年,置八番罗甸宣慰司,进嘉议大夫、宣慰使。时诸蛮叛服不常,斡罗思平之,乃立安抚等司以守焉"[138]。这表明至元二十六年元朝设八番罗甸宣慰司,属湖广行省,由于"诸蛮叛服不常",元朝派斡罗思平定。至元二十九年三月，局势初步稳定后，"中书省臣言：'亦奚不薛及八番、罗甸既各设宣慰司，又复立都元帅府，其地甚狭而官府多，宜合二司帅府为一。'诏从之，且命亦奚不薛与思、播州同隶湖广省，罗甸还隶云南，以八番罗甸宣慰使斡罗思等并为八番顺元等处宣慰使都元帅，佩虎符"[139]。因此，八番宣慰司都元帅于至元二十六年与罗甸宣慰司合并为八番罗甸宣慰司，至元二十九年复与亦奚不薛宣慰司合并为八番顺元等处宣慰使都元帅府，成为该区域最高军政机构，统领八番和亦奚不薛之地，属湖广行省。而罗甸地区改隶云南行省后，置普定路，宣慰司撤并[140]。至此，湖广、四川和云南行省交接地区的行政归属基本调整完毕，八番顺元宣慰司都元帅府稳定存在到元末。

现存史籍对八番顺元宣慰司统辖地域记载相当混乱，这与上述所论元朝至元年间对民族群落长期招讨、军政统领机构宣慰司的多次置、废、并、省和这片处于湖广、四川和云南行省相邻地区隶属关系的多次调整有关。《大元混一方舆胜览·卷下湖广等处行中书省》分列"八番顺元等处宣慰司"和"八番罗甸宣慰司"两目，各目之下所记区域含混不清。例如"八番顺元等处宣慰司"下仅记载"蛮夷军民长官：都云桑林独力等处、芦山、木瓜犵狫、水东、方番、韦番、龙里、罗番"8个，又记"军民长官：甕城都桑等处、落葛谷鹅落桥等处、都镇麻乃等处、昔不梁骆杯密纳等处、农耸古平等处、乾溪吴池等处、落重当等处、平侯等处、独禄等处、三陂等处、地蓬等处、罗日和等处、麦傲等处、都云洞、效葛龙落邦到骆豆虎等处"16个。而在"八番罗甸宣慰司"之下记载了"罗番葛蛮军安抚司、程番武盛军安抚司、卧龙番南宁州安抚司、金石番太平军安抚所谓、小龙番静蛮军安抚司、洪番永盛军安抚司、方番河中府安抚司、卢番静海军安抚司、葛蛮安抚司、大龙番应天府安抚司"等八番地区的主要安抚司 10 个，又记"安庆州、桑州、东溇州、普州、知山州、那州、章龙州、郡州、必化州、小罗州、洪边州、龙里州"等 12 州和"会朝、朝宗、必祭、茶场、上桥、新安、麻峡、鸭水、甕蓬、小罗、高桥、伯沕、章龙、华山、龙里、都云"等 17 县，以及"都云定云等处安抚司"所管辖的"军民官"23 个，"五寨蛮夷军民官"23 个；"永顺保静南渭三州安抚司"统辖的"蛮夷军民长官"18 个，"南丹等处安抚司"司属蛮夷长官 39 个等[141]。《大元混一方舆胜览》所记"八番顺元宣慰司"和"八番罗甸宣慰司"的区域混杂，无法条析，例如"八番"即为"八番顺元宣慰司"管辖的"方番、韦番、龙里、罗番"等军民长官，又是八番罗甸宣慰司所属的"罗番葛蛮军"等 10 个安抚司；又如"龙里"地名，既在"八番顺元宣慰司"，也出现在"八番罗甸宣慰司"的辖区。可以说"八番顺元宣慰司"与"八番罗甸宣慰司"的统辖地完全是重合的，而"八番罗甸宣慰司"中却恰恰没有出现"罗甸"（后为云南行省普安路）或与罗甸相关的任何地名，这表明正是由于至元二十二年到至元二十九年间（1285—1292 年）元朝在湖广行省、四川行省和云南行省之间频繁调整八番、亦奚不薛和罗甸的归属，多次设置或改置这一区域的军政统辖机构"宣慰司"而造成的混乱。严格地说，《大元混一方舆胜览》所记"八番顺元宣慰司"和"八番罗甸宣慰司"正是至元二十九年调整后确立的"八番顺元宣慰司都元帅府"的统辖区域，因为，这个时候罗甸已经改属云南行省，而"宣慰司"的频繁调整造成了辖区的混淆。

《元史·地理志》无"八番顺元宣慰司"，只有"八番顺元蛮夷官"条，曰："八番顺元蛮夷官。至元十六年（1279 年），潭州行省遣两淮招讨司经历刘继昌招降西南诸番，以龙方零为小龙番静蛮军安抚使，龙文求卧龙番南宁州安抚使，龙延三大龙番应天府安抚使,程延随程番武盛军安抚使,洪延畅洪番永盛军安抚使,韦昌盛方番河中府安抚使,石延异石番太平军安抚使,卢延陵卢番静海军安抚使,罗阿资罗甸国遏蛮军安抚使,并怀远大将军、虎符,仍以兵三千戍之。是年,宣慰使塔海以西南八番、罗氏等国已归附者,具以来上,洞寨凡千六百二十有六,户凡十万一千一百六十有八。西南五番千一百八十六寨,户八万九千四百。西南番三百一十五寨,大龙番三百六十寨。二十八年,从杨胜请,割八番洞蛮,自四川行省隶湖广行省。"共记载"罗番遏蛮军安抚司。程番武盛军安抚司。金石番太平军安抚司。卧龙番南宁州安抚司。小龙番静蛮军安抚司。大龙番应天府安抚司。木瓜犵狫蛮夷军民长官。韦番蛮夷长官。洪番永盛军安抚司。方番河中府安抚司。卢番静海军安抚司。顺元等路军民安抚司。思州军民安抚司"等 13 个安抚司、管番民总管及其"各设蛮夷军民长官"145 个和部分州县[142]。所谓"管番民总管"和各蛮夷官乃"至元二十一年,罢西南番安抚司,置总管府。二十五年,改隶四川行省。按番族甚多,八番设安抚司,又别立定远府及管民总管府以统之"[143],归八番顺元宣慰司都元帅府节制,"至元二十年,四川行省讨平九溪十八洞,以其酋长赴阙,定其地之可以设官者与其人之可以入官者,大处为州,小处为县,并立总管府,听顺元路宣慰司节制","曾竹等处。大德七年,顺元同知宣抚事阿重尝为曾竹蛮夷长官"[144]。这说明《元史·地理志六》中的"八番顺元蛮夷官"条目应当为"八番顺元宣慰司",因为该宣慰司主要统领八番等处蛮夷官,故误。故《新元史》卷 44《地理六·湖广行省》有"八番顺元等处宣慰司都元帅府"条,其下所记载的安抚司和蛮夷官与《元史·地理志六·湖广行省》的"八番顺元蛮夷官"条基本相同,并说:"《经世大典》:顺元诸蛮,又名亦奚卜薛。至元十五年,罗殿国主罗阿察、河中府方蕃主韦昌盛皆纳土。十六年，西南八番等同卧龙番主龙昌顺、大龙番主龙延三、小龙番主龙延万、武盛军番主程延随、遏蛮军番主龙罗笃、太平番主石延贤、永顺军番主洪延畅、静海军番主卢延陵皆来降。其部曲有龙文貌、龙文求等，朝廷立八番宣慰司以统之。至元十六年，潭州行省招降西南诸番洞寨一千六百二十有六、户十万一千一百六十有八，西南五番千一百八十六寨、户八万九千四百。又西南番三百一十五寨、大龙番三百六十赛。二十二年，改隶西川行省。二十六年，置八番、罗甸二宣慰司，隶四川行省。是年，改隶湖广行省。二十八年，复隶四川。是年，析八番洞蛮隶湖广。二十九年。又以罗甸宣慰司隶云南。是年，合八番、罗甸二宣慰司都元帅府为一，改八番顺元等处宣慰司都元帅府。三十年，复改隶湖广行省。至治二年，置八番军民安抚司，改长官所二十有八为州县"[145]。这足以说明《元史·地理志六·湖广行省·八番顺元蛮夷官》条所记载的就是八番顺元宣慰司。元朝在八番和亦奚不薛地区形成了针对当地民族群落特点的宣慰司都元帅府——安抚司、管番民总管——蛮夷官军政统领机构体系，管辖湖广、四川和云南三省交会处的八番与亦奚不薛地区民族群落。

二、沿边溪洞宣慰司都元帅府

沿边溪洞宣慰司，全称"播州绍庆珍州南平等处沿边宣慰司"[146]，至元二十八年（1291年）以南宋播州安抚司杨邦宪节制区域为基础设置。元朝在平定南宋的过程中，四川行省招讨南宋沿边溪洞地区，至元十二年（1275年）十二月"佥书四川行枢密院事昝顺言：'绍庆府、施州、南平及诸蛮吕告、马蒙、阿永等，有向化之心。又播州安抚杨邦宪、思州安抚田景贤，未知逆顺，乞降诏使之自新，并许世绍封爵。'从之"[147]。在元朝优渥政策的感召下，至元十四年,"播州安抚使杨邦宪言:'本族自唐至宋,世守此土,将五百年。昨奉旨许令仍旧,乞降玺书。'从之"[148]。至元十五年(1278年)十二月"思州安抚使田景贤、播州安抚使杨邦宪请归宋旧借镇远、黄平二城,仍彻戍卒,不允。景贤等请降诏禁戍卒毋扰思、播之民,从之"[149]。至元十六年(1279年)六月南宋"思州田景贤、播州杨邦宪两安抚使降","邦宪在宋为牙牌节度使,正任安远军承宣使、左金吾上将军知播州事、御前雄威将军都统制、绍庆珍州南平安抚使,节制屯驻镇戍军马"等[150],元朝为履行许其"世绍封爵"的政策,授以杨邦宪"龙虎卫上将军、侍卫亲军都指挥使、绍庆珍州南平等处沿边宣抚使兼播州管内安抚使,佩虎符"[151],归四川行省节制,隶属于顺元宣慰司。杨邦宪降元朝意味着其节制区域基本降于元朝,杨邦宪本人直接管辖播州地区,仍然节制绍庆、珍州和南平等地,该区域内各民族群落复杂,各自为阵,虽然归附元朝,但仍然叛服不常,元朝不得不多次派军队招讨。至元十七年,思、播州两地乘"西南夷罗施鬼国既降复叛"之际,出军队侵临近的镇远、黄平等地界,元朝"诏云南、湖广、四川合兵三万人讨之",并命李德辉等前往巡视与招讨播州,稍事平息后,至元十八年(1281年)"命播州每岁亲贡方物"[152]。至元二十二年杨邦宪卒,子杨汉英年幼,由母携之进京,世祖忽必烈以"杨氏母子孤寡,万里来庭,朕甚悯之。遂命袭父职,锡金虎符,因赐名赛因不花"[153],"封杨邦宪妻田氏为永安郡夫人,领播州安抚司事"[154],暂摄其事。到至元二十五年(1285年),杨赛因不花"再入觐,时年十二,帝见其应对明敏,称善者三。复因宰臣奏安边事,帝益嘉之。是年,改安抚司为宣抚司,授宣抚使,寻升侍卫亲军都指挥使"[155],承袭父职。至元二十八年杨赛因不花上奏称"洞民近因籍户,怀疑窜匿,乞降诏招集",同时请求"直隶四川行省"[156]。至元二十九年春正月丙辰,元世祖以"播州洞蛮因籍户怀疑窜匿,降诏招集之。以行播州军民安抚使杨汉英为绍庆珍州南平等处沿边宣慰使、行播州军民宣抚使、播州等处管军万户,仍佩虎符"[157]。"绍庆珍州南平等处沿边宣慰司"正式成立,以杨赛因不花为宣慰使。杨赛因不花正式职衔"播州军民宣抚使、播州等处管军万户",故其全称当为"播州绍庆珍州南平等处沿边宣慰司兼管军万户府",简称"沿边溪洞宣慰司"[158]。同年,在四川行省和湖广行省的辖区调整中,"沿边溪洞宣慰司"所属区域与亦奚不薛一起改属于湖广行省[159],直至元末天下大乱,元顺帝为收缩军事力量遏守绍庆,"沿边溪洞宣慰司"改为"绍庆宣慰司",仍以杨赛因不花之孙杨延礼不花任宣慰使[160]。

"沿边溪洞宣慰司",即"播州绍庆珍州南平等处沿边宣慰司",以招讨和招降该区域范围内的溪洞群落为主要职责,其下属地理范围并不明晰,史书对该宣慰司在元代前后期的领属情况记载差异很大,而且多以民族群落名称为主。元人刘应李原编,詹友谅改编《大元混一方舆胜览》缺"沿边溪洞宣慰司"的记载,只有"播州军民宣抚司",其领属有"乐源县","洪边麻峡等处"、"珍州思宁等处"等20个"蛮夷军民长官"和乌江等处、平地寨、本寨等以聚落村寨为名的"副长官"16个,以及"黄平府"[161]。这反映的是至元年间杨邦宪任"绍庆珍州南平等初沿边宣抚使兼播州管内安抚使"招讨和招降南宋播州、珍州、绍庆府沿边溪洞的成就。上述36个蛮夷军民长官和副长官处于南宋的播州、珍州和绍庆府地区,但分布零落,是至元二十九年(1292年)"沿边溪洞宣慰司",即"播州绍庆珍州南平等处沿边宣慰司"设置之初的领属情况,表明该区域内尚有很多溪洞蛮夷群落未归附。

至元二十九年"沿边溪洞宣慰司"设置后继续奉行招讨政策,

在至大三年(1310年)的招讨下,"独山州土官蒙天童款附",设置木洞、都云等五处军民官,又招降"下都云等一千九百余寨,平伐生苗主只王等不在其数",以及"平坝三间地酋长罗朱备、桑根地砦主芦桑吴得斛"等酋长、砦主十有余,延祐年间仍然有大规模的招讨行动,到"至治二年四月,播州上言,招降洞蛮北心砦官芦崩信备、大晏大关砦主安吉力、上洛磨砦罗傲、水洞八砦官黎上钱厮亮、大小答架砦官黎桑皮歪芦客钱等"[162]。随着招讨行动的深入,沿边溪洞诸民族群落纷纷归附,虽然"沿边溪洞宣慰司"统辖范围不变,依然是南宋的播州、珍州和绍庆地区,但是统辖的民族群落数量激增,其领属也不断增加,故《元史·地理志》湖广行省的"沿边溪洞宣慰司"条下记载其领属为:播州军民安抚司、黄平府、新添葛蛮安抚司、南渭州及其各所属"平溪上塘罗骆家等处"164处蛮夷官[163],这反映的是元朝"沿边溪洞宣慰司"在南宋播州、珍州和绍庆府地域范围内招讨溪洞群落的成果。因此,"沿边溪洞宣慰司"设置的前期和后期管辖的地理范围不变,但是领属的蛮夷官从36个增至164个,是前期领属的五倍,正说明"沿边溪洞宣慰司"以招讨溪洞蛮夷为主要职责,随着对溪洞群落的招讨逐渐深入,"沿边溪洞宣慰司"领属的蛮夷官也成倍增加。

三、广西两江道宣慰司都元帅府

广西两江道宣慰司都元帅府,元贞元年(1295年)合并广西道宣慰司和左右两江宣慰司都元帅府置"广西两江道宣慰司都元帅府",统辖区域与"岭南广西道肃政廉访司"辖属区大体相当,约为今广西壮族自治区除沿海一带的今钦州、东兴、廉州、北海等县市的地区[164],也即南宋广南西路地区。

南宋广南西路的行政区划有两种形式,两种行政区划体制犬牙相错,大约以融、宜、邕、钦一线分界,其东为正式政区的州县;其西为民族群落的溪洞地区,设置了大量的羁縻州县。宋代广南西路的西部还具有沿边性和蛮夷溪洞地区的特点:

> 广西西南一方,皆迫化外。令甲:邕、宜、钦、廉、融、琼州,吉阳、万安、昌化军,静江府,系沿边;柳、宾、贵、横、郁林、化、雷,系次边。总广西二十五州,而边州十七。静江属县,半抵猺峒。猺峒者,五陵蛮之别也。自静江稍西南,曰融州。其境抗扼王江、乐善、宜良、丈盈、洪源、从允、牂柯、夜郎诸蛮。自融稍西南,曰宜州。宜处群蛮之腹,有南丹州、安化三州一镇、荔波、赢河、五峒、茅滩、抚水诸蛮。南丹者,所谓莫大王者也。自宜稍西南,曰邕州。邕境极广,管溪峒羁縻州,县、峒数十。右江直西南,其外则南诏也。左江直正南,其外则安南也。自邕稍东南,曰钦州。钦之西南,接境交址,陆则限以七峒,水则舟楫可通[165]。

因此,融、宜、邕、钦四州一线的沿边战略位置最为重要,不仅是广南西路正式政区与羁縻政区的分界,而且是宋代广南西路的沿边前沿,故这四州均以武臣为知州,同时“兼本路安抚都监”[166],钤辖其管内的羁縻州县和溪洞群落。如邕州兼广西路安抚都监兼“(邕)州建武军节度,有左右两江。左江在其南,外抵安南国;右江在其西南,外抵六诏诸蛮。两江之间,管羁縻州峒六十余,用为内地藩,而内宿全将五千人以镇之”[167];“宜州兼广西路兵马都监”军事地位仅次于邕州,“广西控扼夷蛮,邕屯全将,宜屯半将。本朝皇祐间,分宜州为一路,帅所统多夷州,后罢为郡。守臣犹兼广西都监,为庆远军节度。宜之西境,有南丹州、安化三州一镇,又有抚水、五峒、龙河、茅滩、荔波等蛮及陆家砦。其外有龙、罗、方、石、张五姓,谓之浅蛮。又有西南韦蕃及苏绮、罗坐、夜回、计利、流求,谓之生蛮。其外又有罗殿、毗那大蛮。皆有径路,直抵宜城。宜之境上,旧有观、溪、驯、叙四州,乃昔之边也"[168];融州兼广西路兵马都监置于大观年间,"所管皆夷州"[169]。此外还有"钦廉溪峒都巡检使","钦、廉皆号极边,去安南境不相远。异时安南舟楫多至廉,后为溺舟,乃更来钦。令廉州不管溪峒,犹带溪峒职事者,盖为安南备尔"。钦州直接管控沿边溪洞蛮夷,所以钦州的沿边战略地位更为重要。此外还要负责与安南国以外的外交事务,"交人之至钦也,自其境永安州,朝发暮到"[170]。具有军政大权,利于特别管控与内地羁縻州县和溪洞蛮夷。在此基础上,宋朝设置"广西经略安抚使",总领边务,"沿边守臣,并带溪峒都巡检使,尽隶于经略安抚使。帅府既内兼西南数十州之重,外镇夷蛮几数百族,事权不得不重矣"[171]。因此,宋代广南西路以融、宜、邕、钦一线将广南西路分为两个差别化的地理单元,即广南西路东部可视为内地地区;西部则具有沿边溪洞蛮夷分布,羁縻州县设置,域外交通通道和边疆军事镇守的特点。这些特点和宋朝在这一区域强化军事镇守的统治方式结合,使该区域逐渐整合为一个特点鲜明的地理单元区,邕州在该区域具有特殊地位,故史书称之为"邕管"地区,"凡安南国及六诏、诸蛮有疆场之事,必由邕以达;而经略安抚之咨询边事,亦惟邕是赖。朝廷南方马政,专在邕。边方珍异,多聚邕矣"[172]。所以,宋代广南西路形成东西两大区域的特点。

　　元初灭南宋,在广西的政区设置和军政统辖机构设置上,也带有东西两部差异化的特点。中统年间蒙元灭云南的大理国后,从云南发军征讨南宋,与云南交界地区的宋广南西路西部地区最先归附,至元十二年(1275年)十一月"丙子,宋权融、宜、钦三州总管岑从毅,沿边巡检使、广西节制军马李维屏等,诣云南行中书省降”[173]。次年六月“命阿里海牙出征广西,请益兵,选军三万俾将之”,广西路静江府等大小州城官吏随即降附,至元十四年三月,湖广行中书省上言:“广西二十四郡并已内附,议复行中书省于潭州,置广南西路宣抚司于静江”[174]。元初的广南西路宣抚司统辖的正是南宋在广南西路东部设置的 24 个正式政区州。两个月后,五月“癸卯,改广南西路宣抚司为宣慰司。广西钦、横二州改立安抚司”[175],至元十五年(1278 年)置岭南广西道按察司[176]。由此,元朝广南西路宣慰司作为军政机构统辖广西的东部地区。

至元十四年(1277 年)“夏四月甲子,宋特磨道将军农士贵、知安平州李维屏、知来安州岑从毅等,以所属州县溪洞百四十七、户二十五万六千来附”[177],广西西部的溪洞蛮夷基本归附元朝。元至元十三年,设立邕州安抚司,至元十六年,改为邕州路总管府兼左右两江溪洞镇抚,兼管广西西部地区[178]。但是邕州路总管府兼左右两江溪洞镇抚军政层级较低,不足以镇抚整个广西西部的沿边溪洞蛮夷地区,于是至元二十一年(1284 年)邕州、宾州民黄大成等反叛,湖南宣慰使撒里蛮将兵讨平之[179]。至元二十八年(1291 年)五月“立左右两江宣慰司都元帅府”[180],成为广西西部沿边溪洞地区的最高军政统治机构。成宗元贞元年(1295 年)精简和调整地方官员,“遣使与各省官就迁调边远六品以下官。并左右两江宣慰司都元帅府、宣抚司,为广西两江道宣慰司都元帅府,以靖[静]江为治所,仍分司邕州”[181]。广南西路宣慰司与左右两江宣慰司都元帅附合并为“广西两江道宣慰司都元帅府”,治所在静江路(今广西桂林市)。

作为军政机构的广西两江道宣慰司都元帅府统辖区,当统辖广西的东西两部分,主要职责是招讨和镇抚广西当地民族群落。“广西宣慰使燕牵言:‘傜族非一。生于深山穷谷者谓之生傜,野处巢居,刀耕火种,采山射善,以资口腹,标枪药弩,动辄杀人。其杂处近民者日熟傜,稍知生理,亦不出赋。又有撞傜,则号为兵官守隘通道,于官有用。自宋象州王太守始募熟傜,官供田牛,以供此役,至今因之。为今之计,莫若置熟傜与撞傜,并为撞户分地,遏贼为便'"[182]。但是唐宋以来形成的广西东西两大地理格局并未改变,合并后的广西两江道宣慰司治所在东部的静江路,对西部溪洞地区鞭长莫及,难以统辖,元朝不得不在西部的政治军事中心邕州设分司,广西两江道宣慰司都元帅府以治所静江路为中心,同时在西部"仍分司邕州",故邕州则为该宣慰司的副中心。一个宣慰司有主、副中心的情况在元朝的宣慰司中非常特别,反映了唐宋以来广西东西两大区域的地理格局特点在元代依然突出。这就是为什么在《大元混一方舆胜览》的记载中,"广西两江道宣慰司都元帅府"与"岭南广西道肃政廉访司"并列,但是中间隔着"海北南道宣慰司都元帅府"和"海北南道肃政廉访司"后,在同级标题下又有"左右两江溪洞"区域的记载,并说"[左江]出源州界,至合江镇与右江水合为一水,流入横州,号郁江,左江道,宋隶太平、永平寨。[右江]源出峨利州,右江水与大理大盘水通。大盘在大理威楚州,而特磨道又与其善阐府相应,自邕道诸蛮至大理四五程,北梗自杞,南梗特磨,故久不得至。右江道,宋隶横江寨。各管羁縻州。两江宋、元隶邕州。"[183]《元史·地理志六·湖广行省》的记载也有异曲同工之处,即广西两江道宣慰司与岭南广西道肃政廉访司并列,然其末则记载:

> 左江。左江出源州界,至合江镇与右江水合为一,流入横州号郁江。
>
> 思明路,户四千二百二十九,口一万八千五百一十。
>
> 太平路,户五千三百一十九,口二万二千一百八十六。

右江。右江源出峨利州，与大理大盘水通。大盘在大理
之威楚州。

田州路军民总管府，户二千九百九十一，口一万六千九
百一。

来安路军民总管府。

镇安路。以上并阙。

据此可知，所谓"左右溪洞两江"地区，就是广西两江道宣慰司都
元帅府的邕州分司统辖的区域，大体上为宋代的融、宜、邕、钦四州
以西的邕管地区，元代广西虽然只设"广西两江道宣慰司都元帅
府"，但是因为邕州分司的设置，元朝对广西的统治依然延续了东
西两大区的格局。

由于这一地理格局的存在，元代广西西部实际的最高军政机
构是广西两江道宣慰司都元帅府的邕州分司，仍然以"左右两江"
称之，邕州分司长官称"同知两将军宣慰司事"[184]，任用与云南等
边疆宣慰司一致，"海北、海南、左右两江官员拟接连荫叙，云南官
员拟四川荫叙，四川、甘肃官员拟陕西荫叙"[185]。"左、右江口溪洞
蛮獠，置四总管府，统州、县、洞百六十，而所调官畏惮瘴疠，多不敢
赴，请以汉人为达鲁花赤，军官为民职，杂土人用之"[186]。这说明
元朝基本上将邕州分司，即"左右两江"作为一个边疆宣慰司看
待。由于邕州分司统辖的区域为沿边溪洞民族群落分布区，为此，
元朝强化左右两江的军事镇守和对溪洞群落的招讨，一方面派蒙
古军镇守，派驻了"左右两江戍军，以二年三年更戍"[187]；另一方
面，大量招收亡宋左右两江土军，在邕州分司的统领下，进行长期
持续的对沿边溪洞群落的招讨镇抚[188]。元朝广西发生的主要叛乱
都在左右两江地区，如，大德十一年(1307年)，左江来安路总管洞
兵万户岑雄作乱，延祐七年(1320年)，来安总管岑世兴反，以及至

治元年,太平路贼赵郎陈叛等[189],也是依靠广西两江宣慰司都元帅府的邕州分司统领平定的。特别是"至元二十九年闰六月,知上思州黄圣许反,聚二万人,断道路,结援交趾,借兵攻邕州。遣副枢密程鹤讨之,圣许战败,率三十人逃入交趾。既而复至边地攻劫",为此,三十一年(1294 年),同知两江宣慰司事杨兀香台负责招讨镇抚,多次代表元朝诏谕黄圣许,平息叛乱,"大德元年二月五日,圣许遣其子志宝贵状,赴广西两江道宣慰司出降赴阙"[190]。平定黄圣许之乱后,元朝开始准许广西两江道宣慰司都元帅进行撞兵屯田,"成宗大德二年,黄圣许叛,逃之交趾,遗弃水田五百四十五顷七亩。部民有吕瑛者,言募牧兰等处及融庆溪洞猺、撞民丁,于上浪、忠州诸处开屯耕种"[191]。因此,广西两江宣慰司的邕州分司发挥了一个边疆宣慰司的作用。

注　释

1　载蔡美彪主编:《元史论丛》第 5 辑,中国社会科学出版社,1993 年。

2　李治安著:《行省制度研究》,南开大学出版社,2000 年。

3　李治安著:《行省制度研究》,南开大学出版社,2000 年,第 309 页。

4　《元史》卷 4《世祖纪一》,中华书局标点本,1976 年,第 59—60 页。

5　史卫民:《元朝前期的宣抚司与宣慰司》,蔡美彪主编:《元史论丛》第 5 辑,中国社会科学出版社,1993 年。

6　《元史》卷 5《世祖纪二》,中华书局标点本,1976 年,第 89 页。

7　史卫民:《元朝前期的宣抚司与宣慰司》,蔡美彪主编:《元史论丛》第 5 辑,中国社会科学出版社,1993 年。

8　姚燧:《牧庵集》卷 30《中书左丞李忠宣公行状》,王云五主编:《丛书集成初编》,商务印书馆发行,第 308 页。

9　李治安著:《行省制度研究》,南开大学出版社,2000 年,第 316 页。

10　李治安著:《行省制度研究》,南开大学出版社,2000 年,第 316 页。

11　《元史》卷 6《世祖纪三》,中华书局标点本,1976 年,第 109 页。

12　《元史》卷6《世祖纪三》,《元史》卷7《世祖纪四》。李治安著:《行省制度研究》,南开大学出版社,2000年,第316页。

13　李治安著:《行省制度研究》,南开大学出版社,2000年,第317页。

14　《元史》卷8《世祖纪五》,中华书局标点本,1976年,第151页。

15　《元史》卷9《世祖纪六》,中华书局标点本,1976年,第179页。

16　《元史》卷9《世祖纪六》,中华书局标点本,1976年,第187页。

17　史卫民:《元朝前期的宣抚司与宣慰司》,蔡美彪主编:《元史论丛》第5辑,中国社会科学出版社,1993年。

18　史卫民:《元朝前期的宣抚司与宣慰司》,蔡美彪主编:《元史论丛》第5辑,中国社会科学出版社,1993年。

19　《元史》卷10《世祖纪七》,中华书局标点本,1976年,第208页。

20　《元史》卷9《世祖纪六》,中华书局标点本,1976年,第183页。

21　《元史·地理志》各卷,参见李治安著:《行省制度研究·各道宣慰司与廉访司对应设置一览表》,南开大学出版社,2000年,第316—352页。

22　据(元)刘应李原编,詹友谅改编:《大元混一方舆胜览》目录统计,郭声波整理本,四川大学出版社,2003年。

23　见李治安著:《行省制度研究·各道宣慰司与廉访司对应设置一览表》,南开大学出版社,2000年,第316—352页。

24　见李治安著:《行省制度研究·各道宣慰司与廉访司对应设置一览表》,南开大学出版社,2000年,第316—352页。然李治安漏统计了在文宗天历二年(1329年)设置,至顺三年(1331年)废的云南行省银沙罗等处宣慰使司都元帅府。

25　《元史》卷91《百官七》,中华书局标点本,1976年,第2308—2309页。

26　《元史》卷40《顺帝纪三》,中华书局标点本,1976年,第863页。

27　《元史》卷63《地理志六》,中华书局标点本,1976年,第1551页。

28　《元史》卷41《顺帝纪四》,中华书局标点本,1976年,第868页。

29　《元史》卷61《地理志四》,中华书局标点本,1976年,第1467页。

30　八百等处宣慰司都元帅府设置后,并入八百等处宣慰司都元帅府。

31　《元史》卷61《地理志四》,中华书局标点本,1976年,第1467页。

32　《宋史》卷493《蛮夷传一·西南溪洞诸蛮上》,中华书局标点本,1977年,第14171页。

33　《宋史》卷 493《蛮夷传一·西南溪洞诸蛮上》,中华书局标点本,1977 年,第
　　14172 页。

34　《元史》卷 5《世祖纪二》,中华书局标点本,1976 年,第 98 页。

35　《元史》卷 60《地理志三》,中华书局标点本,1976 年,第 1433 页。

36　《元史》卷 100《兵志三·屯田》,中华书局标点本,1976 年,第 2573 页。

37　《元史》卷 148《董俊传》,中华书局标点本,1976 年,第 3494 页。

38　《元史》卷 157《郝经传》,中华书局标点本,1976 年,第 3702 页。

39　《元史》卷 29《泰定帝纪一》,中华书局标点本,1976 年,第 652 页。

40　《元史》卷 34《文宗纪三》,中华书局标点本,1976 年,第 753—754 页。

41　李治安:《元代政区地理的变迁轨迹及特色新探(三)》,《历史教学(高校版)》2007
　　年第 3 期。

42　《元史》卷 61《地理志四》,中华书局标点本,1976 年,第 1467 页。

43　《元史》卷 91《百官志七》,中华书局标点本,1976 年,第 2308 页。

44　《元史》卷 91《百官志七》,中华书局标点本,1976 年,第 2309 页。

45　《元史》卷 87《百官志三·宣政院》,中华书局标点本,1976 年,第 2193 页。

46　《元史》卷 17《世祖纪十四》,中华书局标点本,1976 年,第 360 页。

47　《元史》卷 17《世祖纪十四》,中华书局标点本,1976 年,第 367 页。

48　《元史》卷 29《泰定帝纪一》,中华书局标点本,1976 年,第 663 页。

49　《宋史》卷 8《真宗纪三》,中华书局,1977 年,第 156 页。

50　《宋史》卷 10《仁宗纪二》,中华书局,1977 年,第 207 页。

51　《宋史》卷 12《仁宋纪四》,中华书局,1977 年,第 230 页。

52　《宋史》卷 89《地理志·成都路》,中华书局,1977 年,第 2212 页。

53　《宋史》卷 10《仁宗纪二》,中华书局,1977 年,第 206—207 页。

54　《宋史》卷 160《选举志六·考课》,中华书局,1977 年,第 3764 页。

55　《宋史》卷 86《地理志·河北路》,中华书局,1977 年,第 2133 页。

56　《宋史》卷 87《地理志·陕西路》,中华书局,1977 年,第 2143 页。

57　《宋史》卷 89《地理志·成都路》,中华书局,1977 年,第 2223 页。

58　《宋史》卷 159《铨法下·远州铨》,中华书局,1977 年,第 3721 页。

59　《宋史》卷 167《职官志七·经略安抚司》,中华书局,1977 年,第 3961 页。

60　均见《宋史》。

61　《宋史》卷493《蛮夷传一·西南溪峒诸蛮传上》。《宋史》卷496《蛮夷传四》。

62　《宋史》卷496《蛮夷传四》,中华书局,1977年,第14244页。

63　《宋史》卷167《职官志七》,中华书局,1977年,第3977页。

64　《宋史》卷38《宁宗纪二》,中华书局,1977年,第3973页。

65　《宋史》卷167《职官志七·巡检司》,中华书局,1977年,第3982页。

66　《宋史》卷167《职官志七·巡检司》,中华书局,1977年,第3973页。

67　《宋史》卷285《陈执中传》,中华书局,1977年,第9612页。

68　《宋史》卷89《地理志五·潼川府路》,中华书局,1977年,第2218页。

69　以上见《宋史》卷89《地理五》,《宋史》卷90《地理六》。

70　《宋史》卷90《地理六·广南西路》,中华书局,1977年,第2248页。

71　《宋史》卷493《蛮夷传一·西南溪峒蛮夷上》,中华书局,1977年,第14171页。

72　《宋史》卷495《蛮夷传三·抚水州》,中华书局,1977年,第14214页。

73　《宋史》卷493《蛮夷传一·西南溪峒蛮夷上》,中华书局,1977年,第14171页。

74　《宋史》卷294《苏绅传》,中华书局,1977年,第9810页。

75　《宋史》卷348《赵遹传》,中华书局,1977年,第11046页。

76　《宋史》卷493《蛮夷传一·西南溪峒蛮夷上》,中华书局,1977年,第14171页。

77　《宋史》卷493《蛮夷传一·西南溪峒蛮夷上》,中华书局,1977年,第14172页。

78　按,"边疆区与内地的圈层型关系"的观点由周振鹤在《中国历史上两种基本政治地理格局分析》(《历史地理》二十一辑,上海人民出版社,2004年)提出,比较准确和恰当地反映了秦汉至唐宋时期我国边疆与内地的政治地理格局,笔者借用其分析方法探讨南宋与大理国之间的地区政治格局。

79　《宋史》卷167《职官志七·府州军监》,中华书局,1977年,第3972—3973页。

80　《宋史》卷167《职官志七·府州军监》,中华书局,1977年,第3973页。

81　《宋史》卷167《职官志七·府州军监》,中华书局,1977年,第3973页。

82　《宋史》卷167《职官志七·府州军监》,中华书局,1977年,第3982页。

83　《宋史》卷89《地理志五》,中华书局,1977年,第2219页。

84　《宋史》卷89《地理志五》,中华书局,1977年,第2228页。

85　《宋史》卷20《徽宗纪二》,中华书局,1977年,第382页。

86　《宋史》卷38《宁宗纪二》,中华书局,1977年,第746页。

87　(宋)周去非撰,杨武泉校注:《岭外代答校注》卷1《边帅门·广西经略安抚使》,中华书局,1999 年,第 42—43 页。

88　《宋史》卷 90《地理志六》,中华书局,1977 年,第 2241 页。

89　《宋史》卷 90《地理志六》,中华书局,1977 年,第 2239 页。

90　《宋史》卷 90《地理志六》,中华书局,1977 年,第 2240 页。

91　见《宋史》卷 167《职官志七·经略安抚司》。

92　《宋史》卷 191《兵志五·乡兵二》,中华书局,1977 年,第 4743 页。

93　《宋史》卷 191《兵志五·乡兵二》中华书局,1977 年,第 4744 页。

94　《宋史》卷 37《宁宗纪一》,中华书局,1977 年,第 722 页。

95　《宋史》卷 154《舆服志六·印》,中华书局,1977 年,第 3594 页。

96　《宋史》卷 119《礼仪志二十二》,中华书局,1977 年,第 2813 页。

97　(宋)周去非撰,杨武泉校注:《岭外代答》卷 1《边帅门·宜州兼广西经略安抚使》,中华书局,1999 年,第 42—43 页。

98　《宋史》卷 89《地理志五》,中华书局,1977 年,第 2219 页。

99　《宋史》卷 89《地理志五》。中华书局,1977 年,第 2226—2227 页。

100　《宋史》卷 191《兵志五·乡兵二》,中华书局,1977 年,第 4743—4744 页。

101　《宋史》卷 89《地理志五》,中华书局,1977 年,第 2228—2229 页。

102　(宋)周去非撰,杨武泉校注:《岭外代答校注》卷 1《边帅门·融州兼广西路安抚都监》,中华书局,1999 年,第 51—52 页。

103　《宋史》卷 90《地理志六》,中华书局,1977 年,第 2241 页。

104　(宋)周去非撰,杨武泉校注:《岭外代答校注》卷 1《边帅门·宜州兼广西路安抚都监》,中华书局,1999 年,第 49 页。

105　《宋史》卷 378《沈晦传》,中华书局,1977 年,第 11672 页。

106　《宋史》卷 493《蛮夷传一·西南溪峒蛮夷上》,中华书局,1977 年,第 14173 页。

107　《宋史》卷 493《蛮夷传一·西南溪峒蛮夷上》,中华书局,1977 年,第 14171 页。

108　《宋史》卷 495《蛮夷传三·抚水蛮》,中华书局,1977 年,第 14211 页。

109　《宋史》卷 494《蛮夷传二·南丹州传》,中华书局,1977 年,第 14201 页。

110　《宋史》卷 493《蛮夷传一·西南溪峒蛮夷上》,中华书局,1977 年,第 14182 页。

111　《宋史》卷 90《地理志六》,中华书局,1977 年,第 2240—2241 页。

112　《宋史》卷 89《地理志五》,中华书局,1977 年,第 2226—2227 页。

113　《宋史》卷 495《蛮夷传三·抚水蛮》,中华书局,1977 年,第 14214 页。

114 (宋)周去非撰,杨武泉校注:《岭外代答校注》卷1《边帅门·宜州兼广西路安抚都监》,中华书局,1999年,第49页。

115 《宋史》卷31《高宗纪八》,中华书局,1977年,第579页。

116 《宋史》卷18《哲宗纪二》,中华书局,1977年,第351页。

117 《宋史》卷198《兵志十二·马政》,中华书局,1977年,第4956页。

118 《元史》卷8《世祖纪五》,中华书局,1976年,第171页。

119 《元史》卷10《世祖纪七》,中华书局,1976年,第214页。

120 《元史》卷8《世祖纪五》,中华书局,1976年,第170页。

121 (元)苏天爵编:《元文类》卷59,姚燧:《湖广行省左承相神道碑》,任继愈主编:《中华传世文选》,吉林人民出版社,1998年,第919页。

122 (元)苏天爵编:《元文类》卷41《经世大典序录·招捕》将元初招捕归附属湖广行省管辖的溪峒诸蛮分列为《八番顺元蛮》、《广西两江》、《播思》诸条分别叙述,清楚地说明了南宋末年溪峒诸蛮地区地域整合的特点和结构。见任继愈主编:《中华传世文选》,吉林人民出版社,1998年,第729—733页。

123 《元史》卷10《世祖纪七》,中华书局,1976年,第206页。也见《元史》卷63《地理志五》。

124 (元)苏天爵编:《元文类》卷41《经世大典序录·招捕》,任继愈主编:《中华传世文选》,吉林人民出版社,1998年,第729页。

125 《元史》卷10《世祖纪七》,中华书局,1976年,第214页。

126 (元)苏天爵编:《元文类》卷41《经世大典序录·招捕》,任继愈主编:《中华传世文选》,吉林人民出版社,1998年,第729页。

127 《元史》卷63《地理志五》,中华书局,1976年,第1534页。

128 《元史》卷63《地理志六》,中华书局,1976年,第1539页。

129 (元)苏天爵编:《元文类》卷41《经世大典序录·招捕》,任继愈主编:《中华传世文选》,吉林人民出版社,1998年,第729页。

130 (元)苏天爵编:《元文类》卷41《经世大典序录·招捕》,任继愈主编:《中华传世文选》,吉林人民出版社,1998年,第729页。

131 《元史》卷11《世祖纪八》,中华书局,1976年,第228页。

132 《元史》卷12《世祖纪九》,中华书局,1976年,第244页。

133 《元史》卷12《世祖纪九》,中华书局,1976年,第255—256页。

134 《元史》卷61《地理志四》，中华书局，1976年，第1470页。

135 《元史》卷13《世祖纪十》，中华书局，1976年，第274页。

136 《元史》卷15《世祖纪十二》，中华书局，1976年，第325页。

137 《元史》卷16《世祖纪十三》，中华书局，1976年，第344页。

138 《元史》卷134《斡罗思传》，中华书局，1976年，第3264页。

139 《元史》卷17《世祖纪十四》，中华书局，1976年，第361页。

140 《元史》卷61《地理志五·云南》记载"普定路，本普里部，归附后改普定府。至元二十七年，初斡罗思、吕国瑞入贿丞相桑哥及要束木等，请创罗甸宣慰司。至是，言招到罗甸国札哇并龙家、宋家、犵狫、苗人诸种蛮夷四万六千六百户。阿卜、阿牙者来朝，为曲靖路宣慰同知脱因及普安路官所阻。会云南行省言："罗甸即普里也，归附后改普定府，印信具存，隶云南省三十馀年，赋役如期。今所创罗甸宣慰安抚司，隶湖南省。斡罗思等擅以兵胁降普定土官矣资男、札哇、希古等勒令同其入觐，邀功希赏，乞罢之，仍以其地隶云南。"制可。大德七年，改为路。大德七年，中书省臣言："蛇节、宋隆济等作乱，普定知府容苴率僳效顺。且没，其妻适姑亦能自力戎行，乞令袭其夫职。仍改普定为路，隶曲靖宣慰司，以适姑为本路总管，虎符。"说明罗甸改属云南后，宣慰司曾罢。至元二十七年再度重设，大德七年罗甸改普定路，由曲靖宣慰司统辖，罗甸宣慰司当废。

141 （元）刘应李原编，詹友谅改编：《大元混一方舆胜览》目录统计，郭声波整理本，四川大学出版社，2003年，第656—570页。

142 《元史》卷63《地理志六·湖广行省·八番顺元蛮夷官》，中华书局，1976年，第1539—1563页。

143 《新元史》卷44《地理六·湖广行省·八番顺元宣慰司》，上海开明书店，1935年，第130页。

144 《元史》卷63《地理志六》，中华书局，1976年，第1544—1545页。

145 《新元史》卷44《地理六·湖广行省·八番顺元宣慰司》，上海开明书店，1935年，第129页。

146 《元史》卷63《地理志六·湖广行省》，中华书局，1976年，第1551页。

147 《元史》卷8《世祖纪五》，中华书局，1976年，第171页。

148 《元史》卷9《世祖纪六》，中华书局，1976年，第192—193页。

149 《元史》卷10《世祖纪七》，中华书局，1976年，第207页。

150　(元)苏天爵编:《元文类》卷41《经世大典序录·招捕》,任继愈主编:《中华传世文选》,吉林人民出版社,1998年,第733页。

151　(元)苏天爵编:《元文类》卷41《经世大典序录·招捕》,任继愈主编:《中华传世文选》,吉林人民出版社,1998年,第733页。《元史》卷165《杨赛因不花》传称"邦宪奉版籍内附,授龙虎卫上将军、绍庆珍州南平等处沿边宣慰使、播州安抚使"。备一说。

152　《元史》卷11《世祖纪八》,《元史》卷163《李德辉传》,中华书局,1976年,第233页,第3818页。

153　《元史》卷165《杨赛因不花传》,中华书局,1976年,第3884—3885页。

154　《元史》卷14《世祖机十一》,中华书局,1976年,第290页。

155　《元史》卷165《杨赛因不花传》,中华书局,1976年,第3885页。

156　《元史》卷63《地理志六·湖广行省》,中华书局,1976年,第1551页。

157　按,杨汉英即杨赛因不花。《元史》卷17《世祖纪十四》,中华书局,1976年,第385页。

158　见《元史》卷17《世祖纪十四》,《元史》卷63《地理志六·湖广行省》。按:《新元史》卷43《地理志六》记载"至元二十八年,从播州万户杨汉英之请,以播州等处管军万户杨汉英为绍庆、珍州、南平等处宣慰使,行播州军民宣抚使,播州等处管军万户。"

159　《元史》卷17《世祖纪十四》,《元史》卷63《地理志六·湖广行省》,中华书局,1976年,第361页,第1539页。

160　《元史》卷42《顺帝纪五》,中华书局,1976年,第900页。

161　(元)刘应李原编,詹友谅改编:《大元混一方舆胜览》,郭声波整理本,四川大学出版社,2003年,第651—654页。

162　(元)苏天爵编:《元文类》卷41《经世大典序录·招捕》,任继愈主编:《中华传世文选》,吉林人民出版社,1998年,第733页。

163　《元史》卷63《地理志六·湖广行省》,中华书局,1976年,第1551—1563页。

164　《元史》卷63《地理志六·湖广行省》,中华书局,1976年,第1532页。(元)刘应李原编,詹友谅改编:《大元混一方舆胜览》,郭声波整理本,四川大学出版社,2003年,第688—708页。

165　(宋)周去非撰,杨武泉校注:《岭外代答校注》卷1《地理门·并边》,中华书局,

1999 年,第 3—4 页。

166　(宋)周去非撰,杨武泉校注:《岭外代答校注》卷 1《边帅门·琼州兼广西路安抚都监》,中华书局,1999 年,第 45 页。

167　(宋)周去非撰,杨武泉校注:《岭外代答校注》卷 1《边帅门·邕州兼广西路安抚都监》,中华书局,1999 年,第 47 页。

168　(宋)周去非撰,杨武泉校注:《岭外代答校注》卷 1《边帅门·宜州兼广西路兵马都监》,中华书局,1999 年,第 48—49 页。

169　(宋)周去非撰,杨武泉校注:《岭外代答校注》卷 1《边帅门·融州兼广西路兵马都监》,中华书局,1999 年,第 51 页。

170　(宋)周去非撰,杨武泉校注:《岭外代答校注》卷 1《边帅门·钦廉溪洞都巡检使》,中华书局,1999 年,第 53 页。

171　(宋)周去非撰,杨武泉校注:《岭外代答校注》卷 1《边帅门·广西经略安抚使》,中华书局,1999 年,第 43 页。

172　(宋)周去非撰,杨武泉校注:《岭外代答校注》卷 1《边帅门·钦廉溪洞都巡检使》,中华书局,1999 年,第 47 页。

173　《元史》卷 8《世祖纪五》,中华书局,1976 年,第 170 页。

174　《元史》卷 9《世祖纪六》,中华书局,1976 年,第 197 页。

175　《元史》卷 9《世祖纪六》,中华书局,1976 年,第 190 页。

176　《元史》卷 10《世祖纪七》,中华书局,1976 年,第 203 页。

177　《元史》卷 9《世祖纪六》,中华书局,1976 年,第 190 页。

178　《元史》卷 63《地理志六·湖广行省》,中华书局,1976 年,第 1532 页。

179　《元史》卷 13《世祖纪十》,中华书局,1976 年,第 264 页。

180　《元史》卷 16《世祖纪十三》,中华书局,1976 年,第 347 页。

181　《元史》卷 18《成宗纪一》,中华书局,1976 年,第 394 页。《元史》卷 63《地理志六》记载:"元贞元年,并左右两江宣慰司都元帅府为广西两江道宣慰司都元帅府,仍分司邕州。"中华书局,1976 年,第 1531 页。

182　(元)苏天爵编:《元文类》卷 41《经世大典序录·招捕》,任继愈主编:《中华传世文选》,吉林人民出版社,1998 年,第 732 页。

183　(元)刘应李原编,詹友谅改编:《大元混一方舆胜览》,郭声波整理本,四川大学出版社,2003 年,第 719 页。

184　（元）苏天爵编：《元文类》卷41《经世大典序录·招捕》，任继愈主编：《中华传世文选》，吉林人民出版社，1998年，第732页。

185　《元史》卷83《选举志三》，中华书局，1976年，第2061页。

186　《元史》卷15《世祖纪十二》，中华书局，1976年，第315页。

187　《元史》卷19《世祖纪十六》，中华书局，1976年，第406页。

188　《元史》卷99《兵志二·镇戍》，中华书局，1976年，第2546页。

189　（元）苏天爵编：《元文类》卷41《经世大典序录·招捕》，任继愈主编：《中华传世文选》，吉林人民出版社，1998年，第732页。

190　（元）苏天爵编：《元文类》卷41《经世大典序录·招捕》，任继愈主编：《中华传世文选》，吉林人民出版社，1998年，第732页。

191　《元史》卷100《兵志三·屯田》，中华书局，1976年，第2578—2579页。

第 二 章

安抚司制度的边疆演化

元代的特殊政区安抚司从唐宋的安抚使演变而来,演变过程经历了隋唐五代宋时期,从中央派遣处理地方事务的官员,进而演变为地方高层政区的行政组织之一,到元代形成特殊政区。在元代以前,隋唐五代宋时期,无论是安抚使派出,还是安抚司制度形成过程中,都有明显的地域特点,或者在安抚司制度上存在着地域差异的制度特点,正是因为这一地域特点或由地域差异导致的制度特点,促使安抚司在元代演进为特殊政区时具有了行政区划的特殊性和地域特点。

第一节 隋唐时期的安抚使

隋代无安抚使,而有安抚大使,最早担任此职是韦师,史载"高祖受禅,(韦师)拜吏部侍郎,赐爵井陉侯,邑五百户。数年,迁河北道行台兵部尚书,诏为山东河南十八州安抚大使。奏事称旨,赐钱三百万,兼领晋王广司马"[1]。开皇年间,周法尚以桂州总管兼"岭南安抚大使",负责"安集岭南"各民族[2]。隋文帝仁寿四年(604年)七月,并州总管汉王谅趁文帝驾崩之际举兵反叛,炀帝即位,命杨素为并州道行军总管、河北安抚大使,率众数万讨平之[3]。隋末宇文化及趁乱起兵,僭越帝号位,裴矩被虏,宇文化及因裴矩在隋朝长期处置北方民族事务和边务取得显著成效,于是任裴矩为"河北道安抚大使"[4]。可见,隋代的安抚大使为行军主帅的兼职,多为临时派遣的加官,主要在平定边远地区叛乱、处置边疆民族问题或"安集"边远民族时对军事主官"总管"或"行军总管"的加衔,故"安抚大使"具有处置边疆事务和民族事务的特别权力。

　　唐代的安抚使研究尚付阙如,史籍记载较为笼统,研究者缺乏细致梳理。马端临《文献通考》记载唐代安抚使曰:"唐贞观初,遣大使十三人巡省天下诸州(水旱)则有巡察、安抚、存抚之名;节度使兼之,则有副使。天授二年,发十道存抚使)。圣历中,狄仁杰为河北道安抚大使,德宗贞元间,又置副使。"[5]虽然这段史料读起来不得要领,但可知贞观年间"遣大使十三人巡省天下诸州",这十三位钦差大使分赴诸州时,他们分别被授予巡察大使、安抚大使、存抚大使等职衔,但是没有说明巡察、安抚和存抚大使各为多少人,分别巡省的是哪些地区。两《唐书》职官志没有专门的"安抚使"条目,但在"观察处置使"条下有注文曰:

　　　　贞观初,遣大使十三人巡省天下诸州,水旱则遣使,有巡察、安抚、存抚之名。神龙二年,以五品以上二十人为十道巡察使,按举州县,再周而代。景云二年,置都督二十四人,察刺史以下善恶,置司举从事二人,秩比侍御史。扬、益、并、荆四州为大都督,汴、兖、魏、冀、蒲、绵、秦、洪、润、越十州为中都督,皆正三品。齐、鄜、泾、襄、安、潭、遂、通、梁、夔十州为下都督,从三品。当时以为权重难制,罢之,唯四大都督府如故。置十道按察使,道各一人。开元二年,曰十道按察采访处置使,至四年罢,八年复置十道按察使,秋、冬巡视州县,十年又

罢。十七年复置十道、京都、两畿按察使,二十年日采访处置
使,分十五道,天宝末,又兼黜陟使,乾元元年,改日观察处
置使。[6]

可见,这段史料所谓贞观初"遣大使十三人巡省天下诸州,水旱则
遣使,有巡察、安抚、存抚之名"的安抚大使处于唐朝监察制度探
索过程中,反映的是唐中前期监察职官尚未定型和职官名混乱的
现象,故一般学者据此得出"唐代前期派大臣巡视经过战乱或受
灾的地区, 以安定社会秩序, 称安抚使"的结论。那么唐代是否
还在其他情况下和时间里任命过安抚大使呢? 答案是肯定的。唐
代安抚大使,武则天后又简称为"安抚使"。检索《新唐书》,唐代
任命"安抚大使"和"安抚使"情况如下:

武德初,在覆灭隋朝的战争中,曾有宗室李神通"拜山东安抚
大使,黄门侍郎崔干副之,进击宇文化及于魏"[7],又有唐俭任并州
道安抚大使,任瓌关东平,为河南安抚大使,杜伏威为江淮安抚大
使等[8]。

唐朝平定全国后,贞观年间"会思结阙俟斤都曼先镇诸胡,劫
所部及疏勒、朱俱波、喝槃陀三国复叛,诏(苏)定方还为安抚大
使。率兵至叶叶水,而贼堞马头川。定方选精卒万、骑三千袭
之"。又以左武卫大将军程务挺"为单于道安抚大使,御突厥"[9]。

唐高宗时曾多次置安抚大使处置边疆不虞事件。如:"贺鲁
部悉结阙俟斤都曼寇边,左骁卫大将军苏定方为安抚大使以伐
之"。攻打高丽,以"右骁卫大将军契苾何力为辽东安抚大使,率
兵援之"。"总章元年正月壬子,刘仁轨为辽东道副大总管兼安抚
大使、浿江道行军总管。"其后以"右武卫将军程务挺为单于道安

抚大使,以伐突厥。"[10]。高固"为北庭安抚使,禽车鼻可汗,以功为安东都护"[11]。显庆中"时铁勒九姓叛,诏何力为安抚大使。何力以轻骑五百驰入其部"讨伐之[12]。"总章元年,刘仁轨为熊津道安抚大使,兼浿江道总管,副李勣讨高丽,平之"[13]。其后"以李勣为辽东道行军大总管兼安抚大使,与契苾何力、庞同善并力"[14]。

武则天时,派"左威卫大将军程务挺为单于道安抚大使,以备突厥","武三思为榆关道安抚大使,纳言姚璹为副,以备契丹"[15]并"屯边"[16]。"狄仁杰为河北道安抚大使"[17],"(姚)元之为灵武道安抚大使"[18]。安抚大使的派出无一不是设置在重要的边防地区和军事征战前沿,具有备边和处置民族问题的职能。武则天后期以后,"安抚大使"逐渐改称"安抚使",曾以"魏元忠为安东道安抚使"[19],但其军事主帅加衔备边、处置民族问题的职责没有变化。为了"安抚乌质勒及十姓部落",以御史中丞解琬"兼北庭都护、西域安抚使"[20]。天授二年"大首领曷苏率贵川部与党项种三十万降,后以右玉钤卫将军张玄遇为安抚使,率兵二万迎之"[21]。

特别是唐玄宗时期,唐朝在西南地区受吐蕃威胁的情况下,辅佐云南的南诏统一洱海的民族部落,建立南诏政权以抗拒吐蕃。然而边将处置失当,南诏叛唐而附吐蕃,西南出现边疆危机。天宝"西洱河之战"后,南诏政权强盛,归附吐蕃,西南边疆异常紧张,剑南西川节度韦皋负责整个西南边备和南诏事务,唐朝为加强其职权,"天宝中,鲜于仲通下兵南溪,道遂闭。至是蛮径北谷,近吐蕃,故皋治复之。繇黎州出邛部,直云南,置青溪关,号曰'南道'。乃诏皋统押近界诸蛮、西山八国、云南安抚使"[22],正因为韦皋有"统押近界诸蛮、西山八国、云南安抚使"这个职衔,他的权力不仅局限于"西川节度",而成为唐朝负责整个西南边备和周边各民族或民族政权事务的最高长官。永贞元年(805年)八月,顺宗因"剑南西川节度使韦皋卒，行军司马刘辟自称留后"，特别任命"袁滋为剑南西川、山南西道安抚大使"[23]，说明唐代"安抚大使"与"安抚使"是同一职官，称呼略有不同，但职能一致。

德宗时，以"萧复为山南东西、荆湖、淮南、江西、鄂岳、浙江东西、福建、岭南宣慰安抚使"[24]，"宣慰安抚使"几乎具备了统管整个南方边备的职能。

唐文宗大和年间，毕诚任"刑部侍郎，出为邠宁节度、河西供军安抚使"[25]。

唐懿宗咸通年间，蔡袭"经制岭南"，同时任"宣慰安抚使"，负责抵御南诏对岭南的袭扰[26]。

综合上述史实，唐代的安抚使或安抚大使在唐前期、中期和后期均有设置，派出时间和地域非常典型。从时间看，均在唐朝与周边民族和民族政权征战的关键时刻，贞观年间对突厥战争紧迫，频派安抚大使到战争前线"御突厥"；高宗和武则天时，最重要的军事行动是征高丽，以及处理突厥复国造成北部边疆紧张和民族问题复杂，于是，安抚大使或安抚使均被派往辽东"率兵援"征，或单于道、安东道"以伐突厥"，武则天后期西域安西北庭都护府遭遇外敌侵略和内乱，故前往西域的军事将领"兼北庭都护、西域安抚使"。玄宗时吐蕃和西南的南诏成为唐朝边患威胁，故处置西南边疆事务的剑南西川节度加安抚使衔职，成为"统押近界诸蛮、西山八国、云南安抚使"。唐后期德宗、文宗、懿宗时皆不例外，可寻着安抚使派出的时间和区域看到凡在唐代边疆战事、边疆危机以及民族问题最吃紧、最危急、最复杂的时刻和地区，都有任命"安抚大使"或"安抚使"的情况。基于此，可以说唐代除唐初覆灭隋朝战争时期外，安抚使的任职地区都在边疆，或为平定边疆叛乱，或"御突厥"，或"屯边"，或"统押近界诸蛮"，或"宣慰"边远民族等等边疆重任而任命和派出。安抚使成为唐代边备和处置周边民族问题和民族政权前线军事主官的特别加衔,并非通常认为的唐代前期派大臣巡视经过战乱或受灾的地区,以安定社会秩序的安抚使。事实上,唐代的安抚使承担的是军事职能和处置民族问题的重任,具有特别权力,但基本没有行政职能,也不是固定职官,更没有机构和治所,这一点值得特别注意。

第二节　宋代安抚司的边疆特殊形态

由于初步具备全国性普遍意义和行政组织职能的安抚司出现在宋代,因此,学术界对安抚司的研究也主要集中在宋代,以李昌宪《宋代安抚使考》和余蔚博士论文《宋代地方行政制度研究》[27]为代表,对宋代的安抚司性质、职官、职能等方面进行了全面的解析。如李昌宪《宋代安抚使考》中的研究所言,宋初的安抚使沿袭隋唐旧制,运用经略、安抚使等职来处理各项突发事件。随着北宋对外防御辽夏等少数民族政权的侵扰,对内巩固封建政权的战略目标的需要,宋代的地方统兵体系逐渐完善,安抚使逐渐与宋朝的地方统兵系统结合。到宋真宗时期经略、安抚使制度已初步形成,不仅经略、安抚使均由文臣充任,而且创造了一路首州知州兼任安抚使的形式,提供了一路首州知州兼总一路兵民之权的首例[28]。

宋代的行政区划"路"是正式的一级政区,作为高层政区路的地方行政组织则形成了机构"多头负责制"的特点,路一级相应的行政组织至少有四个:转运司、提点刑狱司、提举常平司、安抚司,所以宋代高层政区的职权被几个行政组织分割,没有一个行政组织拥有完整的权力[29],安抚司则成为宋代高层政区路的多个行政组织之一。宋代高层政区路的四大行政组织各有分工，"以婚田、税赋属之转运，狱讼、经总属之提刑，常平、茶盐属之提举，兵将、盗贼属之安抚"[30]。北宋时期行政区划以转运司路为主体，宋室南渡后，因军事防御需要，分路以安抚使为主。南宋在其秦岭、淮河以南全境内所分的两浙东、两浙西、江南东、江南西、淮南东、淮南西、荆湖南、荆湖北、京西南、成都府、潼川府、夔州、利州、福建、广南东、广南西等，故南宋行政区划的路是指安抚使路而言。总之，南宋安抚司的行政职权得到加强，不仅是高层政区路的行政组织之一，更是主要的行政机构。

在南宋遍设安抚使的同时，安抚司便由高层军事组织转变为民事行政组织，因而南宋的安抚使司对于统辖州军仅拥有军事指挥权、官员监察弹劾推荐权以及处理所辖地区边防、民族等事务的权力[31]。虽然全国普遍制度的安抚司研究已经非常深入了，但是，宋代安抚司的边疆特殊形态——"经略安抚司"和"沿边安抚司"尚少有人关注，本研究希望在这方面做出独特的探讨。

一、"经略安抚司"与"沿边安抚司"

《宋史·职官志七·经略安抚司》称：

> 经略安抚司经略安抚使一人，以直秘阁以上充，掌一路兵民之事。皆帅其属而听其狱讼，颁其禁令，定其赏罚，稽其钱谷、甲械出纳之名籍而行以法。若事难专决，则具可否具奏。即干机速、边防及士卒抵罪者，听以便宜裁断。帅臣任河东、陕西、岭南路，职在绥御戎夷，则为经略安抚使兼都总管以统制军旅，有属官典领要密文书，奏达机事。河北及近地，则使事止于安抚而已，其属有干当公事、主管机宜文字、准备将领、

准备差使[32]。

据此可知,"经略安抚司"兼领军都总管,与一般安抚司略有不同,而且宋朝只在处于边疆或沿边的地区才设置经略安抚司。其长官称"经略安抚使",简称"帅臣",位高权重,不仅"以直秘阁以上充,掌一路兵民之事",而且"帅臣任河东、陕西、岭南路,职在绥御戎夷,则为经略安抚使兼都总管以统制军旅,有属官典领要密文书,奏达机事。河北及近地,则使事止于安抚而已。"这说明"统制军旅"的经略安抚使兼都总管在北宋主要设置于宋与夏、金相接的边疆前沿的河东、陕西、河北地区和南方沿边岭南的溪峒民族地区等四个地方,与边疆无关的内地从来都不设置经略安抚司。南方最典型的是广南西路经略安抚司,大约设置于北宋皇祐年间,史载"皇祐四年,诏广、桂二州带经略安抚使"[33],北宋在岭南地区设置广州经略安抚使和桂州经略安抚使,即广南东路经略安抚司和广南西路经略安抚司,这两个经略安抚司延续至南宋。

经略安抚司在地域特征上具有沿边性,且"职在绥御戎夷",北方与辽金交界地区的经略安抚司,其职能以"御戎"为主,南方溪峒民族地区的广南经略安抚司职责在"绥夷"。经略安抚司机构庞大而完善,在机构上,"其属有干当公事、主管机宜文字、准备将领、准备差使"者皆备,在职能上,"掌一路兵民之事",举凡"听其狱讼,颁其禁令,定其赏罚,稽其钱谷、甲械出纳之名籍而行以法"等漕司、宪司之职责,经略安抚司皆可兼之。朝廷更授于全权处置边防事务的职责,因为经略安抚使"系边任,则绥御夷狄,抚宁疆圉。若甲兵屯戍、刍粟馈运,则视其缓急盈虚而移用之,掌凡战守之事"[34],能"干机速,边防及士卒抵罪者,听以便宜裁断",兼边防前沿的"统制军旅",因此,沿边地区之军事行政之事"止于安抚而已"。经略安抚司地域上的沿边性和职责上的"绥御戎夷"性使其有别于内地一般安抚司,成为具备了地方行政职能和军事职能的地方国家机构。

宋室南渡,北宋在北方地区设置的河东、陕西、河北经略安抚司均因陷于金人而自然废弃,但"襄阳府系上流重地,密邻伪境,依陕西五路例,许带京西南路经略安抚使"[35]。南宋于是在诸路遍设安抚使,均为文臣充任。仅"广东西、荆南、襄阳仍旧制加'经略'二字。凡帅府皆带马步军都总管"。然绍兴五年便"罢襄阳守臣、湖北帅司各带经略,安抚使后罢,惟二广如故"[36],说明南宋只有广南东、西两路则带经略安抚使,以武臣为经略安抚使[37]。二年后绍兴二十四年(1154 年)陈桷以"秘阁修撰"出任广州知州,同时充广南东路经略安抚使[38],同年张孝应以集英殿修撰的身份出任静江知府及广南西路经略安抚使[39]。乾道九年(1173 年)范成大任广南西路经略安抚使[40]。景定年间,冷应澂升"直宝章阁"并知广州兼广南东路经略安抚司公事、马步军都总管[41]。

沿边安抚司:沿边安抚司是宋代安抚司制度中较为特殊的形态。初,与经略安抚司一样创设于北宋的北部边疆地区,沿边安抚使创设于北宋真宗景德年间,史载"景德年间,上以为戎人多诈,虑援急侵寇及扰熟户,即命周文质监泾原军,曹玮知秦州两路沿边安抚使以备之"[42],景德元年(1004 年)又以兵部侍郎、知永兴军向敏中充西路沿边安抚使[43],景德三年(1006 年),始置河北沿边安抚使,以雄州守臣为之,同时还有"陕西沿边诸州亦有安抚使"[44]。沿边安抚使又称"缘边安抚使",北宋分别在河北、河东、陕西、泾原路等分设[45],大凡"大蕃府或沿边州郡,或当一道冲要者,并兼兵马钤辖、巡检、都监,或带沿边安抚"[46]。初沿边安抚司和经略安抚司均设置于北部边疆,各自依托的政区层级及职责各不相同,而且互不统属,经略安抚司以边疆的路为单位设立,沿边安抚司则以路之下处于边疆前沿最紧要的州为单位设立;经略安抚司是边疆跨高层政区路统筹军政事务的机构,北方的沿边安抚司则"知边事者为沿边安抚使,疆场事务听裁以便宜"[47],大凡"刺探敌情、关报事宜、捕捉境贼奸细、屯田塘水等之类,付沿边安抚司,其他军政悉归帅府"[48]。沿边安抚司职能较单一,只有处置边务的职责,边疆的其他军政事务则归经略安抚司即"帅府"处置。但是沿边安抚司并不是经略安抚司的下属单位,它们互不统属,故"沿边安抚司不由经略司,擅定牒本奏及差官体量久良津改路事"[49],形成边疆并行机构,朝廷专门为各沿边安抚司铸造带有"沿边安抚"文样的印章,持此印章的沿边安抚使具有直接向朝廷奏报边情的特权[50],所以沿边安抚司重在"边界探报事宜","沿边安抚司将探到事宜书号印缝,封送承受,如供报不实不尽,并以违制论"[51]。除此之外,沿边安抚司还有在边疆地区"招抚蕃部"[52],"安集降附部族","展拓疆土",建置砦堡,招募义兵屯田等等职能[53],如置于雄州的河北沿边安抚司"自绍圣四年四月以后新建九城寨皆隶新州,凡安集降羌,招置弓箭手,授田开垦及措置军伍贼盗皆得便宜处置"[54]。"新招降马禄族三处地分各建一堡寨,从秦凤缘边安抚司请也"[55]。北宋以"才武谋虑、谙知边事、得汉蕃人情武臣,带近上兵官职名,充沿边安抚使"或副使[56],凡"未谙边事"者皆不得任此职[57],宋神宗熙宁六年(1073 年),曾以王韶为使置河州沿边安抚使,"招抚蕃部",事不成,竟遭王安石弹劾[58]。由此可见,沿边安抚司专事边疆事务,职权重大。

二、广南西路经略安抚使司

广南西路经略安抚司初设于在皇祐年间,乃因平定当时少数民族侬智高的反叛需要,将广西分为邕、宜、融三路,各"用武臣充知州,兼本路安抚都监,而置经略安抚使于桂州,选两制以上官为知州,兼领使事"[59],由此形成了宋朝专设的广南西路经略安抚司,经略安抚使乃为桂州知州,以朝廷"两制以上官"充任。南宋宝祐年间曾短暂废经略安抚司,"改广西制置大使",不久仍"复为广西路经略安抚使"[60],故当北方为金人所占,宋室南渡后,宋朝的经略安抚司只剩下广南西路经略安抚司,其成为南宋唯一长期设置的经略安抚司,治所在静江府。

广南西路经略安抚司领辖的地域具有典型的沿边性,《宋史·地理志》记载"广南西路。大观元年,割融、柳、宜及平、允、从、庭、孚、观九州为黔南路,融州为帅府,宜州为望郡。三年,以黔南路并入广西,以广西黔南路为名。四年,依旧称广南西路。州二十五:桂、容、邕、融、象、昭、梧、藤、龚、浔、柳、贵、宜、宾、横、化、高、雷、钦、白、郁林、廉、琼、平、观。军三:昌化,万安,朱崖。县六十五。南渡后,府二:静江,庆远。州二十:容、邕、象、融、昭、梧、藤、浔、贵、柳、宾、横、化、高、雷、钦、廉、贺、琼、郁林。军三:南宁,万安,吉阳。绍兴二十二年,户四十八万八千六百五十五,口一百三十四万一千五百七十二。"广南西路经略安抚司领辖的地理范围相当于今广西壮族自治区,北宋在此设置正州 25 个,军 3,县 56。南宋升桂州为静江府,升宜州为庆远府,仍设正州 20,军 3 等,此外还有各州附属的羁縻州。其典型的地理特点沿边性表现为"广西西南一方,皆迫化外。令甲:邕、宜、钦、廉、融、琼州,吉阳、万安、昌化军,静江府,系沿边;柳、宾、皇、横、郁林、化、雷,系次边。总广西二十五州,而边州十七"[61]。

在南宋的政治地理格局中,广南西路形成自东往西的沿边圈层结构,其东部的柳、宾、皇、横、郁林、化、雷因靠近内地,故以"次边"称之;其中部的邕、宜、钦、廉、融、琼州、吉阳、万安、昌化军,静江府等,均系"沿边";而往西乃各州统领的羁縻地区,则是边远地带,故"沿边性"是南宋长期设置广南西路安抚司的最重要原因。在这个沿边政治地理圈层格局中,位于广南西路中部的邕、宜、钦、廉、融、琼诸州最为要害,因此广南西路经略安抚司在这些州设置分署机构加以控制。"枢密院亦上言:'广西沿边堡砦,昨因边臣希赏,改建州城,侵扰蛮夷,大开边衅。地属徼外,租赋亦无所入,而支费烦内郡,民不堪其弊,遂皆废罢。唯平、观二州以帅臣所请,故存。今睹明橐所奏,利害之实昭然可见。缘帅臣又称公晟于南丹、观州、宝监境上不时窃发,若废二州,恐于缘边事宜有所未尽。'诏令广南西路帅、漕、宪司共条具利害以闻。既而诸司交言:'平、观二州困弊已甚,有害无益,请复祖宗旧制为便。'诏从其言。"[62]

广南西路经略安抚司的领辖区域还具有民族性特征。"广西地带蛮夷,山川旷逮"[63],境内地理环境复杂和民族群落散杂,以邕、宜、钦、廉、融、琼诸州分割,呈现东西迥异的民族分布态势,周去非描述曰:

>　　静江属县,半抵猺峒。猺峒者,五陵蛮之别也。自静江稍西南,曰融州。其境抗扼王江、乐善、宜良、丈盈、洪源、从允、牂柯、夜郎诸蛮。自融稍西南,曰宜州。宜处群蛮之腹,有南丹州、安化三州一镇、荔波、赢河、五峒、茅滩、抚水诸蛮。南丹者,所谓莫大王者也。自宜稍西南,曰邕州。邕境极广,管溪峒羁縻州、县、峒数十。右江直西南,其外则南诏也。左江直正南,其外则安南也。自邕稍东南,曰钦州。钦之西南,接境交阯,陆则限以七峒,水则舟楫可通。自钦稍东,曰廉州。廉之海,直通交阯。自廉东南渡海,曰琼州、万安、昌化、吉阳军。中有黎母山,环山有熟黎、生黎。若夫浮海而南,近则占城诸

蕃,远则接于六合之外矣。[64]

在南宋时人的眼中,广南西路以邕、宜、融、琼、钦、廉诸州为分割线,其西南则为溪峒民族群落散处地区。故邕、宜、融、琼、钦、廉诸州在南宋的广南西路具有重要的战略地位,它们位于广南西路的中部,从南往北形成了一道重要的分界线,其东部是广南西路经制州,其西部是广南西路的羁縻州。

广南西路经略安抚司及其分署机构具有处理少数民族事务和处理沿边域外交往事务的特殊职能。广南西路经略安抚司及其下属的邕、宜、融、琼、钦、廉诸州承担着管理辖境内民族群落"自属刺史"而形成的大量羁縻州。南宋时期,凡广西沿边少数民族群落归附,则由经略安抚司负责设置并管理羁縻州,即"四夷归附,则分隶诸州,度田屋钱粮之数以给之"[65],因而,南宋广西南路经略安抚使司具有其他安抚司所没有的一个最重要的职权是主管羁縻州和羁縻地区的少数民族事务,"广南西路经略安抚司经制宜州溪峒事"[66]。宋哲宗元祐六年(1091 年)广南西路经略安抚司奏"南丹州捕到强劫山猺贼潘美、袁枨等"[67],已是控制溪峒民族群落羁縻州的沿边军事前线。

在地理区位上,广南西路经略安抚司是南宋王朝与安南、大理国政权和海外诸国联系的边疆地带。南宋王朝授权经略使处置与域外的关系,如负责大理国买马,负责处置安南的朝贡或边界事务。宋神宗熙宁十年(1077 年)冬十月,广南经略安抚使奏报处置与安南经界问题和接待安南朝贡使臣等事[68]。南宋还制定了广南西路经略安抚司对"安南边事"的密报制度[69],沿边路的经略安抚司主管羁縻地区少数民族事务,负责招纳蛮夷、设置羁縻州县,甚至变羁縻制为郡县制,由宋王朝直接统治。广南西路经略安抚司

"管勾溪洞公事"[70]。

广南西路经略安抚司的设置包含着对广南西路进行军政整合的蕴意。南宋广南西路经略安抚司与其他内地诸路安抚司仅是高层政区路的行政组织之一的性质不同,广南西路经略安抚司是广西的最高军政权力机构,经略安抚使作为"沿边守臣,并带溪峒都巡检使,尽隶于经略安抚使。帅府既内兼西南数十州之重,外镇夷蛮几数百族,事权不得不重矣。广西诸郡,凡有边事,不申宪、漕,惟申经略司,此昔日陕西制也"[71],基于此,广南西路经略安抚使拥有广西的最高军政权,广南西路经略安抚司及其分署机构统制整个广南西路军事。经略安抚使置兵营于治城,亲自统兵,又派出军队镇戍辖境内诸州。"广南西路经略司请置刀牌手三千人,于桂州置营,候教阅习熟,分戍诸州"[72]。经略安抚司还统制当地溪峒民族组成的"邕、钦溪洞壮丁"等军事力量,"专一提举左右江峒丁及收买战马等公事"[73]。"治平二年,广南西路安抚司集左、右两江四十五溪洞知州、洞将,各占邻迭为救应,仍籍壮丁,补校长,给以旗号"。"广南西路经略沈起言:'邕州五十一郡峒丁,凡四万五千二百。请行保甲,给戎械,教阵队。艺出众者,依府界推恩补授。'奏可"[74]。经略安抚司在领辖范围内的重要军政重镇有分署机构,域内诸凡"遇有军期,许听广南西路经略安抚司节制"[75]。北宋置广南西路经略安抚司之初,曾改邕、宜、融三州为路,各路有"安抚都监",为经略司的领属机构,故北宋设置广南西路经略安抚司之初,经略安抚使统领广西南路及邕、宜、融四路"以统制军旅"和"兵民之事"。南宋时邕、宜、融三路复为邕、宜、融三州,"武臣充知州,兼本路安抚都监",仍属经略安抚司统领[76]。由此可知,北宋皇祐年间设置广西经略安抚使司时,其构架为:

北宋广西经略安抚使司

邕州路安抚都监　宜州路安抚都监　融州路安抚都监

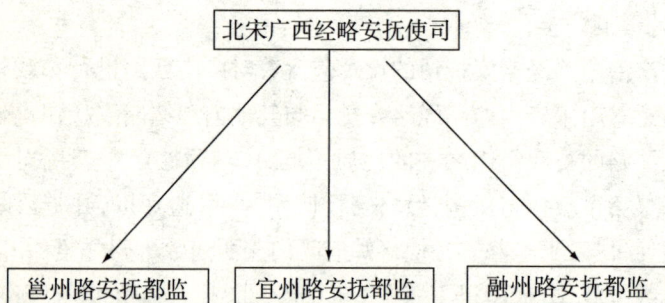

大约在大观年间,邕、宜、融三地又罢路为州,而安抚都监仍然存在。邕州"大观元年,升为望郡。绍兴三年,置司市马于横山砦,以本路经略、安抚总州事,同提点买马,专任武臣","融州,融水郡,清远军节度。本军事州,大观二年,升为帅府。三年,罢帅府,赐军额,又升为下都督府";"庆远府,下。本宜州,……旧军事州。景祐三年,废崖山县。宣和元年,赐军额"[77]。南宋后,广南西路经略安抚使司不仅统领上述三州安抚都监,而且"沿边守臣,并带溪峒都巡检使,尽隶于经略安抚使"[78],其分署机构如下:

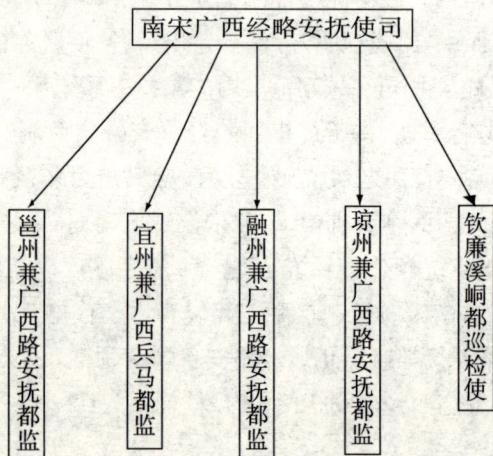

南宋广西经略安抚使司

邕州兼广西路安抚都监　宜州兼广西兵马都监　融州兼广西路安抚都监　琼州兼广西路安抚都监　钦廉溪峒都巡检使

南宋的广西南路经略安抚司"帅府既内兼西南数十州之重,外镇夷蛮几数百族,事权不得不重矣"[79]。广南西路经略安抚司治所在桂州,故"帅府"所在的桂州军政地位不断提高,"旧领广南西路兵马钤辖,兼本路经略、安抚使",到南宋初绍兴三年(1133年)"以高宗潜邸"[80],升为静江府,"八桂遂为西路雄府矣"[81],成为广南西路政治、经济、文化中心。除帅府外,经略安抚使司下设邕州兼广西路安抚都监、宜州兼广西路兵马都监、融州兼广西路安抚都监、琼州兼广西路安抚都监、钦廉溪峒都巡检使等,形成五个军事管控机构。宋朝专委广西经略司"招纳溪峒置堡寨"[82]。广西"本处地理阔远,蛮已归附,须筑一堡寨,以为守备",且"开道路,置堡寨、驿铺,分兵丁防守,乃为久安之计"[83],由此形成邕、宜、钦、廉州为广南西路"沿边堡寨屯戍之地"[84],分别控制广南西路的军事要害,这种经略安抚司及其分署机构的构架在南宋是非常独特的。

因此,广西南路经略安抚司实际是广西南路首要的行政组织,具备了完整行政权。广西地处沿边,各种事务繁杂,广南西路经略安抚司采用北宋陕西经略安抚司的模式,凡"广西诸郡,凡有边事,不申宪、漕,惟申经略司,此昔日陕西制也"[85]。表明广南西路经略安抚使集中了帅、宪、漕三司职权,经略安抚使除了具有强大的军事权力外,还具有民政、财政和司法权,广南西路经略安抚司逐渐发展为军政职权健全的地方行政机构。故而,广南西路经略安抚司及其分署机构具有了地域上的"沿边"性和溪洞民族性的特点。

邕州兼广西路安抚都监,时称"邕守兼本路安抚都监,州为建武军节度。有左、右两江。左江在其南,外抵安南国;右江在西南,外抵六诏、诸蛮。两江之间,管羁縻州峒六十余,用为内地藩,而内宿全将五千人以镇之。凡安南国及六诏、诸蛮有疆场之事,必由邕以达;而经略安抚之咨询边事,亦惟邕是赖。朝廷南方马政,专在邕。边方珍异,多聚邕矣"[86]。《宋史·地理志》记载邕州下辖两个正式政区的县,即宣化县和武缘县,还有军事寨堡"砦一:太平,旧领永平、太平、古万、横山四砦,金场一:镇乃。熙宁六年置。羁縻州四十四,县五,洞十一。忠州、冻州、江州、万丞州、思陵州、左州、思诚州、谭州、渡州、龙州、七源州、思明州、西平州、上思州、禄州、石西州、思浪州、思同州、安平州、员州、广源州、勤州、南源州、西农州、万崖州、覆利州、温弄州及武黎县、罗阳、陀陵县、永康县,武盈洞、古甑洞、凭祥洞、鐏峒、卓峒、龙英洞、龙耸洞、徊洞、武德洞、古佛洞、八魿洞:并属左江道。思恩州、鹅州、思城州、勘州、归乐州、武峨州、伦州、万德州、蕃州、昆明州、娄凤州、侯唐州、归恩州、田州、功饶州、归城州、武笼州及龙川县:并属右江道。初,安平州曰波州,皇祐元年改。元祐三年,又改怀化洞为州。"[87]

宜州兼广西路兵马都监所在即南宋的庆远府,境内有大量的溪洞民族群落,"宜之西境,有南丹州、安化三州一镇,又有抚水、五峒、龙河、茅滩、荔波等蛮及陆家砦"[88]。除领正式政区县四个外,有"羁縻州十,军一,监二。温泉州、环州、镇宁州,领县二。蕃州、金城州、文州、兰州,领县三。安化州,领县四。迷昆州、智州,领县五。怀远军,领县一。又有富仁、富安二监。旧领思顺、归化二州,庆历四年,并入柳州马平县。"[89]在地理上"广西控扼夷蛮,邕屯全将,宜屯半将"[90],是广西仅次于邕州的重要军事据点。

琼州兼广西路安抚都监,在今海南岛北部,"中有黎母大山,四州军环处其四隅,地方千里,路如连环","海外州军又加远焉,不得不置小帅以临之。琼守权,能摘发四州军官吏。今兼本路安抚都监、提辖海外逐州军公事"[91]。

"钦、廉皆号极边,去安南境不相远。异时安南舟楫多至廉,后为溺舟,乃更来钦。令廉州不管溪峒,犹带溪峒职事者,盖为安南备尔。廉之西,钦也。钦之西,安南也。交人之来,率用小舟。既出港,遵崖而行,不半里即入钦港。正使至廉,必越钦港。乱流之际,风涛多恶。交人之至钦也,自其境永安州,朝发暮到。钦于港口置抵棹寨以谁何之,近境有木龙渡以节之,沿海巡检一司,迎且送之,此其备诸海道者也。若乃陆境,则有七峒,于如昔峒置戌,以固吾圉"[92]。

广南西路经略安抚司军政权力的整合是由于其所处地域的沿边性和区域内民族构成的特殊性,决定了其职能不仅具有职责上的"绥御戎夷"性,还具有特殊的行政功能,俨然就是具备所有行政职权的地方最高行政机构。南宋的广南西路经略安抚使司对于统辖州军不仅仅拥有军事指挥权、官员监察弹劾推荐权以及处理所辖地区边防、民族等事务的权力,因还有地方行政、监察体制,所以南宋的广南西路经略安抚司与内地诸路的安抚司不同,不再仅仅是一个行政组织,而是具备完整军政权力的行政区划,为安抚司向元代的民族地区特殊行政区演变奠定了基础。

三、南宋泸南沿边安抚司

南宋在其所谓的沿边地带或"溪峒"民族地区除了特殊设置的广南西路经略安抚司外,还有沿边安抚司值得注意。

北宋沿边安抚司主要设置于北部边疆,南部仅在溪峒民族群落分布的西南边疆设置"泸南沿边安抚司"。政和年间,宋朝平定晏州少数民族的反叛,时任龙图阁学士、前梓州路计度都转运使、泸南招讨统制使赵遹于是上言建议就"晏州夷贼犯顺,王师出征,拓地千里",当"依河东代州置沿边安抚司"[93]。政和五年(1115年)始置泸南沿边安抚司,以泸州知州兼泸南沿边安抚使,驻泸州。泸南沿边安抚司的特点是:

第一,泸南沿边安抚司的主要职责仍然是边务,泸南沿边安抚司的职责与北方沿边安抚司一样,具有探报边情,处置边务,垦殖戍边等重任。但与北宋北部在边疆以一州为依托且掌一州之边事设置的沿边安抚司不同,"泸州,西南徼外古羌夷之地,……此皆巴蜀西南徼外蛮夷也。自黔恭以西至涪泸嘉叙自阶又折而东南至威茂黎雅被边十余郡,绵亘数千里,刚夷恶獠,殆千万计,自治平之末,迄于靖康,大抵皆通互市,奉职贡,虽时有剽掠,如鼠窃狗盗,不能为深患,参考古今辨其封域,以见琛赆之自至,梯航之所及者尔,若夫边荆楚交广则系之溪洞云"[94]。"盖以西南远方,外接蛮夷,内则戍兵,客土相杂,或奸人窥伺,大盗窃发"[95]。宋朝为了统筹西南边疆的边务,"置泸南安抚使,俾兼领边事听颛决"[96],驻泸州。"泸州西南要会,控制一路,边阃之寄"[97],但泸南沿边安抚使却不只处理泸州一州的边务,同时"提举梓夔两路诸州军巡检兵甲公事"[98]。梓乃潼川府路[99]。即处置泸南沿边安抚所在的潼川府路和夔州路的边务,形成了一个跨两个高层政区边务统筹机构,管控范围为潼川路和夔州路的沿边地带,目的使"所贵兵权不轻付与,西南久远安便"[100]。南宋边疆的军事格局发生了变化,泸南沿边安抚司边务更为重要,"潼川府、夔州路旧为一司,帅臣带泸南沿边安抚使,盖以彼处边防,比之余路事体稍重"[101]。泸南沿边安抚司实乃潼川府路安抚司,但安抚使不驻潼川府路治城潼川,而驻其沿边的泸州,到南宋泸南沿边安抚使不像内地诸路的安抚使以文臣任之,而是"平时责其抚绥怀柔,则易以文吏,缓急责其控捍制御,则付之武臣,一举可谓两得矣"[102]。在宋朝的军政组织机构序列中,泸南沿边安抚司"梓夔路钤辖及沿边安抚两司专委武臣,既不隶帅府,又无别官同领"[103],直隶于中央朝廷,是一个非常特殊的机构,凸显出西南边务的特殊性。

第二,泸南沿边安抚司是宋朝在南方设置的唯一沿边安抚司,处于宋朝内地经制州与西南边疆溪峒民族分布的羁縻州结合的前沿地带,这是溪峒民族分布的核心地区。宋代溪峒民族的分布于西南沿边地带,呈现扇型展开的半环态势。

从地理单元看,溪峒民族分布在宋与域外政权之间"中间地带"的西南边疆半环区可视为两大片区,一是所谓的"左右两江溪峒"区,基本为广南西路;二是由潼川、梓州和夔州路下属的所谓"黔南"溪峒地区,大约为今四川南部和贵州地区。在"左右两江溪峒"区,北宋皇祐四年(1052年)所设广南西路经略安抚司统筹军政管控,使之形成宋代西南边疆的一个跨高层政区的军政统辖区,加强对该区溪峒民族的管控,促进其内部的整合。而"黔南"溪峒区长期处于三路分割的松散状态,政和五年(1115年)设泸南沿边安抚司,泸南沿边安抚使"知梓、夔两路,节制于泸州"[104],又形成了一个跨高层政区的溪峒民族军政管控区,它的作用和意义与广南西路经略安抚司相同。宋朝依靠广南西路经略安抚司和泸南沿边安抚司加强了溪峒民族地区军政管控,进而也促进了宋代西南边疆溪峒民族地区的内部整合。

第三,泸南沿边安抚司是宋朝在"黔南"溪峒民族地区的军政区划建置的统筹机构。泸南沿边安抚司与北方沿边安抚司的边务职责基本相同,但更注重对溪峒民族地区的拓殖和管理。由于泸南沿边安抚司是宋朝深入到黔南溪峒民族地区设置的唯一一个沿边安抚司,因"晏州平,诸夷落皆降,拓地环二千里"[105]。宋朝在西南边远的新拓殖的溪峒民族地区进行区划治理和为加强对溪峒民族的管控进行了大规模的军事型行政区划的建置，均由泸南沿边安抚司统筹。政和五年赵遹建议创制泸南沿边安抚司，立刻着手"建城砦，画疆亩"[106]等军事机构的建置，负责"建置堡寨等事""从便宜施行"[107]。北宋泸南沿边安抚司"建置五城，悉隶泸州，接连交广，外薄南海，控制十州五十余县，团、纯、滋、祥州、长宁军属焉，边寄宜重"[108]。南宋北方陷落，沿边安抚司仅存泸南沿边安抚司，因而备受南宋王朝的重视，承担西南边远地区"把拓边界"[109]和主持行政建置的重任，"相度如更可展拓，择要害地置城寨，控制蛮贼来路，遮护生熟夷人，久远不为边患"[110]。北宋末至南宋初，在南方"益、梓、夔、黔、广西、荆湖南、北迭相视效，斥大土宇，靡有宁岁，凡所建州、军、关、城、砦、堡，纷然莫可胜纪"[111]，其中很大一部分为泸南沿边安抚司主持建置的。泸南沿边安抚司曾奏"新收生界八姓罗始党一带、宋纳两江夷族"[112]等，故南宋开禧二年，宝谟阁待制、知泸州李寅仲上言："州旧为泸南沿边安抚使，领泸、叙、长宁军三郡，自元丰间乞第扰攘之后，三郡所隶堡寨官皆沿边安抚使辟置。"[113]说明潼川府路的泸州、叙州和长宁军所领堡寨基本上是泸南沿边安抚司建置的。据《宋史·地理志五·潼川府路》记载，泸州，本军事州，在泸州范围与县级政区平级的砦堡五，即安远砦、博望砦、板桥堡、政和堡、绥远砦，此外江安县内有宁远、安夷、西宁远、南田、武宁、安远等砦，合江县有遥堁、青山、安溪、小溪、带头、使君诸寨，乐共城领江门砦、镇溪堡、梅岭堡、大洲堡等。叙州宋代也为军事州，其南部边远地区"本叙州徼外地"，在政和年间泸南沿边安抚司设置后，当地民族逐渐来附，于是设置了柔远、乐从、清平、石门、怀远等五砦。长宁军则"长宁地接夷獠"[114]，本为羁縻州，政和四年泸南沿边安抚司设置，建为长宁军，同时设置砦堡六:梅洞砦、清平砦、武宁砦、宁远砦、安夷砦、石笋堡,南宋又设武宁、宁远二砦及安宁县,升安夷砦为县,故"本军两县一镇六寨堡,事务繁多"[115]。而泸南沿边安抚司提举的"夔州路施、黔、珍州、南平军等处,边面比潼川府路尤更阔远,又系控扼京西,与旧不同,理当增重事体,遵稟便宜,令夔州路钤辖带本路安抚使。切缘夔州路距北边虽远,方今控扼京西,最为冲要"[116]。其中施州也是军事州,下有歌罗、细沙、宁边、尖木、夷平、行廊、安确诸砦;黔州即绍庆府,领有白石、门阑、佐水、永安、安乐、双洪、射营、右水、蛮冢、浴水、潜平、鹿角、万就、六堡、白水、土溪、小溪、石柱、高望、木孔、东流、李昌、仆射、相阳、小村、石门、茆田、木栅、虎眼二十九砦;珍州,更位于溪峒蛮夷腹地,本羁縻夷州,后酋长献其地,领绥阳、都上、义泉、宁夷、洋川五县,又因播州杨文贵献其地,建遵义军及遵义县,成为宋代深入溪峒地区的最南端的行政建置。南平军是熙宁八年"收西番部"所置,以恭州南川县铜佛坝地置军,领县二:南川、隆化,并有荣懿、开边、通安、安稳、归正五砦。故宋代西南"黔南"溪峒民族地区的大量堡寨基本上是由泸南沿边安抚司主持建置的,堡寨建置起来后,"凡有盗贼,小则责以巡尉、寨将,大则守把官军会合收捕。统属既一,各尽其职",便于泸南沿边安抚使节制[117]。而沿边安抚使还具备了处置砦堡官员的权力,"将城寨官铨量,除有不法合行按削外,不职之人未受敕札者,即听放罢,别行差辟"[118]。由于泸南沿边安抚司代表宋朝政府在跨潼川府路和夔州路两个路的西南边疆溪峒民族归附区进行砦堡等行政区划的建置,所以它的权力高于一般路级政区,行使着部分中央王朝的行政区划职能,成为跨高层政区的军政统筹大区划,在行政区划的建置中发挥着极其重要且特殊的作用。

第四,泸南沿边安抚司代表宋朝政府在西南边疆溪峒民族归附区招募"夷义军"进行经济开发和屯田戍守。泸南沿边安抚司建置的砦堡等行政区划,处于南宋政治地理格局的第二圈层的军事前沿和汉夷交错地带,多为未开发或开发不充分的地区。沿边安抚司是主管沿边地带建置堡寨和组织屯田的机构,即沿边"屯田塘水等之类,付沿边安抚司"[119],加之宋朝在沿边地区普遍实行"建镇戍军",且在"军城四面置屯田"的制度,所以边疆屯田的组织形式是"置堡寨"[120]。因此具有行政区划功能的堡寨兼有军事驻防和边疆经济开发组织的双重身份。宋代设置堡寨之法有两种,一种是直接用守边军士"使其分居,无寇则耕,寇来则战"[121],"凡军士所屯之田,皆相其险隘,立为堡寨,其弓兵等,半为守御,半为耕种,如遇农时,则就田作,有警则充军用"[122],守边军士凡"百人为屯,授田於旁寨,置将校领农事,休即教武技。其牛具、农器、旗鼓之属并官予。"置堡之法也如之,在沿边军城或要隘,"自近及远筑为堡",且耕且守,形成"诸屯并力"御边和边疆开发的态势[123]。宋朝的北方边疆主要采用这种方式,而在西南边疆则主要依靠归附的少数民族或招募土人丁壮在要害地方立堡寨屯田开发[124]。泸南沿边安抚司因政和年间宋朝在西南溪峒民族区"拓地千里"而设立,泸南沿边安抚使司曾上言:"请应泸州界土人因边事补授班行,自出备土丁、子弟在本家地分把拓之人,并循久例。"[125]泸南沿边安抚司在进行大规模"把拓边界"的同时,积极"召募泸戎州长宁军土丁子弟给田刺手,以实边防,俾代官军守御"[126],所以,泸南沿边安抚司建置的堡寨的边防和屯田主力是当地土人中"点集乡丁"组成的"夷义军",正所谓"泸南夷义军者,泸、叙、长宁沿边诸堡寨皆有之,每郡多至四五千人。夷军,夷族也;义兵者,边民也。又有胜兵,其实皆土丁之类"[127]。泸南沿边安抚司钤辖的施、黔、思三州有义军土丁总六千三百六十五人,义军土丁分居各堡寨,隶于泸南沿边安抚司下属的都巡检司和潼川府路、夔州两路巡防殿侍兼义军都指挥使、指挥使、都头、十将、押番、寨将等从事守边屯田。泸南沿边安抚司提举的夔州路义军土丁、壮丁,多为"自溪峒归投"者,将其"分隶边寨,习山川道路,遇蛮入寇,遣使袭讨,官军但据险策应之"[128]。宋朝在夔州边疆地带的军事力量主要依靠归附的溪峒丁壮[129]。政和六年,泸南沿边安抚司刚建立不久,安抚使孙羲叟奏请"招置土丁子弟"于各堡寨屯田[130],并"始令子弟同官军把守诸边寨"[131]。泸南沿边安抚司同时借重募集的夷义军和土丁的力量,继续深入溪峒地区进行开发屯垦,"入夷界捕戮水路大小四十六村,荡平其地二百四十里,募民垦耕"[132]。泸南沿边安抚使王光祖认为"泸州疆界阔远,地皆沃壤,往年因边事,民多弃而不耕,今渠夷已平,可募人耕佃,给为永业",乞将安抚司统辖区土地"就给付投降夷人佃食",于是把"收到夷人山地"18530 亩"除林箐外"均下种耕种[133]。同时实施"四夷归附,则分隶诸州,度田屋钱粮之数以给之"[134]的政策,泸南沿边安抚司统辖的溪峒民族地区得到大规模的开发。泸南沿边安抚司统辖的戎、泸二州有"夷义军"3063 人,长宁军乐共城 500 名,梅洞、水芦寨、政和堡、武宁寨、板桥、梅岭、石笋堡等也有 500 名,加上夔州路的"夷义军"和"胜兵"四五千人,按照"度人给百亩"算[135],屯田开发的规模相当可观。南宋淳熙八年(1181 年)泸南沿边安抚司统辖地区的屯田规模仅是北宋宣和年间屯田全盛时期的三分之一或四分之一,仍然有泸州五城寨屯田规模仍达千顷,乐共城 280 顷,政和堡 250 顷,博望寨 181 顷 60 亩,梅岭堡 164 顷,板桥堡 150 顷[136]等等。据地理分析,泸南沿边安抚司统辖区是历代王朝势力尚未深入和开发的地区,泸南沿边安抚司在深入溪峒民族地区建置堡寨等行政区划的同时,也成功地统筹了当地归附溪峒民族的屯田生产和经济开发,不仅使宋朝西南边疆得到极大地拓展,实现军政管控,而且促进了南宋西南沿边地带的经济开发。

第五,泸南沿边安抚司还是南宋跨潼川府路和夔州路高层政区钤辖"黔南"溪峒民族羁縻州的统筹机构。泸南沿边安抚司处于南宋西南边疆政治地理格局的第二圈层,其建置的砦堡位于南宋西南经制路州直管区的前凸位置,在这军、堡、寨之外,是宋代广阔的西南羁縻州地区。泸南沿边安抚司是统筹管理"黔南"溪峒民族羁縻州的军政机构,对羁縻地区具有"废州置州"[137]的权力,负责讨剿平定溪峒民族动乱,也代表宋朝调解羁縻州之间及其内部的民族矛盾[138]。泸南沿边安抚司建置的各军和"沿边堡寨"有"堤防夷徼"职责[139],是宋朝具体钤制外围羁縻州的军事据点和单位,均置于深入到广大羁縻地区的凸出前沿位置,对各羁縻单位实现有效的监管。泸南沿边安抚司钤辖的潼川府路和夔州路的羁縻州分布于两路的西南和南部,为宋代最密集的羁縻州地区。如泸南沿边安抚司统领的泸州领羁縻州十八:纳州、薛州、晏州、巩州、奉州、悦州、思峨州、长宁州、能州、淯州、浙州、定州、宋州、顺州、蓝州、溱州、高州、姚州。长宁军就位于羁縻州中间。在这些羁縻州内部建置了梅洞砦、清平砦、武宁砦、宁远砦、安夷砦、石笋堡,堡寨钤辖长宁、晏、奉、高、薛、巩、淯、思峨等羁縻州。叙州是南宋西南边疆最边远的经制州之一,其外围分布着大量的羁縻州,故其钤辖的羁縻州达三十个之多。除叙州"羁縻州三十。建州、照州、献州、南州、洛州、盈州、德州、为州、移州、扶德州、播浪州、筠州、武昌州、志州,已上皆在南广溪洞。商州、驯州、浪川州、骋州,已上皆在马湖江。协州、切骑州、靖州、曲江州、哥陵州、品州、柯违州、碾卫州、滴州、从州、播陵州、钳州,已上皆在石门路"。夔州路南部的

施、黔、珍州、南平军等处受泸南沿边安抚司统管,也是夔州路建置
堡寨领属羁縻州的州、军。如黔州绍定元年升绍庆府,建置堡寨
29 个,北宋领属"羁縻州四十九",南宋继续深入溪峒地区建置羁
縻州,故"南渡后,羁縻州五十六",是两宋拥有羁縻州最多的路;
南平军虽无羁縻州,但其靠近绍庆府,与绍庆府一道钤辖羁縻州;
珍州原本就是羁縻州,境内溪峒民族群落多未归附,大观三年
(1109 年),当地民族酋长献其地,始在其境建州,领绥阳、都上、义
泉、宁夷、洋川五县,但仍有广大地区为宋朝势力未深入,大观年间
杨文贵献其地建遵义军及遵义县,后又设置播州,而遵义军是南宋
深入西南边疆最南端的政区和控制西南边疆的据点[140]。

注　释

1　《隋书》卷46《韦师传》,中华书局,1973 年,第1257 页。

2　《隋书》卷65《周法尚传》,中华书局,1973 年,第1527 页。

3　《隋书》卷3《炀帝纪上》,《隋书》卷48《杨素传》,中华书局,1973 年,第60 页,第
1289 页。

4　《隋书》卷67《裴矩传》,中华书局,1973 年,第1583 页。

5　(元)马端临:《文献通考》卷61《职官考十五·安抚司》,浙江古籍出版社,1988 年,
第1 册,第558 页。

6　《新唐书》卷49 下《百官志四下》,中华书局1975 年校点本,第1310—1311 页。

7　《新唐书》卷78《宗室传·淮安王神通传》,中华书局1975 年校点本,第3527 页。

8　《新唐书》卷87、89、90、92,中华书局1975 年校点本,第3725、3759、3776、3799 页。

9　《新唐书》卷111《苏定方传、程务挺传》,中华书局1975 年校点本,第4138,4147 页。

10　《新唐书》卷3《高皇帝纪》,中华书局1975 年校点本,第59—66 页。

11　《新唐书》卷170《高固传》,中华书局1975 年校点本,第5180 页。

12　《新唐书》卷110《诸夷蕃将传·契苾何力传》,中华书局1975 年校点本,第
4119 页。

13　《新唐书》卷108《刘仁轨传》,中华书局1975 年校点本,第4184 页。

14 《新唐书》卷 220《东夷传·高丽传》，中华书局 1975 年校点本，第 6196 页。

15 《新唐书》卷 4《则天顺圣武皇后纪》，中华书局 1975 年校点本，第 96 页。

16 《新唐书》卷 206《外戚传·武士彟传附三思传》，中华书局 1975 年校点本，第 5840 页。

17 《新唐书》卷 4《则天顺圣武皇后纪》，中华书局 1975 年校点本，第 99 页。

18 《新唐书》卷 4《则天顺圣武皇后纪》，中华书局 1975 年校点本，第 105 页。

19 《新唐书》卷 4《则天顺圣武皇后纪》，中华书局 1975 年校点本，第 103 页。

20 《新唐书》卷 130《解琬传》，中华书局 1975 年校点本，第 4500 页。

21 《新唐书》卷 216《吐蕃传上》，中华书局 1975 年校点本，第 6078 页。

22 《新唐书》卷 158《韦皋传》，中华书局 1975 年校点本，第 4935 页。

23 《新唐书》卷 7《宪宗皇帝纪》，中华书局 1975 年校点本，第 207 页。

24 《新唐书》卷 7《德宗皇帝纪》，中华书局 1975 年校点本，第 190 页。

25 《新唐书》卷 183《毕诚传》，中华书局 1975 年校点本，第 5380 页。

26 《新唐书》卷 222 中《南蛮传中·南诏传下》，中华书局 1975 年校点本，第 6283 页。

27 李昌宪：《宋代安抚使考》，齐鲁书社，1997 年。余蔚博士论文：《宋代地方行政制度研究》，复旦大学历史地理中心，2004 年。

28 李昌宪：《宋代安抚使考》，齐鲁书社，1997 年，第 19 页。

29 余蔚博士论文：《宋代地方行政制度研究》，复旦大学历史地理中心，2004 年，第 14 页。

30 《庆元条法事类》卷 4。

31 李昌宪：《宋代安抚使考》，齐鲁书社，1997 年，第 49 页。

32 《宋史》卷 167《职官志七·经略安抚司》，中华书局 1977 年校点本，第 3960 页。

33 (元)马端临：《文献通考》卷 61《职官考十五·安抚使》，浙江古籍出版社，1988 年，第 1 册，第 558 页。

34 (元)马端临：《文献通考》卷 61《职官考十五·安抚使》，浙江古籍出版社，1988 年，第 1 册，第 558 页。

35 《宋会要辑稿》职官四一安抚使，中华书局影印本，1957 年，第 3220 页。

36 《宋史》卷 167《职官志七》，中华书局 1977 年校点本，第 3961—3962 页。

37 《宋史》卷 167《职官志七》，中华书局 1977 年校点本，第 3962 页。

38 《宋史》卷 377《陈桷传》，中华书局 1977 年校点本，第 11654 页。

39 《宋史》卷 389《张孝祥传》,中华书局 1977 年校点本,第 11943 页。

40 《宋史》卷 488《外国传四·交阯传》,中华书局 1977 年校点本,第 14071 页。

41 《宋史》卷 416《冷应澂传》,中华书局 1977 年校点本,第 12481 页。

42 (元)马端临:《文献通考》卷 335《四裔十二·吐蕃》,浙江古籍出版社,1988 年,考 263 页。

43 《宋会要辑稿》职官四一安抚使,中华书局影印本,1957 年,第 3207 页。

44 (元)马端临:《文献通考》卷 61《职官考十五·安抚使》,浙江古籍出版社,1988 年,第 558 页。

45 《续资治通鉴长编》卷 247,宋神宗熙宁六年九月辛丑朔。《续资治通鉴长编》卷 499,宋哲宗元符元年六月戊寅。(元)马端临:《文献通考》卷 65《职官考十九》。

46 (元)马端临:《文献通考》卷 63《职官考十七·郡太守》,浙江古籍出版社,1988 年,第 569 页。

47 《宋会要辑稿》职官四一安抚使,中华书局影印本,1957 年,第 3208 页。

48 《宋会要辑稿》职官四一安抚使,中华书局影印本,1957 年,第 3212 页。

49 《续资治通鉴长编》卷 499,宋哲宗元符元年六月戊寅。中华书局,2004 年,第 20 册,第 11871—11872 页。

50 《宋会要辑稿》职官四一安抚使,中华书局影印本,1957 年,第 3209 页。

51 《宋会要辑稿》职官四一安抚使,中华书局影印本,1957 年,第 3229 页。

52 《续资治通鉴长编》卷 247,宋神宗熙宁六年九月辛丑朔。中华书局,2004 年,第 10 册,第 6006 页。

53 《续资治通鉴长编》卷 508,宋哲宗元符二年四月癸酉朔。中华书局,2004 年,第 20 册,第 12096 页。

54 《续资治通鉴长编》卷 508,宋哲宗元符二年四月癸酉朔。中华书局,2004 年,第 20 册,第 12096 页。

55 《续资治通鉴长编》卷 233,宋神宗熙宁五年五月壬寅。中华书局,2004 年,第 9 册,第 5664 页。

56 《续资治通鉴长编》卷 508,宋哲宗元符二年四月癸酉朔。中华书局,2004 年,第 20 册,第 12096 页。

57 《续资治通鉴长编》卷 103,宋仁宗天圣三年八月丁丑。中华书局,2004 年,第 4 册,第 2388 页。

58　《续资治通鉴长编》卷 247，宋神宗熙宁六年九月辛丑朔。中华书局，2004 年，第 10
　　册，第 6007 页。

59　（宋）周去非著，杨武泉校注：《岭外代答校注》卷 1《边帅门·广西经略安抚使》，中
　　华书局，1999 年，第 42—43 页。

60　《宋史》卷 90《地理志六·广南西路》，中华书局 1977 年校点本，第 2239 页。

61　（宋）周去非著，杨武泉校注：《岭外代答校注》卷 1《地理门·并边》，中华书局，
　　1999 年，第 3 页。

62　《宋史》卷 495《蛮夷传三》，中华书局 1977 年校点本，第 14212 页。

63　（宋）周去非著，杨武泉校注：《岭外代答校注》卷 1《地理门·广西省并州》，中华书
　　局，1999 年，第 7 页。

64　（宋）周去非著，杨武泉校注：《岭外代答校注》卷 1《边帅门·广西经略安抚使》，中
　　华书局，1999 年，第 3—4 页。

65　《宋史》卷 163《职官志三·兵部》，中华书局 1977 年校点本，第 3856 页。

66　《续资治通鉴长编》卷 328，宋神宗元丰五年秋七月辛巳。中华书局，2004 年，第
　　册，第 7890 页。

67　《续资治通鉴长编》卷 468，宋哲宗元佑六年十一月己酉。中华书局，2004 年，第
　　册，第 11175 页。

68　《续资治通鉴长编》卷 285，宋神宗熙宁十年冬十月丙戌。中华书局，2004 年，第
　　册，第 6975 页。

69　《续资治通鉴长编》卷 292，宋神宗元丰元年九月癸未。中华书局，2004 年，第册，
　　第 7133 页。

70　《宋会要辑稿》职官四一安抚使，中华书局影印本，1957 年，第 3217 页。

71　（宋）周去非著，杨武泉校注：《岭外代答校注》卷 1《边帅门·广西经略安抚使》，中
　　华书局，1999 年，第 43 页。

72　《宋史》卷 189《兵志三》，中华书局 1977 年校点本，第 4689 页。

73　《宋会要辑稿》职官四一安抚使，中华书局影印本，1957 年，第 3218 页。

74　《宋史》卷 191《兵志五·乡兵二》，中华书局 1977 年校点本，第 4746—4747 页。

75　《宋会要辑稿》职官四一安抚使，中华书局影印本，1957 年，第 3217 页。

76　（宋）周去非著，杨武泉校注：《岭外代答校注》卷 1《边帅门·广西经略安抚使》，中
　　华书局，1999 年，第 43 页。

中 第二章 安抚司制度的边疆演化 83

77　《宋史》卷90《地理志六·广南西路》,中华书局1977年校点本,第2240—2243页。

78　(宋)周去非著,杨武泉校注:《岭外代答校注》卷1《边帅门·广西经略安抚使》,中华书局,1999年,第43页。

79　(宋)周去非著,杨武泉校注:《岭外代答校注》卷1《边帅门·广西经略安抚使》,中华书局,1999年,第43页。

80　《宋史》卷90《地理志六·广南西路》,中华书局1977年校点本,第2239页。

81　(宋)周去非著,杨武泉校注:《岭外代答校注》卷1《边帅门·广西经略安抚使》,中华书局,1999年,第42页。

82　《续资治通鉴长编》卷346,宋神宗元丰七年六月辛巳。中华书局,2004年,第14册,第8311页。

83　《续资治通鉴长编》卷348,宋神宗元丰七年八月戊辰。中华书局,2004年,第14册,第8342页。

84　《资治通鉴长编》卷338,宋神宗元丰六年八月丙戌。中华书局,2004年,第14册,第8146页。

85　(宋)周去非著,杨武泉校注:《岭外代答校注》卷1《边帅门·广西经略安抚使》,中华书局,1999年,第43页。

86　(宋)周去非著,杨武泉校注:《岭外代答校注》卷1《边帅门·邕州兼广西路安抚都监》,中华书局,1999年,第47页。

87　《宋史》卷90《地理志六·广南西路》,中华书局1977年校点本,第2240—2241页。

88　(宋)周去非著,杨武泉校注:《岭外代答校注》卷1《边帅门·宜州兼广西路兵马都监》,中华书局,1999年,第49页。

89　《宋史》卷90《地理志六·广南西路》,中华书局1977年校点本,第2243页。

90　(宋)周去非著,杨武泉校注:《岭外代答校注》卷1《边帅门·宜州兼广西路兵马都监》,中华书局,1999年,第48页。

91　(宋)周去非著,杨武泉校注:《岭外代答校注》卷1《边帅门·琼州兼广西路安抚都监》,中华书局,1999年,第45页。

92　(宋)周去非著,杨武泉校注:《岭外代答校注》卷1《边帅门·钦廉溪峒都巡检使》,中华书局,1999年,第53页。

93　《宋会要辑稿》职官四一·安抚使,中华书局影印本,1957年,第3213页。

94　雍正《贵州通志》卷21。

95　《续资治通鉴长编》卷465,宋哲宗元佑六年闰八月壬戌。中华书局,2004年,第18册,第11099页。

96　《宋史》卷350《王祖光传》,中华书局1977年校点本,第11078页。

97　《宋会要辑稿》方域七州县升降废置,中华书局影印本,1957年,第7427页。

98　《宋会要辑稿》职官四一安抚使,中华书局影印本,1957年,第3213页。

99　《宋史》卷89《地理志五·潼川府路》说:"潼川府,紧,梓潼郡,剑南东川节度。本梓州。"

100　《续资治通鉴长编》卷465,宋哲宗元佑六年闰八月壬戌。中华书局,2004年,第18册,第11099页。

101　《宋会要辑稿》职官四一安抚使,中华书局影印本,1957年,第3220页。

102　《宋会要辑稿》职官四一安抚使,中华书局影印本,1957年,第3220页。

103　《宋会要辑稿》职官四一安抚使,中华书局影印本,1957年,第3511页。

104　《宋会要辑稿》职官四一安抚使,中华书局影印本,1957年,第3214页。

105　《宋史》卷348《赵遹传》,中华书局1977年校点本,第11045页。

106　《宋史》卷348《赵遹传》,中华书局1977年校点本,第11045页。

107　《宋会要辑稿》方域七州县升降废置,中华书局影印本,1957年,第7427页。

108　《宋会要辑稿》职官四一安抚使,中华书局影印本,1957年,第3213页。

109　《宋会要辑稿》方域七州县升降废置,中华书局影印本,1957年,第7427页。

110　《续资治通鉴长编》卷310,宋神宗元丰四年春正月甲午。中华书局,2004年,第13册,第7533页。

111　《宋史》卷85《地理志一》,中华书局1977年校点本,第2096页。

112　《宋会要辑稿》蕃夷五西南蕃,中华书局影印本,1957年,第7782页。

113　《宋会要辑稿》方域一九诸寨杂录·奏辟寨官,中华书局影印本,1957年,第7642—7643页。

114　《宋史》卷409《高定子传》,中华书局1977年校点本,第12318页。

115　《宋会要辑稿》职官四八幕职官,中华书局影印本,1957年,第3459页。

116　《宋会要辑稿》职官四一安抚使,中华书局影印本,1957年,第3220页。

117　《宋会要辑稿》职官四一安抚使,中华书局影印本,1957年,第3223页。

118　《宋会要辑稿》职官四一安抚使,中华书局影印本,1957年,第3220页。

119　《宋会要辑稿》职官四一安抚使,中华书局影印本,1957年,第3212页。

120　（元）马端临:《文献通考》卷7《田赋考七·屯田》,浙江古籍出版社,1988年,第
　　　76页。

121　（元）马端临:《文献通考》卷7《田赋考七·屯田》,浙江古籍出版社,1988年,第
　　　76页。

122　（元）马端临:《文献通考》卷7《田赋考七·屯田》,浙江古籍出版社,1988年,第
　　　77页。

123　（元）马端临:《文献通考》卷156《兵考八》,浙江古籍出版社,1988年,第1358页。

124　《续资治通鉴长编》卷76,宋真宗大中祥符四年六月丁丑。中华书局,2004年,第
　　　3册,第1734页。

125　《续资治通鉴长编》卷401,宋哲宗元佑二年五月己卯。中华书局,2004年,第16
　　　册,第9774页。

126　（宋）李心传撰,徐规点校:《建炎以来朝野杂记》卷17乙集《泸州长宁军胜兵夷义
　　　军》,中华书局,2000年,第816页。

127　（宋）李心传撰,徐规点校:《建炎以来朝野杂记》卷17乙集《泸南夷义军沿边胜
　　　兵》,中华书局,2000年,第419页。

128　（元）马端临:《文献通考》卷156《兵考八》,浙江古籍出版社,1988年,第1395页。

129　（元）马端临:《文献通考》卷156《兵考八》,浙江古籍出版社,1988年,第1395页。

130　（元）马端临:《文献通考》卷156《兵考八》,浙江古籍出版社,1988年,第1361页。

131　（宋）李心传撰,徐规点校:《建炎以来朝野杂记》卷17乙集《泸州长宁军胜兵夷义
　　　军》,中华书局,2000年,第816页。

132　（元）马端临:《文献通考》卷156《兵考八》,浙江古籍出版社,1988年,考1361页。

133　（宋）李心传撰,徐规点校:《建炎以来朝野杂记》卷17乙集《泸州长宁军胜兵夷义
　　　军》,中华书局,2000年,第816页。

134　《宋史》卷163《职官志三·兵部》,中华书局1977年校点本,第3856页。

135　（宋）李心传撰,徐规点校:《建炎以来朝野杂记》卷17乙集《泸州长宁军胜兵夷义
　　　军》,中华书局,2000年,第816—817页。

136　（宋）李心传撰,徐规点校:《建炎以来朝野杂记》卷17乙集《泸州长宁军胜兵夷义
　　　军》,中华书局,2000年,第816—817页。

137　《续资治通鉴长编》卷310,宋神宗元丰四年春正月甲午。中华书局,2004年,第
　　　13册,第7533页。

138 《宋会要辑稿》职官四一安抚使,中华书局影印本,1957年,第3213页。

139 《宋会要辑稿》方域一九诸寨杂录·辟置寨官,中华书局影印本,1957年,第
   7643页。

140 上述资料皆见《宋史》卷89《地理志五》。

第 三 章

元代的特殊政区安抚司

  南宋西南边疆军政统筹机构的安抚司在元代演变为一种地方行政区划。元代在内地的各行中书省下的地方行政区划实行路、府、州、县多层政区制度，因其疆理甚广而行省甚大，加之元朝采用汉蒙二元制对全国进行管理，不得不在行省下辖的地方行政区进行叠层架屋的多层级设置。元朝行省下行政层级虽多，但各级政区名称均来自前朝，正所谓"元人制路府州县之等，分路始于宋，金人从而附益之。元分路益多，路遂与府州并属于行省。其制大率以路领州，州领县，亦有以路领府，府领州，州领县者，又有府与州不隶路而直隶省者，其户口之多，舆地之广，虽汉唐极盛之际，有不逮焉"[1]。更突出的特点是改变唐宋在西南少数民族地区的"羁縻之治"为直接管理制，如李治安先生所论元代以边疆直接治理型的宣政院、行省、宣慰司、宣抚司、安抚司、长官司等取代羁縻州[2]。关于元代边疆直接治理型的机构宣慰司、宣抚司和长官司是否具备行政区划的基本要素，尚无定论，但是"安抚司"是元代的一种地方行政区划则无异议，因为在元代史籍中，凡通论元代行政区划时安抚司都明确被提到，如《元史·地理志序》开篇即言元朝"立中书省一，行中书省十有一：曰岭北，曰辽阳，曰河南，曰陕西,曰四川,曰甘肃,曰云南,曰江浙,曰江西,曰湖广,曰征东,分镇藩服,路一百八十五,府三十三,州三百五十九,军四,安抚司十五,县一千一百二十七"[3]。说明作为北方蒙古人南下征服中原广大地区而建立的元朝,其行政区划为中书省 1,行中书省 11,行省下全国"分镇藩服"区划为 185 个路,33 个府,359 个州,4 个军,15 个安抚司和 1127 个县。在元朝的行政区划体系中,安抚司就是政区的一种,层级略同于州。

但是,元代安抚司并非设置于全国,仅设在特定地区,《元史·地理志六》记载:"湖广等处行中书省,为路三十、州十三、府三、安抚司十五、军三,属府三,属州十七,属县一百五十,管番民总管一"[4],非常明确地表明 15 个安抚司都设置在湖广行省,其他地区并无设置。顾祖禹《读史方舆纪要》也说元代"安抚司十五,皆在湖广境内"[5]。安抚司在元代已经演变成为了地方行政区划的一种,但是,元朝安抚司是设置在特定地区和特殊管理方式的行政区划,其设置区域、管理人口的民族构成和行政管理模式都与元代内地常设的行政区划有很大的差异,是元代西南少数民族地区特殊政区最典型的形式。同时为中国统一和整体疆域形成过程中边疆和边缘地区行政区划和政治地理格局探索提供了一个个案。

第一节　元初过渡性军政机构安抚司

元代的安抚司从宋代军政统筹机构演化而来,因此,元代最早设置的安抚司是南下征服过程中,征服范围扩大导致统辖区拓展,蒙元帝国在其新拓展的统治区的新沿边地带设置安抚司,以统筹新拓展的沿边地带的军政。在元代史籍的记载中,元朝最早设置的安抚司是中统二年(1261 年)八月"敕以贺天爵为金齿等国安抚使,忽林伯副之,仍招谕使安其民"[6]。蒙古军灭云南大理国后,继续向云南西部与缅国交界的金齿地区推进,金齿地区成为蒙古帝国新的西南沿边地带,故"元宪宗四年,平定大理,继征白夷等蛮。中统初,金齿、白夷诸酋各遣子弟朝贡。二年,立安抚司以统之"[7],以重臣贺天爵为安抚使,忽林伯为安抚副使,设置金齿等国安抚司"招谕"安辑沿边地带的民众。故金齿等国安抚司的性质与宋代泸南沿边安抚司同,是统筹沿边军政的机构。金齿等国安抚司后改建宁路安抚司,至元十二年,建宁路安抚使贺天爵言得金齿头目阿郭之言,了解到云南入缅国三条道路的详细情况,为元朝后来征缅提供了详细情报[8]。

　　元朝在平宋军事征伐过程中,元朝的南部、东南部形成了不断深入南宋区域的沿边地带,沿边地带的军政统筹任务越来越重,于是伴随着军事征伐的推进,元朝在灭金、平宋的军事征战中,不断在新征服区域的沿边地带设置安抚司。特别是平定南宋的初期,几乎整个南方都是元朝新边疆,元朝统治者常将完成一地征伐任务的将领或军事官员,就地指派为安抚使,统筹该区军政。于是,元军下重庆,帖木脱斡"留镇夔门,兼本路安抚司达鲁花赤"[9],取湖州,以领襄阳诸路新军的管军万户的失里伯行安抚司事[10]。至元十二年,元朝进兵岳州,"降湖右",任朱国宝为"宣武将军,统蒙古诸军,镇常德府,知安抚司事",至元十四年朱国宝遂军"攻广西静江,拔之","进秩管军万户,镇守梧州,领安抚司事"[11]。至元十三年,扬州平,又以张君佐为安庆府安抚司军民达鲁花赤[12]。蒙古重臣囊加歹在平宋过程中被授予"怀远大将军、安抚司达鲁花赤,与阿剌罕、董文炳等取台、温、福州"[13]。元朝平宋期间设置大量的安抚司,但是这些安抚司存在的时间均不长,往往在平定南宋的军事征伐之初设置安抚司作为新征服区的军政统筹机构,承担镇戍和招谕民众的任务,一旦元朝在南宋地区的统治稳定后,在新征服的南宋地区逐渐建立起行政管理体制,这些安抚司就完成其军政统筹的使命,纷纷被撤销或直接改为行政区划的路,设置为路总管府。如至元十三年(1276年)张懋出任明威将军和泗州安抚司达鲁花赤。"十四年,改安抚司为总管府,置宣慰使以统之"[14]。南宋平定初申屠致远出任"临安府安抚司经历",随后临安改为杭州,申屠致远迁总管府推官[15]。常德地区于至元十四年,"改安抚司为总管府"[16]等等。元朝初期不仅平宋后在南宋区域内大量设置安抚司,而且在对域外国家的征伐占领初期,也设安抚司,至元十年征耽罗国后,"招讨司后改为军民都达鲁花赤总管府,又改为军民安抚司"[17],征高丽,也设安抚司,局势稳定后罢之[18]。下表据《元史·地理志》统计元初安抚司的置废情况:

《元史·地理志》至元十七年前安抚司置废表:

序号	地名	立安抚司时间	废安抚司时间	所属行省	备注
1	棣州	中统三年	至元二年	中书省	《地理志一》
2	襄阳路		至元十年	河南江北行省	《地理志二》
3	和州	至元十四年	至元十五年	河南江北行省	《地理志二》
4	安庆路	至元十三年	至元十四年	河南江北行省	《地理志二》
5	真州	至元十三年	至元十四年	河南江北行省	《地理志二》
6	淮安路	至元十三年	至元十四年	河南江北行省	《地理志二》
7	临淮府	至元十三年	至元十五年	河南江北行省	《地理志二》
8	邛州	至元十四年	至元二十一年	四川行省	《地理志三》
9	渠州	至元十一年	至元二十年	四川行省	《地理志三》
10	叙州路	至元十三年	至元十八年	四川行省	《地理志三》
11	富顺州	至元十二年	至元二十年	四川行省	《地理志三》

序号	地名	立安抚司时间	废安抚司时间	所属行省	备注
12	金齿等处安抚司	中统二年	至元十五年	云南行省	《地理志四》
13	杭州路	至元十三年	至元十五年	江浙行省	《地理志五》
14	建德路	至元十三年	至元十四年	江浙行省	《地理志五》
15	江阴州	至元十三年	至元十四年	江浙行省	《地理志五》
16	台州路	至元十三年	至元十四年	江浙行省	《地理志五》
17	龙兴路	至元十三年	至元十四年	江浙行省	《地理志五》
18	袁州路	至元十三年	至元十四年	江浙行省	《地理志五》
19	连州	至元十三年	至元十七年	江浙行省	《地理志五》
20	武昌路	至元十三年	至元十四年	湖广行省	《地理志六》
21	常德路	至元十二年	至元十四年	湖广行省	《地理志六》
22	澧州路	至元十二年	至元十四年	湖广行省	《地理志六》
23	沅州路	至元十二年	至元十四年	湖广行省	《地理志六》
24	归州	至元十二年	至元十四年	湖广行省	《地理志六》
25	靖州路	至元十二年	至元十三年	湖广行省	《地理志六》
26	天临路	至元十三年	至元十四年	湖广行省	《地理志六》
27	衡州路	至元十三年	至元十四年	湖广行省	《地理志六》
28	道州路	至元十三年	至元十四年	湖广行省	《地理志六》
29	永州路	至元十三年	元十四年	湖广行省	《地理志六》
30	郴州路	至元十三年	至元十四年	湖广行省	《地理志六》
31	全州路	至元十三年	至元十四年	广行省	《地理志六》
32	宝庆路	至元十二年	至元十四年	广行省	《地理志六》
33	武冈路	至元十三年	至元十四年	湖广行省	《地理志六》

续表

序号	地名	立安抚司时间	废安抚司时间	所属行省	备注
34	南宁路	至元十三年	至元十六年	湖广行省	《地理志六》
35	梧州路	至元十三年	至元十六年	湖广行省	《地理志六》
36	浔州路	至元十三年	至元十六年	湖广行省	《地理志六》
37	柳州路	至元十三年	至元十六年	湖广行省	《地理志六》
38	容州	至元十三年	至元十六年	湖广行省	《地理志六》
39	象州	至元十三年	至元十五年	湖广行省	《地理志六》
40	宾州	至元十三年	至元十六年	湖广行省	《地理志六》
41	横州	至元十三年	至元十六年	广行省	《地理志六》
42	融州	至元十三年	至元十六年	湖广行省	《地理志六》
43	雷州路	至元十五年	至元十七年	湖广行省	《地理志六》
44	化州路	至元十五年	至元十七年	湖广行省	《地理志六》
45	高州路	至元十五年	至元十七年	湖广行省	《地理志六》
46	钦州路	至元十五年	至元十七年	湖广行省	《地理志六》

元朝平宋时,元军深入南宋地区,安抚司随征服区域扩大、沿边地带推进而设置,大部分地区都曾设置过安抚司,达46个之多,设置的时间集中在至元十年至十三年(1273—1276年)期间。大约从至元十四年起至至元十七年,凡元朝统治稳定的地区,建立正常的行政区划体制时,安抚司又被逐一罢废,大多转为路、府、州等行政区划。所以,元朝原南宋区域内的安抚司存在时间都十分短暂,有的甚至不到一年,说明这些安抚司是元初军事征伐过程中临时性的沿边军政统筹机构,也曾短暂地充当了临时的政区,后来在元初全国行政区划建置中逐渐演化为正式行政区划路、府、州等,元代

南方的政区基本经过了这一演化过程。

第二节　湖广行省 15 安抚司的形成

　　不过上表 46 个在至元十七年(1280 年)改路、府、州的安抚司不是《元史·地理志·序》所说的元代湖广行省的 15 个安抚司。元平宋之初广泛设置安抚司,南方稳定后,大部分安抚司完成其军政统筹使命转改为正式行政区划的路、府、州,但是却有一个地区的安抚司始终未能完成军政统筹任务,一直保存下来。

　　有关元代的史籍中,作为元朝行政区划的 15 安抚司有几种不同的记载。存留至今较早的地理文献是《大元混一方舆胜览》,所记安抚司表[19]:

　　《大元混一方舆胜览》所记行政区划大约为大德年间(大德七年 1303 年)的元朝行政区划体制,可视为元代行政体制基本健全的至元末至大德年间的情况。当时共有 16 个安抚司,除两个为临时的征伐型"镇东行省"统辖,其余 14 个安抚司皆属湖广行省。笔者疑《大元混一方舆胜览》脱"播州安抚司"。《元史》卷 8《世祖纪五》记载:"至元十二年十二月又播州安抚杨邦宪、思州安抚田景贤,未知逆顺,乞降诏使之自新,并许世绍封爵。从之。"说明宋末所置播州安抚使降元后,仍为安抚使,至元十五年(1278 年),从播州安抚杨邦宪请,以鼎山仍隶播州[21],播州安抚使杨邦宪是播州行政主官,元朝将播州以安抚司行政区划看待。当然在元代播州是典型的重叠建置,《元史·世祖纪十四》记载"(至元二十九年)以行播州军民安抚使杨汉英为绍庆珍州南平等处沿边宣慰使、行播州军民宣抚使、播州等处管军万户,仍佩虎符。"则此时播州地方主官杨邦宪之子杨汉英同时兼任播州军民安抚使、播州沿边宣

序号	安抚司名称	隶属	备注
1	罗番遏蛮军安抚司	属湖广行省八番罗甸宣慰司	
2	程番武盛军安抚司	属湖广行省八番罗甸宣慰司	
3	卧龙番南宁州安抚司	属湖广行省八番罗甸宣慰司	
4	金石番太平军安抚司	属湖广行省八番罗甸宣慰司	
5	小龙番静蛮军安抚司	属湖广行省八番罗甸宣慰司	
6	洪番永盛军安抚司	属湖广行省八番罗甸宣慰司	
7	方番河中府安抚司	属湖广行省八番罗甸宣慰司	
8	卢番静海军安抚司	属湖广行省八番罗甸宣慰司	
9	葛蛮安抚司	属湖广行省八番罗甸宣慰司	
10	大龙番应天府安抚司	属湖广行省八番罗甸宣慰司	
11	都云定云等处安抚司	属湖广行省八番罗甸宣慰司	[ ]为郭书原有格式。
12	永顺保靖南渭三州安抚司	属湖广行省八番罗甸宣慰司	
13	南丹州等处安抚司	属湖广行省八番罗甸宣慰司	
14	琼州安抚司	属湖广行省海南海北道廉访司	
15	安抚高丽总管府	属镇东行省[20]	
16	新罗国安抚司	属镇东行省	

慰使、播州军民宣抚使和播州等处管军万户等职。按照元朝体制，宣慰使、宣抚使和管军万户偏重军事，同时可成为地方军事主官，安抚使在至元末年基本是西南地区安抚司行政建置的地方行政主

官,因此,杨汉英乃以地方行政官员安抚使兼宣慰使、宣抚使和管军万户等军事之职,表明其在播州军政大权独揽。当然我们也注意到至元末至大德年间,元朝在以安抚司还是以宣抚司作为西南民族地区的行政建置曾有过探索。宣抚司一度具有行政区划的职能,但并不影响播州安抚司的存在,这种情况正是《大元混一方舆胜览》记"播州军民宣抚司"属湖广行省江南湖北道肃政廉访司[22]。同时我们也注意到《大元混一方舆胜览》所记播州有地理方位混乱不清的现象。《大元混一方舆胜览》将播州宣抚司和思州军民宣抚司载于"江南湖北道廉访司"之下,从地理范围看,播州即今贵州的遵义地区,在湖广行省的西部,不应当属湖广行省北部的"江南湖北道廉访司"。此时,元朝在播州设播州宣慰司,在思州设思州军民宣抚司,是其在西南的两个各自相对独揽的军政统筹机构。播州与思州的民族构成与八番顺元宣慰司一样被视为溪峒蛮夷,播州宣抚司下领"蛮夷军民长官"、"副长官"和黄平府;思州宣抚司领"本司蛮夷军民长官司"、"婺川县蛮夷洞官"[23]。《大元混一方舆胜览》在播州宣抚司和思州宣抚司之后即记载"八番顺元等处宣慰司"及其辖属的 14 个安抚司和"蛮夷军民长官"、"军民长官"等[24]。据此,笔者认为播州宣抚司与播州安抚司同时存在,只是此时宣抚司具有一定的行政功能,故偏重宣抚司而已。如此,则湖广行省已拥有 15 个安抚司,而且其地理位置相连,民族构成较一致。

　　《元史·地理志》详细列举了各型区划的沿革等情况,一般认为《元史·地理志》所记为元代中期至后期行政区划较稳定的时期,但其记载杂揉,有时代不统一之嫌,但我们基本可判定为是元代中期以后的情况。

《元史·地理志》所记元代安抚司情况表：

序号	名称	设立时间	备注
1	庆远南丹溪洞等处军民安抚司	至元十三年[25]	《元史》卷63《地理志六·湖广行省》
2	罗番遏蛮军安抚司	至元十六年	《元史》卷63《地理志六·湖广行省》
3	程番武盛军安抚司	至元十六年	《元史》卷63《地理志六·湖广行省》
4	金石番太平军安抚司	至元十六年	《元史》卷63《地理志六·湖广行省》
5	卧龙番南宁州安抚司	至元十六年	《元史》卷63《地理志六·湖广行省》
6	小龙番静蛮军安抚司	至元十六年	《元史》卷63《地理志六·湖广行省》
7	大龙番应天府安抚司	至元十六年	《元史》卷63《地理志六·湖广行省》
8	洪番永盛军安抚司	至元十六年	《元史》卷63《地理志六·湖广行省》
9	方番河中府安抚司	至元十六年	《元史》卷63《地理志六·湖广行省》
10	卢番静海军安抚司	至元十六年	《元史》卷63《地理志六·湖广行省》
11	顺元等路军民安抚司	至元二十年[26]	《元史》卷63《地理志六·湖广行省》
12	新添葛蛮安抚司。	至元二十八年[27]	《元史》卷63《地理志六·湖广行省》
13	播州军民安抚司	至元十二年十二月[28]	《元史》卷8《世祖纪五》,《元史》卷63《地理志六·湖广行省》
14	思州军民安抚司	至元十二年[29]	《元史》卷8《世祖纪五》,《元史》卷63《地理志六·湖广行省》

续表

序号	名称	设立时间	备注
15	乾宁军民安抚司	至元十五年[30]	《元史》卷 63《地理志六·湖广行省》
16	师壁洞安抚司	至元二十八年[31]	《元史》卷 60《地理志三·四川行省》
17	永顺等处军民安抚司	至元三十年[32]	《元史》卷 60《地理志三·四川行省》

《大元混一方舆胜览》与《元史·地理志》所载安抚司比较表：

《大元混一方舆胜览》		《元史·地理志》	
安抚司名称	所属行省	安抚司名称	所属行省
罗番遏蛮军安抚司	湖广行省	罗番遏蛮军安抚司	湖广行省
程番武盛军安抚司	湖广行省	程番武盛军安抚司	湖广行省
卧龙番南宁州安抚司	湖广行省	卧龙番南宁州安抚司	湖广行省
金石番太平军安抚司	湖广行省	金石番太平军安抚司	湖广行省
小龙番静蛮军安抚司	湖广行省	小龙番静蛮军安抚司	湖广行省
洪番永盛军安抚司	湖广行省	洪番永盛军安抚司	湖广行省
方番河中府安抚司	湖广行省	方番河中府安抚司	湖广行省
卢番静海军安抚司	湖广行省	卢番静海军安抚司	湖广行省
大龙番应天府安抚司	湖广行省	大龙番应天府安抚司	湖广行省
葛蛮安抚司	湖广行省	新添葛蛮安抚司	湖广行省
琼州安抚司	湖广行省	乾宁军民安抚司	湖广行省
南丹州等处安抚司	湖广行省	庆远南丹溪洞等处军民安抚司	湖广行省

《大元混一方舆胜览》		《元史·地理志》	
安抚司名称	所属行省	安抚司名称	所属行省
都云定云等处安抚司	湖广行省		
		顺元等路军民安抚司	湖广行省
		播州军民安抚司	湖广行省
		思州军民安抚司	湖广行省
永顺保靖南渭三州安抚司	湖广行省	永顺等处军民安抚司	四川行省
		师壁洞安抚司	四川行省
安抚高丽总管府	属镇东行省		
新罗国安抚司	属镇东行省		

　　《大元混一方舆胜览》所记行政区划大约为大德七年（1303年）的元朝行政区划体制，时共有 16 个安抚司，除两个为临时的征伐型"镇东行省"统辖，其余 14 个安抚司皆属湖广行省。《元史·地理志》所记安抚司为元朝中后期长期存在的安抚司，共 17 个，属湖广行省的仍为 15 个，属四川行省的 2 个。考察属于四川行省的两个安抚司置废情况：永顺保靖南渭三州安抚司，元朝前期隶四川行省，武宗至大年间析出保靖州和南渭州，相关地区并入湖广行省"新添葛蛮安抚司"[33]，因此，实际上元中期永顺保靖南渭三州安抚司已废。师壁洞安（宣）抚司，置废时间不详，在《元史》中师壁洞安抚司第一次出现的时间是至元二十八年七月，其后则无相关记载，当存在时间短暂[34]。

　　安抚司与宣抚司是有差别的。至大二年元朝针对"松潘叠宕威茂州等处安抚司管内，西番、秃鲁卜、降胡、汉民四种人杂处"的情况，指出民族地区的"宣抚司官皆他郡人，不知蛮夷事宜"，"宣改安抚司为宣抚司"，"诏改松潘叠宕威茂州安抚司为宣抚司，迁治茂州汶川县，秩正三品，以八儿思的斤为宣抚司达鲁花赤，蔡懋昭为副使，并佩虎符"[35]，这一事实说明，至此元朝明确了宣抚司与安抚司性质的差别，宣抚司为元朝设立于多民族杂处地区的军政机构，其主官皆派"他郡人"任之，秩正三品，与路总管平级，且由朝廷派蒙古人任宣抚司达鲁花赤，宣抚使和宣抚司达鲁花赤"并佩虎符"。这段史料揭示了宣抚司与安抚司体制的差别，宣抚司掌兵权，是一个军政镇戍与管理兼具的机构。而安抚司则由归附的蛮夷酋长或大番主任安抚使，管辖其所属的蛮夷官及其寨落，故至大年间"平伐蛮酋不老丁遣其侄与甥十人来降，升平伐等处蛮夷军民安抚司同知陈思诚为安抚使，佩金虎符"[36]，此乃元朝专门针对"远方蛮夷，顽犷难制，必任土人，可以集事"[37]的特别政区管理体制的创制。

　　元代的安抚司专设在少数民族地区，当由此职能发展而来，宋代的安抚司只是行政区划的地方行政组织之一，职能偏重于军事和主管羁縻少数民族事务，元代所设的 15 个安抚司则应看作是特殊政区，具备行政区划的基本职能。但是在行政组织上，没有完整的行政职能。美国边疆学说的创始人特纳认为边疆有这样一些特性：第一，"边疆"和"地域"是美国历史中"两个最基本的因素"；第二，边疆与地域密不可分，"边疆是活动的地域"；第三，各地域的特点"在奠定地理基础的时代就部分地确定了"[38]。由此可见，元代在唐宋西南版图的边缘地带长期保持安抚司，并逐渐地把安抚司演变为特殊行政区划，有三方面特殊的要素值得思考。一是其边疆性，即唐宋的西南边疆和边缘地带；二是其地域性的特殊地理环境;再有则是其民族性,唐宋以来的"溪峒"群落散布区所决定的。

第三节　湖广行省15安抚司的地理考释

从宋代西南边缘地带的军政统筹机构泸南沿边安抚司和广南西路经略安抚司向元代特殊政区的变迁,正好是一个从传统的中国政区体系外的区域到体系内辖制区域转变的特殊历程。元代安抚司的演进过程,正揭示了唐宋传统的边缘地带在元代政治地理格局和征服力量在突破国家与族群性之间难以逾越的界线时如何得以联合,形成一种特殊的行政区划和管理模式的特点。

尽管元代中期与后期的15安抚司的辖属关系略有调整,但是,不可否认的是大多数安抚司是相当稳定的,大约从至元十三至十六年间设立后都没有变化;即便有所调整,元代安抚司也并没有呈现出全国性的分布,而是相对集中于一个区域,甚至集中于湖广行省,在湖广行省又集中于其西北部地区。顾祖禹《读史方舆纪要》卷八《历代州域形势八》称:

> (元代)安抚司十五,皆在湖广境内。曰播州沿边安抚司,即唐播州也。曰思州军民安抚司,亦即唐之思州。曰庆远南丹溪洞等处军民安抚司,即宋之庆远府。曰乾宁军民安抚司,即宋之琼州。曰顺元等路军民安抚司,即今贵阳府。曰新添葛蛮安抚司,即今贵州新添卫。曰卢番静海军安抚司,今贵阳府卢番长官司也。曰程番武胜军安抚司,今为程番长官司。曰方番河中府安抚司,今为方番长官司。曰卧龙番南宁州安抚司,今为卧龙番长官司。曰金石番太平军安抚司,今为金石番长官司。曰小龙番静蛮军安抚司,今为小龙番长官司。曰

大龙番应天府安抚司,今为大龙番长官司。曰罗番遏蛮军安抚司,今为罗番长官司。俱属贵阳府。盖羁縻诸蛮地也。《元志》:思、播诸州以及顺元诸番安抚司,初皆属四川。至元二十八年,始改属湖广云。

顾祖禹仅叙14个安抚司,脱"洪番永盛军安抚司"。但是正如顾祖禹所说,元代安抚司的地理分布特点是:一,"皆在湖广境内";二,元代的安抚司在明代"俱属贵阳府",虽部分安抚司并不在明代贵阳府境内,但高度集中于贵阳府地区是无疑的;三,"盖羁縻诸蛮地也",说明元代设置安抚司的地区均为唐宋"羁縻"的蛮夷地;四,元代前期思州安抚司和播州安抚司原属四川行省,但至元二十八年后改属湖广行省,可以说元代至元二十八年后安抚司都集中在湖广行省之下。湖广行省15安抚司具体考释如下:

1、罗番遏蛮军安抚司(1279—1371 年)

元至元十六年(1279 年)置,属湖广行省八番顺元宣慰司①。治今贵州省惠水县好花红乡龙洞附近②。明洪武五年(1372 年)改置罗番长官司③。

考释:

①《元史》卷63《地理志六·八番顺元蛮夷官》:"至元十六年,潭州行省遣两淮招讨司经历刘继昌招降西南诸番,以龙方零为小龙番静蛮军安抚使,龙文求卧龙番南宁州安抚使,龙延三大龙番应天府安抚使,程延随程番武盛军安抚使,洪延畅洪番永盛军安抚使,韦昌盛方番河中府安抚使,石延异石番太平军安抚使,卢延陵卢番静海军安抚使,罗阿资罗甸国遏蛮军安抚使,并怀远大将军、虎符,仍以兵三千戍之。……罗番遏蛮军安抚司。"(中华书局标点本,1976 年版,第五册,第 1539 页)。据此知元至元十六年

(1279年)元朝招降"西南诸夷"后,以罗甸国土酋罗阿资罗为安抚使,设置"罗番遏蛮军安抚司",安抚使且为怀远大将军,佩虎符,领土兵3000。

②《嘉庆重修大清一统志》卷500《贵阳府》:"罗番长官司,在定番州南三十里。元置罗番遏蛮军安抚司,明洪武五年改置今司。"(四部丛刊本)《清史稿》卷75《地理二十二·贵州》记载:"(定番州)南:韦番、罗番司长官一。"(中华书局标点本,1976年版,第九册,第2354页)。罗番司在定番州南三十里,即在今惠水县城南三十里。查今地图,约在今好花红乡。《嘉庆重修大清一统志》卷500《贵阳府·山川》:"又州南罗番司西五里有龙王洞。"(四部丛刊本)今贵州省惠水县的好花红乡驻地旁亦有一洞,名龙洞。故可定元罗番遏蛮军安抚司及明清罗番长官司在今贵州省惠水县好花红乡龙洞附近。

③《明史》卷46《地理七·贵州》贵阳府载:"罗番长官司,州南。元罗番大龙遏蛮军安抚司。洪武五年改置。"(中华书局标点本,1974年版,第四册,第1200页)。

2、程番武盛军安抚司(1279—1371年)

元至元十六年(公元1279年)置,隶湖广行省八番宣慰司①。治今贵州省惠水县城和平镇②。明洪武五年(公元1372年)三月改置程番长官司③。

考释:

①《元史》卷63《地理志六·八番顺元蛮夷官》:"至元十六年,潭州行省遣两淮招讨司经历刘继昌招降西南诸番,以龙方零为小龙番静蛮军安抚使,……程延随程番武盛军安抚使。"(中华书局标点本,1976年版,第五册,第1539页)。据此知以元至元十六

年(1279年)元朝招降"西南诸夷"后,以八番之一的程番土酋程延随为安抚使,设置"程番武盛军安抚司"。

②《大明一统志》卷八十八《贵州布政司·贵阳府》:"程番长官司在府城南八十五里,元至元中置程番武胜军安抚司,俱本朝改置。"(四库全书本)《明史》卷四十六《地理志七·贵州条》贵阳府载:"定番州,元程番武胜军安抚司。洪武五年罢。成化十二年七月置程番府,领金筑安抚司,上马桥、大龙番、小龙番、程番、方番、韦番、卧龙番、洪番、小程番、卢番、罗番、金石番、卢山、木瓜、大华、麻响十六长官司。隆庆二年六月移府入布政司城。万历十四年三月置州。"(中华书局标点本,1974年版,第四册,第1201页)。《嘉庆重修大清一统志》卷五百《贵阳府城池》:"定番州城,周三里有奇,门四,明成化十三年建,本朝乾隆七年修。"(四部丛刊本)。柴兴仪主编《中华人民共和国地名词典贵州省》记载1913年废州改定番县,1941年更名惠水县(商务印书馆,1994年,第337页)。可见,自元程番武盛军安抚司治、明程番长官司治、程番府治、定番州治至民国初定番县治、惠水县治一脉相承,并未迁徙,故今贵州省惠水县城和平镇即元程番武胜军安抚司治、明程番长官司治、程番府治、定番州治。

③《太祖实录》卷73洪武五年三月壬戌:"置金筑、程番长官司,秩正六品,隶四川行省,以密定、程谷英等为长官,世袭其职。"(贵州民族研究所编:《明实录》贵州资料辑要,贵州人民出版社1983年版,第6页)。

3、卧龙番南宁州安抚司(1279—1371年)

元至元十六年(1279年)置,属湖广行省八番顺元宣慰司①。治今贵州省惠水县和平镇东南龙井附近②。明洪武五年(1372

年)改置卧龙番长官司③。

考释:

①《元史》卷63《地理志六·八番顺元蛮夷官》:"至元十六年,潭州行省遣两淮招讨司经历刘继昌招降西南诸番,以龙方零为小龙番静蛮军安抚使,龙文求卧龙番南宁州安抚使……"(中华书局标点本,1976年版,第五册,第1539页)。据此知元至元十六年(1279年)元朝招降"西南诸夷"后,以八番之一的卧龙番土酋龙文求为卧龙番南宁州安抚司安抚使,设置"卧龙番南宁州安抚司"。

②《嘉庆重修大清一统志》卷500《贵阳府》:"卧龙番废司,在定番州南十五里。元置卧龙番南宁州安抚司,明洪武五年改置长官司。"(四部丛刊本)。《清史稿》卷75《地理二十二·贵州》记载:"(定番州)南方番、卢山、洪番、卧龙番,西大华,西北上马桥、小程番七司,裁。"(中华书局标点本,1976年版,第九册,第2354页)。卧龙番长官司由卧龙番南宁州安抚司改置,在定番州东南二十里,定番州治即今贵州省惠水县城和平镇。查今地图,应在今和平镇南龙井附近,可定为元卧龙番南宁州安抚司及明清卧龙番长官司治。

③《明史》卷46《地理七·贵州》贵阳府载:"卧龙番长官司,州南。元卧龙番南宁州安抚司。洪武五年改置。"(中华书局标点本,1974年版,第四册,第1200页)。

4、金石番太平军安抚司(1279—1371年)

元至元十六年(1279年)置,属湖广行省八番顺元宣慰司①。治今贵州省惠水县三都镇②。明洪武五年(1372年)改置金石番长官司③。

考释:

①《元史》卷63《地理志六·八番顺元蛮夷官》:"至元十六

年,潭州行省遣两淮招讨司经历刘继昌招降西南诸番,以龙方零为小龙番静蛮军安抚使,龙文求卧龙番南宁州安抚使,龙延三大龙番应天府安抚使,程延随程番武盛军安抚使,洪延畅洪番永盛军安抚使,韦昌盛方番河中府安抚使,石延异石番太平军安抚使,……金石番太平军安抚司"(中华书局标点本,1976 年版,第五册,第1539 页)。据此知元至元十六年(1279 年)元朝招降"西南诸夷",以八番之一的石番土酋石延异为石番太平军安抚司安抚使,设置"金石番太平军安抚司"。

②《嘉庆重修大清一统志》卷 500《贵阳府》:"金石番废司,在定番州东二十五里。元置金石番太平军安抚司,明洪武五年改置长官司。"(四部丛刊本)。《清史稿》卷 75《地理二十二·贵州》记载:"(定番州)又东:金石番司。"(中华书局标点本,1976 年版,第九册,第 2354 页)。柴兴仪主编《中华人民共和国地名词典·贵州省》认为明清金石番长官司治在今三都镇(商务印书馆,1994 年版,第 338 页。)可从。金石番长官司由金石番太平军安抚司改置,故金石番太平军安抚司治亦为今贵州省惠水县三都镇。

③《明史》卷 46《地理七·贵州》贵阳府载:"金石番长官司,州东。元金石番太平军安抚司。洪武五年改置。"(中华书局标点本,1974 年版,第四册,第 1200 页)。

5、小龙番静蛮军安抚司(1279—1372 年)

元至元十六年(1279 年)置,隶湖广行省八番顺元宣慰司①。治今贵州省惠水县城高镇镇附近②。明洪武六年(1373 年)正月改置小程番长官司③。

考释:

①《元史》卷 63《地理志六·八番顺元蛮夷官》:"至元十六

年,潭州行省遣两淮招讨司经历刘继昌招降西南诸番,以龙方零为小龙番静蛮军安抚使……"(中华书局标点本,1976年版,第五册,第1539页)。据此知元至元十六年(1279年)元朝招降"西南诸夷",以八番之一的小龙番土酋龙方零为小龙番静蛮军安抚使,设置"小龙番静蛮军安抚司"。

②《明史》卷46《地理七·贵州》贵阳府载:"小程番长官司,州西北。元小程番安抚司。洪武六年正月改置。"(中华书局标点本,1974年版,第四册,第1199页)。《嘉庆重修大清一统志》卷500《贵阳府·古迹》:"小程番废司,在定番州西北五里,元置长官司,属番民总管府,明因之。本朝乾隆间裁。"(四部丛刊本)明小程番长官司改自元小程番安抚司,小程番长官司在定番州西北五里,定番州治为今贵州省惠水县城,故小程番安抚司治及小程番长官司治应在今贵州省惠水县高镇镇南。

③《太祖洪武实录》卷78洪武六年正月乙卯:"改卢番、洪番、小程番、卢山五安抚司为长官司,以安抚卢朝奉等五人为长官,俱世袭。"(贵州民族研究所编:《〈明实录〉贵州资料辑录》,贵州人民出版社1983年版,第7页)。

6、洪番永盛军安抚司(1279—1372年)

元至元十六年(1279年)置,属湖广行省八番顺元宣慰司①。治今贵州省惠水县和平镇南大兴附近②。明洪武六年(1373年)改置洪番长官司③。

考释:

①《元史》卷63《地理志六·八番顺元蛮夷官》:"至元十六年,潭州行省遣两淮招讨司经历刘继昌招降西南诸番,以龙方零为小龙番静蛮军安抚使,龙文求卧龙番南宁州安抚使,龙延三大龙番

应天府安抚使,程延随程番武盛军安抚使,洪延畅洪番永盛军安抚使,韦昌盛方番河中府安抚使,石延异石番太平军安抚使,卢延陵卢番静海军安抚使,罗阿资罗甸国遏蛮军安抚使。"(中华书局标点本,1976版,第五册,第1539页)。据此知元至元十六年(1279年)元朝招降"西南诸夷",以八番之一的洪番土酋洪延畅为洪番永盛军安抚使,设置"洪番永盛军安抚司"。

②《嘉庆重修大清一统志》卷500《贵阳府·古迹》:"洪番废司,在定番州南十里。元置洪番永盛(原书作"盘",当"盛"之误)军安抚司,明洪武五年改置长官司。本朝雍正七年裁。"(四部丛刊本)。《清史稿》卷75《地理二十二·贵州》记载:"(定番州)南方番、卢山、洪番、卧龙番,西大华,西北上马桥、小程番七司,裁。"(中华书局标点本,1976年版,第九册,第2354页)。洪番长官司由洪番永盛军安抚司改置,在定番州南十里,定番州治即今贵州省惠水县城和平镇。查今地图,和平镇南十里应在大兴附近,可定为元洪番永盛军安抚司及明清洪番长官司治。

③《太祖洪武实录》卷78洪武六年正月乙卯:"改卢番、洪番、小程番、卢山五安抚司为长官司,以安抚卢朝奉等五人为长官,俱世袭。"(贵州民族研究所编:《〈明实录〉贵州资料辑录》,贵州人民出版社1983年版,第7页)。

7、方番河中府安抚司(1279—1371年)

元至元十六年(1279年)置,属湖广行省八番顺元宣慰司①。治今贵州省惠水县和平镇南大坡附近②。明洪武五年(1372年)改置方番长官司③。

考释:

①《元史》卷63《地理志六·八番顺元蛮夷官》:"至元十六

年,潭州行省遣两淮招讨司经历刘继昌招降西南诸番,以龙方零为小龙番静蛮军安抚使,龙文求卧龙番南宁州安抚使,龙延三大龙番应天府安抚使,程延随程番武盛军安抚使,洪延畅洪番永盛军安抚使,韦昌盛方番河中府安抚使,石延异石番太平军安抚使,卢延陵卢番静海军安抚使,罗阿资罗甸国遏蛮军安抚使。"(中华书局标点本,1976 年版,第五册,第 1539 页)。据此知元至元十六年(1279 年)元朝招降"西南诸夷",以八番之一的洪番土酋韦昌盛为方番河中府安抚使,设置方番河中府安抚司。

②《嘉庆重修大清一统志》卷 500《贵阳府·古迹》:"方番废司,在定番州南八里。元置方番河中府安抚司,明洪武五年改置长官司。本朝乾隆年间裁。"(四部丛刊本)。《清史稿》卷 75《地理二十二·贵州》记载:"(定番州)南方番、卢山、洪番、卧龙番,西大华,西北上马桥、小程番七司,裁。"(中华书局标点本,1976 年版,第九册,第 2354 页)。方番长官司由方番河中府安抚司改置,在定番州南八里,定番州治即今贵州省惠水县城和平镇。查今地图,和平镇南八里应在大坡附近,可定为元方番河中府安抚司及明清方番长官司治。

③《明史》卷 46《地理七·贵州》贵阳府载:"方番长官司,州南。元方番河中府安抚司。洪武五年改置。"(中华书局标点本,1974 年版,第四册,第 1199 页)。

8、卢番静海军安抚司(1279—1372 年)

元至元十六年(1279 年)置,属湖广行省八番顺元宣慰司①。治今贵州省惠水县高镇镇东南②。明洪六年(1373 年)改置为卢番长官司③。

考释:

①《元史》卷 63《地理志六·八番顺元蛮夷官》:"至元十六

年,潭州行省遣两淮招讨司经历刘继昌招降西南诸番,以龙方零为
小龙番静蛮军安抚使,龙文求卧龙番南宁州安抚使,龙延三大龙番
应天府安抚使,程延随程番武盛军安抚使,洪延畅洪番永盛军安抚
使,韦昌盛方番河中府安抚使,石延异石番太平军安抚使,卢延陵
卢番静海军安抚使,罗阿资罗甸国遏蛮军安抚使。"(中华书局标
点本,1976 年版,第五册,第 1539 页)。据此知元至元十六年
(1279 年)元朝招降"西南诸夷",以八番之一的卢番土酋卢延陵
为卢番静海军安抚使,设置卢番静海军安抚司。

　　②《明史》卷46《地理志七·贵州》贵阳府载:"卢番长官司,
州北。元卢番静海军安抚司。洪武六年正月改置,省元卢番蛮夷
军民长官司入焉。"(中华书局标点本,1974 年版,第四册,第 1199
页)。可见,卢番长官司乃元卢番静海军安抚司改置而来。《嘉庆
重修大清一统志》卷 500《贵阳府·建置沿革》:"卢番长官司,在
定番州北五里。"(四部丛刊本)。《清史稿》卷 75《地理二十二·
贵州》记载:"(定番州)东北:卢番司长官一。"(中华书局标点本,
1976 年版,第九册,第 2354 页)。卢番长官司在定番州北五里,亦
在小程番长官司东,故元卢番静海军安抚司治及明清卢番长官司
治应在今高镇镇东南。

　　③《太祖洪武实录》卷 78 洪武六年正月乙卯:"改卢番、洪番、
小程番、卢山五安抚司为长官司,以安抚卢朝奉等五人为长官,俱
世袭。"(贵州民族研究所编:《〈明实录〉贵州资料辑录》,贵州人
民出版社 1983 年版,第 7 页)。

9、大龙番应天府安抚司(1279—1371 年)

　　元至元十六年(1279 年)置,属湖广行省八番顺元宣慰司①。
治今贵州省惠水县雅水镇西的大龙②。明洪武五年(1372 年)改

置大龙番长官司③。

考释：

①《元史》卷63《地理志六·八番顺元蛮夷官》："至元十六年，潭州行省遣两淮招讨司经历刘继昌招降西南诸番，以龙方零为小龙番静蛮军安抚使，龙文求卧龙番南宁州安抚使，龙延三大龙番应天府安抚使，程延随程番武盛军安抚使，洪延畅洪番永盛军安抚使，韦昌盛方番河中府安抚使，石延异石番太平军安抚使，卢延陵卢番静海军安抚使，罗阿资罗甸国遏蛮军安抚使。"（中华书局标点本，1976年版，第五册，第1539页）。据此知元至元十六年（1279年）元朝招降"西南诸夷"，以八番之一的大龙番土酋龙延三为大龙番应天府安抚使，设置大龙番应天府安抚司。

②《嘉庆重修大清一统志》卷500《贵阳府》："大龙番长官司，在定番州东三十里。元置大龙番应天府安抚司，明洪武五年改置今司。"（四部丛刊本）。《清史稿》卷75《地理二十二·贵州》记载："（定番州）东南：大龙番、小龙番司长官一。"（中华书局标点本，1976年版，第九册，第2354页）。大龙番长官司由大龙番应天府安抚司改置，在定番州东南二十里，定番州治即今贵州省惠水县城和平镇。查今地图，惠水县雅水镇西有地名大龙，其至和平镇距离亦三十里左右，方位有少许偏差，可定为元大龙番应天府安抚司及明清大龙番长官司治。

③《明史》卷46《地理志七·贵州》贵阳府载："大龙番长官司，州东南。元大龙番应天府安抚司。洪武五年改置。"（中华书局标点本，1974年版，第四册，第1199页）。

上述9个安抚司当共领《元史·地理志七·贵州》"管番民总管"条下所载的39个"蛮夷军民长官司"。

10、新添葛蛮安抚司(1279—1370 年)

元至元十六年(1279 年)置,属湖广行省八番顺元宣慰司①,治所在今贵州省贵定县城北 5 公里沙坝村北的新添司②。领 130 个蛮夷官,地域范围不清,约为今贵州省贵定、龙里、都云、麻江、平塘诸县③。明洪武四年(1371 年)改置为新添长官司④。

考释:

①《元史》卷 63《地理志六·八番顺元蛮夷官》:"至元十六年,……是年,宣慰使塔海以西南八番、罗氏等国已归附者,具以来上,洞寨凡千六百二十有六,户凡十万一千一百六十有八。西南五番千一百八十六寨,户八万九千四百。"又同卷有"新添葛蛮安抚司"及其司领二十四长官司(中华书局标点本,1976 年版,第五册,第 1539 页)。故当置于至元十六年(1279 年)。

②《嘉庆重修大清一统志》卷 500《贵阳府》:"新添长官司,在贵定县东北,明洪武四年置,后属新添卫。本朝康熙二十六年改属贵定县。"(四部丛刊本)。查今地图,贵州省贵定县北沙坝村北 5 里处有地名新添司,应为明代新添长官司治。而今贵定县城西南又盘江镇,在瓮城河畔,疑为瓮城治所在。

③《元史·地理志六·湖广行省》记载:"新添葛蛮安抚司。大德元年,授葛蛮安抚驿券一。南渭州。落葛谷鹅罗椿等处。昔不粱骆杯密约等处。乾溪吴地等处。哝筲古平等处。甕城都桑等处。都镇马乃等处。平普乐重墺等处。落同当等处。平族等处。独禄。三陂地蓬等处。小葛龙洛邦到骆豆虎等处。罗月和。麦傲。大小田陂带等处。都云洞。洪安画剂等处。谷霞寨。刺客寨。吾狂寨。割利寨。必郎寨。谷底寨。都谷郎寨。犵狫寨。平伐等处[笔者按此处原注:大德元年,平伐酋领内附,乞隶于亦奚不薛,从之]。安剌速。思楼寨。落暮寨。梅求望怀寨。甘长寨。

桑州郎寨。永县寨。平里县寨。锁州寨。双隆。思母。归仁。各
丹。木当。雍郎客都等处。雍门犵狫等处。栖求等处仲家蛮。娄
木等处。乐赖蒙囊吉利等处。华山谷津等处。青塘望怀甘长不列
独娘等处。光州。者者寨。安化思云等洞。北遐洞。茅难思风北
郡都变等处。必际县。上黎平。潘乐盈等处。诚州富盈等处。赤
畲洞。罗章特团等处。福水州。允州等处。钦村。硬头三寨等
处。颜村。水历吾洞等处。顺东。六龙图。推寨。橘叩寨。黄顶
寨。金竹等寨。格慢等寨。客芦寨。地省等寨。平魏。白崖。雍
门客当乐赖蒙囊大化木瓜等处。嘉州。分州。平硃。洛河洛脑等
处。宁溪。瓮除。麦穰。孤顶得同等处。瓮包。三陂。控州。南
平。独山州。木洞。瓢洞。窨洞。大青山骨记等处。百佐等处。
九十九寨蛮。谷列当桥山齐硃谷列等处。虎列谷当等处。真滁杜
珂等处。杨坪杨安等处。棣甫都城等处。杨友阆。百也客等处。
阿落傅等寨。蒙楚。公洞龙木。三寨猫犵剌等处。黑土石。洛宾
洛咸。益轮沿边蛮。割和寨。王都谷浪寨。王大寨。只蛙寨。黄
平下寨。林拱章秀拱江等处。密秀丹张。林种拱帮。西罗剖盆。
杉木箐。各郎西。恭溪望成崖岭等处。孤把。焦溪笃住等处。草
堂等处。上桑直。下桑直。米坪。令其平尾等处。保靖州。特团
等处。"共130个蛮夷官,但上述各个蛮夷官的地理位置难以确
考。据上述蛮夷官可考释者,如当桥山齐硃谷列等处蛮夷官在今
龙里县南,甘长寨蛮夷官在今贵州省龙里县南的南场镇,瓮城都桑
等处蛮夷官在今贵州省贵定县西南盘江镇等,新添葛蛮安抚司地
域范围不清,约为今贵州省贵定、龙里、都云、麻江、平塘诸县。

④《明史》卷46《地理七·贵州》载:"新添长官司,倚。洪武
四年置。东有凭虚洞,一名猪母洞。西北有清水江。西南有瓮城
河,有瓮城河土巡检司。又东有谷忙关。"(中华书局1974年郑天

挺等校点本,第四册,第 1215 页)。

11、乾宁军民安抚司(1329—1367 年)

元文宗天历二年(1329 年)置,隶属湖广行省海北海南道宣慰司①。地理范围约为今海南省,治所在今海南省琼山县城。明洪武元年(1368 年)改琼州府②。

考释:

①《元史》卷 63《地理志六》湖广行省记载:"乾宁军民安抚司,唐以崖州之琼山置琼州,又为琼山郡。宋为琼管安抚都监。元至元十五年,隶海北海南道宣慰司。天历二年,以潜邸所幸,改乾宁军民安抚司。……琼山,下,倚郭。"

②《元史》卷 63《地理志六》湖广行省记载:"乾宁军民安抚司,……天历二年,以潜邸所幸,改乾宁军民安抚司。……琼山,下,倚郭。"《明史》卷 45《地理志六·广东》条记载:"琼州府,元乾宁军民安抚司。元统二年十月改为乾宁安抚司,属海北海南道宣慰司。洪武元年十月改为琼州府。二年降为州。三年仍升为府。领州三,县十。……琼山,倚。"《清史稿》卷 72《地理志十九·广东·琼州府》条记载:"琼州府:繁,疲,难。……领州一,县七。府及崖州在南海中,曰海南岛,中有五指山,绵亘数邑。山南隶崖州,山北隶府。……琼山繁。倚。……崖州直隶州:冲,繁。隶琼崖道。崖州旧隶琼州府。光绪三十一年,升为直隶州。"据此知明代洪武元年(1368 年)改元乾宁军民安抚司为广东布政司的琼州府,清代沿之,明清琼州府的地域范围为今海南省全岛,直至清光绪三十一年(1905 年)分琼州府南部为崖州直隶州,故元代乾宁军民安抚司辖境即今海南省。明清琼州府与元乾宁军民安抚司一脉相承,治所未变,以琼山县为附郭县,今海南省仍有琼山县,故今海南

省琼山县城乃元代乾宁安抚司和明清琼州府治。

12、庆远南丹溪洞等处军民安抚司（1297—1367 年）

元初平南宋，至元十三年（1276 年）改南宋庆远府为庆远安抚司，至元十六年（1279 年）改庆远安抚司为庆远路①。至元二十八年（1291 年）南宋南丹州蛮归附元朝，设南丹安抚司②。元大德元年（1297 年）九月合并庆远路和南丹安抚司置庆远南丹溪洞等处军民安抚司，属湖广行省③。治宜山县，今广西宜山县城④。地理位置在元代八番顺元宣慰司之南⑤。地域范围约为今广西壮族自治区北部河池市地区，包括天蛾、南丹、凤山、东兰、巴马、荔波、环江、河池、宜山、忻城诸县市⑥。明洪武元年（1368 年）改庆远府⑦。

考释：

①《元史》卷 63《地理志六·湖广行省》："庆远南丹溪洞等处军民安抚司，唐为龙水郡，又改粤州。宋为庆远府。元至元十三年，置安抚司。十六年，改庆远路总管府。"

②《元史》卷 19《世祖纪十三》记载元初至元二十八"南丹州莫国麟入觐，授国麟安抚使、三珠虎符。"故至元二十八年（1291 年）于南宋南丹州蛮地设置南丹安抚司。

③《元史》卷 19《成宗纪二》记载大德元（1297 年）九月"罢南丹州安抚司，立庆远南丹溪洞等处军民安抚司。"《元史》卷 63《地理志六·湖广行省·庆远南丹溪洞等处军民安抚司》条记载："庆远南丹溪洞等处军民安抚司，唐为龙水郡，又改粤州。宋为庆远府。元至元十三年，置安抚司。十六年，改庆远路总管府。大德元年，中书省臣言：'南丹州安抚司及庆远路相去为近，所隶户少，请省之。'遂立庆远南丹溪洞等处军民安抚司"。故庆远南丹溪洞等

处军民安抚司乃合并庆远路和南丹安抚司置,属湖广行省。

　　④《元史》卷63《地理志六·湖广行省》:"庆远南丹溪洞等处军民安抚司,唐为龙水郡,又改粤州。宋为庆远府。元至元十三年,置安抚司。十六年,改庆远路总管府。大德元年,中书省臣言:'南丹州安抚司及庆远路相去为近,所隶户少,请省之。'遂立庆远南丹溪洞等处军民安抚司。……领五县:宜山,下。忻城,下。天河,下。思恩,下。河池。下。"宜山县为庆远南丹溪洞等处军民安抚司所领首县,当为庆远南丹溪洞等处军民安抚司治所。又《明史》卷45《地理志六·广西》记载:"庆远府元庆远路。洪武元年为府。二年正月改庆远南丹军民安抚司。三年六月复曰庆远府。领州四,县五,长官司三。……宜山倚。"再,《清史稿》卷73《地理志二十·广西条·庆远府》记载:"庆远府:……明洪武三年复为府,领州四,县五,长官司三。顺治初,因明旧。……宜山繁,难。倚。"说明元庆远南丹溪洞等处军民安抚司明清均为庆远府,治所不变,仍在宜山县,即今广西壮族自治区宜山县城。

　　⑤庆远南丹溪洞等处军民安抚司的地理位置,据《明史》卷317《广西土司列传一·庆远列传》记载,元庆远南丹军民安抚司明"洪武元年仍改庆远府","庆远府地接八番溪洞",地接八番溪洞,在其南。

　　⑥因元代庆远南丹溪洞等处军民安抚司是合并庆远路和南丹安抚司所设,其地域基础为南宋庆远府和南丹州蛮地区。《宋史》卷90《地理志六·广南西路》记载:"庆远府,下。本宜州,……咸淳元年,以度宗潜邸,升庆远府。……县四:龙水,上。……天河,下。……忻城,中下。……思恩。下。……南渡后,增县一:河池。下。……羁縻州十,军一,监二。温泉州、环州、镇宁州,领县二。蕃州、金城州、文州、兰州,领县三。安化州,领县四。迷昆州、智

州,领县五。怀远军,领县一。又有富仁、富安二监。"故宋庆远府的地域范围约为今广西壮族自治区的荔波县、环江县、河池市、宜山县、忻城县等地。又,元初南丹安抚司为宋南丹州蛮地域。《宋史》卷494《蛮夷传二·南丹州蛮传》称:"南丹州蛮,亦溪峒之别种也,地与宜州及西南夷接壤。"地理位置在南宋宜州即庆远府之西。宋元丰三年,南丹州蛮首领世忍"入贡,其印以"西南诸道武盛军德政官家明天国主"为文,诏以南丹州印赐之"。元丰六年"世忍死,子公佞袭","大观元年,广西经略使王祖道言公佞就擒,进筑平、允、从州,牧文、地、兰、那、安、外、习、南丹八州之地,并为镇庭孚观州、延德军,以其弟公晟袭刺史。"又《宋史》卷90《地理志六·广南西路》说:"大观元年,克南丹州,以南丹州为观州,置倚郭县。"由此说明,大观年间设置的平州、允州、从州,牧文州、地州、兰州、那州、安州、外州、习州和南丹州等八州以及观州和延德军之地均为南丹溪洞蛮区域范围。元初至元二十八"南丹州莫国麟入觐,授国麟安抚使、三珠虎符。"故至元二十八年所置南丹安抚司辖境当为宋南丹蛮地域范围。《元史·地理志》所记蛮夷官地理位置混乱,将宋南丹州蛮地所置之蛮夷官诸州南丹、福州、永州、乃州、銮州、程州、三旺州、地州、忠州、天州、文州、合凤州、芝山州、安习州等记于"思州军民安抚司"条下,误,今从谭其骧主编《中国历史地图集》第七册《元·湖广行省》考释,上述诸蛮夷官州属庆远南丹溪洞等处军民安抚司。故元代庆远南丹溪洞等处军民安抚司的地域范围约为今广西壮族自治区北部河池市地区,包括天蛾、南丹、凤山、东兰、巴马、荔波、环江、河池、宜山、忻城诸县市。

⑦《明史》卷45《地理志六·广西》记载:"庆远府,元庆远路。洪武元年为府。二年正月改庆远南丹军民安抚司。三年六月复曰庆远府。"

13、顺元等路军民安抚司(1286—1367 年)

元至元二十四年(1286 年)置,初属湖广行省顺元路宣慰司,至元二十九年(1292 年)属湖广行省八番顺元宣慰司都元帅府①。治所在今贵州省贵阳市②。领 24 个蛮夷官,地域范围约为今贵州省贵阳市及其北部和以西的开阳、息烽、修文、织今、黔西、纳雍、大方、毕节等诸县③。元末改贵州宣慰使司,属湖广行省④,

考释:

①《元史》卷63《地理志六·湖广行省·顺元等路军民安抚司》记载:"顺元等路军民安抚司。至元二十年,四川行省讨平九溪十八洞,以其酋长赴阙,定其地之可以设官者与其人之可以入官者,大处为州,小处为县,并立总管府,听顺元路宣慰司节制。"《元史》卷17《世祖纪十四》记载至元二十九年三月,"中书省臣言:'亦奚不薛及八番、罗甸既各设宣慰司,又复立都元帅府,其地甚狭而官府多,宜合二司帅府为一。'诏从之,且命亦奚不薛与思、播州同隶湖广省,罗甸还隶云南,以八番罗甸宣慰使斡罗思等并为八番顺元等处宣慰使都元帅,佩虎符"。(中华书局,1976 年,第 361 页)。故八番顺元合为一宣慰司都元帅府,顺元等路军民安抚司属之。

②《明史》卷46《地理志六·贵州》:"贵州宣慰使司,元改顺元路军民安抚司置,属湖广行省。"明贵州宣慰使司治所在今贵阳市,当为元顺元等路军民安抚司治所。

③《元史》卷63《地理志六·湖广行省·顺元等路军民安抚司》记载顺元等路军民安抚司领"雍真乖西葛蛮等处。葛蛮雍真等处。曾竹等处[笔者按此处原注:大德七年,顺元同知宣抚事阿重尝为曾竹蛮夷长官,以其叔父宋隆济结诸蛮为乱,弃家朝京师,陈其事宜,深入乌撒、乌蒙,至于水东,招谕木楼苗、犵,生获隆济以

献]。龙平寨。骨龙等处。底寨等处。茶山百纳等处。纳坝紫江等处。磨坡雷波等处。漕泥等处。青山远地等处。木窝普冲普得等处。武当等处。养龙坑宿徵等处。骨龙龙里清江水楼雍眼等处。高桥青塘鸭水等处。落邦札佐等处。平迟安德等处。六广等处。贵州等处。施溪样头。朵泥等处。水东。市北洞。"等24个蛮夷官。虽然各蛮夷官确切地理位置难考,但上述所能考释的蛮夷官,如雍真乖西葛蛮等处长官司在今开阳县西北双流镇,葛蛮雍真等处长官司在今贵州省开阳县西部,骨龙等处长官司在今龙里县北谷龙,曾竹等处长官司在今贵州省贵阳市西北,底寨等处长官司在今贵州省息烽县底寨,茶山百纳等处长官司在今贵阳市花溪区黔陶乡赵司,纳坝紫江等处长官司在今贵州省开阳县境,青山远地等处长官司在今贵州省息烽县九庄镇,养龙坑宿徵等处长官司在今贵州省息烽县养龙司,骨龙龙里清江木楼雍眼等处长官司在今贵州省龙里县北及开阳县东南境,高桥青塘水鸭等处长官司在今贵州省清镇县鸭池河畔,落邦札佐等处长官司在今贵州省修文县扎佐镇,水东市北洞长官司在今贵州省贵阳市北等。今从谭其骧主编《中国历史地图集》第七册《元·湖广行省》考释,顺元等路军民安抚司地域范围约为今贵州省贵阳市及其北部和以西的开阳、息烽、修文、织今、黔西、纳雍、大方、毕节等诸县。

④《元史》无顺元等路军民安抚司改贵州宣慰使司记载,然《明史》卷46《地理志六·贵州》说:"贵州宣慰使司,元改顺元路军民安抚司置,属湖广行省。"改置时间不详,姑以元末(1367年)为改置时间。

14、播州军民安抚司(1276—1371年)

元至元十二年(1275年)十二月置,初隶四川行省①。至元二十八(1291年)设沿边溪洞宣慰司,升播州宣抚司,隶沿边溪洞宣慰司,仍属四川行省②。至元二十九年(1292年)沿边溪洞宣慰司改属湖广行省,似仍隶之③。治穆家川,今遵义市区④。元中后期,仍置播州安抚司,领黄平府和32个蛮夷官,地域范围相当于贵州省遵义市所辖各县及重庆市綦江县⑤。明代改播州宣慰司⑥。

考释:

①《元史》卷八《世祖纪五》记载:"(至元十二年)十二月戊戌,……,金书四川行枢密院事昝顺言:'绍庆府、施州、南平及诸蛮吕告、马蒙、阿永等,有向化之心。又播州安抚杨邦宪、思州安抚田景贤,未知逆顺,乞降诏使之自新,并许世绍封爵。'从之。"(中华书局标点本,1976年版,第1册,第171页)。知至元十二年播州安抚司设立。

②《元史》卷63《地理志六·湖广行省·沿边溪洞宣慰使司》记载:"沿边溪洞宣慰使司。至元二十八年,播州杨赛因不花言:'洞民近因籍户,怀疑窜匿,乞降诏招集。'又言:'向所授安抚职任,隶顺元宣慰司,其所管地,于四川行省为近,乞改为军民宣抚司,直隶四川行省。'从之。以播州等处管军万户杨汉英为绍庆珍州南平等处沿边宣慰使,行播州军民宣抚使、播州等处管军万户,仍虎符。"(中华书局,1976年,第1539页。)

③《元史》卷63《地理志六·湖广行省·沿边溪洞宣慰使司》条下记"播州安抚司"。至元二十九年,在四川行省和湖广行省的辖区调整中,"沿边溪洞宣慰司"所属区域与亦奚不薛一起改属湖广行省,而且播州安抚司在元代中后期仍存。见《元史》卷17《世祖纪十四》,《元史》卷63《地理志六·湖广行省》,中华书局1976年版,第361页,第1539页记载。

④《明史》卷四三《地理志四·遵义军民府》记载:"遵义军民

府,元播州宣慰司,属湖广行省。洪武五年正月改属四川。十五年二月改属贵州都司。二十七年四月改属四川布政司。万历二十九年四月改置遵义军民府。领州一,县四。西北距布政司千七百里。遵义倚。元播州总管。洪武五年正月改为播州长官司。万历二十九年四月改县,与府同徙治白田坝,在故司城之西。"《读史方舆纪要》卷七十《四川四遵义府》言:"遵义县,附郭,宋端平三年置播州于白锦堡,不领县。嘉熙中迁治穆家川。元因之,置播州军民安抚司。明朝洪武九年置播州长官司于郭内。"(中国古代地理总志丛刊,中华书局,十一册,第3302页)。虽然播州长官司设置年代记载有误,但播州长官司治于穆家川之记载基本符合事实。穆家川在何处?《大明一统志》卷七十二《四川布政司遵义府》山川部分记载:"湘江,在宣慰司东,又名穆家川,源出龙崖山麓,流经湘山南,于乌江合。"可知穆家川即湘江,而安抚司治于湘江西岸,即今遵义市区。

　　⑤《元史》卷63《地理志六·湖广行省·沿边溪洞宣慰使司》记"播州安抚司"领"黄平府。平溪上塘罗骆家等处。水军等处。石粉罗家永安等处。六洞柔远等处。锡乐平等处。白泥等处。南平綦江等处。珍州思宁等处。水烟等处。溱洞涪洞等处。洞天观等处。葛浪洞等处。赛坝垭黎焦溪等处。小姑单张。倒柞等处。乌江等处。旧州草堂等处。恭溪杳洞。水囤等处。平伐月石等处。下坝。寨章。横坡。平地寨。寨劳。寨勇。上塘。寨坦。岑奔。平莫。林种密秀。沿河佑溪等处。"(中华书局,1976年,第1539—1540页)。即播州安抚司的领属黄平府和32个蛮夷官,虽然各蛮夷官确切地理位置难考,但南平綦江等处为今重庆市綦江县。《明史》卷43《地理志四·四川》:"綦江府南,少东。元綦江长官司,属播州。""遵义军民府,元播州宣慰司,属湖广行省。洪武五年正月改属四川。十五年二月改属贵州都司。二十七年四月

改属四川布政司。万历二十九年四月改置遵义军民府。领州一，县四。西北距布政司千七百里。"其他蛮夷官大约在今贵州省遵义市辖属各县，今从谭其骧主编《中国历史地图集》第七册《元·湖广行省》确定其统辖范围。

⑥《明史》卷43《地理志四·四川》："綦江府南，少东。元綦江长官司，属播州。""遵义军民府，元播州宣慰司，属湖广行省。洪武五年正月改属四川。十五年二月改属贵州都司。二十七年四月改属四川布政司。万历二十九年四月改置遵义军民府。领州一，县四。西北距布政司千七百里"。

15、思州军民安抚司（1276—1412 年）

元至元十二年（1275 年）十二月置，初隶四川行省①，治今贵州省凤冈县城龙泉镇②。至元二十九年（1292 年）曾升思州宣抚司，改隶湖广行省③。元中后期思州安抚司与思州宣抚司并存，统领婺川县、镇远府及 66 个蛮夷官，地域范围约为贵州省东部的沿河、务川、德江、印江、思南、凤冈、铜仁、江口、石阡、镇远、台江、锦屏、剑河、黎平、榕江、从江诸县④。永乐十一年（1413 年）思州安抚司地分别设置为黎平府、思州府、镇远府、铜仁府、石阡府等⑤。

考释：

①《元史》卷八《世祖纪五》记载："（至元十二年）十二月戊戌，……，佥书四川行枢密院事昝顺言：'绍庆府、施州、南平及诸蛮吕告、马蒙、阿永等，有向化之心。又播州安抚杨邦宪、思州安抚田景贤，未知逆顺，乞降诏使之自新，并许世绍封爵。'从之。"（中华书局标点本，1976 年版，第 1 册，第 171 页）。知至元十二年思州安抚司设立，隶四川。

②《明史》卷四六《地理志七·贵州》条记载："龙泉府西。本

龙泉坪长官司,元为思州安抚司治。洪武七年七月复置,属思州宣慰司。永乐十二年三月来属。万历二十九年四月改为县。"(中华书局标点本,1974 年版,第 4 册,第 1214 页)。《嘉庆重修一统志》卷五百五《石阡府·古迹》载:"龙泉坪废司,即今龙泉县治,元置长官司,属思州安抚司,万历二十八年改司为县。"(四部丛刊本)。民国十九年改龙泉县为凤冈县(内政部编:《中华民国行政区域简表》,上海,商务印书馆,1947 年,第 107 页)。可见元龙泉坪长官司治即今凤冈县城龙泉镇。

　　③《元史》卷 17《世祖纪十四》:"改思州安抚司为军民宣抚司,隶湖广省。"

　　④《元史·地理志六·湖广行省》有"思州军民安抚司"条,说明元代中后期思州安抚司仍存。"思州军民安抚司:婺川县。镇远府。楠木洞。古州八万洞。偏桥中寨。野鸡平。德胜寨偏桥四甲等处。思印江等处。石千等处。晓爱泸洞赤溪等处。卑带洞大小田等处。黄道溪。省溪坝场等处。金容金达等处。台蓬若洞住溪等处。洪安等处。葛章葛商等处。平头著可通达等处。溶江芝子平茶等处。亮寨。沿河。龙泉平[笔者按此处原注:思州旧治龙泉,及火其城,即移治清江。至元十七年,敕徙安抚司还旧治]。佑溪。水特姜。杨溪公俄等处。麻勇洞。恩勒洞。大万山苏葛办等处。五寨铜人等处。铜人大小江等处。德明洞。鸟罗龙干等处。西山大洞等处。秃罗。浦口。高丹。福州。永州。乃州。銮州。程州。三旺州。地州。忠州。天州。文州。合凤州。芝山州。安习州。茆惵等团。荔枝。安化上中下蛮。曹滴等洞。洛卜寨。麦着土村。衙迪洞。会溪施容等处。感化州等处。契锄洞。腊惹洞。劳岩洞。驴迟洞。来化州。客团等处。中古州乐墩洞。上里坪。洪州泊李等洞。张家洞。"即元代思州安抚司领婺川县,

镇远府和 66 个蛮夷官。婆川县,今为贵州省务川县;镇远府,乃今贵州省镇远县。66 个蛮夷官具体地点难一一确考,从已知蛮夷官地理位置考,分布于贵州省东部的沿河、务川、德江、印江、思南、凤冈、铜仁、江口、石阡、镇远、台江、锦屏、剑河、黎平、榕江、从江诸县,今从谭其骧主编《中国历史地图集》第七册《元·湖广行省》确定其统辖范围。

⑤均见《明史》卷 46《地理志七·贵州》记载。

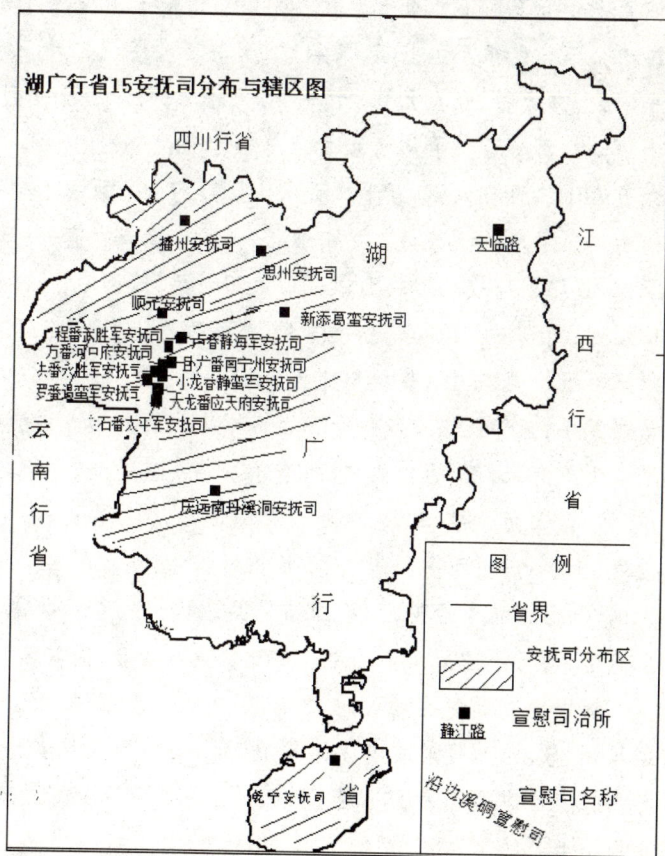

湖广行省15安抚司分布与辖区图

第四节　元代安抚司特殊性探析

《元史》卷58《地理志一·序》的第二第三段文字称：

初，太宗六年甲午，灭金，得中原州郡。七年乙未，下诏籍
民，自燕京、顺天等三十六路，户八十七万三千七百八十一，口
四百七十五万四千九百七十五。宪宗二年壬子，又籍之，增户
二十余万。世祖至元七年，又籍之，又增三十余万。十三年，
平宋，全有版图。（至元）二十七年，又籍之，得户一千一百八
十四万八百有奇。于是南北之户总书于策者，一千三百一十
九万六千二百有六，口五千八百八十三万四千七百一十有一，
而山泽溪洞之民不与焉。立中书省一，行中书省十有一：曰岭
北，曰辽阳，曰河南，曰陕西，曰四川，曰甘肃，曰云南，曰江浙，
曰江西，曰湖广，曰征东，分镇藩服，路一百八十五，府三十三，
州三百五十九，军四，安抚司十五，县一千一百二十七。文宗
至顺元年，户部钱粮户数一千三百四十万六百九十九，视前又
增二十万有奇，汉、唐极盛之际，有不及焉。盖岭北、辽阳与甘
肃、四川、云南、湖广之边，唐所谓羁縻之州，往往在是，今皆赋
役之，比于内地；而高丽守东藩，执臣礼惟谨，亦古所未见。地
大民众，后世狃于治安，而不知诘戎兵、慎封守，积习委靡，一
旦有变，而天下遂至于不可为。呜呼。盛极而衰，固其理也。

唐以前以郡领县而已，元则有路、府、州、县四等。大率以
路领州、领县，而腹里或有以路领府、府领州、州领县者，其府
与州又有不隶路而直隶省者，具载于篇，而其沿革则溯唐而
止焉。

上述两段文字概括了元朝自"太宗六年甲午,灭金,得中原州郡"到至元十三年(1276年)平宋以及至元二十七年(1290年)之间五次户籍人口与完成行政区划定制的全过程。虽然,这两段史料曾引起相关研究的学者高度重视,共同认为这是反映元朝人口、户籍、行政区划、民族政策的重要史料。但是,以往学者在引用时,各自从自己的研究领域的角度摘取上述史料的相关部分加以研究:人口史学者关注元初的四次"籍民"活动及其人口数字,以此作为分析元代人口发展的重要线索[39];研究行政区划和行政管理制度的学者重视的是元朝的行省制度和唐宋郡县到元代路、府、州、县多层政区制的演变[40];民族史学者撷取关于民族政策的话语,如"盖岭北、辽阳与甘肃、四川、云南、湖广之边,唐所谓羁縻之州,往往在是,今皆赋役之,比于内地"等而论之,足以可见上述两段史料在研究元朝人口、行政制度和民族问题的重要性。不同领域的学者根据自己研究领域特点对上述两段史料进行了解析,得出了很多令人信服的研究成果,同时,也留下了难以完全解析的遗憾:如,至今人口史学者也未能解释元朝至少四次重要的全国性户口调查,连西南最边疆的云南,"自兀良合带镇云南,凡八籍民户,四籍民田"[41],为什么上述史料称"而山泽溪洞之民不与焉"呢?赋役制度史学者无法解释"唐所谓羁縻之州,往往在是,今皆赋役之,比于内地",为什么没有确切的西南地区赋役数据记载[42]?行政区划研究的学者尚无人充分论述"路一百八十五,府三十三,州三百五十九,军四,安抚司十五,县一千一百二十七"中的"安抚司十五"特殊政区的民族、地域和管理模式;民族史学者困惑的是既然唐所谓羁縻之州"比于内地",元朝改变了唐宋时期对西南民族的间接羁縻统治为直接统治,为什么"土官""土司"制度从元朝发端,沿至明清呢?

如果我们从军事征讨、人口统计和民族社会结构特点的三重视角解析上述行政区划史料，就会发现，以往分领域研究的学者都忽略"安抚司十五"及其相关的系列重要问题的深入探讨。

一、军事征讨与招抚的需要

《经世大典序录·招捕》条内记载的是元朝完成平定南宋的军事征服后，对尚未归附民族群落的军事征讨情况："真圣树业，中天下以家。宅天武不涉，斯生孽芽。要荒四履，六诏最遐。闽广播思，两江海涯。辽雷江右，岭蜀木波。番分龙、卢，自此下皆一字种名。黎别生、熟。撞、爨、骠、蒲、摇、芒、僰、猡（人赊切）。落落、顾顾，绵绵、罗罗。此叠字名。绵绵则村名，用以足句。罗罗，罗罗斯也。白衣、金齿，漆头、花角。八百妾御，七十阇阁（音奢）。此以其服饰及所有为种名者。八百媳妇、七十城门皆国名。"[43]说明所谓"招捕"，即元朝完成大规模的军事征服，特别是平宋战争后，对那些尚未归附的地区和民族人口进行招抚或运用武力征伐使其归附，因此，元代《经世大典·招捕》条记录的正是元朝平宋以后仍然还需进行军事征讨和招抚的地区和民族。

仔细解析《招捕》条的记载，不难发现《招捕》内所记地区是元朝疆域的西南边疆，包括今云南、贵州、广西西部和部分今处于境外的东南亚国家地区，招捕的民族大多为唐宋统治没能深入的羁縻民族，《招捕》条充分反映了元朝对西南民族认识的困惑和征伐招抚的艰巨。除了云南边远的"八百媳妇、七十城门皆国名"地区的"招捕"外，元朝针对未归附民族的军事行动主要发生于湖广行省 15 安抚司地区。

元朝在湖广行省的建立 15 安抚司，只表明元朝在地域上空间上基本统领了这些地区，并未实现对该区域"溪洞"民族群落的统

治,真正的掌控当地族群,还需要进行长期艰苦卓绝的军事征讨和
招抚。对此,元朝采取以安抚司为基础,对尚未归附的民族群落进
行逐一招抚,不能招抚的则采取军事征讨,从而初步实现对溪峒族
群的掌控。这是一个漫长的过程。湖广15安抚司设置、蛮夷归附
和蛮夷官的设置是元朝逐步控制湖广行省西部溪峒族群地区的完
整过程。"至元十三年,宋亡,世祖诏谕"南宋播州(今遵义地区)
安抚使杨邦宪,次年南宋播州安抚使杨邦宪归附后上"言:'本族
自唐至宋,世守此土,将五百年。昨奉旨许令仍旧,乞降玺书。'从
之"[44]。于是"邦宪奉版籍内附,授龙虎卫上将军、绍庆珍州南平等
处沿边宣慰使、播州安抚使"[45],表明元朝统治者为了表示对归附
族群首领的优渥,以南宋原官任之,从而在溪峒地区开创了招抚归
附族群设置安抚司的先例并逐渐成为定制。至元十四年四月"宋
特磨道将军农士贵、知安平州李惟屏、知来安州岑从毅等,以所属
州县溪洞百四十七、户二十五万六千来"[46]与云南接近的地区溪峒
归附。"五月癸卯,改广南西路宣抚司为宣慰司,广西钦、横二州
改立安抚司"[47],此乃庆远南丹溪洞安抚司的前身,同月乙卯,诏谕
思州安抚使田景贤。又诏谕泸州西南番蛮王阿永,筠连、腾串等处
诸族蛮夷,使其来附[48]。与播州一样,元朝保留了思州安抚使田景
贤,形成了思州安抚司的基础。至元十五年后,元朝加大了对溪峒
族群的招抚力度,湖广西部地区族群大规模归附,安抚司也集中设
置,"罗氏鬼国主阿榨、西南蕃主韦昌盛并内附。诏阿榨、韦昌盛
各为其地安抚使,佩虎符。"[49]随后至元十六年(1279年)三月"潭
州行省遣两淮招讨司经历刘继昌招下西南诸番,以龙方零等为小
龙蕃等处安抚使,仍以兵三千戍之"[50],经过潭州行省遣两淮招讨
司经历刘继昌的成功招抚,"八番顺元诸蛮,又名一奚卜薛。至元
十五年,罗殿国主罗阿察、河中府方番主韦昌盛皆纳土来降。十六

年三月,西南八番等国卧龙番主龙昌宁、大龙番主龙延三、小龙番主龙延万、武盛军番主程延随、遏蛮军番主龙罗笃、太平番主石延异、永盛军番主洪延畅、静海军卢番主卢延陵皆来降,其部曲有龙文貌、龙章珍、黄延显、卢文锦、龙延细、龙延回、龙四海、龙助法、龙才零、龙文求等。朝廷立八番宣慰使司,司官赴镇"。[51]可见至元十五至十六年,地处一奚卜薛,即今贵州中部的"八番顺元诸蛮"各番主率部众归附元朝,元朝"复谕降八番,以其酋龙文貌入觐,置慰司"[52],设八番宣慰司进行军事镇之,宣慰使赴任。与此同时,以归附各番主为安抚使,建立了一批安抚司,《元史·地理志·湖广行省》记载:"八番顺元蛮夷官。至元十六年,潭州行省遣两淮招讨司经历刘继昌招降西南诸番,以龙方零为小龙番静蛮军安抚使,龙文求卧龙番南宁州安抚使,龙延三大龙番应天府安抚使,程延随程番武盛军安抚使,洪延畅洪番永盛军安抚使,韦昌盛方番河中府安抚使,石延异石番太平军安抚使,卢延陵卢番静海军安抚使,罗阿资罗甸国遏蛮军安抚使,并怀远大将军、虎符,仍以兵三千戍之。"[53]

　　八番归附和安抚司的设置时间与元平南宋广设安抚司基本一致,所不同的是在南宋统治区安抚司作为战时临时统治机构以南宋原行政区划的地域为基础设置,八番等民族地区安抚司则以归附元朝的大番主为依据设置,而不是以地域为基础。因为,尽管较大部落招抚归附了元朝,但是以溪洞地理环境为基础的湖广行省西部广大地区以数千计的互不统属、零散分布、大小不一,处于"岩盘川屋,激驶谽谺,山经囸究"地理环境下的以"甸、砦、团、洞、箐、栅、墟、畲"[54]为名的"溪洞"民族群落需要元朝长时间地逐一招抚或征讨归附,以至元朝对部分归附的民族群落难以真正实现统治,时常发生叛乱,元朝不得不在这一地区长期保持军事存在,设

置八番顺元宣慰司都元帅府和沿边溪洞宣慰司都元帅府作为该地
区高层军政统筹管控机构,其下保存较强军事职能的特殊政区安
抚司进行长期的军政征讨和招抚活动,并对招抚相对稳定地区,采
用安抚司辖属的"蛮夷官"体制的民族与地域混合制的管理模式
进行管理。

　　阳恪《平蛮记》称:"大元受天明命,抚有万方,自北而南,无思
不服。至元十三年,岁在丙子,先皇帝以神武不杀,混一江南。继
而湖广寇盗啸众蜂起,今平章政事、行枢密院刘公奉旨徂征,削平
僭叛","黔中郡辰、澧二州之界,有洞曰泊崖,蛮酋田万填居之。
万填畏威内附,圣度海涵,命为施溶知州。既而恃险负固,扇诱诸
蛮,与楠木洞孟再师、桑木溪鲁万丑等同恶相济,窃出为寇"[55]。元
朝对西南少数民族的征服,表面上在至元十三年平宋过程中一并
完成。蒙古大军兵锋所向披靡,可谓"传檄郢、归、峡、常德、澧、
随、辰、沅、靖、复、均、房、施、荆门及诸洞,无不降者"[56]。湖广 15
安抚司与元朝在南宋征服的新附地带设置的安抚司一样,作为元
朝征服战争中新附沿边地带的军政统筹机构于至元十三至十六年
期间设置完毕,标志着元朝完成了西南溪峒民族族群聚居区的占
领。但问题是地域上的征服和占领是否就实现了当地民族群落的
真正归附或元朝进行了真正的行政管理呢? 显然没有,因为当至
元十六至十八年,在原南宋江南地区 40 余个战时军政统筹机构安
抚司改置为路、府、州行政区划时,却留下了湖广的 15 个安抚司一
直未改。因为这个区域的军事征服任务远没有完成,军政一体统
筹的安抚司并不具备撤废改置正式政区的条件,只能保留下来,最
终成为特殊政区。

　　可以这样说,元朝平定南宋时并没有真正完成对湖广行省西
部溪峒族群的征服与控制,因此,在至元十六年(1279 年)前后大

规模撤销南方地区具有沿边军政统筹机构性质的安抚司时,依然保留了湖广行省西部的 15 个安抚司,是因为这个地区安抚司还没有完成自己的使命,元朝还必须在这个区域设置宣慰司统领对征讨未附民族的军事行动,必须保留安抚司建制,作为对西南溪洞民族群落镇抚和管理的机构。

二、对溪洞民族群落的间接管理

《经世大典序录·招捕·八番顺元诸蛮》记载了元朝统治者对湖广行省 15 安抚司地区民族群落状况的认识:

> 甸、砦、团、洞、箐、栅、墟、畲。岩盘川屋,激駃谿谽,山经巨究:竖、亥、斯、差,此下一字地名也。广、瑶、缥、庆,甸名。兼、我、涷、斜,州名。白、帮、上、束,团名。齿、判、粘、凹,村名。频、计、渌、在、影、雷、窖、瓢、木、茶。洞名。睚暇之州,洒涌之社,琅䜣之谭,哝耸之坡。此下皆二字地名,此其尤奇者也。脆昌、瓦农、获架、必迦、苴善、抽俸、矣比、枯柯、车里、乌撒、磋泥窝、散毛、烂土、雍真、渌查、淋背、岭豚、那结、都涡、杜望、杜暮、白定、白拿、大踢、青特、筠连、豕鹅、赤珊、蓝塞、嵬骨、果夥、狰猛、瓮省、腾串、昔霞。曰九层际,此下三字地名。曰新而元,曰伽矣杰,曰百眼佐,曰水手浪,曰上落麽。师宗弥勒,此下四字地名。阿尼必斛,一奘卜薛,阿白出麻.貘狌狁猪.八郎笃公、吸剌豁瞳,客客昔多。
>
> 夷生其中,自为雄夸:火头、大老、此下皆酋长位名。把事、希古、军火、营主、山主、尊长。
>
> 族种谬悠,氏名聱牙:提吕、摩耳、此下二字人名。訇思、阿禾、雄挫、浑弄、矣豆、者哦、双苤、拜法、的井、答面、个忙、尼雁、莽占、居些、谷纳、刺构、阿葵、胡弄、夯采、只验、娘报、竹

哥、细麦、婴上、亚浪、落麽、蒙毡、空弟、罗勾、非白、阿毡、卧踏、委界、勾巴、含彪、鲜的、官兜、心些、瓦英、厌薛、甲古、阿娥。若过生琮，此下三字人名。若大希婆，若梦兀仲，若浑乞溢，若约薛要，若阿㬠瓜，若卜制头，若闭罗茧，若夭程揉，若思蓬怯，若兀权吉，若黄公麦，若独然堋，若大河沙。必乖豆来，此下四字人名。蒲雪韦吷，麻纳布昌，玉不廉古，六分靳斤，芦崩信备，答㑒什用，喉社句耶。山公氏贞此下四句著夷姓异。的傍系猫，古缀派盘，穷肠谱陀。

　　融结之坐，生息之野，风气不淑，习俗异华。故虽横目以生，悉犷黠奇邪。不有天彝，国宪谓何？骨肉睚眦，阅争纷拏。重译之言，躲舌譑譺。上涉加切，下女加切。喜人怒兽，含戴则那。制衣不领不巾，以靴裂彩缠，髀椎结繆。起居佩刀，少许辄相加。或啸徒复仇，蛮触哄蜗；或出犯徼地，为王民孽府。焚劫公私，脱囚拱枷。边吏捕之，则螳螂奋斧以御车，标枪批竹，矢毒如蛇。败则各鸟兽散，人险阻隈阿。贡锄坐草，军圈户㝩。木状盉缬，鱼粮虵俗作贝鎈。自贡噉锄以下，事详见后。禽兽畜之朝，不见谴诃。或略诛弗薙，狱以兵戈，革面而来，羁縻抚锡，赉冠服铜印青缃。[57]

上述史料明显表现出元朝统治者对这些暂时没能招抚或归附的民族群落在认识上的迷惑和了解浅薄。说明元朝虽然军事征服达到西南广大区域，但对该区域的民族人口和社会的认识则是混沌不清：论其民族仅能称"番分龙、卢，自此下皆一字种名。黎别生、熟。撞、爨、骠、蒲、摇、芒、僰、猡人赊切。落落、顾顾、绵绵、罗罗。此叠字名。绵绵则村名，用以足句。罗罗，罗罗斯也。白衣、金齿，漆头、花角。八百妾御，七十闌阁。音奢。此以其服饰及所有为种名者。"元朝统治者不仅不识其族类，连其族称也只能靠"一字种名”、“叠字名”或“以其服饰及所有为种名者”来别之；论其族群聚居状态和内部结构，只能识之“甸、砦、团、洞、箐、栅、墟、畬”作为通名的寨落，以“一字地名也”、“二字地名”“三字地名”、“四字地名”分之，诸寨落所属族群、所处地域及地域大小一概不知；论其族群内部结构和统属特征，不过知“夷生其中，自为雄夸：火头、大老、此下皆酋长位名。把事、希古、军火、营主、山主、尊长”罢了，更无从知晓族群内部人口的社会发展状况；对其族群特征更是“族种谬悠，氏名謷牙”，名称不清，论说者不得不认为西南民族“融结之坐，生息之野，风气不淑，习俗异华。故虽横目以生，悉犷黠奇邪。不有天彝，国宪谓何？骨肉睚眦，阋争纷拏。重译之言，鴂舌譊譢融”。对于元朝统治者而言，西南民族除了“习俗异华”外，更令其难以理解和征服的是其民族特性“或啸徒复仇，蛮触哄蜗；或出犯徼地，为王民孽疴”。元朝统治者倾其所能招捕，“边吏捕之，则螳螂奋斧以御车，标枪批竹，矢毒如蛇。败则各鸟兽散，人险阻隈阿”，但始终只能初步做到“或略诛弗薙，狝以兵戈，革面而来，羁縻抚锡，赉冠服铜印青緺”，所谓归附，反映了元朝统治者对西南民族认识混沌，控制乏术，招捕艰难，管理不力的无奈，并不能真正的实现深入统治和直接管理。

姚燧在《湖广行省左丞相神道碑》中这样描述元朝平定征服过程中感受到南方不同区域社会与民族的差异：“公鼓其孤军留戍，所余不能倍万，名城通都，身至力取，利尽海表，图地籍民，半宋疆理，其时将相虽瞠后尘，犹不可望公少见。最所下州，荆之南十四，淮西四，湖南九，江之西二，广西十有一，广东、河南各四，凡五十八。自余洞夷山獠，荷毡被毳，大主小酋，棋错辐裂，连数千里，受縻听令者，犹不与存。”[58] 凡元朝对内地以原南宋行政区划州县为基础来表达对区域的征服，以“图地籍民”为标志表明元朝对征服区域实现完全的统治与治理,迅速建立起路、府、州、县地方行政区划管理体制。而对南方的另一类地区则无法进行"图地籍民",此乃"洞夷山獠"所居,"大主小酋"所领,唐宋时期仅为"受廪听令者"的溪峒族群的羁縻地区。元朝将领征服这样的地区时,既无法准确说明该区原来所属州县,也不能清楚地域之大小,人口之多寡,"迨南北混一,越十有五年,再新亡宋版籍,又得一千一百八十四万八百余户。南北之户总书于册者计一千三百一十九万六千二百有六,口五千八百八十三万四千七百一十有一,而其山泽溪洞之氓,又不与焉"[59],这清楚说明元朝在蛮夷溪洞地区是不编户的,由于对溪洞民族群落了解不深入,只能以"棋错辐裂,连数千里"概而言之,说明元朝征服溪洞地区的民族后,并没有打破其原有的溪洞群落结构。加之溪洞民族群落分布的"西南远夷之地,重山复岭,陡涧深林,竹木丛茂,皆有长刺。军行径路在于其间,窄处仅容一人一骑,上如登天,下如入井。贼若乘险邀击,我军虽众,亦难施为也。又其毒雾烟瘴之气,皆能伤人。群蛮既知大军将至,若皆清野远遁,阻其要害,以老我师,或进不得前,旁无所掠,士卒饥馁,疫病死亡,将有不战自困之势,不可不为深虑也"[60]。元朝大军既不能"孤军留戍",更无法"图地籍民",只能设置特殊政区安抚司,通过安抚司对溪洞群落逐一招抚,然后任用归附元朝的土长为蛮夷官,对溪峒群落进行间接管理。

元代对西南地区溪洞族群的统治,可以用设置安抚司为元朝在溪洞地区完成军事征服的标志,而判断当地土著民族是否真正归附的原则应当是元朝是否在该地区进行人口调查、建立基于人口统计之上的路、府、州县行政管理机构。元朝通过这些管理机构对已经掌控的人口进行赋役。显然,元朝顺利完成了湖广行省溪峒族群地域的军事征服后,无法以简单的方式深入散居广布的溪峒族群内部进行招抚和管理,只能以安抚司这种在军事征服过程中临时军政机构作为溪洞民族地区的特殊政区。安抚司的重要职能是招捕、征讨和招抚未归附群落组织,没有"图地籍民"的行政管理权,因此,对招抚并归附的溪洞民族群落并不打破其原来的民族社会结构,而间接管理到溪洞群落组织,根本谈不上像内地正式政区那样对溪洞群落进行人口统计和管理。

尽管元朝统治者制定了严密的"图地籍民"直接统治政策,但溪洞民族地区始终是例外,在其近百年统治中,不得不保留着军事征服状态下的军政统筹机构安抚司,并且在西南民族地区进行长期艰难的招捕和招抚。安抚司在元朝对西南民族统治的无奈中成为特殊政区,特别是元代安抚司所统领的"蛮夷官"间接管理制的建立和发展过程,清晰地体现了元朝对西南民族招捕与安抚司体制下民族与地域混合制的管理模式探索和创制的必要性。

三、元代人口统计空缺地带的特殊政区

行政区划的实质是中央对地方实行有效的分层级行政管理。中央通过行政区划把行政权力深入到地方,划分区域,掌土治民,进行行政管理。行政管理的核心是管理人口及其与之相关的各类事务。因此,任何一个政权或王朝在设计或创制行政区划制度时,必然要考虑两个基本要素:地理,或地域以及地域的地理环境;人口,不同区域的人口具有的自身特点,大的方面则可分为人口的民族构成和人口的社会发展程度。

中国是多民族统一的国家,不同区域人口的民族构成差异不仅是中国多民族统一国家的特点,也必然会成为统一王朝行政管理制度设计和创制中的重要影响因素。中国少数民族种类众多,分布地域基本是内地汉人外环地区的南、北、西和西南辽阔地带。

少数民族不仅存在着北方民族与南方民族的巨大差异，即便在西南各自聚居的族群部落之间也互不统属。民族构成影响下的人口差异主要是针对内地汉民族和不同少数民族而言的。中国边疆地区的少数民族与汉族人口的差异不仅仅表现在语言、风俗等外化方面，更主要的是不同民族人口的社会发展的差异，即不同民族的内在社会结构、生产力、生产方式、阶层或族群内部的领属结构以及原有管理方式的差异等。

少数民族地区被征服或纳入中央王朝统治过程中，除了地域上划分不同层级的行政区域外，还需要创制适合于土著族群人口社会发展程度的行政管理体制。因此，元朝在征服南宋统一全国的过程中，在地域上将南宋内地与其原有的边缘羁縻地区一并纳入版图。曾经作为唐宋边疆的西南民族地区被视同内地，地域上的区划"无阃域藩篱之间"。同时，元朝实现了统治民族由汉族变成了少数民族的蒙古族，对于统治民族蒙古族而言，汉族与西南少数民族都是异族。在其蒙古、色目、汉人和南人的四等人制度中，西南少数民族依据被征服或归附时间的先后，有的被视为汉人，如云南，有的被视为南人，打破了汉族王朝的原有的"夷夏之别"。蒙古统治者将汉地和其他少数民族居住地一概当作被征服地区，与中原王朝将边疆地区视作蛮夷之地的传统观念截然不同，实施较为直接治理边疆的政策[61]。但是，元朝每当以汉人社会为基础和唐宋制度为模板设计行政区划体制时，尽管在地域上对西南地区能够进行区域上的"画境之制"，但在行政管理上则难以实现"掌土治民"，即难以实现完全掌控西南民族区域作为生产要素的耕作土地和人民。建立在内地汉族地理环境和人口模式基础上的路、府、州、县多层政区管理制度并不适合西南民族的人口状况，遇到唐宋所谓的溪峒和蛮夷民族人口社会发展程度差异的挑战，而原有的行政区划在管理体制不能有效地管理辖区内的所有民族人口，必将创设一种既能保持该地区稳定，又能实现对其辖区内所有民族人口管理的政区模式。所以，元代湖广行省 15 安抚司正是针对唐宋沿边地带向元朝内地转化过程中溪峒族群这一特殊民族人口和这一特定区域而创设的特殊行政区划。

正如先前学者已经充分研究的那样，元朝没有既定的管理模式，是在征服和统一过程中，在蒙古社会原有的管理体制基础上吸收了宋朝制度发展起来的。也如本文已经论述的那样，元朝在征服战争和统一过程中，曾一度注重沿袭南宋的边疆军政统筹机构模式，在征服战争的前沿或其统一过程中于边疆地带设置过大量的安抚司，但随着征服与统一的完成，仅在湖广行省保留下 15 个左右的安抚司，而且集中在湖广行省的西部边缘地带，正好是唐宋与云南民族性、地方性政权大理国之间的羁縻溪峒民族区。这 15 个安抚司因此成为终元一代西南民族地区的特殊政区形式，开西南民族特殊政区之先河。

元朝行政区划制度的创设与全国户口调查全面展开具有同步性。我们看到元朝灭金平宋的征服统一过程中，一方面是疆土的占领，以至元"十三年，平宋，全有版图"为标志，基本完成了对金、南宋疆域的征服。另一方面是对人口的统治和管理，元朝的人口统计或"籍民"活动，伴随着占领金、宋疆土的进程而展开。元朝四次户口调查，第一次在窝阔台汗六年灭金，七年（1235 年）"下诏籍民"，目的是将金原有版图内"自燕京、顺天等三十六路"的人口进行登录和统治；第二次在蒙哥汗二年（1252 年），"命忽必烈征大理，诸王秃儿花、撒立征身毒，怯的不花征没里奚，旭烈征西域素丹诸国。诏谕宋荆南、襄阳、樊城、均州诸守将，使来附"。故"是岁，籍汉地民户"[62]，"增户二十余万"[63]。

世祖即位后,一方面强力推进对南宋的征服战争,另一方面加大了行政与户籍管理制度的建设。至元二年(1265 年)前后,元朝廷统一以户口数确定州县等第,不足下州和下县最低户口额度的,被强制省并[64]。户籍成为元朝行政区划设置和调整的重要因素,因此,户口与其后路府州县的设置和调整直接挂钩。至元二年八月曾"核实新增户口"与"措置诸路转输法"并举[65],户口、政区与国家财政紧密联系起来。至元三年(1266 年),朝廷首次以百姓户数确定诸州等第,"定一万五千户之上者为上州,六千户之上者为中州,六千户之下者为下州"[66]。此后,元朝更加重视户口调查并以此作为行政管理制度建设的基础条件,特别是"中统、至元间,始分立行中书省"[67]过程是元朝户口调查和户口统计数据记载最多的时期。如至元四年"是岁,天下户口一百六十四万四千三十"[68]。"至元七年,有司请大比民数"[69],世祖"命尚书省阅实天下户口,颁条画,谕天下"[70],"九月庚子,敕僧、道、也里可温有家室不持戒律者,占籍为民","丙寅,括河西户口,定田税"。"是岁天下户口一百九十三万九千四百四十九"[71]。至元十三年,平宋,全有版图。至元二十七年,又籍之,得户一千一百八十四万八百有奇[72]。至元十八年闰月括江南户口税课[73]。至元二十六年"二月辛亥朔,诏籍江南户口,凡北方诸色人寓居者亦就籍之","诏籍江南及四川户口"等等[74]。

与此同时,元朝行政区划与户籍挂钩的体系基本形成。中统三年(1262 年)"诏:'各路总管兼万户者,止理民事,军政勿预。其州县官兼千户、百户者仍其旧。'"[75]至元十二年(1275 年),元军平宋,大军压境湖广,于是"传檄郢、归、峡、常德、澧、随、辰、沅、靖、复、均、房、施、荆门及诸洞,无不降者。尽奏官其所降官,以兵守峡,籍其户口财赋来上。帝喜"[76]。正是在这个军事征服与户口调查的联动中,元朝完成了平宋军事任务的同时,建立起一套行省、路、府、州、县完整的行政区划体制,"国家鉴前代郡守专政之弊,各路设总管府以治民,万户府以统军。使民输粟以赡军,军执兵以卫民,军民相输以成治安,万世之良法也"[77]。《大德南海志》称:"自王师灭宋平广以前。兵革之间,或罹锋镝,或被驱掠,或死于寇盗,或转徙于他所,不可胜计。至元二十七年,朝廷籍江南户口,方见定数"[78]。由此我们便能很好理解《元史·地理志一·序》为什么在论述元代行政区划体制之前先连续叙述蒙元自太宗窝阔台时期至世祖忽必烈至元二十七年的四次全国性的户口调查。其实元代自世祖忽必烈后仍然有多次户口调查或籍漏户,但《地理志·序》至元二十七年户口后立即阐述元朝地方行政区划体系,这说明元代的行政管理体制和行政区划是以区域人口为基础确立的。

元朝在征服区域划境为行政区域,行政区域的层级、等分则以户口为依据。地域的征服、区划设置与户口调查同步进行促使元朝行政区划创制在至元二十七年(1290年)基本实现。而且行政区划的层级等次均与人口多寡相关。至元十五年"各路总管府依验户数多寡,以上中下三等设官"[79]。先前"诸州,中统五年,并立州县,未有等差。至元三年,定一万五千户之上者为上州,六千户之上者为中州,六千户之下者为下州。江南既平,二十年,又定其地五万户之上者为上州,三万户之上者为中州,不及三万户者为下州。于是升县为州者四十有四"。"诸县,至元三年,合并江北州县。六千户之上者为上县,二千户之上者为中县,不及二千户者为下县。二十年,又定江淮以南,三万户之上者为上县,一万户之上者为中县,一万户之下者为下县"[80]。所以,元朝在多次全国户口调查基础上完成行政区划定制,反映户口是元朝行省下路、府、州、县四等制行政区划设置的基础。

由于元朝行政管理体制以人口为依据建立，而且蒙古人建立的元朝的统治构架的基础是蒙古、色目、汉人和南人四等人制。因此，对元朝统治者来说，只有征服与被征服之别以及征服先后的差异，并无唐宋汉族王朝的人口上"夷夏"之别，和统治地域内的经制州县与羁縻州县之分。诚如吴松弟指出的，元朝的户口调查至迟在至元二十七年（1290 年），各州县的人口调查统计已不限于民籍，而是以境内的全部人口为对象，不论其民族、户计、籍贯和身份[81]。吴松弟教授为此特别注意了元朝西南少数民族典型地区云南的人口调查情况，不但关注到元朝"自兀良合带镇云南，凡八籍民户，四籍民田，民以为病"[82]的情况，还特别剖析了蒙元文献中程矩夫大德八年（1304 年）所撰的《平云南碑》中关于云南全境的户口数。碑云："未几，拔善阐，得兴智以献，释不杀。进军平乌蛮部落三十七，攻交趾，破其都，收特磨磪洞三十六，金齿、白衣、罗鬼、缅中诸蛮相继纳款，云南平。列为郡县，凡总府三十七，散府八，州六十，县五十，甸、部、寨六十一，见户百二十八万七千七百五十三，分隶诸道，立行中书省于中庆以统之"[83]。吴文除对元朝在云南多次籍户及其人口数进行了深入的讨论，同时依据至元二十六年，世祖关于即将进行户口调查统计的诏令明确指出："不以是何投下、大小人户，若居山林畲洞或于江湖河海船居浮户，并赴拘该府州司县一体抄数，毋得隐漏"[84]，得出碑文里云南人口数应当是大德七年云南全境户数[85]。我们有理由得出西南相当多地区的人户在至元二十七年南方户口大统计时都得到了登记[86]的结论，并由此推论元代连最西南边疆的云南行省都进行了户口登记，应该对整个西南少数民族地区也进行了户口调查。

元朝的户口统计还与其赋役制度密切相关。高树林认为大德九年（1305 年）元朝整顿各地赋役体制时，云南是"无常赋"的地方,说明云南的户籍管理是不够全面系统的。不仅如此,元朝对周边各少数民族地区的赋税制度,只有"比于内地"的原则记载,各地具体的征发详情均不见具体规定和记载[87]。所以,元代西南民族人口是否进行了完全的统计,值得再探讨。

元代在云南进行过户口调查,文献中清楚地保留了一些云南户口数据,这是毋庸置疑的。问题是能够因为元朝对云南进行了户口调查而推论元朝在整个西南少数民族地区都进行了相应的户籍统计吗? 如果是的话,为什么在《元史·地理志》分路记载和元史研究学者的讨论中有一个地区基本没有人口数据,是《元史》编撰者和当代学者都同时忽略了呢? 还是这是一个特殊的行政区划地区实行的是特殊的管理模式呢? 这个地区就是湖广行省的 15 安抚司。

在《元史·地理志·序》概述至元二十七年全国性户口调查时说:"(至元)二十七年,又籍之,得户一千一百八十四万八百有奇。于是南北之户总书于策者,一千三百一十九万六千二百有六,口五千八百八十三万四千七百一十有一,而山泽溪洞之民不与焉。立中书省一,行中书省十有一:曰岭北,曰辽阳,曰河南,曰陕西,曰四川,曰甘肃,曰云南,曰江浙,曰江西,曰湖广,曰征东,分镇藩服,路一百八十五,府三十三,州三百五十九,军四,安抚司十五,县一千一百二十七"[88],为何专门说明上述人口数据"而山泽溪洞之民不与焉"? 为何明明说到至元二十七年全国为路 185,府 33,州 359,和县 1127 和军 4、安抚司 15,却在下一段说:"唐以前以郡领县而已,元则有路、府、州、县四等。大率以路领州、领县,而腹里或有以路领府、府领州、州领县者,其府与州又有不隶路而直隶省者,具载于篇",为什么所谓"具载于篇"的行政区划为路、府、州、县,而没有军和安抚司呢?

《元史》基本上分路记载各路的人口数,恰恰没有 15 安抚司的人口数。《中国人口史》第三卷《辽宋金元时期》对此也仅作出"行省所属各羁縻路府州,湖广行省统辖着许多羁縻路府州。《地理志》于八番顺元蛮夷官下,附记至元十六年宣慰使塔海所上的西南八番、罗氏等国已归附者的户数:洞寨凡 1626,户 101168;西南五番 1186 寨,户 89400。西南番 315 寨,大龙番 360 寨。此外,并无诸府州的户口数。不过,在其他文献中,偶尔也能看到有关这一地区户口的零星数字"[89]。这个解释是缺乏说服力和系统性的。首先元朝已经改唐宋对西南少数民族间接羁縻统治为直接统治[90],元朝在西南地区不再承袭唐宋设置羁縻州县;其次,所谓"行省所属各羁縻路府州"地区列举民族人口的户、寨杂录,正是元代在湖广行省下所设 15 安抚司地区,这种人口统计方式特异地区与特殊行政区划安抚司地区完全吻合,是否说明元朝安抚司作为特殊政区正是因为其对区域内民族人口管理模式与其他政区存在着差异。

诚如周振鹤先生所言,行政区域的划分过程是在既定的政治目的与行政管理需要的指导下,遵循相关的法律法规,建立在一定的自然与人文地理基础之上,并充分考虑历史渊源、人口密度、经济条件、民族分布、文化背景等各种因素的情况下进行的,其结果是在国土上建立起一个由若干层级、不等幅员的行政区域所组成的体系[91]。元朝的行政区划建立与调适过程也不例外。对历代王朝行政管理体制健全的地区,元朝行政区划体制的创行主要依据历史渊源、人口密度、经济条件和文化背景,因此,元朝内地汉族地区的行政区划是唐宋体制与蒙古内部管理体制的结合成果,既充分利用了唐宋政区制度的基础,又重视蒙古传统,形成了元代地方统治的两元性。即就统治主体而言,元代的地方统治者(拥有统治主权者)有二:一是名义上为中书省派出的行省官员(管民官);一是投下食邑的诸王、后妃、公主、驸马、功臣及代行其职权的私属[92]。李治安在《元代分封制度研究》一书中指出,元代五户丝食邑官员的设置具有二元性,但权力机制则为一元性。元朝在汉地同样设置投下并且在投下食邑的基础上设置路州[93]。美国学者Schumann 也认为元代的皇权结构渊源于蒙古,而官僚制则沿袭中国的传统,元朝采用族官僚制的原因是着眼于财政和经济考虑[94]。无论怎样,元朝的地方统治体制和行政区划制度都是基于历史、人口和经济三大要素设置的,因此当地域的征服基本完成后,元朝的地方统治就在这三大要素影响下逐步建立起来。因而考虑历史政区基础,人口户籍的调查和财政赋役制度成为元朝行政区划设置的主要措施,故元军在征服过程中始终从"图地籍民"[95]出发进行行政体制创建,甚至贯穿于西南边疆少数民族的征服与统治中。

1253 年蒙古平云南大理政权,留兀良合台攻诸夷之未附者,兀良合台"以云南平,遣使献捷于朝,且请依汉故事,以西南夷悉为郡县"[96]。兀良合台在云南依照内地的体制在云南建立郡县行政区划的过程是一个籍民户口,控制人口的过程,"自兀良合带镇云南,凡八籍民户,四籍民田"[97],甚至元朝统治向边疆民族地区深入的时候都伴随着籍户编民。至元三年(1266 年)"遣云南王忽哥赤镇大理、鄯阐、茶罕章、赤秃哥儿、金齿等处,诏抚谕吏民。又诏谕安南国,俾其君长来朝,子弟入质,编民出军役、纳赋税,置达鲁花赤统治之"[98]。至元十一年(1274 年),在云南"阅中庆版籍,得隐户万余,以四千户即其地屯田"[99]。至元十六年纳速剌丁为云南诸路宣慰使都元帅,"迁帅大理,以军抵金齿、蒲、骠、曲蜡、缅国,招安夷寨三百,籍户十二万二百,定租赋,置邮传,立卫兵"[100]。元初在对云南先行平定的地区比照内地的做法,进行相对充分的人口调查和户口登记,故"以平章政事赛典赤行省云南,统合剌章、鸭赤、赤科、金齿、茶罕章诸蛮"。赛典赤初到即把人口调查和招抚少数民族作为出任云南行省最重要的任务,凡归附者都统计其人口。"宋福州团练使、知特摩道事农士贵,率知那寡州农天或、知阿吉州农昌成、知上林州农道贤,州县三十有七,户十万,诣云南行中书省请降",其至深入民族部落,"签云南落落、蒲纳烘等处军万人,隶行中书省"[101]。元朝通过对云南进行过的户籍调查和"访求知云南地理者,画其山川城郭、驿舍军屯、夷险远近为图"[102],为云南行省行政区划创造条件。赛典赤"奏:'哈剌章、云南壤地均也,而州县皆以万户、千户主之,宜改置令长。'并从之。十三年,以所改云南郡县上闻"[103]。由此可见,云南虽然是西南少数民族地区,但是云南有南诏大理国政权行政区划的基础,元朝统一云南以后,又对云南进行了相对充分的人口调查和山川形便的考察,在这样的历史、人口和经济状况的基础上,元朝得以在云南实施"皆赋役之,比于内地"。[104]赋役政策和内地一致的路府州县行政区划制度是建立在掌控了云南民族人口的基础上的,所以,从行政区划的角度看,元朝的云南行省政区亦"比于内地",实施的是正式政区制度。但是云南毕竟是边疆少数民族地区,元朝的户籍调查难以在历史政区设置基础薄弱的偏远民族地区深入,因而云南沿边地带长期设置宣慰司都元帅府或宣慰司管军万户府,说明云南是元朝始终存在着军事招捕任务的地区,云南行省的统辖范围内也始终存在着元朝未能完全控制和管理的民族人口。元初在创立云南行省时曾多次"籍云南新附户"[105],但是元朝对云南民族人口的统计因云南民族众多,社会发展程度的差异无法统一标准。仅以至元十五年,元朝"以云南境土旷远,未降者多,签军万人进讨"后同一年中对云南民族人口统计情况看,"云南行省招降临安、白衣、和泥分地城寨一百九所,威楚、金齿、落落分地城寨军民三万二千二百,秃老蛮、高州、筠连州等城寨十九所"。至元十六年,"云南都元帅爱鲁、纳速剌丁招降西南诸国。爱鲁将兵分定亦乞不薛。纳速剌丁将大理军抵金齿、蒲骠、曲腊、缅国界内,招忙木、巨木秃等寨三百,籍户十一万二百。诏定赋租,立站递,设卫送军"[106]。由此便可知元朝在云南招降的民族人口的认识和统计差异巨大,有的地区元朝能够比于内地籍民到户,如中庆、大理、威楚、曲靖等靠内地区;有的地区所招降的民族只能以城寨聚落为统计基础,如"招降临安、白衣、和泥分地城寨一百九所","秃老蛮、高州、筠连州等城寨十九所";有的因其酋长归附而仅了解该酋长统属情况,如"云南阇力白衣甸酋长凡十一甸内附"[107]。由于云南内部民族众多和社会经济发展的差异,尽管元朝在云南竭力进行人口统计,甚至达到"八籍民户,四籍民田,民以为病"的程度,但是元朝对云南人口的统计和人口认识是非常不充分的,故《地理志·云南行省》的记载不得不特别说明,"云南诸路行中书省,为路三十七、府二,属府三,属州五十四,属县四十七。其馀甸寨军民等府不在此数"[108]。表明云南行省行政区划总体虽基于较充分的人口调查和统计而"比于内地",设置路、府、州、县,但在部分少数民族地区,元朝既不能完成其人口调查,也无法掌控其人口的地区,不得不采取了变通的管理模式,基于控制其土著酋长而任命为土官的"甸寨军民等府"制。所以,元朝虽然在云南行省实行一套统一路、府、州、县行政区划制度,但因对人口统计和认识的地区差异,云南行省则形成了两套内部管理制度:一套是对户籍统计充分地区的"皆赋役之,比于内地";一套是行政区划以路、府、州、县为名,内部管理则以土著酋长归附为基础而不以元朝直接治民的依靠土著酋长管理的"甸寨军民等府"制。故至元末"云南行省以所定路、府、州、县来上:上路二,下路十一,下州四十九,中县一,下县五十。以金齿归附官阿鲁为孟定路总管,佩虎符"[109]。"以金齿归附官阿鲁为孟定路总管,佩虎符"就是这类管理模式的代表。

起初,元朝在亦奚不薛设置的安抚司仅作临时统治机构,也想在这个区域进行人口统计,试图依照内地做法,"图地籍民"设置与内地一致的政区。至元十六年,"宣慰使塔海以西南八番、罗氏等国已归附者,具以来上,洞寨凡千六百二十有六,户凡十万一千一百六十有八。西南五番千一百八十六寨,户八万九千四百。西南番三百一十五寨,大龙番三百六十寨"[110],说明元朝在八番地区的安抚司建立后立即对各番主统领人口进行统计。然而户籍统计是相当混乱的,虽然有的地方统计到户,但大多只能统计到八番之下的诸蛮夷洞寨,也不能划分清晰八番诸蛮夷安抚司各自的地理区划。实际上八番地区虽于至元十六年归附并设置安抚司统管,但元朝远没有真正控制当地民族。"至元十九年,亦奚不薛蛮叛,置顺元等路军民宣慰司,以速哥为宣慰使,经理诸蛮"[111],在亦奚不薛的八番和顺元地区同时动用了八番宣慰司和顺元路宣慰司强大的军事镇戍力量才在至元二十四年再度"降八番金竹等百余寨,得户三万四千,悉以其地为郡县,置顺元路、金竹府、贵州以统之",基本控制了"东连九溪十八峒,南至交趾,西至云南,咸受节制"[112]的广大区域,并试图设置与内地一致的政区,撤销安抚司。但事实上,这一努力是徒劳无功的,因为八番大番主虽然归附了元朝,但叛服不定,更重要的是元朝没有能力直接深入控制八番地区人口,因溪峒族群蛮夷"其民散居山箐,无县邑乡镇"[113],元朝统治者不仅不能对其进行深入的人口统计,甚至难以识别散布的数以千计的溪峒寨落。掌土治民为基础的正式政区在这样的民族社会结构下难以一蹴而就地建立起来,不得不继续依赖安抚司进行统治,这样湖广行省的安抚司便因使命没有结束而保留下来。

　　作为元朝分治地方族群的行政区划安抚司,将国家统治力量深入到唐宋王朝曾经视为化外的"溪峒"蛮荒地区。元朝通过安抚司控制和管理溪峒族群,又借重溪峒族群酋长或首领将国家统治力量推进到溪峒各个区域,必然对"溪峒"社会造成一道裂隙,从而破坏了"溪峒"社会的整体性。安抚司的设置使原来的边疆的界标被突破了,安抚司为国家力量深入分散的溪峒族群区域开辟了道路。成为安抚使的土著首领对边远零散的溪峒群落具有较大的影响力,帮助国家力量渗透,影响分散群落归附,朝廷也借重土著首领作为安抚使的影响力来统辖零散归附的溪峒群落,即设置蛮夷官或蛮夷军民长官等,使其由安抚司代表国家控制。安抚使都是溪峒大部落首领,他们被政府任命为安抚使,就具有了对溪峒其他群落监督官的身份。这样一来,成为安抚使的地方土著首领就成为国家开拓边疆和控制溪峒族群的代表力量,安抚司统辖蛮夷官的增多也即朝廷对西南边疆拓殖和控制。元朝通过安抚司对分散溪峒群落的控制,在西南地区减少了对军事征服的依赖,实现了对分散群落的管理。

　　安抚司在元朝西南的政府活动中的最大作用是以边疆拓展为转移的。在唐宋的边缘地带,即在边疆,虽然到元代成为强大王朝内地与其边疆的"中间地带",但是地理环境和民族构成使元朝无论是从蒙古草原带来的统治方式,还是从唐宋王朝继承而来的管理模式都难应对,迫切要求统治者顺应当地的民族社会情况创设新的控制管理方式,安抚司正是为这一目的而创制的特殊政区,其特殊性在于:

　　①湖广行省喀斯特岩溶地貌地理环境区域内存在着众多林立

分散的"溪峒"民族群落,有元一代叛服无常,元朝统治难以深入,不得不对其进行长期的军事征讨与招抚,致使元初平定南宋军事征战所建立的军政一体统筹管理机构安抚司被迫长期保存下来,成为湖广行省西部的溪峒民族地区的特殊政区,具有军政管控一体的职能。

②湖广行省 15 安抚司的长官为安抚使,元朝任用归附的大番主和大首领为之;又授予部分民族群落首领为蛮夷官,由他们对下属民族洞寨进行统治和管理,形成安抚司——蛮夷官——洞寨的行政组织构架。

③元朝在湖广行省安抚司政区辖属的地域范围内没有进行人口统计,因而安抚司只能间接管理到民族寨落,形成地域与民族群落混合的管理模式,元代的安抚司政区与内地以户籍管理为基础的"掌土治民"正式行政区存在着较大差异和特殊性。

注　释

1　顾祖禹:《读史方舆纪要》卷 8《历代州域形势八》,贺次君等点校,中华书局,2005 年,第 357 页。

2　李治安:《元代政区地理的变迁轨迹及特色新探(一)》,《历史教学(高校版)》,2007 年第 1 期。

3　《元史》卷 58《地理志一·序》,中华书局标点本,1976 年,第 1346 页。

4　《元史》卷 63《地理志六·湖广行省》,中华书局标点本,1976 年,第 1523 页。

5　顾祖禹:《读史方舆纪要》卷八《历代州域形势八》,贺次君等点校,中华书局,2005 年,第 357 页。

6　《元史》卷 4《世祖纪一》,中华书局标点本,1976 年,第 73 页。

7　《元史》卷 61《地理志四·云南行省》,中华书局标点本,1976 年,第 1482 页。

8　《元史》卷 210《外夷传·缅传》:"十二年四月,建宁路安抚使贺天爵言得金齿头目阿郭之言曰:'乞解脱因之使缅,乃故父阿必所指也。至元九年三月,缅王恨父阿必,故领兵数万来侵,执父阿必而去。不得已厚献其国,乃得释之。因知缅中部落之人犹群狗耳。比者缅遣阿的八等九人至,乃候视国家动静也。今白衣头目是阿郭亲戚,与缅为邻。尝谓入缅有三道,一由天部马,一由骠甸,一由阿郭地界,俱会缅之江头城。又阿郭亲戚阿提犯在缅掌五甸,户各万余,欲内附。阿郭愿先招阿提犯及金齿之未降者,以为引道。'云南省因言缅王无降心,去使不返,必须征讨。六月,枢密院以闻。"中华书局标点本,1976年,第4656页。

9　《元史》卷132《帖木儿不花传附帖木脱斡传》,中华书局标点本,1976年,第3220页。

10　《元史》卷133《失里伯传》,中华书局标点本,1976年,第3234页。

11　《元史》卷165《朱国宝传》,中华书局标点本,1976年,第3877页。

12　《元史》卷151《张荣传附张君佐传》,中华书局标点本,1976年,第3582页。

13　《元史》卷131《襄加歹传》,中华书局标点本,1976年,第3185页。

14　《元史》卷152《张子良传附张懋传》,中华书局标点本,1976年,第99页。

15　《元史》卷170《申屠致远传》,中华书局标点本,1976年,第3985页。

16　《元史》卷163《张雄飞传》,中华书局标点本,1976年,第3821页。

17　《元史》卷208《外夷传一·耽罗传》,中华书局标点本,1976年,第4624页。

18　《元史》卷208《外夷传一·高丽传》,中华书局标点本,1976年,第4616页。

19　据(元)刘应李原编,詹友谅改编:《大元混一方舆胜览》统计,郭声波整理本,四川大学出版社,2003年,第660—714页,第153页。

20　当为征东行省,《元史》卷91《百官志七》称:"征东等处行中书省。至元二十年,以征日本国,命高丽王置省,典军兴之务,师还而罢。大德三年,复立行省,以中国之法治之。既而王言其非便,诏罢行省,从其国俗。至治元年复置,以高丽王兼领丞相,得自奏选属官,治沈阳,统有二府、一司、五道。"中华书局标点本,1976年,第2307—2308页。

21　《元史》卷10《世祖纪七》,中华书局标点本,1976年,第171页。

22　(元)刘应李原编,詹友谅改编:《大元混一方舆胜览》,郭声波整理本,四川大学出版社,2003年,第651—654页。

23　(元)刘应李原编,詹友谅改编:《大元混一方舆胜览》,郭声波整理本,四川大学出版社,2003年,第654—657页。

24　(元)刘应李原编,詹友谅改编:《大元混一方舆胜览》,郭声波整理本,四川大学出版社,2003年,第658—659页。

25　《地理志六·湖广行省》："宋为庆远府。元至元十三年，置安抚司。"然《元史·兵志》称："至元三十年正月，南丹州洞蛮来朝，立安抚司于其地。"中华书局标点本，1976 年，第 1533，2598 页。

26　《元史》卷 63《地理志四·湖广行省》："至元二十年，四川行省讨平九溪十八洞，以其酋长赴阙，定其地之可以设官者与其人之可以入官者，大处为州，小处为县，并立总管府，听顺元路宣慰司节制。"（中华书局标点本，1976 年，第 1544 页。）案，顺元地区初置宣抚司，在大德年间元朝曾经对安抚司后宣抚司进行过调适，元代湖广行省下的宣抚司基本没有行政职能，因已将部分承担行政职能的宣抚司改安抚司，参见本文相关讨论，故将顺元安抚司看作至元二十年设。

27　葛蛮安抚司即新添葛蛮安抚司，《元史》不同地方该安抚司简称不同，《元史》卷 16《世祖纪十三》记载至元二十八年十一月"乙卯，新添葛蛮宋安抚率洞官阿汾、青贵来贡方物"，十二月"立葛蛮军民安抚司"。该安抚司立，《大元混一方舆胜览》用简称"葛蛮安抚司"，《元史·地理志》用全称"新添葛蛮安抚司"，《元史》卷 35《文宗纪四》载："新添安抚司瓮河寨主，诉他部徭、獠蹂其禾，民饥，命湖广行省发钞二千锭，市米赈之。"其实皆为同一安抚司。

28　《元史》卷 8《世祖纪五》："至元十二年十二月戊戌，填星犯亢。己亥，签书四川行枢密院事昝顺言：'绍庆府、施州、南平及诸蛮吕告、马蒙、阿永等，有向化之心。又播州安抚杨邦宪、思州安抚田景贤，未知逆顺，乞降诏使之自新，并许世绍封爵。'从之。"说明元至元十二年末平定绍庆府、南平军等地区时，宋播州、思州土著首领杨邦宪、田景贤即以自署之宋"安抚使"官降附元朝，并乞元朝"绍封"原官职。且《元史》卷 91《百官志七·宣抚司》条下记载："顺元等处，播州，思州，以上隶湖广省"。同时播州还是"沿边宣慰司"，说明播州与思州、顺元一样，在元代是多重军政管理架构的模式，即集军事的宣慰司、宣抚司与行政的安抚司于一体，故播州安抚司始终存在。

29　《元史》卷 8《世祖纪五》："至元十二年十二月戊戌，填星犯亢。己亥，金书四川行枢密院事昝顺言：'绍庆府、施州、南平及诸蛮吕告、马蒙、阿永等，有向化之心。又播州安抚杨邦宪、思州安抚田景贤，未知逆顺，乞降诏使之自新，并许世绍封爵。'从之。"说明元至元十二年末平定绍庆府、南平军等地区时，宋播州、思州土著首领杨邦宪、田景贤即以自署之宋"安抚使"官降附元朝，并乞元朝"绍封"原官职。又《元史》卷 11《世祖纪八》记载至元十八年"润月改思州宣抚司为宣慰司，兼管内安抚使",《元史》卷17《世祖纪十四》载"至元二十九年五月改思州安抚司为军民宣抚司,隶湖广省,诏谕其民因阅户惊逃者,各使安业。"然《元史》卷63《地理志六》记湖广行省下有"思州军民安抚司",且《元史》卷91《百官志七·宣抚司》条下记载:"顺元等处,播州,思州,以上隶湖广省。"说明,思州与播州、顺元一样,在元代是多重军政管理架构的模式,即集军事的宣慰司、宣抚司与行政的安抚司于一体,故思州安抚司始终存在。

30 《元史》卷63《地理志六·湖广行省》:"宋为琼管安抚都监。元至元十五年,隶海北海南道宣慰司。天历二年,以潜邸所幸,改乾宁军民安抚司。"《元史》卷14《世祖纪十一》:"至元二十四年九月,己亥,湖广省臣言:'海南琼州路安抚使陈仲达、南宁军总管谢有奎、延栏总管符庇成,以其私船百二十艘、黎兵千七百余人,助征交趾。'诏以仲达仍为安抚使,佩虎符,有奎、庇成亦仍为沿海管军总管,佩金符。"说明该安抚司在至元十五年承袭南宋"琼管安抚都监"而来,称"琼州路安抚司",天历二年改"乾宁军民安抚司"。

31 《元史》卷16《世祖纪十三》记载至元二十八年七月"癸丑,赐师壁洞安抚司、师壁镇抚所、师罗千户所印,安抚司从三品,余皆五品。"说明,至元二十八师壁洞安抚司已经设置。

32 永顺等处军民安抚司即永顺保靖南渭三州安抚司,设置时间不详。至元三十年四月"光州蛮人光龙等一十二人及邦崖王文显等二十八人、金竹府马麟等一十六人、大龙番秃卢忽等五十四人、永顺路彭世强等九十人、安化州吴再荣等一十三人、师壁散毛洞勾答什王等四人,各授蛮夷官"。永顺保靖南渭三州安抚司当于此时设置。(《元史》卷17《世祖纪十四》,中华书局标点本,1976年,第372页。)

33 《元史》卷63《地理志六》,中华书局标点本,1976年,第1553,1562页。

34 《元史》卷16《世祖纪十三》至元二十八年七月"癸丑,赐师壁洞安抚司、师壁镇抚所、师罗千户所印,安抚司从三品,余皆五品"。此后再无该安抚司具体事例的记载。《元史》卷60《地理志三·四川行省》记"师壁洞安(宣)抚司",然无任何注释,可见其存在时间很短。

35 《元史》卷23《武宗纪二》。

36 《元史》卷23《武宗纪二》。

37 《元史》卷26《仁宗纪三》。

38 特纳:《边疆在美国历史上的重要性》,(黄巨兴译张芝联校),原文为《美国历史上的边疆》一书(纽约1921年)的第一章译文,见《历史译丛》1963年第51期,第30—52页。

39　葛剑雄主编,吴松弟著:《中国人口史》第3卷《辽宋金元时期》,复旦大学出版社,2000年,第246—247页。

40　周振鹤主编,李治安、薛磊著:《中国行政区划通史·元代卷》,复旦大学出版社,2009年。

41　《元史》卷12《世祖纪九》,中华书局标点本,1976年,第246页。

42　高树林:《元代赋役制度研究》,河北大学出版社,1997年,第34页。

43　(元)苏天爵撰:《元文类》卷41《经世大典序录·招捕》,任继愈主编:《中华传世文选》,吉林人民出版社,1998年,第723页。

44　《元史》卷9《世祖纪六》,中华书局标点本,1976年,第192—193页。

45　《元史》卷165《杨赛因不花传》,中华书局标点本,1976年,第3884页。

46　《元史》卷9《世祖纪六》,中华书局标点本,1976年,第190页。

47　《元史》卷9《世祖纪六》,中华书局标点本,1976年,第190页。

48　《元史》卷9《世祖纪六》,中华书局标点本,1976年,第190页。

49　《元史》卷10《世祖纪七》,中华书局标点本,1976年,第206页。

50　《元史》卷10《世祖纪七》,中华书局标点本,1976年,第210页。

51　(元)苏天爵编:《元文类》卷41《经世大典序录·招捕·八番顺元诸蛮》,任继愈主编:《中华传世文选》,吉林人民出版社,1998年,第729页。

52　(元)苏天爵编:《元文类》卷59,姚燧:《湖广行省左丞相神道碑》,任继愈主编:《中华传世文选》,吉林人民出版社,1998年,918页。

53　《元史》卷63《地理志六·湖广行省》,中华书局标点本,1976年,第1539页。

54　(元)苏天爵编:《元文类》卷41《经世大典序录·招捕·八番顺元诸蛮》,任继愈主编:《中华传世文选》,吉林人民出版社,1998年,729页。

55　(元)苏天爵编:《元文类》卷27,任继愈主编:《中华传世文选》,吉林人民出版社,1998年,565—566页。

56　《元史》卷128《阿里海牙传》,中华书局标点本,1976年,第3126页。

57　(元)苏天爵撰:《元文类》卷41《经世大典序录·招捕》,任继愈主编:《中华传世文选》,吉林人民出版社,1998年,第723—724页。

58　(元)苏天爵编:《元文类》卷59,姚燧:《湖广行省左丞相神道碑》,《中华传世文选·元文类》，吉林人民出版社，1998年，第919页.

59 （元）苏天爵编：《元文类》卷40《经世大典序录·版籍》，任继愈主编：《中华传世文选》吉林人民出版社，1998年，第698页。

60 陈天祥：《征西南夷疏》，载《元史》卷168《陈天祥传》，中华书局标点本，1976年，第3948—3949页。

61 李治安：《元代政区地理的变迁轨迹及特色新探（三）》，《历史教学（高校版）》，2007年第3期。

62 《元史》卷3《宪宗纪》，中华书局标点本，1976年，第46页。

63 《元史》卷58《地理志一·序》，中华书局标点本，1976年，第1345页。

64 李治安：《元代政区地理的变迁轨迹及特色新探（一）》，《历史教学（高校版）》，2007年第1期。

65 《元史》卷4《世祖纪一》，中华书局标点本，1976年，第74页。

66 《元史》卷91《百官志七》中华书局标点本，1976年，第2317页。

67 《元史》卷91《百官志七》，中华书局标点本，1976年，第2305页。

68 《元史》卷6《世祖纪三》，中华书局标点本，1976年，第117页。

69 ［元］苏天爵撰《元文类》卷40《经世大典序录·版籍》，任继愈主编：《中华传世文选》，吉林人民出版社，1998年，第698页。

70 《元史》卷7《世祖纪四》，中华书局标点本，1976年，第135页。

71 《元史》卷7《世祖纪四》，中华书局标点本，1976年，第131—132页。

72 《元史》卷58《地理志一·序》，中华书局标点本，1976年，第1345—1346页。

73 《元史》卷11《世祖纪八》，中华书局标点本，1976年，第233页。

74 《元史》卷15《世祖纪十二》，中华书局标点本，1976年，第319，326页。

75 《元史》卷5《世祖纪二》，中华书局标点本，1976年，第89页。

76 《元史》卷128《阿里海牙传》，中华书局标点本，1976年，第3126页。

77 郑玉：《珊竹公遗爱碑》，《师山集》卷6。张金铣著：《元代地方行政制度研究》，安徽大学出版社，2001年，第195—196页。

78 （元）陈大震、吕桂孙：《大德南海志》卷6《户口》，载《宋元方志丛刊》，中华书局，1990年。

79 《元史》卷10《世祖纪七》，中华书局标点本，1976年，第201页。

80 《元史》卷91《百官志七》，中华书局标点本，1976年，第2318页。

81　葛剑雄主编,吴松弟著:《中国人口史》第 3 卷《宋辽金元时期》,复旦大学出版社,
　　2003 年,第 231—232 页。

82　《元史》卷 12《世祖纪九》,中华书局标点本,1976 年,第 246 页。

83　(元)苏天爵编:《元文类》卷 23,程钜夫:《平云南碑》,任继愈主编:《中华传世文
　　选》,吉林人敏出版社,1998 年,第 522 页。

84　《元典章》卷 17《户部三,抄数户计军产》。

85　葛剑雄主编,吴松弟著:《中国人口史》第 3 卷《宋辽金元时期》,复旦大学出版社,
　　2003 年,第 220—221 页。

86　葛剑雄主编,吴松弟著:《中国人口史》第 3 卷《宋辽金元时期》,复旦大学出版社,
　　2003 年,第 269 页。

87　高树林:《元代赋役制度研究》,保定,河北大学出版社,1997 年,第 31 页。

88　《元史》卷 58《地理志一·序》,中华书局标点本,1976 年,第 1345—1346 页。

89　葛剑雄主编,吴松弟著:《中国人口史》第 3 卷《辽宋金元时期》,复旦大学出版社,
　　2003 年,第 333 页。

90　李治安:《元代政区地理的变迁轨迹及特色新探(一)》,《历史教学(高校版)》,
　　2007 年第 1 期。

91　周振鹤:《行政区划史研究的基本概念与学术用语刍议》,《复旦学报(社会科学
　　版)》,2001 年第 3 期。

92　胡其德:《元代地方的两元统治》,蒙藏专题研究丛书 116,第 1 页。

93　李治安:《元代分封制度研究》,天津古籍出版社,1992 年,56—107 页。

94　FranzSchurmann, ProblemsofpoliticalOrganizationDuringtheYuanDynasty,《Trudy》XXV,
　　MezhduunarodnogoKongressaVostokovetov, Vo;. 5 ,p. p. 26—31 ,Moscow,1963.

95　(元)苏天爵编:《元文类》卷 59,姚燧:《湖广行省左承相神道碑》,任继愈主编:《中
　　华传世文选·元文类》,吉林人民出版社,1998 年,第 919 页。

96　《元史》卷 122《兀良台合》,中华书局标点本,1976 年,第 2980 页。

97　《元史》卷 12《世祖纪九》,中华书局标点本,1976 年,第 246 页。

98　《元史》卷 6《世祖纪三》,中华书局标点本,1976 年,第 116 页。

99　《元史》卷 122《爱鲁传》,中华书局标点本,1976 年,第 3012 页。

100　《元史》卷 125《赛典赤赡思丁传附纳速剌丁传》,中华书局标点本,1976 年,第
　　3067 页。

101　《元史》卷8《世祖纪五》,中华书局标点本,1976年,第150,163,169页。

102　《元史》卷125《赛典赤传》,中华书局标点本,1976年,第3064页。

103　《元史》卷125《赛典赤传》,中华书局标点本,1976年,第3065页。

104　《元史》卷58《地理志一·序》,中华书局标点本,1976年,第1346页。

105　《元史》卷12《世祖纪九》,中华书局标点本,1976年,第246页。

106　《元史》卷10《世祖纪七》,中华书局标点本,1976年,第199,200,213页。

107　《元史》卷16《世祖纪十三》,中华书局标点本,1976年,第339页。

108　《元史》卷61《地理志四·云南行省》,中华书局标点本,1976年,第1457页。

109　《元史》卷18《成宗纪一》,中华书局标点本,1976年,第383页。

110　《元史》卷63《地理志六·湖广行省》,中华书局标点本,1976年,第1539页。

111　《元史》卷131《速哥传》,中华书局标点本,1976年,第3183页。

112　《元史》卷131《速哥传》,中华书局标点本,1976年,第3183页。

113　《元史》卷60《地理志三·四川行省》,中华书局标点本,1976年,第1445页。

第 四 章

元代的蛮夷官制

第一节　元朝蛮夷官制的创设

　　湖广行省 15 安抚司的建立只说明元朝在地域上基本统领了该区域,但是距离真正的掌控当地族群还差得较远,对此,元朝采取以安抚司为基础招抚未附者,以当地土著族群土长朝贡作为归附的标志,在此基础上对归附并朝贡的土长一概授予"蛮夷官",让其继续统领土民族群。"蛮夷官"分别划归安抚司统辖,从而初步实现对溪峒族群的掌控。这是一个漫长的过程。湖广 15 安抚司设置、蛮夷归附和蛮夷官的设置是元朝逐步控制湖广行省西部溪峒族群地区的完整过程。"至元十三年,宋亡,世祖诏谕"南宋播州(今遵义地区)安抚使杨邦宪,次年南宋播州安抚使杨邦宪归附后上"言:'本族自唐至宋,世守此土,将五百年。昨奉旨许令仍旧,乞降玺书。'从之"[1]。于是"邦宪奉版籍内附,授龙虎卫上将军、绍庆珍州南平等处沿边宣慰使、播州安抚使"[2],表明元朝统治者为了表示对归附族群首领的优渥,以南宋原官任之,从而在溪峒地区开创了招抚归附族群设置安抚司的先例并逐渐成为定制。至元十四年(1277年)四月"宋特磨道将军农士贵、知安平州李惟屏、知来安州岑从毅等,以所属州县溪洞百四十七、户二十五万六千来附"[3],使与云南接近的地区溪峒归附。"五月癸卯,改广南西路宣抚司为宣慰司,广西钦、横二州改立安抚司"[4],此乃庆远安抚司的前身。同月乙卯"诏谕思州安抚使田景贤。又诏谕泸州西南番蛮王阿永,筠连、腾串等处诸族蛮夷,使其来附"[5],与播州一样,元朝保留了思州安抚使田景贤,形成了思州安抚司的基础。至元十五年(1278年)后,元朝加大了对溪峒族群的招抚,湖广西部地区族群大规模归附,安抚司也集中设置,"罗氏鬼国主阿榨、西南蕃主韦昌盛并内附。诏阿榨、韦昌盛各为其地安抚使,佩虎符。"[6]随后至元十六年(1279年)三月"潭州行省遣两淮招讨司经历刘继昌招下西南诸番,以龙方零等为小龙蕃等处安抚使,仍以兵三千戍之"[7],经过潭州行省遣两淮招讨司经历刘继昌的成功招抚,"八番顺元诸蛮,又名一奚卜薛。至元十五年,罗殿国主罗阿察、河中府方番主韦昌盛皆纳土来降。十六年三月,西南八番等国卧龙番主龙昌宁、大龙番主龙延三、小龙番主龙延万、武盛军番主程延随、遏蛮军番主龙罗笃、太平番主石延异、永盛军番主洪延畅、静海军卢番主卢延陵皆来降,其部曲有龙文貌、龙章珍、黄延显、卢文锦、龙延细、龙延回、龙四海、龙助法、龙才零、龙文求等。朝廷立八番宣慰使司,司官赴镇"。[8]可见至元十五至十六年(1278—1279年),地处一奚卜薛,即今贵州中部的"八番顺元诸蛮"各番主率部众归附元朝后,元朝"复谕降八番,以其酋龙文貌入觐,置慰司"[9],设八番宣慰司进行军事镇之,宣慰使赴任。与此同时,以归附各番主为安抚使,建立了一批安抚司,《元史·地理志·湖广行省》记载:"八番顺元蛮夷官。至元十六年,潭州行省遣两淮招讨司经历刘继昌招降西南诸番,以龙方零为小龙番静蛮军安抚使,龙文求卧龙番南宁州安抚使,龙延三大龙番应天府安抚使,程延随程番武盛军安抚使,洪延畅洪番永盛军安抚使,韦昌盛方番河中府安抚使,石延异石番太平军安抚使,卢延陵卢番静海军安抚使,罗阿资罗甸国遏蛮军安抚使,并怀远大将军、虎符,仍以兵三千戍之。"[10]八番归附和安抚司的设置时间与元平南宋广设安抚司基本一致,所不同的是在南宋统治区安抚司作为战时临时统治机构以南宋原行政区划的地域为基础设置,八番等民族地区则以归附元朝的大番主为依据设置,而不是以地域为基础。起初,元朝在亦奚不薛设置的安抚司也仅作临时统治机构,起初也想在这个区域进行人口统计,试图依照内地做法,"图地籍民",设置与内地一致的政区。至元十六年,"宣慰使塔海以西南八番、罗氏等国已归附者,具以来上,洞寨凡千六百二十有六,户凡十万一千一百六十有八。西南五番千一百八十六寨,户八万九千四百。西南番三百一十五寨,大龙番三百六十寨"[11]。说明元朝在八番地区的安抚司建立后立即对各番主统领人口进行统计,然而户籍统计是相当混乱的,虽然有的地方统计到户,但大多只能统计到八番之下的诸蛮夷洞寨,也不能划分清晰八番诸蛮夷安抚司各自的地理区划。实际上八番地区虽于至元十六年(1279年)归附并设置安抚司统管,但元朝远没有真正控制当地民族,"至元十九年,亦奚不薛蛮叛,置顺元等路军民宣慰司,以速哥为宣慰使,经理诸蛮"[12],故在亦奚不薛的八番和顺元地区同时形成了八番宣慰司和顺元路宣慰司强大的军事镇戍力量,才在至元二十四年再度"降八番金竹等百余寨,得户三万四千,悉以其地为郡县,置顺元路、金竹府、贵州以统之","东连九溪十八峒,南至交趾,西至云南,咸受节制"[13],并试图设置与内地一致的政区,撤销安抚司。但事实上,这一努力是徒劳无功的,因为八番大番主虽然归附了元朝,但其攀附不定,更重要的是元朝没有能力直接深入控制八番地区人口,因溪峒族群蛮夷"其民散居山箐,无县邑乡镇"[14],元朝统治者不仅不能对其进行深入的人口统计,甚至难识散布的数以千计的溪峒寨落。掌土治民为基础的正式政区在这样的民族社会结构下难以一蹴而就的建立起来,不得不继续依赖安抚司进行统治,这样湖广行省的安抚司的使命没有结束而保留下来。

从至元二十年(1283 年)以后,元朝对溪峒族群散布的区域采取了以招抚为主的政策,一旦招抚成功,元朝统治者则要求溪峒寨落之长或头人到朝廷朝觐,表示政治上的臣服,元朝则以职官授之。但是,这类招抚和授官是在元朝未能完全了解该区域民族结构的溪峒寨落情况下进行的,带有极大的盲目性和探索性,所形成的统治模式也不同于内地。"至元二十一年,改思、播二州隶顺元路宣抚司,罢西南番安抚司,立总管府"。在探索和调适西南蛮夷的管理体制的同时,开始"赐归附洞蛮官"[15],至元二十九年(1292年)二月,元世祖忽必烈"降诏招怀溪峒蛮夷曰:中书省奏,金竹知府膔胪言:'先奉圣旨,招谕平伐山齐砦主谯薛约定夺。今有居几地面百眼左、阿吉谷、各当、各迪等,自以外荒,久欲内附。乞颁圣旨,庸许自新。'朕嘉其诚,遂俞所奏,令谕尔众,咸听朕言:惟尔邻封,率多臣服,自番方而入贡,寻万国以来庭。南顺丹州,北怀金竹;陈蒙烂土,顷已向风;新添葛蛮,久皆款化。咸膺宝命,仍佩金符。赏赉有加,官守如故。尔等如能率众效顺,同仁一视。尚尔迷之或一,是伊戚之自贻。勉思转祸之言,当体好生之意"[16]。该诏令充分表达了元朝在至元末全面启动了对湖广行省西部、南部溪峒民族的招降政策。元朝规定凡受招降的民族必须朝贡,元朝将对其"赏赉有加",使其"官守如故",成为元朝管理西南溪峒民族群落的官员,同时说明元朝对西南蛮夷的统治开始放弃直接统计人口和掌控人口的全国做法,改用掌控其洞寨基层聚落为主。从至元末年开始元朝大规模招谕溪峒族群,特别在湖广行省的西部和南部,对"山海獠夷不沾王化"之族群洞寨皆"诱致诸洞蛮夷酋长,假以官位,晓以祸福,由是咸率众以归"[17],元朝设置蛮夷官成为控制西南少数民族的主要手段。至元二十八年"诏谕尚州等处诸洞蛮夷"[18],凡归附元朝蛮夷洞寨酋长一般都被要求入朝朝贡,对于入朝朝贡的土长,元朝统治者一方面通过贡赐以优厚的物质进行奖励,如至元末归附蛮夷酋长朝贡后,特赐速哥、斡罗思、赛因不花蛮夷之长五十六人金纹绫绢各七十九匹及弓矢、鞍辔等[19],另一方面,任命归附土长为蛮夷官,使其成为元朝官员后返回原地继续统领其部众土民。这样元朝对西南溪峒族群形成招谕与设置蛮夷官的固定程序,首先由宣慰使或安抚使代表元朝皇帝对未归附的族群进行招谕,使其归附;蛮夷土长归附后即入朝朝贡作为臣服归附的象征,接着元朝统治者正式任命归附朝贡的土长为"蛮夷官",使其代表朝廷继续管理其部众土民。招谕——归附——朝贡——设置蛮夷官成为元朝实现对湖广行省西部和四川行省南部少数民族控制的基本程序,也使元朝招谕洞寨酋长归附和设置蛮夷官制度确立下来。

由于湖广行省西南和四川行省南部少数民族是以招谕寨、洞、落的土长归附为设置蛮夷官的主要前提,因此,归附的少数民族族群社会结构并未打破,溪峒寨落依然是土著少数民族基础的社会结构,归附土长被元朝授予蛮夷官后性质上已经成为元朝管理体系和职官制度下代表元朝管理溪峒族群的地方官员。

但对其所属土民部众而言,蛮夷官仍然是他们的溪峒寨落土长。既然蛮夷官成为元朝管理体系中的最基层地方官员,那么必

然要形成与最高权力机构发生联系的管理体制和层级关系。至元
二十九年(1292年)中书省臣言:"亦奚不薛及八番、罗甸既各设宣
慰司,又复立都元帅府,其地甚狭而官府多,宜合二司帅府为一",
"诏从之,且命亦奚不薛与思、播州同隶湖广省,罗甸还隶云南,以
八番罗甸宣慰使斡罗思等并为八番顺元等处宣慰使都元帅,佩虎
符"。[20]由此可见,元朝首先从高层军事镇抚机构宣慰司都元帅府
的层面理顺湖广西部八番顺元等三宣慰司重复设置、辖地不清和
地狭官多等混乱的政区设置局面,合成八番顺元等处宣慰司都元
帅府,使其成为元朝统筹湖广西部蛮夷招谕和镇抚的高层军政机
构。八番都元帅刘德禄于至元二十九年,上言朝廷"新附洞蛮十
五寨,请置官府以统之",元朝因诏设陈蒙、烂土军民安抚司统
之[21]。这说明西南民族地区的宣慰司都元帅府是朝廷镇抚和招谕
蛮夷职责的主要承担者,在其招谕蛮夷归附后,由宣慰使向朝廷建
议设置蛮夷官,如至元二十四年(1287年)十二月,顺元宣慰使秃
鲁古招谕金竹寨主搔驴等以所部百二十五寨内附[22],至元二十七
年(1290年)"置金竹府大隘等四十二寨蛮夷长官"[23],宣慰司成为
招谕蛮夷归附的具体负责机构。在宣慰司都元帅府之下,元朝又
以任用为安抚使等蛮夷大番主或大首领对其所属地域内的分散的
溪峒寨落蛮夷官进行管理或深入招抚。至元二十九年,葛蛮军民
安抚使宋子贤请代朝廷诏谕未附平伐、大瓮眼、紫江、皮陵、潭溪、
九堡等处诸洞猫蛮,随后即设置为蛮夷官[24]。至元末至大德年间,
元朝为配合蛮夷官的设置曾多次调整安抚司,为的是让安抚司适
应大批设置蛮夷官后承担其特殊政区职责,适应对日益增多的蛮
夷官的统辖和管理。如大德元年(1297年)罢南丹州安抚司,立庆
远南丹溪洞等处军民安抚司[25],广西地区的安抚司调整正式完成,
成为统领广西地区蛮夷官的特殊政区。

元朝至元中后期进行了招谕溪峒族群归附和授予寨落蛮酋为蛮夷官的运动。至元三十年（1293 年）四月"光州蛮人光龙等一十二人及邦崖王文显等二十八人、金竹府马麟等一十六人、大龙番秃卢忽等五十四人、永顺路彭世强等九十人、安化州吴再荣等一十三人、师壁散毛洞勾答什王等四人，各授蛮夷官，赐以玺书遣归"。同年五月，定云洞蛮酋长来附，"诏委官与行省官阅核蛮夷军民官"[26]。招谕溪峒群落，蛮夷酋长朝贡和朝廷授予蛮酋"蛮夷官"的做法成为元朝湖广行省西南地区深入统治少数民族的主要手段。成宗时期，元贞二年（1296 年）十一月"以蛮洞将领彭安国父子讨田知州有功，赐安国金符，子为蛮夷官"。大德元年（1297 年）九月"平珠、六洞蛮及十部洞蛮皆来降，命以蛮夷官授之"。大德二年（1298 年）冬十月"立平珠、六洞蛮夷长官司二，设土官四十四员"[27]。泰定元年（1324 年）招谕融州徭般领、大、小木龙等百七十五团归附[28]。泰定二年二月平伐苗酋的娘率其户十万来降，土官三百六十人请朝，由于归附请朝的土长人数太多，湖广行省不得不"请汰其众还部，令的娘等四十六人入觐"[29]。从此开始，元朝的蛮夷官设置并不完全按寨落为单位，而是就近进行适当归并，以免形成一寨一蛮夷官的情况。至泰定三年（1326 年）三月，"八番岩霞洞蛮来降，愿岁输布二千五百匹，设蛮夷官镇抚之"。泰定四年（1327 年）五月乙未，绍庆路四洞酋阿者等降，并命为蛮夷长官。六月，"绍庆路四洞酋阿者等降，并命为蛮夷长官，仍设巡检司以抚之"，十一月，"以降蛮谢乌穷为蛮夷官"[30]，形成元朝蛮夷官设置高潮时期。事实上，元朝对西南少数民族的招谕和蛮夷官设置活动直至元末都未停止。元朝在湖广行省和四川行省大量设置蛮夷官，实由于元朝统治者对溪峒族群的社会结构和组织结构缺乏深入了解，在蛮夷官制度的设计上，难以统一。这样整个元代依据招谕——归附——朝贡——设置蛮夷官的程序逐渐将湖广行省西部和四川行省南部的民族群落纳入元朝帝国的管理控制之下,"溪洞各授土人为蛮夷官掌之"[31],于是形成了庞大的蛮夷官体系,采用特殊的以民族群落为基础的民族与地域混合管理模式——蛮夷官制,对溪洞民族地区进行统治。

元朝蛮夷官制经历了对西南洞寨地区民族群落的不了解到逐渐认识,统治模式从至元中期按照内地模式设置州县到至元末期采用蛮夷官制的过程。蛮夷官设置数量如此之多,已经不能理解成行政区划的地方行政长官,他们仅仅是部落酋长或寨长。元朝通过授予蛮夷官职,管控该地区,说明蛮夷官制是基于对西南溪洞民族群落组织的控制管理,而不是基于该区人口户籍管理的行政管理方式,也与云南行政区划设置规整情况完全不同。云南土官是建立在规整的路、府、州、县行政区划体系下的任命土人为行政长官的行政区划管理模式。

第二节　湖广行省蛮夷官地理分布

元朝的蛮夷官制是在平定南宋边缘地带各溪洞民族群落的过程中创制的,特别是在对八番顺元地区的征服过程中逐渐形成的。《元史·地理志六·湖广行省》以宣慰司——安抚司——蛮夷官的体系对湖广行省西部蛮夷官进行了详细记载。根据《元史·地理志》记载,虽然不能对大约370个蛮夷官进行确切的考证,但是可以基本搞清楚他们的地理分布情况。总体而言,湖广行省的蛮夷官设置区集中于湖广行省西北部的两个宣慰司辖境范围内,即八番顺元宣慰司都元帅府和沿边溪洞宣慰司都元帅府区域,因此,《元史·地理志》按宣慰司都元帅府——安抚司——蛮夷官体系记载。由于湖广行省的 15 个安抚司大多交错分布在狭促的范围内,如八番顺元宣慰司都元帅府集中了 11 个安抚司,有的安抚司分布相对独立,在《元史·地理志六·湖广行省》的记载中反映了蛮夷官的地理分布交错特点,我们只能借助其记载大体考察其分区:

一、八番顺元宣慰司都元帅府辖属 11 安抚司蛮夷官区

《元史·地理志、湖广行省》载:

　　八番顺元蛮夷官。至元十六年,潭州行省遣两淮招讨司经历刘继昌招降西南诸番,以龙方零为小龙番静蛮军安抚使,龙文求卧龙番南宁州安抚使,龙延三大龙番应天府安抚使,程延随程番武盛军安抚使,洪延畅洪番永盛军安抚使,韦昌盛方番河中府安抚使,石延异石番太平军安抚使,卢延陵卢番静海军安抚使,罗阿资罗甸国遏蛮军安抚使,并怀远大将军、虎符,仍以兵三千戍之。是年,宣慰使塔海以西南八番、罗氏等国已归附者,具以来上,洞寨凡千六百二十有六,户凡十万一千一百六十有八。西南五番千一百八十六寨,户八万九千四百。西南番三百一十五寨,大龙番三百六十寨。……

　　罗番遏蛮军安抚司。

　　程番武盛军安抚司。

　　金石番太平军安抚司。

　　卧龙番南宁州安抚司。

　　小龙番静蛮军安抚司。

　　大龙番应天府安抚司。

　　木瓜犵狫蛮夷军民长官。

　　韦番蛮夷长官。

洪番永盛军安抚司。

方番河中府安抚司。

卢番静海军安抚司。

卢番蛮夷军民长官。

定远府。

桑州。章龙州。必化州。小罗州。下思同州。

朝宗县。上桥县。新安县。麻峡县。甕蓬县。小罗县。章龙县。乌山县。华山县。都云县。罗博县。

管番民总管：

小程番[原注：以下各设蛮夷军民长官。]中嶍百纳等处。底窝紫江等处。甕眼纳八等处。独塔等处。客当刻地等处。天台等处。梯下。党兀等处。勇都硃砂古坭等处。大小化等处。洛甲洛屯等处。低当低界等处。独石寨。百眼佐等处。罗来州。那历州。重州。阿孟州。上龙州。峡江州。罗赖州。桑州。白州。北岛州。罗那州。龙里等寨。六寨等处。帖犵狫等处。本当三寨等处。山斋等处。羡塘带夹等处。都云桑林独立等处。六洞柔远等处。竹古弄等处。中都云板水等处。金竹府。古瓦县。

都云军民府。

万平等处。南宁。丹竹等处。陈蒙。李稍李殿等处。阳安等处。八千蛮。恭焦溪等处。都镇。平溪等处。平月。李崖等处。阳并等处。卢山等处。乖西军民府[皇庆元年立，以土官阿马知府事，佩金符]。

顺元等路军民安抚司。

至元二十年，四川行省讨平九溪十八洞，以其酋长赴阙，定其地之可以设官者与其人之可以入官者，大处为州，小处为县,并立总管府,听顺元路宣慰司节制。

雍真乖西葛蛮等处。葛蛮雍真等处。曾竹等处[笔者按:此处原注:大德七年,顺元同知宣抚事阿重尝为曾竹蛮夷长官,以其叔父宋隆济结诸蛮为乱,弃家朝京师,陈其事宜,深入乌撒、乌蒙,至于水东,招谕木楼苗、犵,生获隆济以献]。龙平寨。骨龙等处。底寨等处。茶山百纳等处。纳坝紫江等处。磨坡雷波等处。漕泥等处。青山远地等处。木窝普冲普得等处。武当等处。养龙坑宿微等处。骨龙龙里清江水楼雍眼等处。高桥青塘鸭水等处。落邦札佐等处。平迟安德等处。六广等处。贵州等处。施溪样头。朵泥等处。水东。市北洞。

新添葛蛮安抚司。大德元年,授葛蛮安抚驿券一。

南渭州。

落葛谷鹅罗椿等处。昔不梁骆杯密约等处。乾溪吴地等处。哝耸古平等处。甕城都桑等处。都镇马乃等处。平普乐重墺等处。落同当等处。平族等处。独禄。三陂地蓬等处。小葛龙洛邦到骆豆虎等处。罗月和。麦傲。大小田陂带等处。都云洞。洪安画剂等处。谷霞寨。剌客寨。吾狂寨。割利寨。必郎寨。谷底寨。都谷郎寨。犵狫寨。平伐等处[笔者按此处原注:大德元年,平伐酋领内附,乞隶于亦奚不薛,从之]。安剌速。思楼寨。落暮寨。梅求望怀寨。甘长寨。桑州郎寨。永县寨。平里县寨。锁州寨。双隆。思母。归仁。各丹。木当。雍郎客都等处。雍门犵狫等处。栖求等处仲家蛮。娄木等处。乐赖蒙囊吉利等处。华山谷津等处。青塘望怀甘长不列独娘等处。光州。者者寨。安化思云等洞。北退洞。茅难思风北郡都变等处。必际县。上黎平。潘乐盈等

处。诚州富盈等处。赤畬洞。罗章特团等处。福水州。允州
等处。钦村。硬头三寨等处。颜村。水历吾洞等处。顺东。
六龙图。推寨。橘叩寨。黄顶寨。金竹等寨。格慢等寨。客
芦寨。地省等寨。平巍。白崖。雍门客当乐赖蒙囊大化木瓜
等处。嘉州。分州。平硃。洛河洛脑等处。宁溪。甕除。麦
穰。孤顶得同等处。甕包。三陂。控州。南平。独山州。木
洞。瓢洞。窖洞。大青山骨记等处。百佐等处。九十九寨
蛮。谷列当桥山齐硃谷列等处。虎列谷当等处。真滁杜珂等
处。杨坪杨安等处。棣甫都城等处。杨友阆。百也客等处。
阿落傅等寨。蒙楚。公洞龙木。三寨猫犵剌等处。黑土石。
洛宾洛咸。益轮沿边蛮。割和寨。王都谷浪寨。王大寨。只
蛙寨。黄平下寨。林拱章秀拱江等处。密秀丹张。林种拱
帮。西罗剖盆。杉木箐。各郎西。恭溪望成崖岭等处。孤
把。焦溪笃住等处。草堂等处。上桑直。下桑直。米坪。令
其平尾等处。保靖州。特团等处。[32]

上述 11 个安抚司都属于八番顺元宣慰司都元帅府,共计管辖 225
个蛮夷官,分布在湖广行省西北部地区,构成如下军政管控格局:

八番顺元宣慰司都元帅府——11 安抚司——225 个蛮夷官

该区域以八番顺元宣慰司都元帅府的管控范围为主,是最大
的蛮夷官区,其下大约又可分为两个分区,即"八番顺元蛮夷官"
分区和新添葛蛮安抚司蛮夷官分区。

《元史·地理志》记载蛮夷官,第一句话乃"八番顺元蛮夷
官",接着叙述了元朝对八番地区 10 大部落招抚归附及设置 10 个
安抚司的过程。元朝至元十六年(1279 年)平定八番顺元地区,随
后任命塔海为八番顺元等处宣慰使都元帅府,建立了宣慰司都元
帅府军政统筹机构,接着对广大溪洞群落进行招抚,"西南八番、

罗氏等国已归附者,具以来上"³³,在较大部落"八番"基础上设置罗番遏蛮军等 10 个安抚司。由于该地区存在着大量"八番"之外的"洞寨"聚落,安抚司不能完全管控。在元朝的招抚下,至元三十年,"洞寨凡千六百二十有六,户凡十万一千一百六十有八。西南五番千一百八十六寨,户八万九千四百。西南番三百一十五寨,大龙番三百六十寨"³⁴归附。基于这多达 3469 个互不统属的民族群落"洞寨"的状况,路、府、州、县行政区划体制不适应如此数量庞大、互不统属的"洞寨"群落地区,不得已于至元三十年(1293年)夏四月,"省八番重设州县官",创造了一种新的适合"洞寨"群落社会结构的管控机制,在归附洞寨进行适当整合前提下,对归附并朝贡元朝的群落酋长"各授蛮夷官,赐以玺书遣归"³⁵,使其代表元朝继续统治属下土民,由此创设了一种新的边缘民族管控体制。至元三十一年(1294 年)元朝又对八番顺元宣慰司都元帅府统属的蛮夷官进行了调整,目的是整合并改变滥设蛮夷官的现象,"减八番等处所设官二百一十六员。八番称新附九十万户,设官四百二十四员,及遣官核实,止十六万五千余户,故减之"³⁶。故蛮夷官制创行初期,凡朝贡群落酋长一律授予蛮夷官职,导致设置过滥,甚至有户口虚报的混乱情况,仅八番地区蛮夷官就多达 400 余个,元朝在调整和整合中一次便减少该地 216 个蛮夷官,元代后期则为《元史·地理志》所记情况。

《续文献通考》评论曰:"又按元史至元十六年,潭州宣慰使塔海以西南归附各番洞寨户口之数来上,内有八番、五番或直云西南番之不同洞寨至数千,户至十万以上,是其类甚多,正不止有八,故八番既设安抚,而又别立定遂府及管番民总管,以统其余。八番最大,因以八番为名耳,桑州以下大抵皆蛮夷官,与下小程番等同。而元志但于小程番注云,以下各设蛮夷军民长官,盖举其一而余可类推也。"[37]由此可见,八番顺元宣慰司都元帅府所属 11 个安抚司是以"八番"等较大族群部落为基础设置的,在八番之外,"其类甚多,正不止有八"的"洞寨至数千",虽然"故八番既设安抚",却不能完全管控,于是元朝不得不在宣慰司——安抚司之下"别立定远府及管番民总管,以统其余"具体统领"桑州以下大抵皆蛮夷官,与下小程番等同"。所以,八番顺元宣慰司都元帅府在"八番"地区设置 10 个安抚司,在顺元地区有顺元等路军民安抚司,共计11 个安抚司,92 个蛮夷官,3 个蛮夷军民长官司。除了顺元等路军民安抚司相对独立外,罗番遏蛮军安抚司等 10 个安抚司交错于狭促范围内,各安抚司所领蛮夷官难以辨析,为此元朝则专门设"管番民总管"统领 10 安抚司之下的蛮夷官,形成了该区域的民族群落与地方行政管理混合体制。

新添葛蛮安抚司属八番顺元宣慰司都元帅府管辖,在八番顺元宣慰司都元帅府的东南部,是八番之外零散分布的溪洞群落区,有一定的独立性,但地理范围非常不明晰。《元史》、《新元史》以及《续文献通考》都对其蛮夷官单列记载,而新添葛蛮安抚司统领的蛮夷官数量最多,达 130 个,从其蛮夷官名称反映的地名考证,很多与八番顺元蛮夷官区重复,地域范围也交错混杂,地理位置处于湖广行省中部,故在《元史·地理志中》分开记载。

二、思州军民安抚司蛮夷官区

"思州军民安抚司"在元至元末改"思州宣抚司",《续文献通考》的相关记载说:"思州军民安抚司,宋旧州,元初改设安抚司,至元末改安为宣抚司,今从元志。"[38]其成为宣抚司军政管控机构,具有一定的独立性,所以《元史·地理志六·湖广行省》独立记载

"思州军民安抚司"蛮夷官：

> 思州军民安抚司。婺川县。
>
> 镇远府。
>
> 楠木洞。古州八万洞。偏桥中寨。野鸡平。德胜寨偏桥四甲等处。思印江等处。石千等处。晓爱泸洞赤溪等处。卑带洞大小田等处。黄道溪。省溪坝场等处。金容金达等处。台蓬若洞住溪等处。洪安等处。葛章葛商等处。平头著可通达等处。溶江芝子平茶等处。亮寨。沿河。龙泉平［笔者按此处原注：思州旧治龙泉，及火其城，即移治清江。至元十七年，敕徙安抚司还旧治］。佑溪。水特姜。杨溪公俄等处。麻勇洞。恩勒洞。大万山苏葛办等处。五寨铜人等处。铜人大小江等处。德明洞。鸟罗龙干等处。西山大洞等处。秃罗。浦口。高丹。福州。永州。乃州。銮州。程州。三旺州。地州。忠州。天州。文州。合凤州。芝山州。安习州。茆惇等团。荔枝。安化上中下蛮。曹滴等洞。洛卜寨。麦着土村。衙迪洞。会溪施容等处。感化州等处。契锄洞。腊惹洞。劳岩洞。驴迟洞。来化州。客团等处。中古州乐墩洞。上里坪。洪州泊李等洞。张家洞。

元代在西南民族地区的控制和管理模式还有多重军政架构的特点。《元史》卷91《百官志七·宣抚司》条下记载："顺元等处，播州，思州，以上隶湖广省。"说明思州与播州、顺元一样，在元代是多重军政管理架构的模式，即集军事的宣慰司、宣抚司与行政的安抚司于一体，故思州安抚司始终存在。思州军民安抚司辖属的"凡不称等处者所领者狭，故得专举其名，其各设长官则一也"。[39]其统领66个蛮夷官，分布于今贵州东部的务川、印江、石阡、镇远、台江、黎平等地区。

三、沿边溪洞宣慰使司蛮夷官区

《元史·地理志六·湖广行省》记载：

> 沿边溪洞宣慰司。至元二十八年，播州杨赛因不花言："洞民近因籍户，怀疑窜匿，乞降诏招集。"又言："向所授安抚职任，隶顺元宣慰司，其所管地，于四川行省为近，乞改为军民宣抚司，直隶四川行省。"从之。以播州等处管军万户杨汉英为绍庆珍州南平等处沿边宣慰使，行播州军民宣抚使、播州等处管军万户，仍虎符。汉英即赛因不花也。仍颁所请诏旨，诏曰："爰自前宋归附，十五余年，阅实户数，乃有司当知之事，诸郡皆然，非独尔播。自今以往，咸奠厥居，流移失所者，招谕复业，有司常加存恤，毋致烦扰，重困吾民。"
>
> 播州军民安抚司。
>
> 黄平府。
>
> 平溪上塘罗骆家等处。水军等处。石粉罗家永安等处。六洞柔远等处。锡乐平等处。白泥等处。南平綦江等处。珍州思宁等处。水烟等处。溱洞涪洞等处。洞天观等处。葛浪洞等处。赛坝垭黎焦溪等处。小姑单张。倒柞等处。乌江等处。旧州草堂等处。恭溪杏洞。水囤等处。平伐月石等处。下坝。寨章。横坡。平地寨。寨劳。寨勇。上塘。寨坦。岑奔。平莫。林种密秀。沿河佑溪等处。

《续文献通考》说："臣等谨按元志，至元二十八年，播州杨汉英即赛因不花，言洞民近因籍户怀疑窜匿，乞降诏招集，诏曰：'爰自前宋归附五十余年，阅实户数，乃有司当知之事，诸郡皆然，非独尔播,自今以往,咸奠厥居流移失所者,招谕复业,有司常加存恤,毋致烦扰,重困吾民。'遂以汉英为绍庆珍州南平等处沿边宣慰使,行播州军民宣抚使。考宋志,大观三年,南平夷人杨文贵等献其地建播州,后废,属南平军。嘉熙三年复置,设安抚使,是杨氏之归附不止五十余年,元志特据嘉熙以后言之耳,而宋播州条下略不及诸溪洞名者,宋盖不设长官,故史氏无从稽考,抑其时酋长虽来而未服者尚众欤。"[40] 沿边溪洞宣慰使司与播州军民安抚司辖境重叠,"播州军民安抚司,仍宋旧,至元末改安为宣,即宣慰之兼官也"[41],大约为今贵州遵义地区,其洞民"籍户怀疑窜匿",达不到设置州县的条件,以逐渐招抚归附的"诸溪洞名"为依据设置了32个蛮夷官。

湖广行省15安抚司除上述13个安抚司有蛮夷官记载,而其他两个安抚司则无蛮夷官记载,《元史・地理志六・湖广行省》称:

> 庆远南丹溪洞等处军民安抚司,唐为龙水郡,又改粤州。宋为庆远府。元至元十三年,置安抚司。十六年,改庆远路总管府。大德元年,中书省臣言:"南丹州安抚司及庆远路相去为近,所隶户少,请省之。"遂立庆远南丹溪洞等处军民安抚司。户二万六千五百三十七,口五万二百五十三。领县五:宜山,下。忻城,下。天河,下。思恩,下。河池。下。

> 乾宁军民安抚司,唐以崖州之琼山置琼州,又为琼山郡。宋为琼管安抚都监。元至元十五年,隶海北海南道宣慰司。天历二年,以潜邸所幸,改乾宁军民安抚司。户七万五千八百三十七,口一十二万八千一百八十四。本路屯田二百九十余顷。领县七:琼山,下。倚郭。澄迈,下。临高,下。文昌,下。

乐会,下。会同,下。安定。下。

因此元代湖广行省 15 安抚司,实际只有 13 个安抚司的辖境设置蛮夷官,没有蛮夷官的两个安抚司则按元代行政区划体系设置州、县政区。这两个安抚司与设置蛮夷官的地区地域分离,庆远南丹溪洞等处军民安抚司属广西两江道宣慰司都元帅府统辖,在今广西;乾宁军民安抚司为海北海南道宣慰使司都元帅府辖属范围,在今海南省。由此可见,蛮夷官分布地区的地理位置具有特殊性,为喀斯特地貌与河流结合形成的所谓的"溪洞"地理环境;由于这种地理环境的影响,生活在该区域的民族群落多以山涧溪流即"溪"和狭小的山间盆地"峒"为地域基础形成封闭的民族群落聚居状态,难以组成强大的民族部落和部落联盟,元朝正是针对这样的地理环境和民族群落结构设置蛮夷官的。《元史·地理志六·湖广行省》所记载的 320 个蛮夷官,集中在八番顺元宣慰司都元帅府和沿边溪洞宣慰司都元帅府统辖下的 13 安抚司之下,分布地域狭促,大约为 3 个蛮夷官区,是唐宋典型的溪洞群落分布地,反映了安抚司与蛮夷官体制是一种不成熟、不规范的特殊管理模式的设置特征。

第三节　蛮夷官制的性质与特点

一、蛮夷官制的领属关系

按照学术界传统的约定俗成的观点,大凡进入正史地理志记载的地域单位都视为政区。由于《元史·地理志》罗列了数百个蛮夷官或蛮夷长官司,因此,长期以来历史地理学界和民族史学界均把元代溪洞民族群落地区设置的蛮夷官或蛮夷长官司视为与云南任命土官作为行政长官的路、府、州、县一样看作是行政区划,作为行政单位来理解,把云南土官任职的路、府、州、县和湖广行省的安抚司、蛮夷官司等同起来看作土司政区。加之《元史·百官志七·诸蛮夷长官司》条说:"诸蛮夷长官司。西南夷诸溪洞各置长官司,秩如下州。达鲁花赤、长官、副长官,参用其土人为之。"[42]研究者遂直接套用把湖广行省数百个蛮夷官作为与"下州"等同的县级政区来看待。真的是这样吗?我们难道能够仅仅凭借《元史·地理志》的蛮夷官罗列就不加分析地将蛮夷官看作元朝行政区划中的下州吗?

　　元朝的州分上、中、下三个等级,是以户口为基础的,"至元三年,定一万五千户之上者为上州,六千户之上者为中州,六千户之下者为下州"。[43]元初确定了设置为下州的地区必须进行人口统计,6000户以下的地区设置为下州。可见,凡是设置为路、府、州、县的地区,必定进行"籍户"之类的人口统计。到至元二十年(1283年)元初平定江南后,健全行政区划体系,对各行政区划类型和等级的人口的要求提高,"又定其地五万户之上者为上州,三万户之上者为中州,不及三万户者为下州。于是升县为州者四十有四。县户虽多,附路府者不改"[44]。至元三十一年(1294年)春正月元世祖忽必烈崩,四月成宗铁穆尔即位,确立"以户为差"的州级分等制,"户至四万五万者为下州,五万至十万者为中州。下州官五员,中州六员"[45],说明在江南地区户口4万以上的行政单位才视为下州行政区划。由此可见,元朝的下州,元初只要不超过6000户的地域就设置为下州,至元二十年对人口的要求提升到3万户左右,至元末,则要求户口达到4万至5万的地区才能设置为下州。湖广行省蛮夷官集中于特殊政区安抚司之下,终元一代,湖广行省的15安抚司地区没有进行过系统的人口统计,实施的是民族群落与地域单元为基础的混合管理方式。没有进行人口统计的安抚司辖属的蛮夷长官司自然达不到元朝设置下州的要求，不应视为"下州"行政区划。

　　元朝对各等级的州都规范了职官体制，"上州：达鲁花赤、州尹秩从四品，同知秩正六品，判官秩正七品。中州：达鲁花赤、知州并正五品，同知从六品，判官从七品。下州：达鲁花赤、知州并从五品，同知正七品，判官正八品，兼捕盗之事。参佐官：上州，知事、提控案牍各一员。中州，吏目、提控案牍各一员。下州，吏目一员或二员"[46]。说明元朝在下州至少要派出或任命从五品的达鲁花赤和知州两员，从七品的同知一员，正八品的判官一员，加上吏目一至二员共同组成下州行政管理官员体系。但是，湖广行省的蛮夷长官司从未见元朝派出官员的记载，采用的是招抚西南民族溪洞民族群落归附，对归附元朝的溪洞群落酋长依据"溪洞"群落组织形式和地理单元特点，"各授土人为蛮夷官掌之"[47]，任命朝贡的族群酋长为蛮夷长官，从而设置蛮夷长官司，将湖广行省和四川行省南部的民族群落逐渐纳入元朝帝国的管理控制之下。所以蛮夷长官司或蛮夷官体制是没有打破原有的溪洞民族群落组织和地域的以土酋为蛮夷官的民族群落与地域混合管理制，不具备户口统计的基础，非朝廷任命官员的下州行政区划。

　　《元史》卷58《地理志一·序》记载元朝"立中书省一，行中书省十有一：曰岭北，曰辽阳，曰河南，曰陕西，曰四川，曰甘肃，曰云南，曰江浙，曰江西，曰湖广，曰征东，分镇藩服，路一百八十五，府三十三，州三百五十九，军四，安抚司十五，县一千一百二十七"[48]。说明元朝进入行政区划序列的州共359个。同时《元史·地理志六》记载："湖广等处行中书省，为路三十、州十三、府三、安抚司十五、军三，属府三，属州十七，属县一百五十，管番民总管一。"[49]元朝 359 个州级行政区划中,湖广行省有"属州十七",可知《元史·地理志六·湖广行省》15 个安抚司下记载的数百个蛮夷官司并不是行政区划中的州级政区。仅仅在湖广行省狭促的 13 个安抚司辖境内蛮夷官就多达 320 余,接近全国的 359 个上、中、下州总数,无论如何也不可能解析为元朝行政区划的下州政区,如果是下州,那么某些蛮夷官下州辖地不过就是一个族群"洞寨",甚至就是一个居民聚落而已。

元朝蛮夷官制的统属关系,《续文献通考》编纂者条析得非常清晰透彻,称"臣谨按王圻续考,有八番顺元等处宣慰司,节制诸安抚官,"且"所谓八番蛮夷官也,……亦以溪洞丛杂散落,不可确指为某处,从其所隶可也"[50],即在湖广行省之下,由宣慰司都元帅府节制诸安抚司,安抚司管控"溪洞丛杂散落"基础上设置的蛮夷官,通过蛮夷官管理其洞寨土民,管理模式为:

宣慰司都元帅府——安抚司——蛮夷官——洞寨

二、蛮夷官性质与命名特点

基于以上分析,可见蛮夷官制是"有八番顺元等处宣慰司,节制诸安抚官"[51]统辖蛮夷官的体系,该制度基本形成于至元二十八年,湖广行省十五安抚司设置完成后。为了管理特殊政区安抚司,元朝采用"诸安抚大抵皆直隶行省,或即以其官为宣慰,而不别设节制之官"[52]的方式进行军政管控,所以湖广行省的八番顺元等处宣慰司都元帅府成为八番顺元地区安抚司的直接统管上级。而沿边溪洞宣慰司都元帅府,同时也是播州军民安抚司。各安抚司下辖若干蛮夷官,而蛮夷官或蛮夷长官司并不按户籍统计设置,而是依据民族群落"溪洞",群落聚居的寨、洞等原有的民族群落社会结构进行管理,有的则依据聚落分布的小流域地理单元进行管理,

将一个小流域——"溪"范围内所分布多个寨落组织为某个蛮夷
官统辖区,任命相对大的寨落酋长为蛮夷官。"凡蛮夷官:议:'播
州宣抚司保蛮夷地分副长官,系远方蛮夷,不拘常调之职,合准所
保。其蛮夷地分,虽不拘常调之处,而所保之人,多有泛滥。今后
除袭替土官外,急阙久任者,依例以相应人举用,不许预报,违者罪
及所由官司'"[53]。说明在职官体系上,湖广行省的蛮夷官并非云
南行省的土官。蛮夷官依据土酋归附、朝贡的程序加以任命,洞寨
既多,朝贡者络绎,元朝任命蛮夷官也非常随意,往往出现滥设的
现象,也有大幅度调整的情况,所以有元一代蛮夷官数量和设置都
在变动着,是一种溪洞民族群落初步整合下的管理形式,不具备行
政区划的性质。

通过蛮夷官的命名方式,可以看出蛮夷官设置的基础形态特
点。第一,大多数蛮夷官是经过初步整合,将所处同一地理环境下
的邻近的民族群落的几个自然聚落略加整合设置一个蛮夷官,这
种形态表现为湖广行省蛮夷官常常以某某"等处"命名,如"雍真
乖西葛蛮等处","平头著可通达等处","骨龙龙里清江水楼雍眼
等处","高桥青塘鸭水等处"蛮夷官。或为几个民族群落名的复
合,或为几个自然聚落的复合,体现出元代蛮夷官设置过程中的一
种相邻聚落和民族群落的初步整合,通过整合将数千个自然聚落
和民族群落加以组织,设置蛮夷官。这种情况非常普遍,在湖广行
省320个蛮夷官中,以"等处"命名的就多达135个,是命名方式
最多的,说明蛮夷官设置上的民族群落与地域混合特点,具有初步
整合的基层管理组织特征。

第二,蛮夷官设置保留了"溪洞"群落和地理环境的特点。依
靠唐宋以来自然形成的较大的"溪洞"民族群落和地域范围设置
蛮夷官,如"楠木洞"蛮夷官、"黄道溪"蛮夷官、"劳岩洞"蛮夷官

等,以洞、溪设置的蛮夷官有 25 个,同时还保留了较大的自然聚落的组织结构,部分蛮夷官以寨、村、镇等命名,如割和寨,王都谷浪寨,王大寨,只蛙寨,黄平下寨等达 38 个,最大限度地保留了该区域民族群落的组织结构和地域分布特点。

第三,蛮夷官的设置在很大程度上继承和保留了唐宋在该区域建立"羁縻府、州、县"的历史基础,很多蛮夷官以府、州、县命名,故《续文献通考》曰:"故八番既设安抚,而又别立定远府及管番民总管,以统其余。八番最大,因以八番为名耳,桑州以下大抵皆蛮夷官,与下小程番等同"[54]。说明八番顺元宣慰司都元帅府定云府领属的"桑州。章龙州。必化州。小罗州。下思同州。朝宗县。上桥县。新安县。麻峡县。甏蓬县。小罗县。章龙县。乌山县。华山县。都云县。罗博县"等并非内地一致的州县政区,实乃与"小程番"及其以下各设蛮夷军民长官的各蛮夷官性质相同。这种以某府、某州、某县为蛮夷官名的现象多达 52 处,如思州军民安抚司的蛮夷官就有"福州。永州。乃州。銮州。程州。三旺州。地州。忠州。天州。文州。合凤州。芝山州。安习州"等。这类蛮夷官堪比唐宋之际"蛮酋分据其地,自署为刺史"[55],形成的羁縻州县,同时证明《宋史·地理五》所谓泸州"领羁縻州十八",长宁军"夷人得箇祥献长宁、晏、奉、高、薛、巩、淯、思峨等十州",夔州路绍庆府黔州有"羁縻州四十九","南渡后,羁縻州五十六"等等,都不过是溪洞群落首领归附"自署刺史"形成的羁縻州县。羁縻州县的统治是相当不深入的,归附后设置的羁縻州县仍然以溪洞群落为基础,不过是一些洞寨群落而已,元朝借此设置为群落和地理混合的管理溪洞民族的蛮夷官。

三、元代对溪洞民族群落的特殊管理模式

行政区划,核心在于"掌土治民",土即地理区位、地理环境;民则该区域活动的人口状况。在中国的边疆或传统王朝的边缘地带,民最重要的状况就是该区的民族构成情况。民族构成的差异决定着该区内民的社会发展程度和统治模式的传统差异。对于宋元之交,族群的认同与区域的疆界并不能用二十世纪的概念加以类比。因此,周振鹤的行政区划概念尚不能完全解析元代安抚司这类特殊政区,必须从元代安抚司所处的特殊地理区位、地理环境和特殊的族群特征、社会经济发展状态以及该区域内族群自身的社会结构和唐宋原有的管理模式进行解析。在唐宋的边缘地带,国家控制的地区和处于"羁縻"的化外蛮荒的地方犬牙交错。这种情形部分是由于溪峒族群部落与国家力量抗衡的差异,部分是由于地理环境造成的。交通沿流域深入的部分河流和河口的位置形成了国家军事力量深入的据点和哨所,土地平坦、地势较好、盐泉、矿山等吸引国家力量着力控制。唐宋国土边缘那些破碎的溪谷和山涧平地,国家力量进入成本较大,则长期处于自由发展的化外状态。地理条件具有吸引力的各边疆区域拥有不平衡的力量,决定了元代安抚司设置的地域不平衡性。

另一方面,这种不平衡性成为元朝征服溪峒地区的军事行动的指归。元朝对溪峒的重要军事行动针对那些在唐宋时已经逐渐被认识的各边疆中心地,决定了元朝征服溪峒民族的路线和目标。那里所有重大的征服战争,都有元朝以前的各种因素的缩影。

大约在至元末大德初年,元朝湖广行省少数民族镇抚与管理体制基本形成,即八番顺元宣慰司都元帅府是当地最高军政机构,主要职责为对反叛的少数民族进行军事征讨,对未归附的溪峒群

落进行威慑招谕,偏重军事控制;安抚司是元朝的特殊行政区划,其特殊性在于,安抚使为土官,即元朝任用归附大番主和大首领为安抚使,具体负责对归附地区所设蛮夷官的管理,在安抚司行政区划内部的管理不是直接管理其所属人口,而是管理寨落为单位的蛮夷官基层组织;作为特殊政区的安抚司统领蛮夷官,蛮夷官是元朝至元末以来任用陆续招谕归附的溪峒寨落土长为之。《元史·地理志六·湖广行省》对"顺元等路军民安抚司"的记载最能体现这一制度的特点,这是一种以地域与民族群落混合的管理模式,不是以户籍管理为基础的深入进行"掌土治民"的行政区划。

　　但是并非如以往学者所认为宣慰司、安抚司都是元朝的土司机构及是元朝纯粹的"羁縻政策"和"以夷治夷"政策的体现。如元朝西南地区的宣慰司是军政统筹机构,偏重军事,元朝中前期从未任命土著民族首领为宣慰使。宣慰使是元朝最重要的封疆大吏,主要由朝廷亲信的蒙古将领和官员担任,直至元朝后期才在播州、乌蒙和八百宣慰司中的三宣慰使之一任用过土著首领,因此宣慰司始终是元朝直接掌控的军政机构,而非地方行政机构,更不是土司机构。在归附寨落土长朝贡的基础上,形成了归附的西南蛮夷土长朝贡制度。至元三十年(1293 年)春开始番西南蛮酋来觐"各授以蛮夷军民官,仍以招谕人张道明为达鲁花赤"[56],说明蛮夷官又称"蛮夷军民官",专门授予朝觐的西南蛮酋,并依据元朝制度,任命"招谕人"为达鲁花赤监临官。因此,虽然蛮酋任蛮夷官,但元朝并非完全放弃其地方行政由达鲁花赤掌控的制度,元朝的蛮夷官制虽然继承历代羁縻政策"以夷治夷"的方式,但达鲁花赤的监理,使元朝的西南民族政策带有强烈的直接治理特点。可以说至元三十年,元朝完成了对西南蛮夷基层寨落管理政策的定制。安抚司和蛮夷官可以视为元朝在湖广行省创制的少数民族特殊行政区划和管理体制,但是也非完全的土司制。从上述论述中可见,安抚司与蛮夷官之间存在着相应的管理关系。

安抚司与蛮夷官制度就是一种元朝创行的民族与地域混合制的管理模式。作为国家对少数民族的控制和边疆民族行政管理"中间地带"的特点是民族的和非地域主义的,它已丧失了将开发的地区隔开来的障壁,但民族性的特点则使国家管理呈现出民族与地域混合性特点,这对历史学家来说,是有深远的意义的。国家不再被中间地带和崇山峻岭所阻,西南与内地基于国家化的趋势便连结一致起来了,从而打破了传统的"夷夏之防"或"以夏变夷"的思想枷锁,提供了新的经验,建立了新的制度,出现了新的统治模式。

注　释

1　《元史》卷9《世祖纪六》,中华书局标点本,1976年,第192—193页。

2　《元史》卷165《杨赛因不花传》,中华书局标点本,1976年,第3884页。

3　《元史》卷9《世祖纪六》,中华书局标点本,1976年,第190页。

4　《元史》卷9《世祖纪六》,中华书局标点本,1976年,第190页。

5　《元史》卷9《世祖纪六》,中华书局标点本,1976年,第190页。

6　《元史》卷10《世祖纪七》,中华书局标点本,1976年,第206页。

7　《元史》卷10《世祖纪七》,中华书局标点本,1976年,第210页。

8　(元)苏天爵编:《元文类》卷41《经世大典序录·招捕·八番顺元诸蛮》,任继愈主编:《中华传世文选》吉林人民出版社,1998年,第729页。

9　(元)苏天爵编:《元文类》卷59,姚燧:《湖广行省左丞相神道碑》,任继愈主编:《中华传世文选》,吉林人民出版社,1998年,918页。

10　《元史》卷63《地理志六·湖广行省》,中华书局标点本,1976年,第1539页。

11　《元史》卷63《地理志六·湖广行省》,中华书局标点本,1976年,第1539页。

12　《元史》卷131《速哥传》,中华书局标点本,1976年,第3183页。

13　《元史》卷131《速哥传》,中华书局标点本,1976年,第3183页。

14　《元史》卷60《地理志三·四川行省》,中华书局标点本,1976年,第1445页。

15　《元史》卷13《世祖十》,中华书局标点本,1976年,第267页。

16　(元)苏天爵编:《元文类》卷41《经世大典序录·招捕·八番顺元诸蛮》,任继愈主编:《中华传世文选》吉林人民出版社,1998年,第729页。

17　《元史》卷166《罗璧传》,中华书局标点本,1976年,第3895页。

18　《元史》卷16《世祖纪十三》,中华书局标点本,1976年,第348页。

19　《元史》卷17《世祖纪十四》,中华书局标点本,1976年,第361—362页。

20　《元史》卷17《世祖纪十四》,中华书局标点本,1976年,第361页。

21　《元史》卷17《世祖十四》,中华书局标点本,1976年,第358页。

22　《元史》卷14《世祖十一》,中华书局标点本,1976年,第302页。

23　《元史》卷16《世祖纪十三》,中华书局标点本,1976年,第335页。

24　《元史》卷17《世祖十四》,中华书局标点本,1976年,第358页。

25　《元史》卷19《成宗二》,中华书局标点本,1976年,第413页。

26　《元史》卷17《世祖十四》,中华书局标点本,1976年,第372页。

27　《元史》卷19《成宗纪二》,中华书局标点本,1976年,第407、413、420页。

28　《元史》卷29《泰定帝一》,中华书局标点本,1976年,第652页。

29　《元史》卷29《泰定帝一》,中华书局标点本,1976年,第654页。

30　《元史》卷30《泰定帝二》,中华书局标点本,1976年,第668—669、679、683页。

31　《明一统志》卷88《黎平府》。

32　《元史》卷63《地理志六·湖广行省》,中华书局标点本,1976年,第1539—1562页。

33　《元史》卷63《地理志六·湖广行省》,中华书局标点本,1976年,第1539页。

34　《元史》卷63《地理志六·湖广行省》,中华书局标点本,1976年,第1539页。

35　《元史》卷17《世祖纪十四》,中华书局标点本,1976年,第372页。

36　《元史》卷18《成宗纪一》,中华书局标点本,1976年,第386页。

37　《续文献通考》卷233。

38　见本书第一章第四节考证和论述。

39　《续文献通考》卷233。

40　《续文献通考》卷233。

41　《续文献通考》卷233。

42 《元史》卷91《百官志七·诸蛮夷长官司》,中华书局标点本,1976年,第2318页。

43 《元史》卷91《职官志七·诸州》,中华书局标点本,1976年,第2317页。

44 《元史》卷91《职官志七·诸州》,中华书局标点本,1976年,第2317页。

45 《元史》卷18《成宗纪一》,中华书局标点本,1976年,第393页。

46 《元史》卷91《职官志七·诸州》中华书局标点本,1976年,第2317—2318页。

47 《明一统志》卷88《黎平府》。

48 《元史》卷58《地理志一》,中华书局标点本,1976年,第1346页。

49 《元史》卷63《地理志六·湖广行省》,中华书局标点本,1976年,第1523页。

50 《续文献通考》卷233。

51 《续文献通考》卷233。

52 《续文献通考》卷233。

53 《元史》卷82《选举志二》,中华书局标点本,1976年,第2055页。

54 《续文献通考》卷233。

55 《宋史》卷493《蛮夷一·西南溪峒蛮夷上》,中华书局,1977年,第14172页。

56 《元史》卷17《世祖纪十四》,中华书局标点本,1976年,第370页。

第 五 章
明朝西南边疆外边政区体制

明朝平定云南后,自洪武至正统年间,在采取各种措施乃至战争手段,粉碎了分裂势力麓川引发的边疆危机过程中,明朝的西南边疆版图得到极大地拓展,连"麓川之外有国曰缅,车里之外有国曰八百媳妇,皆内附"[1],明朝版图最盛时几乎包括了今缅甸全境。传统的边疆政区体制已经不能满足明朝西南边疆疆域极大扩展的边疆控制需要,因此,明朝中前期,伴随着西南边疆版图扩大,逐渐建立起一套适应西南边疆复杂地理形势、地缘政治和边疆民族社会,呈现出一种具有"内边"与"外边"[2]分野的边疆政区体制,这是明朝边疆政区制度和边疆控制的创造性制度,深刻影响了西南边疆的发展和疆域形成。

第一节　明朝西南边疆政区的"内""外"分野

大凡明代编纂的全国一统志和云南地方志在记载明代云南通省政区时,必定会将云南政区建置分为两种类型记载,透视出明代西南边疆政区体制的"内""外"分野特征。现存明代云南通志有:(明)陈文纂修的《景泰云南图经志书》、(明)周季凤撰正德《云南志》、(明)李元阳修万历《云南通志》、(明)刘文征撰天启《滇志》，分别记载了明代前期洪武至景泰年间、中期天顺至正德年间和晚期万历和天启年间的云南情况。而《寰宇通志》、《大明一统志》等全国性的总志记载的则是明代中期的情况。上述文献对明代云南行政建置的记载，"内""外"分野特征非常突出。

明代云南现存的最早一部志书《景泰云南图经志书》卷一《云南布政司》条说："云南布政司：直隶府、州、司凡二十九；外夷府、州、司凡十七。"[3]为何云南布政司所辖分别为"直隶府、州、司"和"外夷府、州、司"？何谓"外夷"？由于明代云南全省均处于西南边疆前沿，那么，将"外夷"与"直隶"对举的记载方式，则形成"内""外"边分野体系。依据《景泰云南图经志书》的记载特点，明代云南政区的具体内外分野如下表：

景泰《云南图经志书》所记云南政区(景泰六年)[4]

序号	直隶府、州、司	外夷衙门[5] 府、州、司	备注
1	云南府	木邦军民宣慰使司	
2	澄江府	缅甸军民宣慰使司	
3	曲靖军民府	孟养军民宣慰使司	
4	寻甸军民府	车里军民宣慰使司	
5	武定军民府	八百大甸军民宣慰使司	
6	临安府	老挝军民宣慰使司	
7	广西府	孟定府	
8	广南府	孟艮府	
9	元江军民府	干崖宣抚司	
10	镇沅府	南甸宣抚司	
11	马龙他郎长官司	陇川宣抚司	

序号	直隶府、州、司	外夷衙门府、州、司	备注
12	楚雄府	镇康州	为"御夷州",见《明史》卷46《地理志七》记载
13	姚安军民府	湾甸州	同上
14	景东府	大侯州	同上
15	顺宁府	威远州	同上
16	永宁府	芒市长官司	
17	澜沧卫军民指挥使司	钮兀长官司	
18	北胜州		
19	者乐甸长官司		
20	大理府		
21	蒙化府		
22	鹤庆军民府		
23	丽江军民府		
24	金齿军民指挥使司		
25	腾冲军民指挥使司		

由此看来,被《景泰云南图经志书》列为直隶云南布政司的政区为十二府、七军民府、三军民指挥使司、一州、两长官司;列为"外夷"衙门的则为六个军民宣慰司、两个府、三个宣抚司、四个州、两个长官司。说明府、州、司在"直隶"与"外夷"两种分野中同时存在,政

区形式不是分野的基础。但是,如果把两套政区放到明代云南地图上,则可清楚地看到其分野最明显的是边疆地理态势,所谓直隶府、州、司均为云南靠内地区,所谓"外夷衙门"府、州、司都在云南直隶府、州、司的外围,形成直隶府、州、司在云南的"腹里"态势和对应的"外夷衙门"府、州、司的"外边政区"形势。

景泰年间撰成的《寰宇通志》记载云南等处承宣布政司的政区如下:

> 周以前为徼外,后于中国或通或叛,国朝于此改元云南等处行中书省为云南等处承宣布政使司。领云南、大理、临安、楚雄、澄江、广西、广南、镇沅、蒙化、景东、永宁、顺宁十二府;曲靖、鹤庆、武定、寻甸、丽江、元江七军民府;北胜一州;者乐甸、马龙他郎甸二长官司;御夷孟定、孟艮二府,孟养军民指挥使司;车里、木邦、老挝、缅甸、八百大甸五宣慰使司,干崖、南甸、陇川三宣抚司,镇康、湾甸、大侯、威远四州,芒市、钮兀二长官司。[6]

这段记载表达的云南政区特点如同《景泰云南图经志书》所谓在直隶府、州、司和"外夷衙门"府、州、司一样,只是表达上用词略有差异。《寰宇通志》记载凡属云南等处承宣布政司直隶政区为十二府、七军民府、一直隶州、二直隶长官司,与《景泰云南图经志书》记载的云南布政司直隶府、州、司完全相同;另一类则以"御夷"二字为差别标志,即御夷孟定、孟艮二府,孟养军民指挥使司一,车里、木邦、老挝、缅甸、八百大甸五宣慰使司,干崖、南甸、陇川三宣抚司,镇康、湾甸、大侯、威远四个御夷州[7],芒市、钮兀二长官司等十七个"御夷"政区,与《景泰云南图书志书》记载的云南"外夷衙门"政区完全吻合。英宗复辟,天顺年间命李贤等重修《大明一统志》,所记云南政区的表达方式与《寰宇通志》完全相同[8]。虽然《寰宇通志》、《大明一统志》称"御夷",《景泰云南图经志书》称"外夷",表达词汇不同,云南边疆的"内"、"外"分野特征的内涵完全一样,可见,明代西南边疆云南的"内"、"外"分野并不体现在政区名称上,而体现在地理态势上。

明中期正德年间再修云南通志,即为今存的周季凤撰正德《云南志》,所记云南政区也具有"内""外"分野的两个系统,而且特别详细地描述了明朝西南边疆地理态势和云南布政司辖属的"四至八到"及政区设置特点:

> 按:云南之地,幅员几万里,东以曲靖为关,霑益为蔽;东北达于乌撒,以通永宁;达于贵州,而通湖广;南以元江为关,以车里为蔽,而达于八百;西南通缅而著于南海;东南统宁远而属于安南;西以永昌为关,以麓川为蔽;西北接于吐蕃;北以武定为关,丽江为蔽;东北界于会川。此其大略也。东至普安卫界五百里,西至金齿军民司一千六百三十里,南至车里宣慰司二千一百里,北至武定府元谋县姜泽三百八十五里,东到广西泗城州治七百六十五里,东北到乌撒可渡桥六百三十里,北到四川会川卫五百六十五里,西北到丽江府巨津州一千三百八里,西到腾冲司二千里,西南到麓川宣慰司二千五百里,南到交阯界二千六百里,东南到广西田州府上郴州一千二百五十里;自司至应天府七千二百里,至顺天府一万六百四十五里。

> (明朝)改行省为云南等处承宣布政使司,领云南、大理、临安、楚雄、徵江、广西、广南、镇沅、蒙化、景东、永宁、顺宁十二府,曲靖、姚安、鹤庆、武定、寻甸、丽江、元江七军民府,北胜、新化二州,者乐甸一长官司。御夷孟定、孟艮二府,孟养、

车里、木邦、老挝、缅甸、八百大甸六宣慰司,于崖、南甸、陇川三宣抚司,镇康、湾甸、大侯、威远四州,钮兀、芒市二长官司。[9]

若从政区的罗列方式来说,正德《云南志》的记载与《寰宇通志》、《大明一统志》完全一致,说明这种"内""外"分野在正德年间依然延续。如从所记的云南关隘、交通和云南布政司辖属范围看,云南的西南边疆"内""外"分野也清晰可见,显示着明朝对西南边疆管理与控制的差异。属于"云南之地,幅员几万里"的"外夷衙门"政区,主要依靠边防关隘和交通的通道加以勾连和控制,即"南以元江为关,以车里为蔽,而达于八百;西南通缅而著于南海;东南统宁远而属于安南;西以永昌为关,以麓川为蔽"。若把正德《云南志》记载云南布政司疆里的话,即"东至普安卫界五百里,西至金齿军民司一千六百三十里,南至车里宣慰司二千一百里,北至武定府元谋县姜泽三百八十五里,东到广西泗城州治七百六十五里,东北到乌撒可渡桥六百三十里,北到四川会川卫五百六十五里,西北到丽江府巨津州一千三百八里,西到腾冲司二千里,西南到麓川宣慰司二千五百里,南到交阯界二千六百里,东南到广西田州府上郴州一千二百五十里"复原到地图上,不难看出上述云南疆里的范围正好标明的是云南布政司直隶的府、州、司的范围,这是明代云南的"内"边之地的腹里地区,明朝对其地理清楚,统治深入,基本实现了与内地一体化。而"外夷衙门"政区,则只能笼而统之地概括其交通勾连和关隘控制态势。"内""外"边分野的地理格局更加明晰。

到明后期万历《云南通志》的记载与前述各志书发生了较大差异,举凡地理、建置、赋役、风俗等各卷仅记云南布政司政区"直隶府、州、司"建置区的情况,特别以《羁縻志》记载云南土司情况。

除了通记云南土司情况外，更是在《羁縻志》内还专门列出"羁縻"
政区，加以特殊记载。值得注意的是万历《云南通志》所谓"羁縻"
政区并不包括直隶云南布政司府、州、司地域范围内的土司，仅为
"外夷衙门"或"御夷"政区。万历《云南通志·羁縻志》序称："国
朝编制宣慰、宣抚、长官、安抚等司，正其疆界，明其爵级。级于今
二百年来，酋长安其位，夷民保其生，俨然唐虞三代万国朝王之气
象，海隅苍生何其幸欤！元儒李京景山传夷方风俗之陋，以今观
之，绝不相类，乃知秉彝恒性，无间华夷。顾王化远迩何如也，故作
《羁縻志》，而以其风俗之大概系之，以见国家四履之盛云。"[10] 上述
记载说明《羁縻志》所载政区是明朝西南边疆的疆域，但其民族特
点和地理偏远，明朝对其统治偏于羁縻而安其夷人，乃"上用羁縻
之法，不加约束，听其自为声教，故官制礼乐之属皆与中国不
侔"。[11]

　　由此可清楚地看到云南土司管理也有内、外分野特征。这种
情况还表现在明天启年间刘文征撰《滇志》卷一《云南地图》所绘
制地图 23 幅中，第一幅为《云南布政司总图》，其后为 21 个分府
州地图，即云南府图、大理府图、临安府图、永昌府图、楚雄府图、曲
靖府图、澄江府图、蒙化府图、鹤庆府图、姚安府图、广西府图、寻甸
府图、武定府图、景东府图、元江府图、丽江府图、广南府图、顺宁府
图、永宁府图、镇沅府图，北胜州图。值得注意的是《云南布政司
总图》包括了云南全省内外边的所有政区，而 21 个分府州地图则
未包括外边政区的孟定御夷府和孟艮御夷府；有北胜州图，则无威
远、湾甸、镇康、大侯四御夷州图，并说"国朝置云南布政司治于昆
明城，括二十郡"[12]。而云南所有外边政区则汇总在《西南诸夷总
图》中，清晰地说明明代后期云南行政管理中的"内"、"外"分野
特征依然存在，即腹里的 20 府和北胜直隶州为云南布政司行使

完全行政管理权的地区,外边政区是未实现完全行政权力的管理模式。

又,天启《滇志》卷二《地理志二》在记载云南政区建置时说:"皇明改置布政司,领府十二:云南,大理,临安,楚雄,澄江,蒙化,广西,景东,广南,顺宁,永宁,镇沅;军民府八:永昌,曲靖,鹤庆,姚安,寻甸,武定,元江,丽江;武定,今去"军民"字。州三:北胜、云州,今改属顺宁府。新化;今改属临安府。长官司一:者乐甸。其羁縻府二,宣慰司六,宣抚司三,州四,长官司一。"[13]表明明代后期仍然实行的是两套政区体制,即云南布政司所领的直隶府十二,军民府八,直隶州三,此外还有"羁縻"统治的府二,宣慰司六,宣抚司三,州三和长官司四。正是明代云南政区的的两套体制,举凡天启《滇志》卷二《地理志二·郡县沿革名、疆域、形势》诸子目,卷三《地理志三·风俗、物产、堤闸、桥梁、宫室、古迹、墓冢》诸子目,卷五《建设志》,卷六《赋役志》、卷八《学校志》与卷三十《羁縻志·土司官氏》所记政区均为直隶云南布政司的府、州、司,仅卷三十《羁縻志·属夷》才专门记载"羁縻政区"。

从地域格局分析,明代云南政区体制中的"内""外"分野,正好符合了周振鹤教授提出的我国历史上疆域发展中政治地理格局中的"边疆区与内地的圈层型关系"的观点[14]。这种边疆与内地圈层型关系准确反映了秦汉至唐宋时期我国边疆与内地的政治地理格局,明朝则在西南边疆的云南以"内""外"分野的两套行政区划模式充分反映了西南边疆的内边与外边圈层关系,以及西南边疆复杂的地缘政治格局,这是明朝国家疆域观指导下的边疆控制、管理和王朝版图认同的创新体制。

外边政区的称谓反映了明朝对该地区的统治模式与内地的差异,在明朝的各类总志和地方志上,明代云南外边政区分布情况如下图：

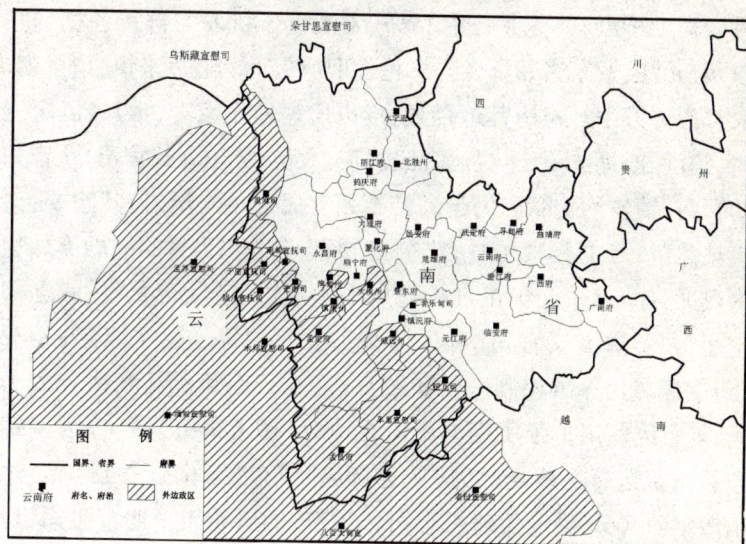

明代云南外边政区示意图

第二节　明代云南外边政区的形成与发展

　　明太祖立国,在平定云南和解除西南边疆麓川势力扩展危机的过程中逐渐形成了"明朝的国家疆域观",随后在洪武末年至永乐年间,在其国家疆域观的指导下,明朝通过征讨和招抚恩威并举,将元朝曾经设置并属于云南行省管辖的旧部旧疆逐渐收复,特别是洪武年间粉碎麓川势力分裂扩展企图后,运用行政区划手段分解麓川势力范围,在云南西南形成了新附或新控制的广大的外边区。

外边政区在洪武末年至正统年间逐渐形成,地域组成分三种情况:第一类为元末明初麓川势力扩展所侵占的地域,洪武年间两次征讨麓川胜利后,为分解麓川势力,将麓川侵占之地从麓川平缅宣慰司中析出。"先是,麓川思任发及其子机发与群酋各据甸寨以叛,元江、景东诸邻郡皆告乞伦发旧所侵地。适晟来镇,请于朝,命都指挥万中等遍历其地勘处,遂以所侵地设孟养、木邦、孟定三府,镇沅、威远二州,干崖、潞江、湾甸、大侯、者乐五长官司,众皆如约释兵,请岁纳贡赋。仍于潞江迤西立腾冲千户所,控其险要,诸夷帖然"。[15]于是形成了具有"御夷"即防御麓川为目的的御夷外边区政区,如"永乐元年正月析麓川平缅地置"镇沅御夷州、威远御夷州、大侯御夷长官司、者乐甸御夷长官司等。建文四年(1402年)在原麓川军事控制区析置镇沅州(今云南镇沅县),次年改为府;复置因麓川扩张所废镇康府之地为"镇康御夷州"(今云南镇康县),威远府之地复置为"威远御夷州"(今云南景谷县)[16]。永乐四年(1406年)设孟琏长官司,"孟琏,旧属麓川平缅宣慰司,后隶孟定府",此为分化孟定府内麓川爪牙的力量而设[17]。经过一系列调整,到永乐八年(1410年)前后,从麓川扩张区域析置的"御夷"外边政区便形成御夷二府:孟定御夷府、孟艮御夷府府;御夷四州:镇康御夷州、湾甸御夷州、大侯御夷州、威远御夷州;二御夷长官司:茫市御夷长官司、钮兀御夷长官司。明朝经营数年,分割麓川,"麓川之地,可入版图矣"[18]。

第二种情况为明朝招抚归附地区,设置为宣慰司或军民宣慰司。明朝"初定滇时,止车里、麓川二宣慰司,已又立缅甸、老挝、八百大甸、木邦、孟养皆为宣慰,皆百夷种类也。七宣慰司包西南夷,直尽南海,汉唐未有也"。西南边疆"麓川之外有国曰缅,车里之外有国曰八百媳妇,皆内附"[19]。永乐年间"云南西南夷大古剌、

小古刺等部落皆来朝,诏置宣慰使司二、长官司五以统之。先是,
中官杨暄与云南千户孟景贤赍诏往抚谕诸夷,至大、小古刺及其境
诸番曰底马撒,曰茶山、曰底板、曰孟伦、曰八家塔等处,皆遣使随
暄等入朝,且言'古刺等部皆在西南极边,自昔不通中国,今天朝
官宣布恩命,人民愿内属,乞设官统理,仍招谕旁近未附之民'。
从之。于是大古刺酋拔的那浪、底撒马酋腊西腊罔怕并为宣慰使,
余皆授长官司长官,遣官赍诰印敕符往赐之"[20]。随后诏定平缅、
木邦、孟养、缅甸、八百、车里、老挝、大古刺、底马撒、清定十宣慰
司[21],永乐年间明朝的西南边疆达到今缅甸的南部,宣慰司建置达
到十个之多,使明朝西南边疆达到空前广大的程度。永乐以后,各
宣慰司争纷不断,最边远的大古刺、底马撒等宣慰司或为邻近宣慰
司所并,或鞭长莫及,明朝难以管控,于是明中期以后长期维持管
辖和控制的则为孟养、车里、木邦、老挝、缅甸、八百大甸等"六
慰"。

　　第三种情况乃是正统三征麓川后,析分麓川老巢之地设置干
崖、南甸、陇川三宣抚司。于是到正统景泰年间,形成了稳定存在
的西南边疆外边区政区体系,包括"车里、木邦、孟养、缅甸、八百
大甸、老挝六军民宣慰使司,孟定、孟艮二府[22],南甸、干崖、陇川三
宣抚司,威远、湾甸、镇康、大侯四州[23],钮兀、芒市二长官司。……
以上诸司、府、州,凡十有七,以其所治夷民远在荒服"[24]。简言之,
明代西南边疆的外边区政区的构成则是通常所说的"三宣六慰"
(三宣抚司和六宣慰司),以及特别冠以"御夷"称号的2御夷府、4
御夷州和2御夷长官司。当然,明朝后期政区调整和析置,外边政
区数量略有增加,但区域仍然在云南直隶腹里政区的外缘地带,内
外圈层结构的格局没有变化。

　　附天启《滇志·地理志》与《羁縻志·属夷》政区表:

序号	天启《滇志·地理志》云南布政司直隶政区	天启《滇志·羁縻志·属夷》政区
1	云南府	车里军民宣慰司
2	大理府	木邦军民宣慰司
3	临安府	八百大甸军民宣慰司
4	永昌府	老挝军民宣慰司
5	楚雄府	孟养军民宣慰司
6	曲靖府	缅甸军民宣慰司
7	澄江府	孟定府
8	蒙化府	孟艮府
9	鹤庆府	南甸宣抚司
10	姚安府	干崖宣抚司
11	广西府	陇川宣抚司
12	寻甸府	耿马宣抚司
13	武定府	猛密宣抚司
14	景东府	蛮莫宣抚司
15	元江府	威远州
16	丽江府	湾甸州
17	广南府	镇康州
18	顺宁府	潞江安抚司
19	永宁府	芒市长官司
20	镇沅府	孟琏长官司
21	北胜州	茶山长官司
22	者乐甸长官司	里麻长官司
23		钮兀长官司

综合明代两部总志和四部云南通志对明代云南政区的记载，基本上体现出明代云南存在"内"、"外"分野的两套行政建置：一套为具有腹里内地特征的云南布政司领属的"直隶府、州、司"；另一套为具有"外"边区特征的政区，这套政区在明代中前期的云南通志中称为"外夷衙门府、州、司"[25]，在编撰于明代中期的全国总志《寰宇通志》、《大明一统志》中表达为"御夷"府、州、司；而在明代后期的云南通志中则以"羁縻"属夷政区称之。明中前期至明末的总志和云南通志中，这类政区的称谓虽有变化，但所指称的政区却是一致的，具有"外"边区政区地域特征，将明代前期云南的"外夷衙门"政区、明代中期的所谓"御夷"政区变为"羁縻"政区来称之，更加表明这类政区的羁縻统治特点。即便清代纂修的《明史·地理志》对云南政区的记载也带有明显的内外分野特征。"洪武十五年二月癸丑平云南，置云南都指挥使司。乙卯置云南等处承宣布政使司。同治云南府。领府五十八，州七十五，县五十五，蛮部六。后领府十九，御夷府二，州四十，御夷州三，县三十，宣慰司八，宣抚司四，安抚司五，长官司三十三，御夷长官司二"。[26]明朝曾经对洪武年间沿袭元代政区格局，仅作路改府的 58 府政区模式进行了调整，调整后即形成了布政司直隶府、州。明朝时人对云南洪武政区评述曰："云南一百八区，三十六郡，七十城门，八百媳妇，版图既入，职贡是修，大开明堂。"[27]故自洪武后期，八百媳妇归入版图后，明朝对云南的统治依据历史上的地缘政治和民族构成特点，调整成为两种政区管理模式，即腹里政区与外边政区。管理上腹里与外边政区虽有差异，但均作为明朝版图一体看待，"皇曰斯民（笔者按：指云南夷人），悉朕赤子，一视同仁，无间远迩"。[28]这是明代国家疆域观的体现和明朝西南版图形成的基石。明朝云南的外边政区"所贵乎藩篱者，谓其外御贼寇、内固门庭"[29]。外边政区制的形成更多体现在边疆疆域的藩篱护卫作用上。

第三节　明代云南外边政区的军管性

关于明代疆域政区的研究,顾诚先生做出了重要贡献。首先,他在 1986 年发表的《明前期耕地数新探》[30]一文里提出了明代"全国土地是由行政系统和军事系统分别管辖的"论点,指出明初全国土地是由行政系统和军事系统分别管辖的,行政系统即县(州)所辖的土地,逐级汇总于府(州)、布政使司、户部;军事系统是指卫、直辖都司的千户所掌管的土地,逐级汇总于都司(行都司)、五军都督府[31]。由此得出明代的版图内,其政区形式既有各省布政司管辖的府、州、县,也有各都指挥使司辖属的具有实土性质的卫所及其他政区形式。但是顾诚也发现现存明代文献资料没有明确的军事系统辖属疆域的记载,从而"把明代疆域分别归属行政系统和军事系统管辖弄成一笔糊涂账"[32]。通过细致的研究,顾诚认为只要对有关明代的文献进行一番认真的研究,就不难发现明帝国的整个疆土是分别隶属于行政系统即六部——布政使司(直隶府、州)——府(直隶布政司的州)——县(府属州),军事系统即五军都督府—都指挥使司(行都指挥使司、直隶都督府的卫)——卫(直隶都司的守御千户所)——千户所两大系统的[33]。顾诚特别指出明代军事系统的都司(行都司)、卫、所在绝大多数情况下也是一种地理单位,负责管辖不属行政系统的大片明帝国疆土[34]。主要为分布于东北到西北,以及西南的边疆地区,这些构成大约半个明帝国疆域的地方在明代(特别是在明初)一般不设行政机构,而由都司(行都司)及其下属卫所管理。例如东北地区在明代分隶奴尔干都司和辽东都司等[35]。顾诚在研究明代军事系统疆域时,对云南给予了关注,发现云南的问题比较复杂,云南不仅有与东北和西部边疆相同的典型的沿边卫所构成的明代疆域,还有金齿军民指挥使司、澜沧卫军民指挥使司和腾冲军民指挥使司三个隶属于云南都司的军管政区单位[36]。另一贡献是,顾诚先生对云南的关注和研究看到了云南地区情况的特殊,注意到云南除了三个军民指挥使司外,还有土司(宣慰司、安抚司、长官司等)的隶属关系也不一样,有的属军事系统的都司、卫,有的属行政系统的布政司、府、州[37]。而且云南政区在隶属关系上不是一成不变的,会在行政系统和军事系统中进行转换,不以州县和土司政区(宣慰司、宣抚司、长官司)作为行政系统和军事系统辖属的分野,有的州县隶属于卫,成了军事系统的一个下属单位。行政系统的布政司管辖的是部分土司,而以驻守官军舍为主的汉民和土民,归云南都司所属卫所管辖。只是在明中期以后几经演变,才出现了我们在许多地方看到的卫所辖地变为州县,隶属关系也由军事系统的都司改为行政系统的布政司[38]。但是顾诚的研究只提出了模糊的观点,没有对云南军事系统疆域和行政系统疆域进行地理上的考证,还没有探析明代云南疆域内曾经有过的两个系统疆域的地域分布状况,更没有对两个系统下疆域的相互转换原因、方式和时间进行清晰的辨析和研究。

随后周振鹤先生在对我国历史时期行政区划进行全方位研究时,明确提出了"军管型政区"这一概念,并指出"军管型政区"不仅仅存在于明朝,而是我国历史时期长期存在的一种政区形式和管理模式[39]。把军管型政区作为特殊的准政区进行研究,指出"组成历代王朝疆域的,除了正式政区外还有各种类型的准政区,尤其在边境和少数民族地区,往往采用军管或军事监护形式的特殊政区进行统治管理"[40]。为此,周振鹤在《中国行政区划通史·总论》

的第五章《特殊行政区划简述》中专辟一节"军管型准政区",讨论了两汉魏晋的都督、两晋南北朝的都督区、总管区与行台区、汉唐都护府、北魏的镇戍、明代的都司卫所等军管型政区特点。在周振鹤基本概念的框架下,郭红专门研究了明代都司卫所制度与军管型政区问题,也论述到明代云南的军管型政区情况,说明明代西南边疆的云南的确存在着军管型政区,但是郭红的研究并没有太多地超出顾诚对明代云南军事系统辖属的三个军民指挥使司——即金齿军民指挥使司、澜沧卫军民指挥使司和腾冲军民指挥使司——的范畴[41]。

但是,当我们把这一问题与明代云南边疆存在的外边政区体制结合起来研究时,很容易看到明代云南的军管型政区除了顾诚、郭红等关注到的三个军民卫指挥使司外,还因西南边疆军事征战和护国捍边的需要,曾经有更多的地区和都司卫所以外的政区为云南都司统辖,成为带有军管性的政区。在《明实录》和《明史·地理志》中大量而详细地记载了"隶云南都司"的情况。如《明实录》记载:

永乐元年春正月,"设者乐甸、大侯、干崖、湾甸、潞江五长官司,隶云南都司"[42]。

永乐三年秋七月,"设孟艮府,隶云南都司"[43]。

永乐四年春正月,"设镇道、杨塘二安抚司,隶云南都司"[44]。

永乐四年夏四月,"设孟琏长官司。时孟琏头目刀派送遣子坏罕未,言孟琏旧属麓川平面宣慰司,后隶孟定府,而孟定知府刀府扛亦故平缅头目,素与同侪,难隶管属,乞改隶遂设长官司,隶云南都司"[45]。

永乐四年冬十月,"设剌和庄长官司,隶云南都司"[46]。

永乐六年春正月,"设堪步长官司,隶云南都司。命来朝土酋勺吉为长官,赐印章冠服"[47]。

永乐六年夏四月,"设促瓦、散金二长官司,隶云南都司。初其地俱隶麓川平缅宣慰司,至是土酋注甸八等来朝,请别设长官司,从之,命注甸八等为长官,各给印章"[48]。

永乐十二年九月,"设八寨长官司,隶云南都司。以土酋者宁为副长官,时者宁来朝,请设治所,以抚其众,每岁纳马十五匹,故有是命"[49]。

由此可见,在明代永乐年间西南边疆开疆拓土和外边政区广泛设置的高潮时期,明朝将初归附的区域隶属于云南都司实行军管统治,有助于边疆的稳定。除了这些新附区域设置政区时置于云南都司统辖范围成为具有军管性质的政区外,按照明朝的制度,云南外边政区的三宣六慰(八慰)、御夷府州都曾经历过隶属云南都司的军管统治时期,带有明显的外边政区军管性特征。《明会典》称"洪武末年以宣慰、宣抚、安抚长官等官皆领土兵,改隶兵部"。[50]说明明初凡拥有土兵的土司均隶属兵部统辖,具有军管性质。"兵部凡四司,而武选掌除授,职方掌军政,其职尤要。凡武职,内则五府、留守司,外则各都司、各卫所及三宣六慰"[51]明朝兵部内掌五府和留守司,外统领"各都司卫所及三宣六慰","三宣六慰"乃明朝专门设置于云南边疆典型的外边政区形式,虽不隶属云南都司,但却直接隶属于明朝兵部,表明"三宣六慰"这类外边政区具有明显的军管性。又,明朝云南的外边政区中的"御夷府、州"政区,也曾一度直隶于云南都司,具有军管性质。如"孟艮御夷府永乐三年七月置,直隶都司"[52]。孟定御夷府,洪武十五年三月为府,领"孟琏长官司,旧为麓川平缅司地,后为孟定府。永乐四年四月置,直隶都司"[53]。据此说明孟定御夷府也曾直隶于云南都司。又,各御夷州地区也曾一度隶属于云南都司,"湾甸御夷州,本湾甸长官司。永乐元年正月析籠川平缅地置,直隶都司。三年四月升为州,直隶布政司","镇康御夷州,元镇康路。洪武十五年三月为府。十七年降为州,后废,以其地属湾甸州。永乐七年七月复置,直隶布政司"[54]。永乐年间镇康州地属湾甸御夷州,湾甸御夷州直隶云南都司,故镇康地也曾为军管区。宣德五年六月,明朝"改云南金齿军民指挥使司干崖长官司隶云南都司。时,长官刀美孟奏乞援大候长官司例,升干崖为州,又奏其地近云南都司,而岁纳差发银于金齿卫路远,乞改隶云南都司,而输银于布政司为便。上问行在吏部大候何以升州,对曰以岁纳差发银多,故升。上曰祖宗设置已定,不可易也。但可改隶云南都司,而令于布政司纳银以便之"[55]。说明干崖、大候、威远、湾甸等御夷州都经历过隶属云南都司的时期,具有军管政区特征。

笔者依据《明实录》和《明史·地理志》的记载进行梳理统计,明代云南曾经具有军管性质的政区情况如下表:

明代云南军管性政区表:

编号	军管性政区名称及时间	军管性政区的领属及辖属时间
1	澜沧卫军民指挥使司 (1395—1495 年)[56]	北胜州(1395—1456 年) 永宁州(1395—1405 年) 蒗蕖州(1395—1495 年)
2	澜沧卫(1496—1627 年)	蒗蕖州(1496—1627 年)

编号	军管性政区名称及时间	军管性政区的领属及辖属时间
3	金齿军民指挥使司（1391—1522 年）	金齿千户所（1391—1522 年） 永昌府守御千户所（1403—1522 年） 永平县（1391—1522 年） 腾冲守御千户所（1403—1430） 怒江安抚司（1438—1522 年） 腾冲土州（1430—1438 年） 潞江安抚司（1438—1522 年） 镇道安抚司（1406—1522 年） 杨塘安抚司（1406—1522 年） 瓦甸长官司（1427—1433 年）（1438—1440）瓦甸安抚司（1441—1522 年） 凤溪长官司（1391—1522 年） 施甸长官司（1391—1522 年） 茶山长官司（1407—1522 年） 南甸州（1438—1443 年） 干崖长官司（1438—1444 年） 芒市御夷长官司（1443—1522 年） 广邑州（1430—1433 年）[57]
4	腾冲守御千户所（1431—1444 年）[58]	无领属
5	腾冲军民指挥使司（1445—1530 年）[59]	领腾越州
6	潞江长官司（1403—1417 年）[60]	无领属
7	潞江安抚司（1418—1431 年）	无领属
8	大侯长官司（1403—1428 年）[61]	无领属
9	车里军民宣慰使司[62]	无领属

编号	军管性政区名称及时间	军管性政区的领属及辖属时间
10	靖安宣慰司（1421—1433 年）[63]	无领属
11	缅甸军民宣慰使司（1403—1522 年）[64]	领东倘长官司（1433—1522 年）
12	木邦军民宣慰使司（1404—1560 年）[65]	无领属。
13	八百大甸军民宣慰使司（1388—1566 年）[66]	无领属
14	八百者乃军民宣慰司（1404—1424 年）[67]	无领属
15	孟养军民宣慰使司（1404—1448 年）[68]	无领属
16	孟养长官司（1585—1604 年）	无领属
17	老挝军民宣慰使司（1404—1659 年）	无领属
18	干崖长官司（1403—1437 年）[69]	无领属
19	麓川平缅军民宣慰司（1384—1441 年）[70]	无领属
20	孟定御夷府（1406—1659 年）[71]	万历十三年（1585 年）后领耿马安抚司
21	孟艮御夷府（1405—1476 年）[72]	无领属
22	湾甸长官司（1403—1405 年）[73]	无领属
23	者乐甸长官司（1403—1659 年）[74]	无领属
24	孟琏长官司（1406—1659 年）	无领属

编号	军管性政区名称及时间	军管性政区的领属及辖属时间
25	耿马安抚司（1585—1659 年）[75]	无领属
26	剌和庄长官司（1406—1659 年）	无领属
27	里麻长官司（1408—1659 年）	无领属
28	八寨长官司（1414—1659 年）	无领属

明代云南军管政区示意图

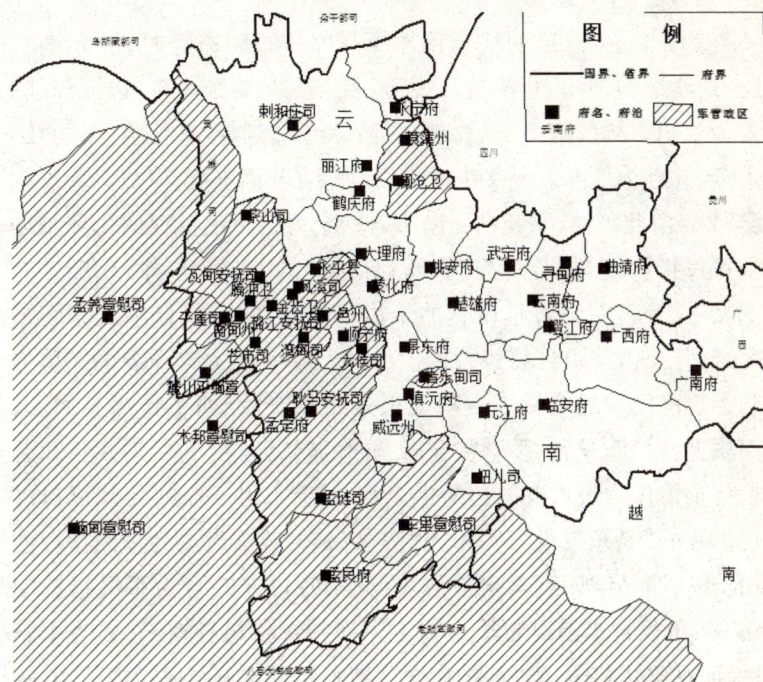

　　从时间上看,明代云南的军管性政区自洪武末年开始出现,在永乐年间西南边疆大规模拓展的时期发展起来,到正统三征麓川时期达到高潮,曾经直隶云南都司或为兵部统辖的政区数达 28 个之多。明朝云南的军管性政区从永乐至正统年间的逐渐增加是与云南边疆发展和麓川分裂势力的扩张密切相关,通过将一部分处于护国捍边前沿和军事战略地位重要的区域实行军事管控,达到便于军事调动和抵御外敌的目的。再从地理区位和边疆态势看,明代云南军管性政区的地域分布,除了处于云南交通战略要道上的澜沧卫军民指挥使司外,其他军管性政区基本上与外边政区吻合,皆为明朝在云南设置的金齿、腾冲和澜沧卫三军民指挥使司和所谓的外边土司政区。

　　首先,前人总结明代云南军事战略和边防态势时说"东南交趾,西南缅甸,西北吐蕃",又说"八百、老挝、交趾诸夷,以元江、临安为锁钥。缅甸诸夷,以腾越、永昌、顺宁为咽喉。吐蕃,以丽江、永宁、北胜为厄塞。此又由室而堂,而重门,而屏蔽,以成其为安宅矣"[76]。由此可见,明朝在云南部署的金齿卫军民指挥使司和腾冲卫军民指挥使司,乃是控扼"缅甸诸夷"的"以腾越、永昌、顺宁为咽喉"之地。明朝最早设置的金齿军民指挥使司,自洪武年间平定云南,反击麓川分裂势力扩张和招抚缅甸,就是最重要的军事边防控扼前沿和战略据点。明太祖朱元璋曾"诏西平侯沐英,凡云南属卫将校谪戍者,悉听往金齿,分守城邑营垒"[77],从洪武年间起就将金齿作为最重要的边防堡垒加以建设,并于洪武年间征讨麓川扩张的"景东战役"后,率先"罢永昌府,改金齿卫为军民指挥使司。时,西平侯沐英言永昌居民鲜少,宜以府卫合为军民指挥使司"[78],不仅将永昌府置于金齿卫军民指挥使司管辖下,成为军管区,而且逐步将金齿以西的广大区域划归金齿卫军民指挥使司,故

金齿卫军民指挥使司曾经管控着金齿千户所、永昌府守御千户所、
腾冲守御千户所等实土卫所,以及永平县、怒江安抚司、腾冲土州、
潞江安抚司、镇道安抚司、杨塘安抚司、瓦甸长官司[79]、凤溪长官
司、施甸长官司、茶山长官司、南甸州、干崖长官司、芒市御夷长官
司、广邑州等17个实土卫所、州、县和土司政区,全面加强了滇西
军事管控和防卫。在"三征麓川"的关键时刻,明朝为增强滇西军
事力量,"设云南腾冲军民指挥使司,先是靖远伯王骥、都督沐昂
以腾冲为云南要地,宜置军卫,以镇之","起调官军屯守"[80],不仅
将腾越州置于腾冲卫军民指挥使司的军事管控下,而且为"近者
开设腾冲军民指挥使司,量调官军一万员名筑城"[81],形成云南滇
西最坚固的军事据点,以"云南金齿司,国初置永昌府、金齿卫贰
之,洪武二十三年革去府,改卫为军民指挥使司,腾冲亦置司如金
齿",目的在于"统御抚绥地近边夷"[82],专门"造云南腾冲卫军民
指挥使司五所并卫镇抚广积仓、税课司、龙川江等处巡检司印七十
一颗,夜巡铜牌六面"[83]。又,澜沧卫军民指挥使司则是通往"吐
蕃,以丽江、永宁、北胜为厄塞"的重要战略地,洪武二十三年
(1395年)置澜沧卫军民指挥使司,领北胜州、永宁州、蒗蕖州,对
滇西北进行全面军事管控。当"三征麓川"胜利后,西南边疆逐渐
稳定,为了行政管理的便利,在正统以后,则有很多军管政区改隶
云南布政司,如正统七年九月,"改云南都司澜沧卫军民指挥使司
北胜州,隶云南布政司,设流官吏目一员,以州夷苦于卫司官军侵
渔也"[84]。金齿卫军民指挥使司也于嘉靖元年(1522年)边疆形势
稳定时期,因为军管不利于当地社会经济的发展,原来"地居边
境,诸种夷民刀耕火种,先被本司官舍旗军倚势骚扰,逼民逃窜,近
又被附近永平千户所官舍旗军放债取利,准折子女田产,又经过官
军需索赀物,稍有不从,辄遭荼毒,夷民愈贫,实为大患"[85],"弘治

中抚按官请复永昌府,增置腾冲县,改司为卫,文武并用,稍变夷风"[86]。所辖政区改隶云南布政司,仅存卫,不领土。

第二,明代云南军管性政区除了上述金齿、腾冲、澜沧卫军民指挥使司外,还有大量的外边土司政区曾经实行过军管控制。明朝对云南外边政区的军事管控目的仍然是护国捍边,因为外边政区均处于"西极南隅,界华夷于一线。豹关虎旅,咸控引于重门"[87]。明朝的军管性土司政区均是拥有土兵,具有西南疆域藩篱作用和守土保国职责。"洪武末年以宣慰、宣抚、安抚长官等官皆领土兵,改隶兵部。其余守土者仍隶验封司"[88]。拥有土兵的土司"管兵士,守护边疆"[89],"若有紧急军情"则奉云南都司和总兵官"调遣"[90],所以"永乐八年,麓川夷搆兵。……即置木邦、孟养、孟定三郡,设镇远、威远二州,立干崖、潞江、湾甸、大候、者乐甸五长官司,又置腾冲千户所于潞江之西,以控其要"[91]。这类土司均拥有土兵,都是曾经隶属于云南都司管辖的军管性政区,他们拥有的军事力量曾在明朝三征麓川等护国捍边的军事行动中发挥了重要作用。故此类政区,在明代的云南地方文献中常冠以"御夷"称谓,如"御夷孟定、孟艮二府,孟养军民指挥使司,车里、木邦、老挝、缅甸、八百大甸五宣慰司,干崖、南甸、陇川三宣抚司。镇康、湾甸、大候、威远四(当脱"御")夷州,茫市、钮兀二长官司"[92],这些都是外边政区,同时也是拥有土兵的土司,还是明代云南的军管性政区。

第三,明朝云南的军管性政区与外边政区地域吻合,以军事管控的形式,更确立了明朝西南边疆范围和疆域主权。"国朝编制宣慰、宣抚、长官、安抚等司,正其疆界,明其爵级"[93],故"三宣六慰,向为我藩篱"[94]。明代云南的"三宣六慰"处于外边政区外环的干崖、南甸、陇川三宣抚司和孟养、车里、木邦、老挝、缅甸、八百大甸六军民宣慰使司,均是军管性的政区,形成西南边疆的"藩篱"护卫态势。明朝对外边政区的护国藩篱作用非常重视,为"以防其微,岁檄文武良吏深入夷方,名曰抚夷,一以勘明奏狱,一以察识夷情,归报重臣,以侯分别。故夷方虽远,夷情叵测,然其动定音耗,可坐而致,即有小警,随加策断,不俊其大;翼弱锄强,兴废继绝不待其闻。故夷官兢兢小自,其子孙得以永享佚乐,夷民得安于本业,而中国之民亦无战伐之劳,乃圣王仁覆华夷之大猷也。"[95]正统三征麓川之后,云南的外边政区以"三宣六慰"为代表,外边政区对版图护卫作用更加明显。明人说:"夫六慰者,国家西南之极际者也,其实腾、永之外藩,轮广八九千里,往代咸不能有之。我朝威德无往不被,乃编置为六宣慰,曰木邦,曰缅甸,曰八百,曰车里,曰老挝,曰孟养;一宣抚,曰孟密。咸为之正疆界,明爵级。二百年来,酋长安其位,夷人安其生。"[96]明代云南的外边政区巩固明朝版图的藩篱作用凸显出来,"三宣,全滇藩篱",六慰"中国藩篱,宣慰之官,岂容虚位"[97]。

　　由此可见,从洪武末期历经永乐至正统年间,云南外边政区体制建构过程中曾经广泛进行了军事管控,最重要的作用乃稳固明朝版图。"世之治也,守在四夷"[98],大凡明代西南边疆有警"则抵掌疆场,未有先于土司者矣";"有事,则备兵使者发符调之,然惟行于三宣、六慰而止,远者不能及也"。[99]明人分析云南外边政区对国家统一和疆域稳定的边疆态势时说:"夫滇南大势,譬之一家,苍洱以东则为堂奥,腾永则其门户,三宣、蛮莫则其藩篱也。所贵乎藩篱者,谓其外御贼寇,内固门庭,使为主人者得优游堂奥,以生聚其子姓,保有其货财。"[100]"滇南"乃明清两代对云南的通称,也就是说明朝的云南与中原内地已实现大一统,"譬之一家",而云南自洱海以东的腹里地区已似中国之"堂奥"之区,"腾永"则是明朝设置的腾冲卫军民指挥使司和永昌之地的金齿卫军民指挥使司,通过军事管控的形式,牢牢控制着深入内地的交通和战略"门户"。明朝将"腾永"之外的"三宣六慰"和蛮莫军事重地视为护国之"藩篱",藩篱固则外可御来犯之"贼寇",内可固国家之"门庭",确保藩篱之内国家子民平安富强。明朝疆域的西南边疆由云南腹里的府、州、司构成"内边"区域;又由所谓的"外夷衙门"、"御夷"或"羁縻"藩篱名称的府、州、司政区构成外圈层的"外边"区域。这正是明代云南外边政区的管理特点,核心是对西南边疆的外边政区进行"抚安"与"实资控制",带有强烈的军事管控性。明朝西南边疆的云南外边政区的设置和军管性可谓蕴意深远,作用重大。

第四节　明朝云南外边政区的羁縻性

明朝对云南外边政区还实行"外夷之治与内地殊异,非徒赖以抚安,而实资以控制"政策[101],这就是明代云南外边政区的羁縻性。以"羁縻"方式管理边疆少数民族地区,并非始于明朝,是自秦汉实现大一统之后历代王朝都行之有效的边疆民族政策,这毋庸置疑。但是,羁縻的区域和对羁縻的理解,不同的历史时代是有差异的,并随着历史的发展和中央政权对边疆民族地区的管控深入发生变化。汉晋时期,凡纳入王朝版图的少数民族地区,任用少数民族首领为地方长官,均实行羁縻政策统治;唐宋广大边疆地区的都护府、都督府管辖区均设置为与内地正州或经制州有区别的行政区划,即"羁縻府州"。唐代羁縻府州数目竟达850余个,数量超过正州数,宋代继续唐代的羁縻州制度,唐宋羁縻州的范围超过唐宋王朝直接管理的正式州县,遍布唐宋的西北、北部、东北、西南和南部广大地区。从唐宋王朝版图的视角看,南方地区羁縻州与正州区域不相伯仲,唐代即便相当靠内的剑南道、黔中道、岭南道地区都设置羁縻州,宋代羁縻州遍布于梓州路、夔州路、荆湖南路、广南东路和广南西路等地区。唐宋王朝对羁縻州的管制相当松散,不派任何流官到羁縻州任职,凡夷人献地归附,即可自署刺史,自立为羁縻州[102]。此外,今天的贵州则处于唐宋几乎难以管控的独立部落状态下,今天的云南则是南诏、大理国地方性民族性政权的统治。

这种情况在元代发生了重大变化。元朝统治者自身为中原汉族视角下的少数民族,由于统治者民族性的变化,使其相对于汉族王朝来说,对待少数民族的"夷夏之别"观念有所淡化,相应地在处理民族关系和民族政策上,对历代羁縻政策有所改变。元朝改变唐宋在西南少数民族地区的"羁縻之治"为直接管理制[103],有明显的"去羁縻化"特征。元朝虽然对边疆少数民族依然有一些特殊政策,但元朝很少用"羁縻"之表达方式,在行政区划上,实行特殊政区安抚司、蛮夷官制。但是最西南边疆的云南行省也按内地一体化的政区模式设置路、府、州、县,任用少数民族首领为土官,同时与内地一致派出或配备达鲁花赤等官员掌控权力。正如李治安先生所论,元代以边疆直接治理型的宣政院、行省、宣慰司、宣抚司、安抚司、长官司等取代羁縻州[104]。

明朝是汉族所建立的政权,对少数民族传统的"羁縻之治"再次被统治者采用。目前大多数学者都把明朝实行的土司制度看作羁縻之治,把少数民族为土官或土司的地区均视为羁縻区域。但是,无论怎样,明朝毕竟是经历了元代的去羁縻化后建立的王朝,即便以大多数学者所认为的土司地区为羁縻统治区来看,明朝的羁縻统治区比唐宋还是大为缩小,土司制度下的国家管控力度也大大超过唐宋的羁縻州管控。然而,在明朝当时人看来,土司制度并不等于羁縻制度,明朝人理解的羁縻性、羁縻范围和羁縻政区并不等于土司制度的性质、范围或地区。尽管历史文献表述的简略和含混,让今天的研究难以明晰土司制度与羁縻制的差异,但是反映西南边疆的云南的地理文献在羁縻区域表述上的记载,体现出明代边疆羁縻制的特征。明初平云南,太祖朱元璋就针对云南的民族、边疆和社会发展特点,制定了具有差别化的管理模式。明初王景常《平云南颂》说:

> (洪武十五年,征南大军)自出师至是,凡百余日,得府州若干,户若干,马牛军实无算。承制建官,大军镇焉。明年,分兵下大理,下金齿,下临安、元江。凡云南故境,皆郡县矣。又明年,遣间使降车里,降缅,降八百,咸以壤莫贡[105]。

又谢肇淛总结明朝对云南的统治模式说:

> 高皇帝既定滇中,置藩、泉、郡、县,吏、赋役、学校一与诸藩等。复虑夷情反侧,有司迁转不常,莫能得其要领,仍以土官世守之。其在内地者,与流官杂处,专主盗贼,不时生发,抚驭诸夷;在夷地者,赋役、讼狱悉以委之,量编差发,羁縻而已[106]。

综合分析上述两段史料,明初平定云南历经洪武十五至洪武十七年(1382—1384年)三年基本完成。伴随着明朝平定云南的推进过程,明朝统治者对云南内部的民族构成、社会经济发展和边疆地域特点的认识逐渐加深,采取了差异化的统治政策,导致明初在云南形成了行政管理上具有差异的三种方式和三个层区:第一层区为洪武十五年(1382年)平定的云南腹里地区,即谢肇淛所谓的"滇中"。明王朝采用与内地完全一致的统治方式,"承制建官,大军镇焉"的统治政策,一方面"置藩、泉、郡、县,吏、赋役、学校"等,其行政建置和官员配置"一与诸藩等",即完全同于内地朱元璋分封子孙的"诸藩"王区,另一方面"大军镇焉",密集地设置军屯卫所,进行大规模的汉族移民[107]。第二层区为洪武十六年(1383年)征南大军"分兵下大理,下金齿,下临安、元江"的少数民族聚居区。明朝在行政区划的建置上,虽然对这些"凡云南故境,皆郡县矣"[108],但朱元璋"复虑夷情反侧,有司迁转不常,莫能得其要领",不得不在此区域大量任命土官,"仍以土官世守之","与流官杂处","抚驭诸夷",形成典型的土流并治区。而对洪武十七年(1384年)以后,遣使招附的最边远地区,即"又明年(洪武十七年),遣间使降车里,降缅,降八百"等地,明朝仅实现"咸以壤奠贡",将其纳入明朝版图的目的,在统治方式上并未按照内地模式设置行政区划,而是实行完全的羁縻统治,即"在夷地者,赋役、讼狱悉以委之,量编差发,羁縻而已"。因此,明初开始,太祖朱元璋创制了对云南分层的差异化管理模式,具有分层和分区的特点。

明朝以前历代对云南的统治方式,"上自汉唐以迄于元,羁縻而已"[109],但明朝统治者决心改变这种状况,根据云南边疆的地理区位特点、民族构成和社会发展的差异,采用分层分区的差异化行政管理。因此,对明代云南的统治政策,不能简单地用土司地区为羁縻地区进行区划。即便云南的第二区层地区,即大理、金齿、临安、元江等地,"仍以土官世守"民族地区,任命大量的土酋为土司或土官,但是因为其辖县政区已经完全与内地一致设置为大理府、永昌府、临安府、元江府等,进行土流并治的行政管理,所以在明朝当代人的眼中,这些地区并不视为羁縻统治区,明朝人只将最边远的外边政区视为羁縻区。说明明朝某种程度上在云南采用羁縻统治的同时,羁縻统治区已被压缩到最边缘的外边政区。明朝对云南的统治很大程度上承袭了元朝在西南民族地区的"去羁縻化"政策,故凡"胜国前有天下者但羁縻之而已。我朝华其人而衣冠之,土其地而贡赋之;秩其上下,区其种类而官治之"[110]。天启《滇志》卷二《地理志二·沿革郡县名》说:

> 皇明改置布政司,领府十二:云南,大理,临安,楚雄,澄江,蒙化,广西,景东,广南,顺宁,永宁,镇沅;军民府八:永昌,曲靖,鹤庆,姚安,寻甸,武定,元江,丽江;武定,今去"军民"字。州三:北胜,云州,今改属顺宁府;新化,今改属临安府。长官司一:者乐甸。其羁縻府二,宣慰司六,宣抚司三,州四,长官司一。[111]

故在天启《滇志》的编撰者眼中,云南布政司所"领府十二"、"军民府八"、"州三"的范围内尽管有大量的土司土官存在,均不能称之为羁縻,只有外边政区的"羁縻府二,宣慰司六,宣抚司三,州四,长官司一",才是明朝在云南实行完全羁縻统治的地区。再,万历《云南通志·羁縻志》序曰:

> 汉唐西南郡县止于黑水之内,而黑水之外其地轮广万里,君长以百数,不相统摄。国朝编制宣慰、宣抚、长官、安抚等司,正其疆界,明其爵级。及于今二百年来,酋长安其位,夷民保其生,俨然唐虞三代万国朝王之气象,海隅苍生何其幸欤!元儒李京景山传夷方风俗之陋,以今观之,绝不相类,乃知秉彝恒性,无间华夷。顾王化远迩何如也,故作《羁縻志》,而以其风俗之大概系之,以见国家四履之盛云[112]。

所以万历《云南通志·羁縻志》的"羁縻差发"和"贡象道路"等诸条目下只记载了外边政区的差发和朝贡情况,足以说明明代云南完全的羁縻区正是外边政区,因此外边政区具有典型的羁縻性特征。

明朝对云南外边政区羁縻管控政策是在洪武年间平定云南的过程中逐渐形成的,在云南外边政区的形成发展过程中巩固和完善,直至明末。这一政策具有如下特征:

明朝以羁縻方式确立云南外边政区为明朝版图,维系外边政区土司对明朝的国家认同和版图上的归附,达到稳定明朝西南边疆国家疆域的目的。洪武年间,朱元璋确定云南外边政区羁縻之治方略时就明确明朝的国家疆域观,外边政区的设置,正是贯彻明朝国家疆域观的重要体现。朱元璋说过"前代视蛮夷雠杀以为其党破坏为中国利,朕甚不然。交阯、老挝诸夷,服属中国有年,朕视之皆如赤子。……此中国体也。其令琮等遣人谕之,俾各守境土,睦邻保民"。[113]所以,其羁縻管控外边政区的核心是"我朝威德无往不被,乃编置为六宣慰,曰木邦,曰缅甸,曰八百,曰车里,曰老挝,曰孟养;一宣抚,曰孟密。咸为之正疆界,明爵级。二百年来,酋长安其位,夷人安其生"[114]。也就是说,明朝通过招抚和征战并用的方式,实现"我朝威德无往不被",使以往边远的民族部落归附明王朝。明朝设置羁縻性的外边政区"三宣六慰"时,授予土酋宣抚、宣慰职衔,通过"明爵级",达到"正疆界"的目的。明朝的西南边疆,外边政区不仅是国家疆域组成部分,而且具有维护国家边疆的作用,正所谓"自永昌出塞,南际大海,诸夷自相君长。本朝艾锄梁、段,以武临之,皆稽首而奉正朔。革其昭纲、昭录之旧称,授以宣慰、宣抚之新号。叶文通于银台,象马陈于阙廷,版章设于职方,纲纪之司属在行省"[115]。说明永昌(今云南保山市)以外至缅甸南部沿海的广大区域,在明代以前均为当地民族"诸夷自相君长"的地方,明代洪武年间平定云南的同时,这一区域归附明朝而受其统治。明朝根据该区域的特点实行羁縻之治,使其"稽首而奉正朔",认同明朝的统治,成为明朝国家疆域的有机组成,其变革特点,仅仅是"革其昭纲、昭录之旧称,授以宣慰、宣抚之新号。叶文通于银台,象马陈于阙廷,版章设于职方"。也就是说,明朝对云南外边政区羁縻统治仅仅要求其改变以前具有独立部落性质的以"昭"命名的酋长"旧称",接受明朝授予的宣慰、宣抚官职称号,使其管辖的区域成为明朝"版章设于职方"的国家疆域。所以,明朝对云南外边政区的羁縻管控,深刻蕴意是"抵掌疆场"[116],如此"不啻斥地数千里,折箠所使,并在迩封。此亦声教之极盛哉!"[117]正如前文所论,明代云南的外边政区,除了羁縻性之外,还有很强的军事管控性,通过军事管控和羁縻统治,使云南外边政区成为明朝西南边疆的国家疆域的同时,羁縻土司还承担护国捍边的国家疆域藩篱的重任,使云南外边政区"其他羁縻而已,有事,则备兵使者发符调之"[118],实现明朝西南疆域的扩大和稳固。

明朝特别注重加强与外边政区的联系,确立了针对云南外边政区的"勘合信符"朝贡关系,加强云南外边政区对明王朝的国家认同。明朝洪武二十六年(1393 年)定制,"凡诸番国及四夷土官人等"或三年一朝,或每年朝贡[119]。云南外边政区土司属于"四夷土官",明朝"给以信符,令三年一朝贡"[120],随后形成了明朝专门针对云南外边政区严格的"勘合信符"朝贡制度。永乐二年(1404年)"制信符及金字红牌颁给云南木邦、八百大甸、麓川平缅、缅甸、车里、老挝六宣慰使司,干崖、大侯、里马、茶山四长官司,潞江安抚司及孟艮、孟定、湾甸、镇康等府州土官,其制铜铸信符五面,内阴文者一面,上有文行忠信四字与四面合。及编某字一号至一百号批文勘合底簿。其字号,如车里以车字为号,缅甸以缅字为号。阴文信符勘合俱付上土官底簿付云南布政司。其阳文信符四面及批文百道,藏之内府。凡朝廷遣使,则赍阳文信符及批文各一,至布政司比同底簿,方遣人送使者以往。土官比同阴文信符及勘合,即如命奉行。信符之发,一次以文字号,二次行字号,周而复始"[121]。明初云南外边政区必须每年持勘合信符朝贡,明朝中期以后改为三年一贡[122],故《大明会典·朝贡通例》特别记载云南必须持勘合信符朝贡的土司,即"计有敕符勘合土官衙门:车里、木邦、缅甸、麓川平缅、八百大甸、老挝六宣慰司、干崖、大候、里马、茶马四长官司、潞江安抚司孟艮、孟定、湾甸、镇康等府,其后又有孟养等宣慰司、威远等州、亦给勘合"[123]。由此可见,明朝所"敕符勘合土官衙门"均是云南的外边政区衙门,这个政策是具有特定指针性的。在这个双向关系中,"朝廷推怀柔之恩"[124],累派朝臣抚慰,"岁檄文武良吏深入夷方,名曰抚夷"[125],明朝不向外边政区派官置吏,而是任用当地土酋为官进行羁縻管理。但是为了保证与外边政区的联络畅通,明朝曾经一度向外边政区派出具有联络和翻译性质的官员,自永乐二年(1404年)确立外边政区制度,"置云南木邦、孟养、麓川平缅、老挝、缅甸、八百大甸六军民宣慰使经历都事各一员,孟定府经历知事各一员,威远州吏目一员。上以云南各处土官不识中国文字,遇有奏报,不谙礼体,命吏部各置首领官择能书而干练于事者往任之"[126]。这是明朝文献中唯一向外边政区派官置吏的记载,是因为云南外边政区各处土官不识中国文字,造成与明王朝联络的困难,明朝向其特别派出"经历都事",或"经历知事"等"能书"和"干练于事"者帮助外边政区土司与明王朝联络畅通。明朝所派出这类官员,"虽有流官,但寄空名,随牒听委,不得有为于其国"[127],他们只有联络职责,并不改变明朝对云南外边政区实现"施羁縻于夷狄,非络首穿鼻之术。盖授之爵赏,被之章服,俾自为治"[128]的羁縻性。

明朝对云南外边政区实行的羁縻之治十分宽松,在政治上,外边政区内部事务的管理较之云南内地土司具有更大的自主性。正统十二年(1447年)八月丁丑,英宗"敕云南车里军民宣慰使司宣慰使刀霸羡,八百大甸军民宣慰使司宣慰使招孟禄,老挝军民宣慰使司宣慰使刀板養等曰:'尔等世居南徼,忠敬朝廷,……尔等受显职,管治一方,通为办理。'"[129]所以,外边政区土司具有内地土司所不具备的"管治一方"的特权,在其"管治"的范围内,羁縻统治更落实。云南内地的土司,明朝不过"仍以土官世守之,其在内地者,与流官杂处,专主盗贼,不时生发,抚驭诸夷"[130],主要承担"抚驭"其下属土民,防范盗贼的职权,而对云南外边政区,"在夷地者,赋役、讼狱悉以委之,量编差发,羁縻而已"[131],说明外边政区土司的羁縻之治"管治一方"时,具有辖区内的经济主导权和司法权,对明王朝只需进行具有政治象征意义的"量编差发"义务,其他治内的一切权力均可自主。"上用羁縻之法,不加约束,听其自为声教,故官制礼乐之属皆与中国不侔"[132],通过授予官爵确立明朝与外边政区的统治关系,并不干涉其内部事务,使"其人强有力者,自食其土,子其民"[133],保持原有的民族社会结构,"国朝编制宣慰、宣抚、长官、安抚等司,正其疆界,明其爵级",使"酋长安其位,夷民保其生"[134]。

在经济上,明朝对外边政区没有任何赋役要求,恪守"蛮夷之人,其性无常,不可以中国治之,但羁縻之足矣,其贡赋之逋负者悉免"[135],只是象征性地承担所谓的"羁縻差发"。故万历《云南通志·羁縻志十一·羁縻差发》条记:

> 车里宣慰使司额征金五十两。
>
> 车里靖安宣慰使司
>
> 木邦军民宣慰使司额征银一千四百两。

　　孟养宣慰使司额征银七百五十两。

　　缅甸宣慰使司

　　八百大甸宣慰使司

　　老挝宣慰使司

　　猛密安抚司

　　孟定府额征金六百两。

　　孟艮府额征金一十六两六钱六分。

　　南甸宣抚司额征银一百两。

　　干崖宣抚司额征银一百两。

　　陇川宣抚司额征银四百两。

　　威远州额征银四百两。

　　湾甸州额征银一百五十两。

　　镇康州额征银一百两。

　　大侯州额征银二百两。

　　钮兀长官司额征马四匹，折银一十两。

　　芒市长官司额征银一百两。

　　八寨长官司

　　孟琏长官司额征银二百两。

　　瓦甸长官司

　　茶山长官司

　　麻里长官司

　　摩沙勒长官司

　　大古剌宣慰使司

　　底马撒宣慰使司[136]

可见，明朝对云南外边政区几乎没有任何经济上的要求，所谓的
"羁縻差发"，数量十分有限，多者不过征银千两，少者如钮兀长官

司仅仅一十两银,根本不能与正式政区赋税负担同日而语,有的根本不需承担任何"羁縻差发"。上述史料表明,明朝万历年间云南28个外边政区,承担"羁縻差发"的仅15个土司。明朝反而通过云南外边政区的朝贡回赐,凡朝贡几乎都"谢颁赐敕符、金牌、官服,恩赐以金带钞锭彩币有差",或"各赐钞币袭衣"[137]等等,如此记载不胜枚举。

总之,明朝实施"内""外"分野的行政区划制度,在云南西南边疆形成了弧形外环的外边政区区域,并且在云南外边政区实行军管性和羁縻性的统治。这样性质的区划制度是明朝的创制,既是明朝国家疆域观的体现,也是明朝为适应云南边疆外弧地带的复杂的国际地缘政治、地理环境和多样的民族性特征,采取的具有因地制宜和适应边疆社会经济发展特点的新的疆域管理模式。明朝云南创制的外边政区,符合行政区划划分和发展的原则,是国家根据政治和行政管理的需要,充分考虑国家内地与边疆的经济联系,以及明代云南西南边疆的地理条件、民族分布、历史传统、风俗习惯、地区差异、人口密度等客观因素,特别是重视对西南边疆进行有效的管控而创制的特殊行政区划。这一特殊的行政区划,不仅反映了明朝边疆政策的务实和对西南边疆疆域的重视,而且符合该边疆区域的民族部落分布和内在结构特点,符合明朝统治集团在西南边疆的根本利益,考虑到西南边疆特殊的政治、经济、民族、人口、国防、历史传统等各方面的因素,使明朝通过外边政区制度,达到对西南边疆国家疆域的"外夷之治与内地殊异,非徒赖以抚安,而实资以控制"[138]。

明代云南外边政区具有军管性和羁縻性两大特点,其军管性实质在于"外御贼寇,内固门庭",形成明朝西南边疆之"藩篱"[139],进而实现外边政区作为西南边疆护国捍边的前沿"屏蔽",以成明朝"安宅"[140]的边疆态势,达到明朝西南边疆无需驻扎重兵,依靠外边政区土司的"外护"[141]作用,实现西南边疆"捍圉"和"抵掌疆场"[142]的目的。明朝云南外边政区的羁縻寓意于将历代以来"黑水之外其地轮广万里,君长以百数,不相统摄"的民族部落通过招抚使其归附,在不改变其内部管理体制的情况下,运用授予特殊的职官宣慰使、宣抚使等职官和宽松的羁縻差发,实现西南边疆"正其疆界,明其爵级",达到长治久安的"酋长安其位,夷民保其生"[143]的目的。明代云南外边政区的羁縻统治同样重在疆里稳定,所以明朝仅要求外边政区土司"遵守法度,谨守地界,办纳粮差,抚恤夷民"[144],"管治一方"的自主管理模式,减轻明朝西南边疆的治边成本的同时,明朝实现了将西南边疆羁縻的外边政区纳入明朝版图的目的,体现了明朝疆域观在行政管理上的灵活性,保障了明代西南边疆曾经拥有较长时间的稳定,为我国现代国家领土的确立奠定了重要的基础。

注　释

1　(明)诸葛元声撰,刘亚朝校点:《滇史》卷10,德宏民族出版社,1994年,第283页。

2　张轲风博士论文:《民国时期西南大区区划演进研究》中指出我国边疆管理体制中,在清代表现出一种"内边"与"外边"分野的特征,但对内边与外边的分野概念起于何时,张文尚无详细考证。见云南大学历史地理专业2009年博士论文。

3　(明)陈文纂修,李春龙、刘景毛校注:《景泰图经志书校注》卷1《云南布政司》,昆明,云南民族出版社,2002年,第1页。

4　《景泰云南图经志书》记载政区时间,依据纂修者序确定。案:《景泰云南图经志书》卷1《云南布政司》条说:"云南布政司:直隶府、州、司凡二十九",但依据现存该书所载直隶云南布政司的府、州、司逐一统计,为25个。笔者认为两种可能,一是"二十九"为"二十五"传抄之误,即"九"与"五"形近而误,正德《云南志》所记直隶云南布政司的府、州、司也为25个;二是《景泰云南图经志书》纂修者疏漏缺载,可能性不大。

5　《景泰云南图经志书》卷 6 有《外夷衙门》目，本栏据该卷《外夷衙门》目所载政区统计。

6　(明)彭时等纂修：《寰宇通志·云南等处承宣布政使司》，方国瑜主编：《云南史料丛刊》第 7 卷，云南大学出版社，2000 年，第 133 页。

7　该四个州为"御夷"州，见《明史》卷 46《地理志七》以及下文考释。

8　(明)李贤撰：《大明一统志·云南布政使司》："本朝改置云南等处承宣布政使司。领云南、大理、临安、楚雄、澄江、广西、广南、镇沅、蒙化、景东、永宁、顺宁一十二府，曲靖、鹤庆、武定、寻甸、丽江、元江七军民府，北胜一州，者乐甸、马龙他郎甸二长官司。御夷孟定、孟艮二府，孟养军民指挥使司；车里、木邦、老挝、缅甸、八百大甸五宣慰使司；干崖、南甸、陇川三宣抚司；镇康、湾甸、大侯、威远四州；芒市、钮兀二长官司。"方国瑜主编：《云南史料丛刊》第 7 卷，云南大学出版社，2000 年，第 172—173 页。

9　(明)周季凤撰：正德《云南志》卷 1《云南等处承宣布政使司》，方国瑜主编：《云南史料丛刊》卷 6，云南大学出版社，2000 年，第 106 页。

10　(明)邹应龙修，李元阳纂：万历《云南通志》卷 16《羁縻志第十一》，方国瑜主编：《云南史料丛刊》第 6 卷，云南大学出版社，2000 年，第 642 页。

11　(明)周季凤撰：正德《云南志》卷 41《外志八·诸夷传六》，方国瑜主编：《云南史料丛刊》第 6 卷，云南大学出版社，2000 年，第 478 页。

12　(明)刘文征撰：天启《滇志》卷 1《地理志一·地图》，古永继校点本，云南教育出版社，1991 年，第 25 页。

13　(明)刘文征撰：天启《滇志》卷 2《地理志二·沿革郡县名》，古永继校点本，云南教育出版社，1991 年，第 53 页。

14　周振鹤：《中国历史上两种基本政治地理格局分析》，《历史地理》21 辑，上海人民出版社，2004 年。

15　(明)刘文征撰：天启《滇志》卷 10《官师志七》，古永继校点本，云南教育出版社，1991 年，第 351 页。

16　《明史》卷 46《地理七·云南》，中华书局标点本，1974 年，第 1171 页。

17　《明太宗永乐实录》卷 42，永乐四年四月戊寅。

18　(明)刘文征撰：天启《滇志》卷 18《艺文志十一·谕西平侯沐英》，古永继校点本，云南教育出版社，1991 年，第 594 页。

19　（明）诸葛元声撰：《滇史》卷10，刘亚朝校点，德宏民族出版社，1994年，第283页。

20　（明）诸葛元声撰：《滇史》卷11，刘亚朝校点，德宏民族出版社，1994年，第301页。

21　（明）诸葛元声撰：《滇史》卷11，刘亚朝校点，德宏民族出版社，1994年，第301页。

22　案：省略"御夷"二字，即孟定、孟艮二御夷府。

23　案：省略"御夷"二字，即四御夷州。

24　（明）彭时等纂修：《寰宇通志·云南等处承宣布政使司》，方国瑜主编：《云南史料丛刊》第7卷，云南大学出版社，2000年，第170—171页。

25　见《景泰云南图经志书》、正德《云南志》。

26　《明史》卷46《地理志七·云南》，中华书局标点本，1974年，第1171页。

27　（明）程立本：《黔宁昭靖王庙记》，（明）刘文征撰：天启《滇志》卷21《艺文志十一之四》，古永继校点本，昆明，云南教育出版社，1991年，第698页。

28　（明）程立本：《黔宁昭靖王庙记》，（明）刘文征撰：天启《滇志》卷21《艺文志十一之四》，古永继校点本，昆明，云南教育出版社，1991年，第698页。

29　（明）李本固：《安插思化疏》，（明）刘文征撰：天启《滇志》卷22《艺文志十一之五》，古永继校点本，云南教育出版社，1991年，第749页。

30　顾诚：《明前期耕地数新探》，《中国社会科学》1986年第4期。

31　顾诚：《明前期耕地数新探》，《中国社会科学》1986年第4期。

32　顾诚：《明帝国的疆土管理体制》，《历史研究》1989年第3期。

33　顾诚：《明帝国的疆土管理体制》，《历史研究》1989年第3期。

34　顾诚：《明帝国的疆土管理体制》，《历史研究》1989年第3期。

35　顾诚：《明帝国的疆土管理体制》，《历史研究》1989年第3期。

36　顾诚：《明帝国的疆土管理体制》，《历史研究》1989年第3期。

37　顾诚：《明前期耕地数新探》，《中国社会科学》1986年第4期。

38　顾诚：《明前期耕地数新探》，《中国社会科学》1986年第4期。

39　周振鹤：《体国经野之道》，中华书局（香港）有限公司，1990年。

40　周振鹤：《中国行政区划通史·总论、先秦卷》，复旦大学出版社，2009年，第100页。

41　郭红、于翠艳：《明代都司卫所制度与军管型政区》，《军事历史研究》2004年第4期。

42　《明太宗文皇帝实录》卷16，永乐元年春正月乙未。

43　《明太宗文皇帝实录》卷44,永乐三年秋七月癸丑。

44　《明太宗文皇帝实录》卷50,永乐四年春正月乙未。

45　《明太宗文皇帝实录》卷53,永乐四年夏四月戊寅。

46　《明太宗文皇帝实录》卷60,永乐四年冬十月癸卯。

47　《明太宗文皇帝实录》卷75,永乐六年春正月庚午。

48　《明太宗文皇帝实录》卷78,永乐六年夏四月癸未。

49　《明太宗文皇帝实录》卷155,永乐十二年九月壬午。

50　(明)申时行等修:《大明会典》卷6《土官承袭》。

51　《明史》卷71《选举志三》,中华书局标点本,1974 年,第 1724 页。

52　《明史》卷46《地理志七·云南》,中华书局标点本,1974 年,第 1194 页。

53　《明史》卷46《地理志七·云南》,中华书局标点本,1974 年,第 1196 页。

54　《明史》卷46《地理志七·云南》,中华书局标点本,1974 年,第 1195 页。

55　《明宣宗章皇帝实录》卷67,宣德五年六月壬午。

56　该表以《明史》卷46《地理志七·云南》记载为主,未特别注明者均见《明史》卷46《地理志七·云南》。

57　以上均见《明史》卷46《地理志七·云南》。案:南甸州,正统九年(1444 年)升南甸宣抚司后,改隶云南布政司。干崖长官司,正统九年(1444 年)升宣抚司后改隶云南布政司。芒市御夷长官司,正统八年四月置,属金齿军民指挥司,后直隶布政司,时间不详,此以金齿军民指挥使司废为芒市长官司改隶布政司的时间。广邑州,《明史》卷46《地理志七·云南》称:"本金齿军民之广邑寨。宣德五年五月升为州。八年十一月直隶布政司。"(中华书局标点本,1974 年,第 1189 页)。

58　案:所领地域约为腾越州地,后改腾冲军民指挥使司,嘉靖三年(1524 年)改腾越州,属永昌府。

59　案:腾冲军民指挥使司领腾越州及原腾冲守御千户所。嘉靖三年(1524 年)分置腾越州,属永昌府。嘉靖十年(1531 年)罢腾冲军民指挥使司,仅为卫,不领土。

60　《明史》卷46《地理志七·云南》:"潞江安抚司,元柔远路。洪武十五年三月为府,后废,属麓川平缅司。永乐元年正月析置潞江长官司,直隶都司。十六年六月升安抚司。宣德元年六月改隶布政司。"(中华书局标点本,1976 年,第 1191 页)。

61　《明史》卷46《地理志七·云南》"云州本大侯长官司。永乐元年正月析麓川平缅地置,直隶都司。宣德三年五月升为大侯御夷州,直隶布政司。"(中华书局标点本,1974 年,第 1191 页)。

62　案:车里军民宣慰使司地,1382—1385 年为车里军民府,1385—1403 年为车里宣慰
使司。1431—1659 年为车里军民宣慰使司。又据(明)沈德符撰《万历野获编》卷
三十《土司职名》称:"本朝土官之名,多仍元旧,如宣慰使始于唐,不过一时因事而
设,初非兵官,亦非守土吏,事定即罢;又如宣抚使则始于宋,其事权最重,文武大
臣至两府始得拜;而安抚使少次之,尚得专傍大将,今去使字,为从四品、从五品
官,且属都司。"(见方国瑜主编:《云南史料丛刊》第 5 卷,云南大学出版社,1998
年,第 178 页)。说明明朝在云南凡任命为宣慰使、宣抚使、安抚使、长官司长官等
皆武职,属兵部管辖,隶属于云南都司。然也有大量云南腹里地区的长官司属布
政司,笔者将外边政区的宣慰司、宣抚司、安抚司、长官司作为军管政区处理。

63　案:永乐十九年从车里军民宣慰司析置,宣德九年再并入车里军民宣慰使司。

64　《明史》卷 71 志四十七《选举志三》:"兵部凡四司,而武选掌除授,职方掌军政,其
职尤要。凡武职,内则五府、留守司,外则各都司、各卫所及三宣六慰。"(中华书局
标点本,1974 年,第 1724 页)。故三宣六慰均为军管性政区。

65　《明史》卷 46《地理志七·云南》:"木邦军民宣慰使司元木邦路,至顺元年三月置。
洪武十五年三月为府,后废。三十五年十二月复置。永乐二年六月改军民宣慰使
司。"《明史》卷 315《云南土司传三缅甸》:"时嘉靖三十九年也。木邦土舍罕拔求
袭不得,怒投于缅。"(中华书局标点本,1974 年,第 8133、1192 页)。

66　《明史》卷 46《地理志七·云南》:"八百大甸军民宣慰使司,元八百等处宣慰司。
洪武二十四年六月改置。"《明史》卷 315《云南土司传三·八百二宣慰司》:"洪武
二十一年,八百媳妇国遣人入贡,遂设宣慰司。"又载:"(八百大甸军民宣慰司)嘉
靖间,为缅所并,其酋避居景线,名小八百。自是朝贡遂不至。"笔者姑且以嘉靖末
年(1566 年)废。

67　《明太宗文皇帝实录》卷 31。永乐二年五月己巳载,"设八百者乃、八百大甸二军
民宣慰使司,以土酋刀招你为八百者乃宣慰使,其弟刀招散为八百大甸宣慰使"。
又《明史》卷 46《地理志七·云南》:"八百大甸军民宣慰使司,……有八百者乃军
民宣慰使司,永乐二年四月分八百大甸地置,后废。"案:八百者乃军民宣慰司废时
间不详,笔者检索《明实录》仅《太宗实录》有八百者乃军民宣慰司的记载,其后未
见记载,故以永乐末八百者乃军民宣慰司废入八百大甸军民宣慰司。

68　《明史》卷 46《地理志七·云南》:"孟养军民宣慰使司,元云远路。洪武十五年三

月为府。十七年改为孟养府,后废。三十五年十二月复置。永乐二年六月改军民
宣慰使司。正统十三年废。万历十三年改置长官司。"(中华书局标点本,1974 年,
第 1192 页)。

69 《明太宗文皇帝实录》卷 16,永乐元年春正月乙未,"设者乐甸、大侯、干崖、湾甸、
潞江五长官司,隶云南都司"。《明史》卷 46《地理志七·云南》:"干崖宣抚司,元
镇西路。洪武十五年三月为府,后废,属麓川平缅司。永乐元年正月析置干崖长
官司,直隶都司,后属金齿军民指挥使司。宣德五年六月复属都司。正统三年五
月复属金齿军民指挥使司。九年六月升宣抚司,直隶布政司。"

70 《明史》卷 46《地理志七·云南》:"陇川宣抚司本麓川平缅军民宣慰使司。正统六
年废,九年九月改置,治陇把。元平缅路,在陇把东北。洪武十五年闰三月置平缅
宣慰使司。三月又改路为府,未几府废。十七年八月丙子升为平缅军民宣慰使
司。甲午改麓川平缅军民宣慰使司。"曾于洪武十五年(1382 年)置平缅宣慰司,
旋废,洪武十七年(1384 年)置八月丙子置平缅军民宣慰使司,同月甲午则改为麓川
平缅军民宣慰使司,正统六年(1444 年)废麓川平缅军民宣慰使司,改置为陇川宣抚司。
(中华书局标点本,1977 年,第 1193—1194 页)。

71 案:《明史》卷 46《地理志七·云南》:"孟定御夷府,……洪武十五年三月为府",
"孟琏长官司旧为麓川平缅司地,后为孟定府。永乐四年四月置,直隶都司。""耿
马安抚司万历十三年析孟定地置"。说明孟定御夷府洪武年间设置后即属云南都
司管辖,因为永乐四年(1406 年)析置的孟琏长官司和万历十三年析置耿马安抚司
均直隶云南都司。凡《明实录》和《明史》上未见隶属关系由云南都司改为云南布
政司记载的,均采用隶属于云南都司至清朝平定云南的顺治十六年(1659 年)的处
理方式,下同。

72 案:《明实录》成化十二年后无记载,以此废。

73 案:《明太宗文皇帝实录》卷 16,永乐元年春正月乙未记载:"设者乐甸、大侯、干
崖、湾甸、潞江五长官司,隶云南都司。"《明史》卷 46《地理志七·云南》:"湾甸御
夷州本湾甸长官司。永乐元年正月析麓川平缅地置,直隶都司。三年四月升为
州,直隶布政司。"

74 案:《明太宗文皇帝实录》卷 16,永乐元年春正月乙未。"设者乐甸、大侯、干崖、湾
甸、潞江五长官司,隶云南都司,时,西平侯沐晟言:'其地旧属麓川平缅,而地广人
稠,宜设长官司治之。'故有是命"。《明实录》未见者乐甸改隶布政司的记载,故至

明末仍为军管性政区。

75　《明史》卷46《地理志七·云南》："耿马安抚司万历十三年析孟定地置。"（中华书局标点本,1977年,第1194页）。

76　（明）刘文征撰纂:天启《滇志》卷2《地理志二·形势》,古永继校点本,昆明,云南教育出版社,1991年,第67—68页。

77　《明太祖高皇帝实录》卷182,洪武二十年五月丁丑。

78　《明太祖高皇帝实录》卷206,洪武二十三年十一月庚申。

79　瓦甸长官司于正统无年十一月升安抚司。

80　《明英宗睿皇帝实录》卷127,正统十年三月庚辰。

81　《明英宗睿皇帝实录》卷131,正统十年七月辛丑。

82　《明武宗毅皇帝实录》卷69,正德五年十一月丁丑。

83　《明英宗睿皇帝实录》卷201,景泰二年二月乙酉。

84　《明英宗睿皇帝实录》卷96,正统七年九月乙丑。

85　《明英宗睿皇帝实录》卷150,正统十二年二月己亥。

86　《明英宗睿皇帝实录》卷150,正统十二年二月己亥。

87　（明）刘文征撰纂:天启《滇志》卷2《地理志二·形势》,古永继校点本,昆明,云南教育出版社,1991年,第67—68页。

88　（明）申时行等修:《大明会典》卷6《土官承袭》。

89　（明）张紞:《云南机务抄黄》,方国瑜主编:《云南史料丛刊》第4卷,云南大学出版社,1998年,562页。

90　［明］申时行等修:《大明会典》卷6《土官承袭》。

91　（明）诸葛元声撰:《滇史》卷11,刘亚朝校点,德宏民族出版社,1994年,第303页。

92　（明）诸葛元声撰:《滇史》卷10,刘亚朝校点,德宏民族出版社,1994年,第283页。

93　（明）邹应龙修,李元阳纂:万历《云南通志》卷16《羁縻志第十一》,方国瑜主编:《云南史料丛刊》第6卷,云南大学出版社,2000年,第642页。

94　（明）刘文征撰:天启《滇志》卷1《地理志一·地图》,古永继校点本,云南教育出版社,1991年,第25页。

95　（明）邹应龙修,李元阳纂:万历《云南通志》卷16《羁縻志第十一》,方国瑜主编:《云南史料丛刊》第6卷,云南大学出版社,2000年,第646—647页。

96　（明）陈用宾:《还定六慰后说》,（明）刘文征撰纂:天启《滇志》卷25《艺文志十一之八》,古永继校点本,云南教育出版社,1991 年,第 862 页。

97　周嘉谟:《陇川善后疏》,(明)刘文征撰纂:天启《滇志》卷 22《艺文志十一之五》,
　　古永继校点本,昆明,云南教育出版社,1991 年,第 757 页。

98　(明)谢肇淛撰:《滇略》卷 9《夷略》,方国瑜主编:《云南史料丛刊》第 6 卷,云南大
　　学出版社,2000 年,第 771 页。

99　(明)谢肇淛撰:《滇略》卷 9《夷略》,方国瑜主编:《云南史料丛刊》第 6 卷,云南大
　　学出版社,2000 年,第 771 页。

100　(明)李本固:《安插思化疏》,(明)刘文征撰:天启《滇志》卷二十二《艺文志十一
　　之五》,古永继校点本,云南教育出版社,1991 年,第 749 页。

101　《世宗皇帝敕改金齿指挥使司为永昌府》,(明)刘文征撰:天启《滇志》卷十八《艺
　　文志十一》,古永继校点本,云南教育出版社,1991 年,第 595 页。

102　参见《旧唐书·地理志》、《新唐书·地理志》、《宋史·地理志》、《宋史》卷 493
　　《蛮夷一·西南溪峒蛮夷上》。

103　李治安:《元代政区地理的变迁轨迹及特色新探(三)》,《历史教学(高校版)》
　　2007 年第 3 期。

104　李治安:《元代政区地理的变迁轨迹及特色新探(一)》,《历史教学(高校版)》,
　　2007 年第 1 期。

105　(明)王景常《平云南颂》(明)刘文征撰:天启《滇志》卷 18《艺文志十一》,古永继
　　校点本,云南教育出版社,1991 年,第 606 页。

106　(明)谢肇淛撰:《滇略》卷 9《夷略》,方国瑜主编:《云南史料丛刊》第 6 卷,云南大
　　学出版社,2000 年,第 771 页。

107　拙文:《明代云南汉族移民定居区的分布与拓展》,《中国历史地理论丛》2006 年 3
　　期,第 74—83 页。

108　(明)王景常《平云南颂》(明)刘文征撰:天启《滇志》卷 18《艺文志十一》,古永继
　　校点本,云南教育出版社,1991 年,第 606 页。

109　(明)王景常《平云南颂》(明)刘文征撰:天启《滇志》卷 18《艺文志十一》,古永继
　　校点本,云南教育出版社,1991 年,第 606 页。

110　(明)周季凤撰:正德《云南志·云南志序》,方国瑜主编:《云南史料丛刊》第 6
　　卷,云南大学出版社,2000 年,第 103 页。

111　(明)刘文征撰:天启《滇志》卷 2《地理志二·沿革郡县名》,古永继校点本,云南

教育出版社,1991 年,第 53 页。

112　(明)邹应龙修,李元阳纂:万历《云南通志》卷 16《羁縻志》,方国瑜主编:《云南史料丛刊》第 6 卷,云南大学出版社,2000 年,第 642 页。

113　《明宪宗纯皇帝实录》卷 230,成化十八年秋八月己酉。

114　(明)陈用宾:《还定六慰后说》,(明)刘文征撰纂:天启《滇志》卷 25《艺文志十一之八》,古永继校点本,昆明,云南教育出版社,1991 年,第 862 页。

115　(明)刘文征撰:天启《滇志》卷 30《羁縻志第十二·属夷》,古永继校点本,云南教育出版社,1991 年,第 985 页。

116　(明)刘文征撰:天启《滇志》卷 30《羁縻志第十二·土司官氏》,古永继校点本,云南教育出版社,1991 年,第 973 页。

117　(明)刘文征撰:天启《滇志》卷 30《羁縻志第十二·属夷》,古永继校点本,云南教育出版社,1991 年,第 985 页。

118　(明)谢肇淛撰:《滇略》卷 9《夷略》,方国瑜主编:《云南史料丛刊》第 6 卷,云南大学出版社,2000 年,第 777 页。

119　《大明会典》卷 106《朝贡通例》。

120　《明史》卷 315《云南土司传三》,中华书局标点本,1974 年,第 8130 页。

121　《明太宗文皇帝实录》卷 35,永乐二年冬十月庚午。

122　《明史》卷 315《云南土司列传三》,中华书局标点本,1974 年,第 8130 页。

123　(明)申时行:《大明会典》卷 108《朝贡通例》。

124　(明)周季凤撰:正德《云南志》卷 41《外志八·诸夷传六》,方国瑜主编:《云南史料丛刊》第 6 卷,云南大学出版社,2000 年,第 478 页。

125　(明)邹应龙修,李元阳纂:万历《云南通志》卷 16《羁縻志第十一》,方国瑜主编:《云南史料丛刊》第 6 卷,云南大学出版社,2000 年,第 646 页。

126　《明太宗文皇帝实录》卷 35,永乐二年冬十月辛未。

127　(明)谢肇淛撰:《滇略》卷 9《夷略》,方国瑜主编:《云南史料丛刊》第 6 卷,云南大学出版社,2000 年,第 775 页。

128　(明)刘文征撰纂:天启《滇志》卷 30《羁縻志第十二·土司官氏》,古永继校点本,云南教育出版社,1991 年,第 973 页。

129　《明英宗睿皇帝实录》卷 157,正统十二年八月丁丑。

130　(明)谢肇淛撰:《滇略》卷 9《夷略》,方国瑜主编:《云南史料丛刊》第 6 卷,云南大学出版社,2000 年,第 775 页。

131　(明)谢肇淛撰:《滇略》卷 9《夷略》,方国瑜主编:《云南史料丛刊》第 6 卷,云南大学出版社,2000 年,第 775 页。

132　(明)周季凤撰:正德《云南志》卷 41《外志八·诸夷传六》,方国瑜主编:《云南史料丛刊》第 6 卷,云南大学出版社,2000 年,第 478 页。

133　(明)周季凤撰:正德《云南志·云南志序》,方国瑜主编:《云南史料丛刊》第 6 卷,云南大学出版社,2000 年,第 103 页。

134　(明)邹应龙修,李元阳纂:万历《云南通志》卷 16《羁縻志》,方国瑜主编:《云南史料丛刊》第 6 卷,云南大学出版社,2000 年,第 642 页。

135　《明太祖高皇帝实录》卷 230。洪武二十六年冬十月十一月庚戌。

136　(明)邹应龙修,李元阳纂:万历《云南通志》卷 16《羁縻志第十一》,方国瑜主编:《云南史料丛刊》第 6 卷,云南大学出版社,2000 年,第 642 页。

137　《明太宗文皇帝实录》卷 41,永乐三年夏四月癸酉。《明太宗文皇帝实录》卷 44。永乐三年秋七月戊戌。

138　《世宗皇帝敕改金齿指挥使司为永昌府》,(明)刘文征撰纂:天启《滇志》卷 18《艺文志十一》,古永继校点本,云南教育出版社,1991 年,第 595 页。

139　(明)李本固:《安插思化疏》,(明)刘文征撰:天启《滇志》卷 22《艺文志十一之五》,古永继校点本,云南教育出版社,1991 年,第 749 页。

140　(明)刘文征撰纂:天启《滇志》卷 2《地理志二·形势》,古永继校点本,云南教育出版社,1991 年,第 67 页。

141　(明)刘文征撰:天启《滇志》卷 1《地理志一·沿革》,古永继校点本,云南教育出版社,1991 年,第 45 页。

142　(明)李本固:《安插思化疏》,(明)刘文征撰:天启《滇志》卷 22《艺文志十一之五》,古永继校点本,云南教育出版社,1991 年,第 749 页。

143　(明)邹应龙修,李元阳纂:万历《云南通志》卷 16《羁縻志第十一》,方国瑜主编:《云南史料丛刊》第 6 卷,云南大学出版社,2000 年,第 642 页。

144　《世宗皇帝敕改金齿指挥使司为永昌府》,(明)刘文征撰:天启《滇志》卷 18《艺文志十一》,古永继校点本,云南教育出版社,1991 年,第 595 页。

第 六 章
清代直隶厅解构

  直隶厅是清代特有的行政区划。目前对它专题研究主要有日本学者真水康树的《清代"直隶厅"与"散厅"的"定制"化及其明代起源》[1],作者把乾隆以前凡是直隶于省、布政司或道的厅都归为直隶厅进行探讨,认为直隶厅从雍正元年起便开始设置,直隶厅的定制化大约在乾隆三十五年(1770)左右完成的。目前对清代厅制研究最为深入的是傅林祥《清代抚民厅制度形成过程初探》[2]一文,他从行政区划制度各要素和厅的主官"同知"、"通判"的派遣切入,全面研究了抚民厅形成演进过程。笔者基本同意傅林祥的研究,但是抚民厅有直隶厅和散厅之分,傅文没有专论直隶厅。先前学者在直隶厅界定和厅数统计的差异问题依然没有定论[3],这反映了清代直隶厅建置的特质是不清楚的。由于清代文献中很难找到清代辖县政区规制的清晰的表述,长期以来学术界对清代府、直隶州、直隶厅等的差异和内在特质未能缕清,对于清代的直隶厅制,我们似乎还是只能将其简单归纳为是清代创制的行政区划。直隶厅与府、直隶州同级,直隶于省、布政司或道。但是对一个云南的行政区,清代的永北直隶厅的建置沿革使这样的解析显得过于简单。

清云南永北直隶厅,明代洪武十五年(1382年),土官高策率众内附。洪武十七年置北胜州,同时"授高策为土知州职,管辖夷民",洪武二十年(1387年)调一个卫官军入北胜州,设澜沧卫。洪武二十九(1396年)年改置为澜沧卫军民指挥使司,以北胜州隶之。正统六年,升北胜州直隶云南布政使司,形成"与卫共治"的局面。清顺治十七年(1660年)北胜州仍直隶布政司,澜沧卫并存。康熙五年(1665年)以北胜州改隶大理府;康熙二十六年(1687年)裁澜沧卫,以屯赋并入北胜州,仍隶大理府。康熙三十一年(1692年)升北胜州为直隶州,永宁土府属之,隶迤西道。康熙三十七年(1698年)再改北胜直隶州为永北府。乾隆三十二年(1767年)议改永北府为永北直隶厅,乾隆三十五年(1770年)确立永北直隶厅,直隶云南布政司[4]。永北直隶厅的行政建置在清前期即乾隆三十五年前反复调整,它从明代直隶于云南布政使司的北胜州降为隶属于大理府的散州,再升为直隶州,又改永北府,乾隆三十五年(1770年)定制为永北直隶厅,终清一代不再改变。可以说,在清代的行政区划序列府、直隶州、直隶厅、州、县、散厅中,永北地区曾经有由府级政区的直隶州到县级政区的散州,再到府级政区的直隶州,进而为府,再为直隶厅的反复演变过程,有过清代省级以下政区除县和散厅外的所有政区形式,但大多时间不长,只有成为直隶厅后才稳定下来。如果说直隶厅仅仅具有行政区划的各要素而与府和直隶州同级的话,那么,清代有必要对永北地区反复改置吗? 直隶厅与府、直隶州区别的特质是什么呢? 直隶厅在其他地区的发展又如何呢?

第一节　云南为例的探讨

如果检索《清实录》，不难发现"直隶厅"一词在《清实录》中的第一次出现是在记乾隆三十五年云南行政区划重大调整的内容中，因此，对清代直隶厅的解析，可从乾隆三十五年云南行政区划的调整寻求突破口：

乾隆三十五年二月庚戌。吏部议覆，经略大学士公傅恒奏称："云南外连夷疆，地方辽阔，从前欲藉大员弹压，设郡至二十三府之多。今诸夷向化，缅酋归诚，原设冗繁，应如所请：云南府为省会，大理府为提督驻扎地，曲靖、临安、楚雄、昭通、徵江属邑俱多，东川为矿厂最胜之区，开化界接南皮，丽江通连西藏，永昌、顺宁、普洱临缅边地，且郡境广阔，均照旧存留。武定府辖二县一州，元江、镇沅二府无首邑，辖一厅一县，广西府无首邑，辖一厅二州，不成郡，均改直隶州。武定既改州，所属和曲州裁，禄劝州改县，同原辖之元谋县，俱归武定直隶州辖。元江府属他郎通判、镇元府属威远同知，不便归州统率，改附近普洱府辖。广西府属五嶰通判改附近曲靖府辖。元江府原辖新平县归元江直隶州辖，镇沅府原辖之恩乐县归镇沅直隶州辖，广西府原辖之师宗、弥勒二州俱改县，归广西直隶州，姚安府仅辖一州一县，不成郡，应裁。姚安原辖之姚州、大姚县，归附近楚雄府辖。鹤庆府本有原管地方距丽江仅八十里，改州，与所属之剑川州归丽江府辖。广南府止有同城之宝宁县，不成郡，改直隶厅同知，宝宁县同城，应裁，改设照磨一员，以资佐理。又永北、蒙化、景东三府，无属邑，不成郡，但地方辽阔距府窎远，归并他郡，一切徵输审解未便。将永北、蒙

化、景东三府均改直隶厅同知。丽江、顺宁二府无首县,与体
制不合,应将专管地方改首县管理;临安府首邑系建水州,改
县,以符体制。"从之。[5]

由此可见,乾隆三十五年云南行政区划发生了重大变革。此次变
革的背景是雍正至乾隆时期在云南基本完成了对江内土司地区
"改土归流",为清朝政府在云南推行与内地基本一致的行政区划
体制创造了条件,进而改变元明以来"以夷治夷"或仅以"大员弹
压"云南的治策为全面的边疆控制和深入的行政管理。明代和清
前期,云南的省级以下行政区划,除腹里地区完全按照内地规制设
置外,在大多数少数民族分布地区,是以"弹压"并控制少数民族
部落首领为主,以部落首领势力大小和归附中央王朝为依据,以民
族部落活动范围为基础,授予少数民族首领土职衔,形成名号众多
且混乱的土司政区,中央王朝只控制了土司,却不能掌控和管理土
司政区内的人口和土地。雍正和乾隆"改土归流"后,云南行政区
划调整正是要改变这种状况,因而乾隆三十五年云南政区调整所
涉及的区域多是清代"改土归流"区,如丽江、永昌、顺宁、普洱、武
定、元江、镇沅、广西、蒙化、景东、永北等;调整的原则是"以符体
制",对云南所有所谓"与体制不合"的政区进行清理;调整的重点
是辖县政区,规范府、直隶州、直隶厅行政建置;调整的目的是为了
使云南形成与内地基本一致的行政区划体系,促使云南行政区划
实现与全国政区的一体化。

　　本文以探讨直隶厅为主,故乾隆三十五年对云南行政区划调
整的其他内容暂且不论。但根据上述史料,清代"直隶厅"一词出
现与云南永北直隶厅、蒙化直隶厅和景东直隶厅的确立紧密相关。
这段史料的另一特殊意义在于"直隶厅"一词在云南的行政区划
调整中被确定下来,终清一代不改,这是否意味着直隶厅的定制在

此时并以云南为例正式完成的。如果是的话,那么云南所置直隶厅的特征应该具有全国直隶厅的范式意义。

乾隆三十五十一月,云贵总督彰宝上疏称改定"广南、永北、蒙化、景东四直隶同知"。[6] 然而到乾隆五十年十一月云南巡抚刘秉恬上奏称:"滇省郡治,前经大学士傅恒等酌议裁改,所有分巡之迤东、迤西、迤南三道,原颁传勅,与现行事宜不符,请将迤东道敕书内改为管辖曲靖、澂江、昭通、开化、广南、东川六府。迤西道敕书内改为管辖大理、楚雄、丽江、永昌、顺宁、五府并蒙化、永北、景东三直隶厅。"[7] 说明乾隆五十年前曾打算改为直隶厅的广南府并没有改,依然为府,此后也无广南为直隶厅的记载。《清史稿·地理志》记载"广南府:要。隶临安开广道。明,广南府。顺治十八年,改流官。康熙八年,省广西府之维摩州,以其地来隶。乾隆元年,设宝宁县为府治。……领县一,州一"。即宝宁县和土富州[8] 光绪《钦定大清会典》卷四《吏部》所记"直隶厅同知三十有二人,……云南景东厅、蒙化厅、永北厅、镇沅厅、镇边厅五人"。[9] 广南府也不在云南直隶厅之列。那么是乾隆三十五年广南府改直隶厅,后又恢复为府的呢? 还是广南根本就没有改为直隶厅呢? 无论怎样,广南未改直隶厅,说明它与永北、蒙化、景东是有差异的。

就历史发展、社会结构和民族构成的特征而言,明清时期永北、蒙化、景东有着明显的共性。首先,三地在清代的"改土归流"之后仍保存土司,为非改土而"置流"区,即当地土司世袭,终清不改;清朝设置同知掌印控地,形成行政管理的双结构。永北地区在明洪武十七年授永北土民首领高策为北胜土知州职,清康熙三十七年永宁土府并入北胜州,改北胜州为永北府,乾隆三十五年改置永北直隶厅,设抚民同知,但永宁土知府、北胜土知州世袭至清末[10]。蒙化地区在明永乐三年(1405年)设土州,以当地土酋左禾为土知州,正统十年(1412年)升蒙化土府,土官左伽为土知府[11],"康熙四年,置流官,设掌印同知……乾隆三十五年,改直隶厅"。景东在明代为景东土府,"康熙四年,置流官,设掌印同知。乾隆三十五年,改直隶厅"[12]。改直隶厅后,蒙化左姓土知府、景东陶氏土知府仍然世袭土知府[13],直至清末。《清史稿》称"今土司之未改流者",云南有"土府四:曰蒙化,曰景东,曰孟定,曰永宁。土州四:曰富州,曰湾甸,曰镇康,曰北胜"[14]。既然永北、蒙化、景东的土知府、土知州世袭存在到清末,说明这些土官仍有一定的职权,他们能够对其所属夷人及"夷田"实施管辖或控制,即土司机构仍然存在。因此,从严格的意义上说,清代在此三厅地区仅为"置流官",而非"改土",三厅的少数民族仍然归土司管理。故云南永北、蒙化、景东直厅并存着抚民同知与土知府,抚民同知管理机制和土司管理机构,是双重行政架构体制。

第二,云南永北、蒙化、景东同为明清战略要地和军事控管区。明代分别进驻了三个卫的官军镇戍屯田,明代北胜州驻澜沧卫(5千户所)、蒙化土府驻蒙化卫(8千户所)、景东土府驻景东卫(5千户所)。三卫的官军及其家小,分别形成庞大的军籍汉族移民群体,由卫所管理,隶属云南都指挥使司[15]。到康熙六年(1667年)裁撤卫所后,仍保留屯户之称。清代这些地区仍为军事战略重地,清朝进驻以绿营兵为主的军队,建立了一系列军事控管组织。永北因"通西边要路",随"备兵看守"[16],顺治十七年(1660年)便置永北镇,驻中、左、右三营,兵额2810名,其家小随营驻屯,成为清代军事移民;景东、蒙化置景蒙营,兵额810名[17],而明代的蒙化卫、景东卫官军在清代还基本保留军籍特征。因此蒙化、景东、永北三地不仅自明代以来即为军事重地,军事组织健全,军事移民数量巨大,而且军籍人口和清代的绿营兵驻防带来的汉族人口成为当地的社会结构中重要组成部分,具有军事组织特征。正如傅林祥指出的,清代直隶厅的抚民同知(通判)直接拥有军队,这是一般知州、知县所不具备的[18]。

第三,永北、蒙化、景东三地民族构成复杂,实行分别民族的户籍分类管理。当地夷户归土司管理,不编入户籍;而汉民和屯户,均编入户籍,由"掌印同知"管理。如永北府在改厅之前的乾隆三十二年(1767 年)的户口统计称"四城及远近屯伍、土司汉夷烟户",说明永北户籍是按照屯伍户、土司夷户和汉户三项统计的。光绪年间永北直隶厅仍然以"汉民烟户"、"土司夷民烟户"和"寄住客民烟户"列项分别统计[19]。蒙化、景东也同样,蒙化有"汉人,皆洪武初开设卫所官军之后",编户为"蒙化卫屯丁";有外来的"僰人"、"回回"和各省流寓"客籍",编为"民户","入里甲,有差役";有"倮猡,土著之乌爨""聚族而居",刀耕火种,射猎牧养为食,不编户[20]。景东"各编不一",户口分"民户"、"屯户",而夷人不编户,仅对"夷田""折征差发"[21]。说明这三个地方都有世居少数民族群体,明清时期大量移民进入,形成汉夷杂居和混居区,但户籍仍分类管理。

正是由于三地行政双结构、民族构成多样性导致了管理的双重性和户籍的分类性、赋役征收的差异性和军事控管的特殊性等现象,使得这类地区不可能采用内地正式政区的府级政区模式。明代在控制部落首领为主的土司政区设置上是缺乏地域幅员要素考虑的,由于蒙化、景东、北胜地区因军事区位重要,并以原有部落活动范围设置,因此明代将这些地区作为府级政区看,其所辖区域狭小,略同中州之县,府下又无辖县,加之存在着土司、行政、军政多重统辖,管理混乱。乾隆三十五云南行政调整的核心是要改变云南"从前欲藉大员弹压,设郡至二十三府之多"[22]的府级政区不合规制的局面。但原有的府或直隶州在管理模式上均不适宜这样地区,故"又永北、蒙化、景东三府,无属邑,不成郡,但地方辽阔距府窵远,归并他郡,一切徵输审解未便。将永北、蒙化、景东三府均改直隶厅同知"[23]。《清实录》中"直隶厅"一词第一次出现与云南府级政区调整的记载同出一处,可以理解为直隶厅是为管理这类多样民族、多重管理结构的行政区划模式形成。

在乾隆三十五年云南政区调整中,广南府曾准备改直隶厅但终未改,其原因是广南地区与永北、蒙化、景东三地存在着明显的差异。广南为单一民族聚居区,今属文山壮族自治州,广南的主要民族为壮族、苗族,由于气候和生态环境局限,当地民族势力的强盛,汉人难以进入。明代云南都司曾试图调一个卫进入广南,设广南卫,但因广南当地民族势力抵制和烟瘴太盛,以汉人为主的广南卫最终无法进入广南,而调入云南会城昆明[24]。清代虽然有广南营绿营兵进入,但兵员仅为 800 名[25]。汉族流民进入该地区的数量也极少。道光十六年,云贵总督阮元议"以开化、广南、普洱地多旷闲,流民覆棚启种,因议论入户甲",但终未完成里甲的设置[26]。广南的汉人数达不到立里甲的条件,表明清代广南仍是单一少数民族聚居区。广南与永北、蒙化、景东的另一差异是,广南为"改土归流"区,而非保留土司的"置流官"区。雍正六年(1728年)鄂尔泰在云南进行改土归流,"广南府各土目,先后劝黜"[27]。再者,广南府辖有县级政区,不像蒙化、景东等直隶厅无领属,而是"领县一,州一"[28]。可见,广南与永北、蒙化、景东地区的确存在较大的差异,不存在行政双结构、民族构成多样性,所以最终未改直隶厅。

云南在嘉庆二十四年(1819年)还有腾越改直隶厅,但仅存三年。明末腾越为腾越州,属永昌府,"康熙二十六年,裁卫入州,仍属永昌府,嘉庆二十四年,升腾越厅"[29],"道光二年降"为散厅,仍属永昌府[30]。分析腾越的情况,尽管其地具有民族多样性和军事控管区的特性,但明代以来腾越长期作为永昌府的属州,所属土司虽然承袭到清末,但腾越境内的土司层级较低,不具备行政双结构特点。

更重要的是,清朝在云南的一些军事和战略区位重要的地区设置直隶厅,同知掌印,使清朝无需动用武力或强力"改土",则可在保持这类民族地区原有的民族社会结构和管理机制的同时,实现对这类地区行政管理权由土官统治向流官掌印、控地、治民体制平稳过渡。所以,尽管蒙化、景东直隶厅保留了土知府,土知府的品秩高于同知[31],但直隶厅设置后,"同知掌印"[32],抚民同知才是直隶厅的主官,即"抚民同知,虽非知府可比,然亦有管理地方之责"[33]。蒙化"旧以土司列于流官之前",设置直隶厅后,土司"虚爵羁縻,原无治民责任,故宪纲次于流官,凡以尊国体、卫民生,诚綦重也"[34]。蒙化地区通过直隶厅的设置实现了不"改土"而"置流官",地方掌印、控地、治民权主要由中央王朝派出的流官控制,使清朝的国家权力真正深入到边疆民族地区。这反映出直隶厅的设置并没有完全打破当地少数民族的社会结构和管理体制,是因为当地原有的民族构成中增加了一定规模的汉人,原来单一的民族社会结构加入了汉族社会。为适应这样的民族构成和社会变化,在原有的土司管理机制上,增设抚民同知或抚民通判,形成两套职官和行政管理体制。因此,清代直隶厅的确立是以在民族地区或土司管理区,由中央派出抚民同知并直隶于布政司为标志。但是两套职官和管理机制不是完全平行和分离的,抚民同知是主官,抚民同知具有掌地、治民、控土司、兼汛防、理刑案等职权,这便是直隶厅的典型特征。

第二节　边疆政区直隶厅的演进

《清会典》说:"凡抚民同知直隶于布政司者为直隶厅",又说"直隶州皆有属县,直隶厅有属县者惟奉天凤凰厅,四川叙永厅"。[35]说明《清会典》的直隶厅定义包含了三个方面,第一直隶厅主官必须是"抚民同知",第二必须直隶于布政司,第三基本没有领属。基于此,《清会典》罗列:

> 直隶厅同知三十有二人。通判一人,州判一人。同知:奉天凤凰厅一人,江苏海门厅一人,浙江定海厅一人,湖南乾州厅、凤凰厅、永绥厅三人,新疆镇西厅、吐鲁番厅、库尔喀喇乌苏厅、精河厅、塔尔巴哈台厅、喀喇沙尔厅、库车厅、乌什厅、英吉沙尔厅九人。四川叙永厅、石柱厅、松番厅三人。广东连山厅、阳江厅、赤溪厅、佛冈厅四人。广西百色厅、上思厅二人。云南景东厅、蒙化厅、永北厅、镇沅厅、镇边厅五人。贵州松桃厅、普安厅、仁怀厅三人。通判:甘肃肃化平川厅一人。直隶厅州判:广西百色厅一人。皆直隶于布政司[36]。

说明清代直隶厅是有明确的规制的,并非凡直隶于省和道的政区均可称直隶厅。直隶厅的主官"抚民同知"原于府的佐贰官,"府佐贰为同知通判,所管或理事,或理饷督粮监税,或清军,或总捕,或驿或茶,或营田,或水利,或巡边抚彝抚番抚瑶抚黎"[37]。"抚民同知"原与理事、清均、营田、水利、抚彝、抚番同知之类的佐贰官并无二致。从辖土专守的角度看,清代的部分地区理事同知、抚番同知等都有此特性,也直隶省、道。但为什么只有主官为"抚民同知"的地区才是直隶厅呢? 抚民是其关键。"民"是编入户籍的人口,明清同然。内地因均为汉族人口,对"民"一词无需特别解释。但凡为直隶厅的地区无一例外的是在少数民族世居地区。明清以来汉族以军事移民或其他方式大量进入这类地区,使民族构成发生巨大变化,清朝常常在这些地区的汉族移民或外来人口达到一定数量需编户管理时,由中央派出抚民同知掌地治民,实现对这类地区的行政管理。所以少数民族地区汉人增加和民族构成变化,是"抚民同知"派出和直隶厅设置的必备条件,直隶厅设置的重要指标是汉族人口达到一定数量而需编户管理。

　　乾隆至嘉庆年间是清代直隶厅定制和设置的第一次高潮,主要涉及西南地区。就直隶性质而言,四川直隶于省的厅早于云南。乾隆三年四川便有"松潘、叙永二厅"直隶[38],《清史稿·地理志》记:"(乾隆)二十五年,改松潘卫为松潘直隶厅,改杂古脑为理番直隶厅。二十六年,改石砫土司为石砫直隶厅。"[39]但在光绪《大清会典》所列"直隶厅同知三十有二人"中,有"四川叙永厅、石柱厅、松番厅三人"[40],并不把杂古脑(又称杂谷)看作直隶厅。四川的上述地区的民族构成和社会经济发展存在着差异。

　　清代四川的叙永地区不仅有当地少数民族,而且自雍正改土以后就进入了很多汉族人口,"贵州威宁府属之永宁县去府千里,驻劄衙署,乃与四川之叙永同知,共在永宁。而所属人民散处于四川江安、纳溪、兴义等县,且无贵州营汛,而以四川永宁协营弁代为稽查,奸良莫辨。请将永宁县改归四川,隶于同城之叙永同知管辖"[41]。这一地区的特殊性还在于贵州威宁府之永宁县与四川叙永同知同处一城,形成一地两省的行政管理。乾隆元年整顿叙永地区一地属两省,一地三重管理的混乱局面,于是将其归并为叙永厅,同时"升叙永厅为直隶厅"[42],理顺了行政区划。

　　松潘和杂古地理区位相近,战略地位重要,同为藏羌民族聚居区,"川西紧要,首重松潘,内则杂谷羌番"。[43]但在清代两地开发与发展使其民族构成出现了差异,松潘不再是纯粹的少数民族聚居区,因绿营汛兵进驻和外来汉人定居垦殖、商人贩贸数量较多,乾隆五年来到松潘的汉人已经有实力捐纳获官或谋求生员身份[44],形成了民族杂居区。雍正年间"松潘额兵二千名,除驻防郭罗克及各塘汛外,实存止一千二百有余。松潘为蜀西藩篱,统辖土司一百一十六处,一千九百二十七寨"。[45]所以松潘具备了设置直隶厅条件,乾隆二十五年十二月松潘置为直隶厅[46],清朝派往抚民同知管理[47]。

四川石砫地区,明代为石砫宣抚司土司地,清初世袭不改。但乾隆十九年石砫土司"缘事革职,无合例应袭之人"[48]。与此同时大量汉人进入使石砫地区使民族构成较之明代发生的重大变化,"且石砫司地方,与内地毗连,多半流寓之徒,良顽混杂,不便乏员经管"[49]。于是乾隆二十一年(1756年),以夔州府云安厂同知移驻石砫,乾隆二十六年正式设置为石砫直隶厅,派抚民同知治理石砫"广二百三十里,袤二百四十里"[50]的地区,并"量设佐杂汛防分管",管理"幅员千余里土著流寓"的汉人,对其"垦荒成熟田地,令该厅亲赴勘丈,照附近之酆都县科则承粮";对土司及其后人"袭世职,照苗疆例改授土通判,不许干与民事",土司仍然管理当地少数民族和"该土司所有田产"[51]。所以,石砫直隶厅虽然有两套职官体制和管理机制,职守各异。但抚民同知是主官,具有治地、掌民、控土司、兼汛防等职权,是直隶厅的典型。

杂谷地区则不然,终清一代基本是当地民族单一聚居地,"惟查杂谷梭磨,吐番后裔,其巢穴即李德裕既取复弃之维州,户口约十余万"[52]。雍正时杂谷土司加宣抚使衔兼杂谷同知[53],说明清朝杂谷同知是在原土司的职衔上加授的,朝廷并未派出官员。乾隆十七年(1752 年)"新附杂谷、苍旺番民三千余户",清朝为"其设立土屯",以威茂协副将"带兵共七百名,移驻弹压,并设理番同知,办理案件。又于各寨番民内,设屯兵三千名,土都司、守备、屯总及大小总旗等项头目分隶管束"[54]乾隆十八年(1753 年)四川总督黄廷桂疏陈杂谷脑善后事宜,其措施之一即"严禁汉奸",禁止汉人进入杂谷垦殖定居,即便汉商也需"赴理番同知衙门缴换汉夷印票"才能进入该地区进行贸易活动[55]可见,杂谷地区很少汉人进入,民族构成几乎没有发生变化,土司加"理番同知"职衔,当地大小官员均为土职,分管"各寨番民",故而《清会典》不将其列入直隶厅。

四川越巂厅则反证了汉族人口不足或禁止汉人垦殖的地区不置抚民同知或通判。道光十三年(1833 年)汉人擅自进入越巂地区抢占当地民族土地垦殖引起夷人反抗,"汉民耕种夷地有年,熟夷见地土渐腴,思欲夺回耕种,是此次肇衅之由",清朝进剿,平息了叛乱,但其善后措施则主要为"除汉奸","清地界","毋许容留一汉民"。凡汉民所种夷地,"勒令退给"夷人;同时"酌改官制,应准改越巂抚民通判为抚夷同知"[56],说明越巂地区夷人势力强盛和禁止汉人进入,导致清朝对其行政主官进行调整,由抚民同知改抚夷同知,等于将越巂直隶厅改置为抚夷厅。

清朝雍正年间对湘黔交界地区的"苗疆"发起了置流官和开辟苗疆的运动,使清朝的统治深入到了苗族聚居的所谓化外之地"苗疆",随后清朝对"苗疆"进行了行政区划和行政管理机构的建置,最突出的是"苗疆十厅"设置。其中有四直隶厅,贵州松桃直隶厅和湖南乾州、凤凰、永绥三直隶厅的建置均与汉人进入导致当地民族构成变化有关。贵州松桃直隶厅"明,红苗地。康熙四十三年,讨平红苗,设正大营,置同知,隶铜仁府。雍正八年,平松桃,置厅,移同知驻。嘉庆二年,升直隶厅,益以铜仁府属平头、乌罗二土司地"。[57]红苗为其当地世居民族,以土守备、土千总进行管理;同时进驻绿营"镇、协、营,俱系苗疆新设"[58],大量汉人军事移民进入后,张广泗"奏请将内地新疆逆苗绝户田产,酌量安插汉民领种",或"招集汉民耕种"[59],于是设置直隶厅,驻抚民同知管理。故到嘉庆元年,松桃地区形成土司管理土民,抚民同知治汉民,民族构成多样性、行政双结构和军事控管特点表现很充分。湖南乾州、凤凰、永绥三地的在雍正开辟苗疆和置流官的过程中,与贵州松桃地区的发展历程相近,但它们起初仅为湖南辰州府的三个散厅。在清朝开辟苗疆的过程中,进入了大量的屯防汛兵,汉人军民达到相当规模,"湖南苗疆,环以凤凰、永绥、乾州、古丈坪、保靖五厅县,犬牙相错,营汛相距各数里"。"凤凰厅碉堡八百,需丁四千轮守,并留千人备战,需田三万余亩。乾州厅碉堡九十余,守丁八百,屯田三千余亩"。"永绥厅新建碉堡百余,留勇丁二千,亦屯田万亩"。汉人屯田数量巨大,"永绥得万余亩,乾州、凤凰二厅次之,乃续垦沿边隙地二万亩,曰'官垦田'"[60]。原有的当地民族,乾州地区115个苗寨、凤凰地区有105个苗寨、永绥地区有228个苗寨,均登记为"苗户",分属各土守备和土千总管理,无赋役[61]。该地区形成"兵农为一以相卫,民、苗为二以相安。与官及兵民约曰:'毋擅入苗寨,毋稍役苗夫'"的格局[62]。于是,乾隆末年湖南督抚议将此三散厅从辰州府分出设置为一个府,然嘉庆元年十一月二十五日巡抚明亮上《奏请将凤凰永绥乾州改为直隶厅折》,认为"楚省凤凰、永绥、乾州三厅地方辽阔,苗情诡诈,向称难治。如于三厅内酌量改设知府一员,于苗疆弹压事宜,自能得力。惟念府厅职分相去本不甚远,而设官体制各殊",应"改为直隶厅"[63]。由此可见,湖南乾州、凤凰、永绥三厅置为直隶厅,是民族构成发生变化,同时存在着当地民族特殊的社会结构的需要,采用直隶厅体制能因其"设官体制各殊"而能有效地管理汉人和当地民族。

乾隆平定准噶尔后将伊犁地区设为军事控管区,"乾隆时,准部平,改乌哈尔里克为伊犁"[64]。随着社会经济的发展和外来人口的增加,曾于乾隆五十四年议置直隶厅,"伊犁将军伊勒图奏称,伊犁十数年来,兵民商贾,较前数倍,兼以移驻绿营兵丁,其随带子弟,俱归民籍,户口益多,原设理事同知一员,管理难周,请添置抚民同知一员,分司地方事务"[65]。该奏议虽然未被采纳,但改伊犁设直隶厅的动议反映了"理事同知"与"抚民同知"职权差异和直隶厅设置的必要条件。

光绪至宣统年间还有一个直隶厅设置和改置的高潮。清代光绪以后所设直隶厅情况:

厅名	所属省	设置或改置时间、原因
独石口直隶厅	直隶	雍正十二年置理事厅。光绪七年改抚民。
张家口直隶厅	直隶	雍正二年,改理事厅。光绪七年改抚民。
多伦诺尔直隶厅	直隶	雍正十年,置理事厅。光绪七年,改抚民。
法库直隶厅	奉天	光绪三十二年,分新民府及开原、铁岭、康平三县地,设治法库门,置厅,直隶行省。
营口直隶厅	奉天	宣统元年,分海城、盖平两县地置厅,直隶行省。
凤凰直隶厅	奉天	光绪二年,改凤凰城巡司置。
庄河直隶厅	奉天	光绪三十二年,分凤凰厅、岫岩州地置。
辉南直隶厅	奉天	宣统元年,分海龙府东南八社,设治大肚川,置。
榆树直隶厅	吉林	光绪三十二年,置榆树县。宣统元年升。
讷河直隶厅	黑龙江	宣统二年,以东布特哈改置。
瑷珲直隶厅	黑龙江	光绪三十四年,以黑龙江城改置。

续表

厅名	所属省	设置或改置时间、原因
呼伦直隶厅	黑龙江	光绪三十四年,以呼伦贝尔城改置。
肇州直隶厅	黑龙江	光绪三十二年,以郭尔罗斯后旗垦地置厅。
大赉直隶厅	黑龙江	光绪三十年,以札赉特旗莫勒红冈子垦地置。
安达直隶厅	黑龙江	光绪三十二年,以杜尔伯特旗垦地置,又分省属垦地益之。
归化城直隶厅		雍正元年置理事同知,光绪十年改抚民同知。
萨拉齐直隶厅	山西	乾隆四年,置萨拉齐及善岱二协理通判。光绪十年,改抚民。
清水河直隶厅	山西	乾隆元年,置协理通判。二十五年,改理事厅。光绪十年,改抚民通判
丰镇直隶厅	山西	乾隆三十三年置大同理事同知。光绪十年,改抚民。
托克托直隶厅	山西	乾隆元年,增协理通判。二十五年,改理事厅。光绪十年,改抚民通判。
宁远直隶厅	山西	乾隆二十一年,改理事通判。光绪十年,改抚民。
和林格尔直隶厅	山西	乾隆元年,置协理通判。二十五年,改理事厅。光绪十年,改抚民通判。
兴和直隶厅	山西	光绪二十二年,以丰镇之二道河巡司置
陶林直隶厅	山西	光绪二十九年,以宁远厅之科布尔巡司置。
武川直隶厅	山西	光绪二十九年,以其北境翁滚置。
五原直隶厅	山西	光绪二十九年,析萨拉齐西境兴盛旺置抚民同知,治隆兴长,寄治包镇。

厅名	所属省	设置或改置时间、原因
东胜直隶厅	山西	光绪三十二年,以鄂尔多斯左翼中郡王右翼前末扎萨克旗垦地置。
化平川直隶厅	甘肃	平凉、华亭、固原、隆德四州县地。同治十一年,陇东戡定,置厅设通判。
鹤峰直隶厅	湖北	顺治初,因明制,为容美土司,属施州卫。雍正六年,属恩施县。十三年置州,以五星坪、北佳坪益之,属宜昌府。光绪三十年,升直隶厅。
淅川直隶厅	河南	道光十二年为厅。宣统元年升,改南汝光道为南汝光淅道。
南州直隶厅	湖南	本华容县地,咸丰四年,湖北石首县藕池口决,江水溢入洞庭,淤为洲。光绪十七年置厅。
百色直隶厅	广西	康熙三年,改属思恩府,隶右江道。雍正七年,迁思恩府理苗同知原驻武缘。驻百色,曰百色厅。光绪元年,田州改土归流,升百色为直隶厅。
上思直隶厅	广西	明,上思州,属南宁府。顺治初,因明旧。光绪十三年,改属太平府。十八年,升为直隶厅。
镇边直隶厅	云南	明始置猛甸长官司。乾隆十二年,设缅宁厅,今厅境隶之。光绪十三年,析倮黑土司地上改心为猛猛土巡检辖境,下改心为孟连宣抚司辖境。以小黑江为界。置厅,以猛朗坝为厅治。
吐鲁番直隶厅	新疆	光绪十年,裁领队大臣。十二年,置直隶厅来隶。
哈密直隶厅	新疆	乾隆二十二年,准部平,其酋伊萨克内附,移靖逆、瓜州、黄墩各营驻之,撤驻防兵。二十四年,设办事大臣、协办大臣、抚民通判、巡检,隶甘肃布政司。光绪十年,升直隶厅。
库尔喀喇乌苏直隶厅	新疆	乾隆二十二年,平准部。二十七年,设办事大臣。二十八年,筑庆绥城。三十七年,设领队大臣、县丞。四十六年,设同知。明年设游击。四十八年,筑新城,定今名,设粮员,裁县丞。隶乌鲁木齐都统。光绪十二年,裁粮员,置直隶厅,改隶。

厅名	所属省	设置或改置时间、原因
乌什直隶厅	新疆	乾隆三十一年,筑永宁城,移喀什噶尔参赞大臣、协办大臣驻之,又设领队大臣。四十四年,移领队驻阿克苏。五十二年,移参赞、协办驻喀什噶尔,仍留办事大臣。光绪九年裁,置直隶厅。
英吉沙尔直隶厅	新疆	乾隆二十四年,平霍集占,始内属,定今名,英吉译言"新",沙尔,"城"也。设总兵。三十一年,设领队大臣,隶喀什噶尔。光绪九年裁,置直隶厅。

资料来源:《清史稿·地理志》各省。

　　光绪以来直隶厅的设置与改置数量较大,难以一一剖析。但从地域特征看,主要涉及北方关外、口外和南方新开发地,并与新疆建省、东三省建省有关,具有新垦殖区域的特征;从民族看,均为少数民族世居地区,同时在清代由于战争、驻防、垦殖、经商等等原因,这些地区进入了为数众多的汉人,民族构成发生了明显变化;从行政建置和行政区划来看,几乎都是在设置或改置直隶厅前,这些地区清朝均设治,多为基于原有的民族构成和社会结构的土司或民族特殊管理体制,有的地方为典型的土司管辖区,或军事控管与民族管理兼备区。特别是满州、蒙古旗人特殊地区,原来凡"东三省、新疆各城,各省驻防文、武大员,俱用满人。甘肃、新疆等边地道、府、同、通、州、县,各省理事同知、通判,皆设满洲专缺"[66],清朝中前期在满人和蒙古旗人聚居区,设置了大量的理事厅,行政主官为"理事同知,系管理旗下事务","以满员补授"[67]。光绪后,这类地区的理事厅纷纷改置为直隶厅,行政主官由"理事同知"或"理事通判""改抚民同知"或"改抚民通判"。促使清代光绪后将这些民族与军事边防、垦殖发展等复杂因素并存的地区设置或改置为直隶厅的原因,是由于这些地区汉人增加,汉民垦殖,民族构成的演变。可见,清代后期行政区划的变化以大量改置和设置直隶厅为特征,因为直隶厅主官"抚民同知"职权较理事厅的"理事同知"更为广泛,达到旗人汉人或各民族统一管理的目的,具备完全的"管理地方之责",所以,清代光绪以后的直隶厅,逐渐摆脱了两套职官体制和管理机制的模式,成为抚民同知主持的单一的行政管理体制。

行政区划的实质是中央对地方实行有效的分层级行政管理。中央通过行政区划把行政权力深入到地方,掌土治民;行政管理的核心是管理行政区内的人口及其与之相关的各类事务。当一个地方的民族构成发生变化,而原有的行政区划的管理体制不能有效地管理辖区内的所有民族人口时,中央王朝必将创设一种既能保持该地区稳定,又能实现对其辖区内所有民族人口管理的政区模式。所以,民族构成变化也是行政区划调整的重要原因,清代正是基于这一原则,进行了直隶厅制度的创设和边疆民族地区直隶厅的设置。

第三节　直隶厅的经济职能与职官铨选

光绪《清会典》给直隶厅的准确定义是"凡抚民同知直隶于布政司者为直隶厅"[68]。这提示我们直隶厅除了行政主官是抚民同知外,还必须具备直隶于布政司的特性。故而光绪会典在罗列"直隶厅同知三十有二人。通判一人,州判一人"后特别强调"皆直隶于布政司"[69]。尽管清朝的"理事厅"、"抚夷厅"等具备了行政区划的要素,但至少在光绪会典编纂时,并不把它们看作是直隶厅。直隶厅必须"直隶于布政司",说明直隶厅具有偏重于经济管理的成分。

清代布政司掌各省钱粮赋役户籍,赋税的征收赖于户籍的编册,布政司掌户籍尤为重要。"编审则丁赋之所由出也。编审之制,州县官造册上之府,府别造一总册上之布政司"。赋役之事也归各省"布政司按季提取,年终报部",省下府、直隶州、直隶厅、州、县均应"其新垦地亩,招徕人丁,续入册尾。每州县发二本,一存有司,一存学宫。赋税册籍,有丈量册,又称鱼鳞册,详载上中下田则。有黄册,岁记户口登耗,与《赋役全书》相表里。有赤历,令百姓自登纳数,上之布政司,岁终磨对"。[70] 布政司职权的基础是清代实行户籍分民族管理下的差异性赋役政策。清代旗人、蒙古等单独造册,"旗民杂处村庄,一体编列。旗人、民人有犯,地方官会同理事同知办理,至各省驻防营内商民贸易居住,及官兵雇用人役,均另编牌册,报明理事厅查核"。[71] "满州、蒙古、汉军丁档则户部八旗俸饷处专司之,外番札萨克则掌于理藩院"[72],不归布政司署理。对于各地少数民族,光绪《清会典》说:

> 有回户,各省散处之回民,皆列于民户,惟甘肃撒腊尔等回户,仍设土司管辖。
>
> 有番户,甘肃循化、庄浪、贵德、洮州,四川懋功、打箭炉、云南维西、中甸等处同知、通判所属为番户。
>
> 有羌户,甘肃阶州、四川茂州所属有羌户。
>
> 有苗户,湖南乾州、凤凰、永绥、城步、绥宁,四川酉阳、秀山,广西龙胜、怀远、庆远、泗城,贵州都匀、兴义、黎平、松桃等处所属有苗户。
>
> 有猺户,湖南、广东理猺同知等所属为猺户。
>
> 有黎户,广东琼州所属有黎户。
>
> 有夷户,云南云龙、腾越、顺宁、普洱等处所属有夷户。[73]

事实上清代各少数民族虽有户籍之名,却无确切的户口统计。清朝要求"番、回、黎、苗、猺、夷人等,久经向化者,皆按丁口编入民数"[74];而偏远的"聚族而居"的少数民族基本不编户[75],仅对"夷田""折征差发"[76];"至土司所属夷人等,但报明寨数族数,不计户数。及外藩人丁编审隶理藩院者,不与其数"[77]。这种少数民族户籍管理模式是基于对少数民族不征赋税的政策确立的,一般少数民族耕种的土地也属"免丈者,甘肃、四川番户,云南夷户,除垦耕官屯民田者仍按亩起科外,其所种番夷地,皆计户纳粮,免其查丈"[78]。这样一来,各省上报布政司的编户人口仅为汉人或部分"久经向化"的少数民族;布政司的"赋税册籍"登记只是汉人垦殖的土地或部分"熟夷"的耕地。当汉人大规模进入传统的不编户、不征税的边疆民族世居区和专为满蒙旗人建立的行政区,地方政府受限于民族地区的户籍和赋役制度,不能对其编户征税,必然造成应该编户并承担赋役的汉人脱籍逃赋。为了解决这一矛盾,清朝只能通过行政区划的调整或改革,建立一种既能对进入边疆民族地区垦殖的汉人编户征税,又能保持原有少数民族户籍管理制度延续的行政区划。清代直隶厅正是基于此而创设的。直隶厅直隶于布政司,既达到对进入边疆民族地区垦殖的汉人编户征税,又满足了多民族地区差异性的编户征税管理需要,在实现边疆民族地区的行政管理权从偏重土司到国家全面控制的过渡的同时,中央王朝通过直隶厅实现了对边疆民族地区经济的管理和控制,使直隶厅具有重经济管理的职能。

清代中前期八旗驻防或满州、蒙古旗人地区一般设置理事厅,派理事同知管理;凡纯粹的少数民族地区,常设理番厅、抚夷厅、抚猺厅,直接任命当地土司兼理番同知(通判)、抚夷同知(通判)。这些理番厅、抚夷厅、抚猺厅有的也直隶于省或道,但并不直隶布政司,因而不能将其列入直隶厅。只有朝廷派出"抚民同知"、"抚民通判"等官员到已经形成汉夷杂居地区,朝廷才有可能通过布政司掌控这些地区应该编户的汉人并对其征收赋税。乾隆时"越嶲厅设抚民通判,止治汉民,而熟夷皆受治土司,通判无专责,且营伍非其所辖,呼应不灵,每以细故酿为大衅。请改为抚夷通判"[79]。说明直隶厅是一种民、夷分治的行政区划,抚民同知和通判主要治汉民,要求汉人达到一定的数量,夷人则受治于土司。越嶲厅由抚民通判改抚夷通判例,证明了户籍分类、职官分守为厅的实质和管理职权的差异。直隶厅主要管理汉人。口北三厅作为行政区划的理事厅设置较早,汉人垦殖也较早,"以口外种地民人,于雍正元年二年三年陆续设古北口、张家口、归化城三同知管理"[80]。但囿于清朝满洲、蒙古籍各省"驻防满洲官兵省分皆设理事同知或通判"[81]管理的规制,设置了口外三理事厅。三理事厅设置后,汉人实际未能得到有效管理,嘉庆十五年二月,"户部奏:查古北口、张家口、归化城自雍正年间设立三同知管理以后,归化城种地民人,由该同知通判各按所管地界,照编造保甲之例,每年将旧存、新到及回籍病故人数各若干,注明系何州县民人,造册咨送臣部查核","热河迤北一带,系蒙古外藩游牧处所,自乾隆四十三年改设州县以后,民人集聚渐多,山厂平原尽行开垦,均向蒙古输租。有家资稍裕搬移眷属者,亦有偶值歉收投亲觅食者",致使"古北口张家口外寄居种地民人,现在作何籍查,未据咨报"[82]。大量的汉人到口外垦殖、商贸、定居,但口外三厅受理事厅职权"系理旗务"、不理民事的限制,到口外垦殖的汉人户籍仍在原籍。户籍与居住地、垦殖地的分离,使口外垦殖汉人实际处于脱籍逃赋状态。理事厅隶于理藩院,不隶于布政司,也使朝廷不能实现对移居口外汉人的编户征税,不仅导致该地区行政管理、户籍管理混乱,而且严重制约了该地区开发。故口外三厅"雍正中,先后置三理事同知厅。光绪七年，并改抚民同知"[83]，打破了户籍分类、职官分守为"理番""抚夷"等类厅制，在汉夷杂居地区以直隶厅的设置健全行政管理体制。

清代从乾隆定制直隶厅开始，不同类型厅的官员铨选和任用是有民族特征的。直隶厅的行政职能虽然健全，但直隶厅地区具有户籍管理的民族差异，直隶厅抚民同知偏重经济和管理汉民，所以乾隆定制直隶厅的同时，于乾隆五十七年规定每三年的"京察一等双圈人员"拣选官员时"其圆圈之满洲蒙古中书笔帖式等官，著归入记名理事同知通判内，遇有缺出，与旧记名人员，一体带领引见。其汉军汉人，著交部以抚民同知通判，照例选用"[84]。确立了抚民同知必须是"汉军汉人"铨选出的官员担任，"汉军汉人"铨选为抚民同知的定制，被乾隆以后历朝皇帝所遵行。每逢三年京察铨选时，必定重申乾隆五十七年诏令，因此这段史料在《清实录》嘉庆、道光、咸丰、同治、光绪、宣统朝实录中反复记载了31次[85]，说明直隶厅制度从乾隆确立以来沿袭至清末，成为清代行政区划制度中的重要组成部分。"抚民同知"以"汉军汉人"官员任用，表明直隶厅主官还有偏重于以汉官治汉人的特点。同时又是边疆民族地区行政体制由土司制度或当地民族自行管理模式向全国政区的一体化演进的过渡型政区。

综上所述，行政区划的实质在于中央对地方实行有效的分层级行政管理，中央通过行政区划把行政权力深入到地方掌土治民。行政区划的核心是管理行政区内的人口及其与之相关的各类事务，同时实现对地方经济利益的撷取。所以当一个地方民族构成发生变化而原有的行政区划在管理体制上不能有效地对辖区内的所有民族人口进行管理时，中央王朝必将进行行政区划的调整或调适,甚至创立新的行政区划类型来行使行政管理职能。在行政区划的调整中,清朝特别注重对边疆的控制和保持民族地区的稳定。直隶厅即是在清朝治边方略指导下,对边疆民族地区因汉人增加、汉民垦殖区扩大而导致的民族构成变迁和经济开发扩大情况下,创设的一种既能保持边疆民族地区稳定,又能实现对其辖区内所有民族人口进行管理的政区模式。直隶厅直隶于各省布政司,以抚民同知为主官,在保留了原有的土司机构的同时,由朝廷派出抚民同知治地、掌民、控土司、兼汛防;直隶厅还有偏重对经济和汉人管理的特点。因此,清代的直隶厅不仅具备了行政区划各要素,而且具有行政双结构、民族构成多样性、户籍管理分类性、赋役征收的差异性和军事控管等特征,是边疆民族地区行政体制由土司制度或当地民族自行管理模式向全国政区的一体化演进的过渡型政区。随着边疆民族地区汉人增加,汉民垦殖区的扩大导致民族构成的演变,乾隆中期至嘉庆年间完成了直隶厅的定制,出现了第一次直隶厅的设置高潮;光绪至清末出现第二次设置高潮,在新疆、内蒙和东北地区新置数量众多的直隶厅,同时又将大量的"理事厅"改为直隶厅,使直隶厅逐渐摆脱了两套职官体制和行政管理双结构的模式,成为抚民同知主持下的单一的行政管理体制。所以,清代的直隶厅的创制,强化了边疆控制和民族地区的行政管理,促使边疆民族地区平和地向内地基本一致的行政区划体系过渡,是一种过渡型的政区模式,也是清朝全国政区的一体化的重要措施。

注　释

1　真水康树:《清代"直隶厅"与"散厅"的"定制"化及其明代起源》,《北京大学学报(哲学社会科学版)》,1996 年 3 期。

2　傅林祥:《清代抚民厅制度形成过程初探》,《中国历史地理论丛》,2007 年 1 期。

3　赵泉澄著:《清代地理沿革表》(中华书局,1953 年),牛汉平主编:《清代政区沿革综表》(中国地图出版社,1994 年),以及真水康树:《清代"直隶厅"与"散厅"的"定制"化及其明代起源》的界定和厅数统计上存在很大差别。

4　(清)叶如桐修《续修永北直隶厅志》卷 2《建置沿革》,光绪刻本。《清史稿》卷 74《地理志·云南》记载:"永北直隶厅:繁,疲,难。隶迤西道。明,北胜州,隶鹤庆府,与澜沧卫同治。康熙五年,降为属州,隶大理。二十六年,省卫入州。三十一年,复为直隶州。三十七年,升永北府,以永宁土府隶之。三十八年,又以鹤庆府属故顺州地入焉。乾隆三十五年,改直隶厅。"

5　《清高宗实录》卷 852;乾隆三十五年二月庚戌。

6　《清高宗实录》卷 872,乾隆三十五年十一月甲辰。

7　《清高宗实录》卷 1242,乾隆五十年十一月戊申。

8　《清史稿》卷 74《地理志·云南》,中华书局,1077 年,第 2336 页。

9　光绪《钦定大清会典》卷四《吏部》。《清史稿·地理志》记载镇沅直隶厅为道光二十年升镇沅直隶州为直隶厅,光绪十三年又置镇边抚夷直隶厅。这两厅非乾隆三十五年所置,暂不讨论。

10　(清)叶如桐修《续修永北直隶厅志》卷 2《建置沿革》。

11　(清)蒋旭纂:《蒙化府志》卷 1《地理志·建置沿革》。

12　《清史稿》卷 74《地理志·云南》,中华书局,1977 年,第 2337 页。

13　《清世宗实录》卷 31,"雍正三年四月辛巳,云贵总督高其倬题,云南蒙化土知府左嘉谟故,请以其子左麟哥承袭,下部知之"。《清世宗实录》卷 113,"雍正九年十二月甲辰,云贵广西总督鄂尔泰题,云南景东土知府陶大鉴故,请以其子陶淳承袭,下部知之"。清代永宁土知府、北胜土知州、蒙化土知府、景东土知府去世,清朝均按此例准予子孙承袭,并在《清实录》中加以记载。

14　《清史稿》卷 512《土司传一》。

15　陆韧:《变迁与交融——明代云南汉族移民研究》,云南教育出版社,2001 年。

16　《清圣祖实录》卷 277,康熙五十七年二月甲午。

17　《清史稿》卷 131《兵志二·绿营》。秦树才著:《清代云南绿营兵研究——以汛塘为中心》,云南教育出版社,2004 年,第 18,127 页。

18　傅林祥:《清代抚民厅制度形成过程初探》,《中国历史地理论丛》,2007 年第 1 期。

19 （清）叶如桐：《续修永北直隶厅志》卷2《户口》。

20 （清）蒋旭纂：康熙《蒙化府志》卷1《地理志·风俗》，卷3《赋役志·户口屯附》。

21 嘉庆《景东直隶厅志》卷10《赋役·户口》。

22 《清高宗实录》卷872，乾隆三十五年十一月甲辰。

23 《清高宗实录》卷872，乾隆三十五年十一月甲辰。

24 天启《滇志·兵食志》。陆韧：《明代云南汉族移民定居区的分布与拓展》，《中国历史地理论丛》，2006年第3期。

25 秦树才著：《清代云南绿营兵研究——以汛塘为中心》，云南教育出版社，2004年，第20页。

26 《清史稿》卷120《食货志·田赋》，中华书局，1977年，第3504—3505页。

27 《清史稿》卷514《土司传三·云南》，广南虽然保留土同知，但仅为广南府的佐贰之官，不再署理土民。

28 《清史稿》卷74《地理志》，中华书局，1977年，第2344页。

29 嘉庆《大清一统志》卷498《云南统部·腾越直隶厅》。

30 《清史稿》卷74《地理志》，中华书局，1977年，第2331页。

31 《清史稿》卷116《职官志》："初制正四品。乾隆十八年改从四品。同知，正五品。通判，正六品。"

32 《清史稿》卷74《地理志·云南》，中华书局，1977年，第2396页。

33 《清高宗实录》卷1358，乾隆五十五年七月己卯朔。

34 （清）蒋旭纂：《蒙化府志》，光绪刻本凡例。

35 光绪《钦定大清会典》卷4《吏部》。

36 光绪《钦定大清会典》卷4《吏部》。

37 光绪《钦定大清会典》卷4《吏部》。

38 《清高宗实录》卷79，乾隆三年十月丙午。

39 《清史稿》卷69《地理志·四川》，中华书局，1977年，第2208页。

40 光绪《钦定大清会典》卷4《吏部》。本段引文中，凡宋体字为光绪《钦定大清会典》原文，仿宋字为原注。

41 《清世宗实录》卷60，雍正五年八月甲申朔。

42 《清史稿》卷69《地理志·四川》，中华书局，1977年，第2207页。

43 《清高宗实录》卷119，乾隆五年六月戊戌。

44　《清高宗实录》卷119,乾隆五年闰六月己酉。

45　《清高宗实录》卷101,乾隆四年九月癸酉。

46　《清高宗实录》卷627,乾隆二十五年十二月戊子。

47　光绪《钦定大清会典》卷4《吏部》。

48　《清高宗实录》卷537,乾隆二十二年四月庚寅。

49　《清高宗实录》卷537,乾隆二十二年四月庚寅。

50　《清史稿》卷69《地理志·四川》,中华书局,1977年,第2238页。

51　《清高宗实录》卷537,乾隆二十二年四月庚寅。卷775,乾隆三十一年十二月丙辰。卷651,乾隆二十六年十二月辛巳。

52　《清高宗实录》卷105,乾隆四年十一月壬申。

53　《清世宗实录》卷60,雍正五年八月甲申朔。

54　《清高宗实录》卷716,乾隆二十九年八月庚辰朔。

55　《清高宗实录》卷453,乾隆十八年十二月庚子。

56　《清宣宗道光实录》卷246,道光十三年十二月庚戌。

57　《清史稿》卷75《地理志·贵州》,中华书局,1977年,第2369页。

58　《清高宗实录》卷246,乾隆十年八月丁未。

59　《清高宗实录》卷31,乾隆元年十一月庚戌。

60　《清史稿》卷361《傅鼐传》,中华书局,1977年,第11388—11389页。

61　凌永忠:《清代湘黔"苗疆"十厅行政建置和管理体制研究》,2009年云南大学历史地理专业硕士论文,第49页。

62　《清史稿》卷361《傅鼐传》,中华书局,1977年,第11389页。

63　《钦定平苗纪略》卷35。

64　《清史稿》卷76《地理志·新疆》,中华书局,1977年,第2380页。

65　《清高宗实录》卷1115。乾隆四十五年九月丁酉。

66　《清史稿》卷110《选举志五》,中华书局,1977年,第3214页。

67　《清圣祖实录》卷136,康熙二十七年七月丙戌。

68　光绪《钦定大清会典》卷17《户部》。

69　光绪《钦定大清会典》卷4《吏部》。

70　《清史稿》卷120《食货志一·户口》、卷121《食货志二·赋役》。

71　《清史稿》卷120《食货志·户口》,中华书局,1977年,第3481页。

72　光绪《钦定大清会典》卷17《户部》。

73　光绪《钦定大清会典》卷17《户部》，宋体为光绪《钦定大清会典》正文，仿宋字体为原注文。

74　光绪《钦定大清会典》卷17《户部》。

75　(清)蒋旭纂:康熙《蒙化府志》卷1《地理志·风俗》，卷3《赋役志·户口屯附》。

76　嘉庆《景东直隶厅志》卷10《赋役·户口》。

77　光绪《钦定大清会典》卷17《户部》。

78　光绪《钦定大清会典》卷17《户部》。

79　《清史稿》卷376《吴杰传》，中华书局，1977年，第11578页。

80　《清仁宗实录》卷226，嘉庆十五年二月己酉。

81　《清圣祖实录》卷284，康熙五十八年六月己未。

82　《清圣祖实录》卷284，康熙五十八年六月己未。

83　《清史稿》卷54《地理志·直隶》，中华书局，1977年，第1915页。

84　《清高宗实录》卷1397，乾隆五十七年二月丙辰。

85　《清仁宗实录》卷80，嘉庆六年三月丁丑朔。卷226，嘉庆十五年二月丁卯。卷316，嘉庆二十一年二月庚午。《清宣宗实录》卷29，道光二年二月乙酉。卷79，道光五年二月癸亥。卷184，道光十一年二月丁亥。卷249，光十四年二月庚子。卷294，道光十七年二月癸丑。卷331，道光二十年二月丁丑。卷389，道光二十三年二月丁丑。卷426，道光二十六年二月庚寅。卷464，道光二十九年二月甲辰。《清文宗实录》卷53，咸丰二年二月乙酉。卷158，咸丰五年二月戊戌。卷245，咸丰八年二月丙辰。《清穆宗实录》卷18。同治元年二月己未。卷93。同治三年二至月丁丑。卷196。同治六年二月戊子。卷276。同治九年二月庚子。《清穆宗实录》卷349，同治十二年二月癸丑。《清德宗实录》卷26，光绪二年二月戊辰。卷87，光绪五年二月戊寅。卷143，光绪八年二月壬戌。卷203，光绪十一年二月甲戌。卷252，光绪十四年二月丙戌。卷294，光绪十七年二月戊戌。卷334，光绪二十年二月癸丑。卷401，光绪二十三年二月丙寅。卷459，光绪二十六年二月戊寅。卷512，光绪二十九年二月丙申。《大清宣统政纪》卷12，宣统元年夏四月癸未。

第 七 章
清代西南湘黔"苗疆"十厅政区地理

　　历史上除了内地省份设置了大量正式政区外,在边疆省份还设有不少特殊政区,学界对内地省份的正式政区有了相当深入的研究,取得了丰硕的成果,但对边疆民族地区特殊行政区划的研究较为薄弱。特殊政区的设置关乎边疆地区与内地一体化发展的进程,是中央政府加强管控和开发民族地区、巩固统一的多民族国家的重要措施。特别是到了清代,中央政府非常重视管控边疆的特殊行政区划,在历史政区地理研究日益成熟和完善的今天,不能忽视对边疆特殊政区的深入研究。

　　历史上,以腊尔山为中心的湘西、黔东北地区和以雷公山为中心的黔东南地区是苗族聚居地,因此被称为"苗疆",当然这是狭义的"苗疆",与之相对的广义的"苗疆",泛指南方少数民族居住地,因为封建统治者习惯于把我国南方少数民族统称为苗。狭义的"苗疆"又有"生苗区"和"熟苗区"之分,本文所涉及的"苗疆"主体是"生苗区",这些地方是偏僻的山区,与汉人关系疏远,言语不通,生活习俗各异,历代中央王朝不能对其进行实际控制,当地少数民族长期保持自立自主的状态,处于一种"化外"状态,是当时统治者眼中的"生苗",他们的生活区域因此成为典型的"内地边疆"。武力开辟"苗疆"后,清王朝在"苗疆"设置了凤凰厅、乾州厅、永绥厅、松桃厅、清江厅、台拱厅、古州厅、八寨厅、都江厅、丹江厅等十个特殊行政单位,对"苗疆"进行强力控制和开发。上述十个厅管辖的地域范围大致相当于今天湖南省花垣县、凤凰县、吉首市,贵州省松桃县、榕江县、剑河县、台江县、丹寨县、雷山县、三都县等地。

厅是清代的创制,大都设立在各省边远、边疆地区或海疆地区,特别是有些少数民族地区,由于历史发展、地理环境、社会结构、民族构成等方面因素的特殊性,不适宜设置州县进行常态化管理,从而在部分地区采用"厅"这样一种灵活适用的特殊行政制度进行管理。厅作为清代地方管理体制中的重要组成部分,作为特殊的行政区,曾经发挥过重要的作用,这在政区研究过程中是不应当被忽视的,可学界对清代政区的研究,往往把厅置于边缘地位。"苗疆"十厅的设置,把这一地区纳入中央的统一管理之下,改变了"化外"的状态,打破了"内地边疆"的格局。此乃清朝政府的重要"治边"政策,并逐渐形成一套具有自身特点的管理体制,对边疆少数民族地区的发展产生了重大的影响,具有重要的历史意义。"苗疆"十厅的研究,已然成为全面深入了解"苗疆"社会的必要环节,也是全面解析清代西南政区必不可少的环节,可从政区角度对它进行深入细致的研究尚较为薄弱。

湘黔"苗疆"为清代新辟之地,它的历史发展、地理环境、社会结构、民族构成等方面的情况十分复杂,对它的管控难度很大,不适宜设立传统的州县进行管控,不得不进行行政管理制度上的调整。以十厅为核心的行政管理体系的构建,实际上就是对"苗疆"诸多特殊情况的一种政策上的积极回应,政府管理"苗疆"的行政效率和施政成本在这种回应中得到优化。鉴于"苗疆"及十厅的特殊性和现有研究的薄弱,本文力图在廓清"苗疆"的地理态势、民族构成、社会状况,以及开辟"苗疆"的背景和过程的基础上,从历史地理学角度对十厅的行政建置进行详尽的考释、对十厅的管理体制和特点进行了条析,并进一步论及"苗疆"建置后的经济影响。

历史政区地理是历史地理学的一个重要分支,它的前身是以《二十四史·地理志》为代表的沿革地理。20 世纪 30 年代,以顾颉刚,谭其骧等创立的《禹贡》学派为开端,转入了现代历史地理学的研究,在疆域的新视角下对政区进行了考证。在之后的研究中,历史政区地理有了长足发展:考证更加精细化,有了断代和通史性政区的研究,提出了政区、政区地理的基本概念,形成了一个学科学理体系,在政区研究的基础上进行了中央和地方的关系的探讨,提升到了历史政治地理的理论探讨和个案研究,对民族地区的特殊政区进行了理论上的探讨。清代是统一的多民族国家形成的重要时期,治边思想有了很大的调整,治边力度不断加大,为了有效控制边疆地区,设立了大量的特殊行政区划,可针对边疆特殊政区进行专门化、精细化的研究不多见。本文的研究主要就清代湘黔"苗疆"十厅进行全面解析,加大特殊行政区划研究的力度,在一定程度上弥补当前研究的不足,有利于历史政区地理这一学科体系的不断完善和发展,具有一定的学术价值。

清朝为少数民族政权入主中原,在全国的统治地位得到巩固后,清朝统治者不留统治死角的理念逐步付诸实施。康熙、雍正年间相继进行了大规模开辟"苗疆"的活动,不过武力开辟"苗疆"颇为艰难,管控"苗疆"更为棘手。"苗疆"的社会结构、民族构成较为特殊,地理态势较为艰险,当地少数民族长期"化外",文化习俗不同于其他地区,对外部势力的进入有强烈的抵抗情绪,在此背景下,清朝政府在"苗疆"设置了十个厅,并根据具体情况不断的调整政策,形成一套有效的管理体制。清王朝的权力通过十厅的设置下渗到"苗疆"基层,对"苗疆"社会的各种因素进行了有效的整合,打破了"内地边疆"的格局,加速边疆与内地一体化发展的步伐,从这个角度看,研究边疆地区的特殊行政区划有着深刻的意义。本文的研究将全面廓清"苗疆"本身具有的历史、政治、民族、地理特点,详细考证"苗疆"十厅的行政建置,全面揭示清朝治理"苗疆"的思想和"苗疆"行政管理体制的特点。本文的研究可以为其他历史问题研究提供基础,为当今治理和开发少数民族地区,推进边疆民族地区的全面发展提供历史的借鉴。

第一节 清代以前湘黔的"苗疆"

一、"苗疆"的地理范围与民族

"苗疆"之称,始于明代,在今人的观念中一般有广义、狭义之分。清代统治者习惯于把我国南方少数民族统称为苗,"若粤之僮、之黎,黔楚之瑶,四川之僰、之生番,云南之猓、之野人,皆无君长,不相统属,其苗乎"[1],于是有了"云、贵、川、广等省苗疆地方"[2]这样一个广义的苗疆。这样,南方少数民族居住区大都成为统治者眼中的"苗疆"了,当然,其具体范围比较泛,目前没有人为其清晰定位,也难以定位。值得一提的是,广义的苗疆也分布有一定数量的苗族人口,"中国湖南、四川、广西、云南、贵州五省境内,皆有苗民杂处"。[3]但它们大多数并没有形成大片的聚居区。与之相对的是狭义的苗疆,主要是湘黔交界地带的苗族聚居区,即以蜡尔山为中心的湘西、黔东北地区和以雷公山为中心的黔东南地区。"苗原不分湖贵,特以苗长食粮湖贵各哨,因以别其名"。[4]可见苗有黔苗、楚苗之分,并且赋予了某种政治意义。

　　湖南"苗族主要聚居在湘西土家族苗族自治州的花垣、凤凰、吉首、保靖、古丈、龙山、泸溪等县,以及城步苗族自治县和新晃侗族自治县"[5]。清代湖南苗疆大致指上述地区,据说"苗之种类乃槃瓠遗孽,其巢穴即古之崇山,居楚、蜀、黔三省之中,东接楚之五寨长官司,北接楚之永、保二宣慰司,南接黔之铜仁平、乌二长官司,西接蜀之西阳宣慰司及平茶长官司"。[6]"湖南苗疆沿边七百余里,凤凰、乾州、永绥、古丈坪、保靖四厅一县,控制东、南、北三面,其迤西一面长二百余里,系贵州松桃厅管辖,统计周围千里,内环苗地二千余寨"。[7]作为行政区划上的湘西"苗疆",自嘉庆六年(1801年),朝廷任命时任凤凰同知的傅鼐"总理苗疆边务",湘西"苗疆"才有了准行政属性,有了明确的地理范围:凤凰、乾州、永绥、古丈坪四厅,保靖、泸溪、麻阳三县,当时人称"七厅县"。[8]这里涉及的苗疆主体在湖南湘西地区,同时还提到了贵州铜仁松桃等地。而《明实录·神宗实录》卷五三六则载:"红苗者环铜仁、石阡、思州、思南四府,东连楚,西接蜀,周匝二千余里有余,种类殆得十万。"[9]事实上,此等地方的苗族为"红苗",历史上统称为蜡尔山苗,"蜡尔山介黔楚之间,其山自贵州正大营起北分老凤、芭茅、猴子诸山,东接栗林、天星、鸦保、岑头坡,故苗之居三厅及松桃铜仁之间者,往史统谓之蜡尔山"。[10]由此可见,以蜡尔山为中心的苗疆片区主要指清代湖南凤凰(今凤凰县)、乾州(今吉首)、永绥(今花垣县)、古丈坪(今古丈县)、四厅,保靖、泸溪、麻阳,以及清代贵州铜仁、松桃厅(今松桃县)和思南、思州,石阡的一部分地区。

　　贵州苗疆,主要集中在今天以雷公山为中心的黔东南地区和黔南的部分地区。"自沅州以西即多苗民,但有生熟之异。生者匿深箐中不敢出,无从见,熟者服力役,纳田赋,与汉人等"。[11]沅州以西就是贵州镇远府、黎平府等地,其中的思州在前面已经述及,这为我们把握贵州苗疆定下了一个基调。而"黔省故多苗,自黎平府以西,都匀府以东,镇远府以南,皆生苗地,广二、三千里"。[12]二者所说地域有大体的一致性。第二则材料所显示的苗疆,其实际范围是清代黔东南六厅(清江、台拱、古州、都江、丹江、八寨)的生苗之地。要把握贵州苗疆,必须弄清古州一地。"古州有里外之分,自宋元明建砦、设州、设长官司,皆外古州也,而里古州历代俱为化外生苗"。[13]也就是说古州有里外之分,即生苗区和熟苗区。"明代洪武时,以外古州设潭溪、龙里、洪舟、八舟、新化、亮寨、中林、曹滴、西山、湖耳、赤溪、永从十四长官司"。[14]此十四长官司即外古州熟苗区,占据了黎平府除生苗区外的绝大部分地区,谭其骧先生的《中国历史地图集》表现的十分直观。这样,几乎整个黎平府全纳入了苗疆范围。根据上述分析,贵州苗疆主要指镇远府、黎平府以及都匀府的一部分。即今天的黔东南苗族侗族自治州和黔南布依族苗族自治州的都匀市、三都县等地。

值得我们注意的是狭义的苗疆还有"生苗"区和"熟苗"区之分。明代的史籍中就有"生苗"、"熟苗"之称,从《明实录》的记载看,"生苗"这一称呼最早出现在明永乐初年,如永乐三年(1405年)正月二十八日载:"湖广都指挥谢凤等奏,招谕答意等五寨生苗,皆向化。"[15]同年七月初四载:"辰州卫指挥佥事龚能等,招谕箅子坪等处三十五寨生苗、廖彪等四百五十三户向化"。[16]简而言之,生苗区是"生苗"居住的地方,是中央王朝没有实际控制的苗族聚居区,反之则为熟苗区。

元、明以来,主要有两大"生苗"集中地,一是今天贵州黔东南地区的黑苗。关于黑苗,还有其他一些称呼:九股苗、黑山苗、黑脚苗、紫姜苗、禾苗等。李宗昉《黔记》记载:"黑苗,都匀、八寨、丹江、镇远、黎平、清江、古州等处;族类甚繁,习俗各殊,衣皆尚黑。"

主要生活在以雷公山为中心的清水江和都柳江流域,"苗疆四周几三千里,千有三百余寨,古州居其中,群砦环其外。左有清江可北达楚,右有都江可通粤,皆为顽苗盘踞,梗阻三省,逐成化外"。[17]从行政区划来看,主要分布在清代黎平府、都匀府、镇远府的部分地区,"黔省故多苗,自黎平府以西,都匀府以东,镇远府以南,皆生苗地,广袤二三千里,户口十万余,不隶版图"。[18]具体来说,大都集中在清代清江(今剑河县)、台拱(今台江县)、古州(今榕江县)、都江(今三都县)、丹江(今雷山县)、八寨(今丹寨县)六厅之中。"八寨同知,明以前为夭壩土司地,后生苗将土司戕害,逐成化外"。"丹江通判,明以前皆为化外生苗"。"都江通判,明以前皆为化外生苗"。[19]"古州同知,明古州有里外之分,……里古州历代为化外生苗"。[20]"台拱同知,明以前俱为九股化外生苗"。"清江通判,明以前俱为化外生苗"。[21]据《贵州通史》记载:黔东南这块所谓的"生苗"区,大致是东起黎平界,西至都匀,北达施秉、镇远界,南抵古州(今榕江),处于清水江和都柳江之间,以雷公山为中心,南北较宽,东西稍窄的长方形地带,从现在的行政区划看,包括台江(原台拱)、剑河(原清江)、凯里、雷山(原丹江)、丹寨(原八寨)、榕江(原古州)等县市,其人口数经明清之际的再"征讨",至改土归流前尚应在二十万人以上。这与前面的分析结果是一致的。

　　另外一块"生苗"集中地,是湘、黔、川三省交界的"红苗"区,是唐、宋以后逐步形成的一块较大的相对稳定的苗族聚居区。[22]到明朝后期,"红苗"仍被视为"生苗"而弃之于"化外",这是以蜡尔山为中心的蜡尔山苗,因明初置镇溪千户所和筸子坪长官司,又常被称为"镇筸红苗"。处于"上六里"和贵州铜仁府境内的,称为"上六里苗"和"铜仁苗"。明万历年间,由西南五寨司地经筸子坪司镇溪所,东北至保靖司境,半环这一地区筑有一道边墙,这一生苗区主要是依据"边墙以外者为生苗,边墙内间有与民村相错居住,或佃耕民地,供赋当差,与内地人民无异,则为熟苗也"[23]来界定。其中边墙主要是湘西苗疆边墙,它"自亭子关(五寨司地,今凤凰县西)起,东北绕浪中江至盛华哨,过长坪,转北过牛岩、芦塘至高楼哨、得胜营,再北至木林湾溪,绕乾州城镇溪所,又西北至良章营、喜鹊营(保靖司地,今保靖县东南)止"。[24]这一线以西地区就是所谓的生苗区,从行政区划来看,主要集中在凤凰、乾州、永绥三厅,其中永绥为"生苗腹地"。[25]蜡尔山苗还涉及到贵州铜仁苗,其中"松桃,明以前俱为红苗巢穴,接连黔、楚、蜀,谓之三不管之地,至国朝(清朝)平苗拓址,始隶版籍"。[26]是典型的"化外生苗"之地。雍正七年(1729 年)七月二十四日鄂尔泰奏:"贵州铜仁一府,地处黔省极边,逼近红苗夷界,向因路远苗顽,不能管辖,仅于近府之乌罗等司地方,薄筑土墙,以分内外。继而楚苗通同作祟,虽经用兵剿抚,设官防范,而日久废弛,凶顽如故,流官不敢轻出边墙,苗人专复侵扰内境,然此犹地近黔省向名归附者。自红苗而外又有无管生苗,北连湖广、西接四川,广袤千余里,成化外之巨区。"[27]至此,我们可以很清晰的知道,清代湖南凤凰、乾州、永绥三厅和贵州松桃一厅,共同构成了以蜡尔山为中心的方圆数百里生苗区的主体。对这一区域,清人方显在《辨苗纪略》中有明确记载,其地域四至界限是:"北至永顺、保靖土司,南至麻阳县界,东至辰州府界,西至四川平茶、平头、酉阳土司,东南至五寨司,西南至贵州铜仁府,经三百里,纬百二十里,周千二百里。"[28]以今凤凰、花垣、吉首、松桃四县(市)计,明末清初湘黔边蜡尔山地区的"生苗",大概在十五万人左右。

还要指出的一点,就是"生苗"和"熟苗"是一个历史范畴,处

于在不断的变换之中。有"生苗"归化为"熟苗"的,如《明实录》
永乐三年(1405 年)年正月二十八日载:"湖广都指挥谢凤等奏,招
谕答意等五寨生苗向化"等。也有"熟苗"化外为"生苗"的,如
"八寨同知,明以前为夭壩土司地,后生苗将土司戕害,逐成化
外"。[29]也有在"生苗"和"熟苗"之间反复摇摆的,比较典型的是永
绥厅"上六里苗",据《湖南通史》研究:自唐朝以来,这一地区就属
官府管辖,元代"弃为化外之地",明洪武年间,崇山卫进行管辖,
但为时不长,因上六里苗的叛复无常,再次成为化外"生苗"。

　　除了这两块"生苗"区外,还有其他一些"生苗",零星地分布
在其他地区。但对历史影响最大的还是上述两大块"生苗"区,也
是本文研究的核心所在。为了直观显示苗疆的地理位置,作示意
图如下,

清代"苗疆"区域位置示意图

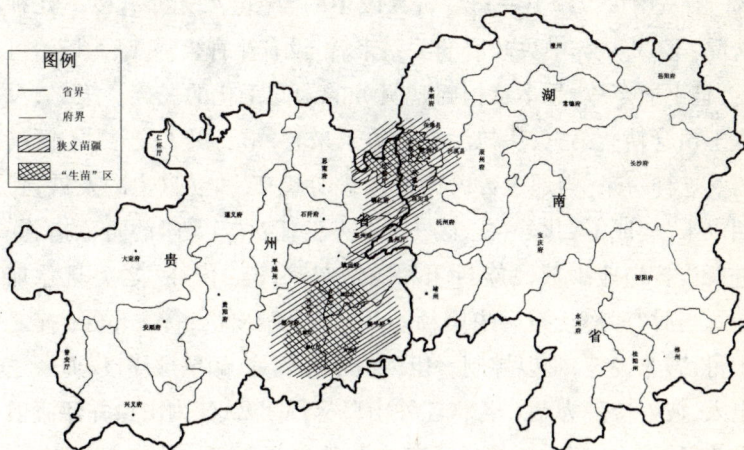

二、清代以前"苗疆"的社会

"生苗"和"熟苗"是一个历史概念,关于它们的特点和区别,有不少史籍进行了记载:"苗人,古三苗之裔,其人有名无姓,有族属无君长。近省界为熟苗,输租服役,稍同良家,则官司籍其户口,息耗登于天府。不与是籍者谓生苗。生苗多而熟苗寡"。[30]"生者匿深箐中不敢出,无从见。熟者服力役,纳田赋,与汉人等"。[31]"其已归王化者谓之熟苗,与内地汉民大同小异。生苗则僻处山峒,据险为寨,言语不通,风俗迥异"。[32]"所居附近各土司地方,纳粮当差,能醒汉语者谓之熟苗;远居深箐,不纳粮当差,不醒汉语者谓之生苗"。[33]"曰生苗,以其强悍不通声教,且别于熟苗,生苗自古为患"。[34]"中有土司者为熟苗,无管者为生苗"。[35]"其深藏山谷,不籍有司者为生苗。附近郡邑,输纳丁粮者为熟苗,熟苗与良民无异"。[36]从中可以窥见一斑。古人眼中的"生苗",无非有以下几种情况:第一,从与中央政府的关系来看,没有流官管辖,毫无设治可言,且不通声教,是不承担封建义务的未归王化的民族。第二,没有土司管辖。第三,从与汉人的关系来看,不与汉人交往,不懂汉语。这样一来,当地少数民族便被封闭起来,独立自主的发展,长期以来,便成了"化外"之地。而中央王朝对"生苗"的防范措施,进一步将当地少数民族封闭和隔绝起来,其"化外"之势日益加深。当时有"巡抚按御史虞祯奏'贵州蛮贼出没,抚之不平,捕之不得,若非设策,难以控制。臣观清水江等处,峭壁层崖,仅通一迳出入,彼得恃险为恶。若将江外山口尽行闭塞,江内山口并津渡俱设关堡,屯兵守御,又择寨长有才干者为办事官。'从之"。[37]"黔东南雷公山区:今榕江县,明中叶后,这一带苗族屡次起义,流官土官已无力控制,明廷只得放弃,在清水江另设'防苗办事官',封锁山口渡头,防止苗民外出活动。"[38]而在腊尔山区,更是修筑"边墙"对"生苗"加以钳制和防范。"贵州铜仁一府,地处黔省极边,逼近红苗夷界,向因路远苗强,不能管辖,仅于近府之乌罗等司地方薄筑土墙,以分内外"。[39]明万历年间,在湘西更筑"边墙""三百八十里",[40]"自亭子关(五寨司地,今凤凰县西)起,东北绕浪中江至盛华哨,过长坪,转北过牛岩、芦塘至高楼哨、得胜营,再北至木林湾溪,绕乾州城镇溪所,又西北至良章营、喜鹊营(保靖司地,今保靖县东南)止"。[41]将蜡尔山"生苗"隔绝开来,由于苗顽,使得"流官不敢轻出边墙"。[42]而"边墙"耸立,民间交往亦大为受阻,这样就进一步加深了"生苗"的"化外"之势。清初,统治者仍沿袭了明代的政策,并未改变"生苗"自主自立的状态。

说到"化外",无非是中央王朝没有在"生苗"区设置进行管理,或设而复废,重新弃为无管之地,这是"生苗"区社会发展状况从政治上表现出来的最大特点。明代在黔东南地区设府置县及大量土司:

正统三年,镇远州吏目胡寿建言官多民扰,乞府州省一,诏省州存府,今领县二、长官司二:镇远县,附郭;施秉县,府西南六十里;邛水一十五洞蛮夷长官司,府东八十里;偏桥长官司,府西六十里。[43]

弘治六年,添设都匀府,领州二、县一、长官司八:都匀长官司,附郭;邦水长官司,府西二十里;平浪长官司,府西五十里;平州六洞长官司,府西南一百五十里;麻哈州,府北六十里;乐平长官司,州西四十里;平定长官司,州北一百里;独山州,府南一百里;烂土长官司,州东一百一十里;丰宁长官司,州南一百二十里;清平县,府北一百三十里。[44]

明万历九年,黎平府领县一、长官司十二:永从县,府西南七十里;古州蛮夷长官司,府西北八十里;曹洞蛮夷长官司,府西一百里;潭溪蛮夷长官司,府东南三十里;八舟蛮夷长官司,府西北三十里;洪州泊里蛮夷长官司,府东南一百二十里;新化蛮夷长官司,府西北六十里;湖耳蛮夷长官司,府北一百二十里;亮寨蛮夷长官司,府东北九十里;欧阳蛮夷长官司,府东北七十里;中林验洞蛮夷长官司,府北七十里;龙里蛮夷长官司,府西南三十里;赤溪湳洞蛮夷长官司,府西北二百六十里;西山阳洞蛮夷长官司,府东南一百六十里。[45]

把镇远、黎平、都匀三府作为一个整体来看,这些县及土司是环处在这个整体区域的外围,所辖区域实际上就是前文所说的"熟苗"区。三府的毗连之地,即这个整体的中心地带在设置上则是一片空白,谭其骧先生的《中国历史地图集》对这一点表现的更为直观,设置的空白区就是清代六厅之地的主体区域,历代为"生苗"所踞。只有八寨厅是"明为夭壩土司地,后生苗将土司戕害,逐成化外。"[46]

前文已述,腊尔山"生苗"区主要是指湖南凤凰、乾州、永绥及贵州松桃四厅之地,集中在以腊尔山为中心的数百里的地方。"明永乐十一年置铜仁府,松地尚系苗区,大都羁縻之,使无妄动而已"。[47]实际上,厅境是"红苗之巢穴,谓之三不管之地"。[48]直到"国朝(清朝)改铜仁总兵为副将"才"始置营于松桃坡东、滑石、坡西、孟溪、龙头等地"。[49]即使松桃"辖土司四:乌罗正长官、乌罗副长官、平头正长官司、平头副长官",[50]也是于嘉庆二年考虑到"计新疆坡东、坡西之地,不足置厅,乃割平头、乌罗四司于铜仁,俾就松桃管辖"[51]而已。乾州厅,明时为镇溪军民千户所之地;凤凰厅,明时为五寨长官司、筸子坪长官司之地;永绥厅,明时为保靖州地。[52]而"镇筸、五寨而外,苗寨统分十里,上六里即今之永绥厅,下四里即今之乾州厅,外更有箪子坪长官司所辖之苗寨数十处,镇溪所千户东南附近之苗寨数十处。苗寨在上六里、下四里,先为所官管辖,后隶保靖宣慰司,其性犷悍,土官亦羁縻而已,千户所长官所辖,边墙内者居多,所官土官尚能弹压之"。[53]湘西"生苗"区还是有司所管的,只不过对"边墙"外是鞭长莫及,从而使其成为事实上的"生苗"区。只是永绥厅明时为崇山卫地,后废,弃"上六里苗"为"化外",逐成"生苗腹地"。由此可见,腊耳山"生苗"的"化外"程度最深的当数永绥厅和松桃厅。从总体上看,中央王朝对腊耳山苗疆的经营程度比对雷公山"苗疆"的经营程度要深一些,也就是说,以雷公山为中心的"生苗",其"化外"程度更深,这恐怕是两块"生苗"区重大差别。

　　根据前面材料对"生苗"特点的描述,我们知道"生苗"大都是"匿深箐中不敢出"、"僻处山峒,据险为寨"、"远居深箐"、"深藏山谷"。从中可以看出,"生苗"区大多是偏僻险要之所。事实上也是如此,黔东南"生苗"以雷公山为中心,而"雷公山,深处苗疆,绵亘二三百里,曰冷竹山,曰乌东山,曰野鸡山,曰黄杨山,曰尖山,叠嶂重峦,皆是山支阜,向为生熟逋逃之薮"。[54]各厅境内还有众多山岭,正如徐家干所说:"苗疆地势险阻,岗峦错接,跬步皆山,谚云地无三里平,身历其境,乃知其难。"[55]不仅山多,水也多,六厅之内有九股河、大丹江、小丹江、清水江、都江、古州江、车江、溶江等河流,并与诸多支流互为连通。山临水而立,水绕山而行,山高水深,势更险。有史为证:"山溪深阻,路径纷歧,鸟道羊肠,盘行险峭。"[56]

　　腊耳山"生苗"区与雷公山"生苗"区的地理形势有异曲同工之妙。也是"万山矗立,平衍之处甚少"。[57]"大腊耳山,高约十里,长百余里,阔十余里,万举丛错,备极险阻"。[58]"楚黔蜀万山之交,皆苗也"。[59]与群山相伴的众多河流:武溪、沱江、思邛江、印江、乌巢江、万溶江、牛角河、腊尔堡河、高岩河、龙溪、镇阳江、罗岩江等等,同样有众多支流相互贯穿,其山水相伴的情景,从对"边墙"的记载可以想像的到,"上自黄会营,下至镇溪所,绕水登山三百余里"。[60]松桃亦是"华篱险阻,箐密洞深"之地。[61]正是如此之地理形势,使得"生苗"有资本"负固不服",[62]从而能够长期保持自立自主的发展状态。

三、清初开辟"苗疆"

对于雄心勃勃的清王朝来说,"生苗"自立自主的"化外"发展状态,是不能容忍的。在"改土归流"大规模进行并取得重大胜利的情况下,在不留统治死角理念的支配之下,开辟"苗疆"是为必然。关于开辟"苗疆"的原因,大致有以下几种:

一、在清朝统治者眼中,"生苗"是地方祸害的根源,不利于清王朝的统治。可以从三个方面去分析这一点:

首先,经常滋生事端,骚扰百姓,破坏社会稳定,是为当地"民害"的根源。这方面的记载很多,"一遇歉岁,潜出山窟,射弩夺物,间或劫庄掠民待赎"。[63]"贵州土司单弱,不能管辖所属,故苗患更大,平日烧杀劫掳,拿白放黑,以为生计,有经至城汛捆人子女勒令取赎者,地方文武视为故常,或经控告,凶犯一无所获,而原告并证,反拖累至死"。[64]"黔省下游一带边界,生苗盘踞,劫杀横行,阻塞道路,为害已久"。[65]"往往窥伺内地,抄略为患"。[66]"苗人未向化时,每数百里长驱烧劫村寨,或数十成群伏草掳掠。凡掠去男女,必多备财物以赎之,金少,将被掳者加以非刑,有木枷、木靴之类,苦不堪言"。[67]这种状况的出现,极有可能是因为"苗疆"地方社会经济落后,苗族人民长期生活在山岭之中,生活没有绝对的保障,为了生计,出山抢劫似为无奈之举,由此在人民心目中落下了"恶苗"的印象。而此时的"苗疆"是流官、土司都不管不了的地方,形成了政府行政的真空地带,给"生苗"的过分行为提供了一个进退自如的大本营。此等风气如不加控制,将无法维护社会稳定,并会造成巨大的社会损害,所以鄂尔泰说:"生苗不亟加惩治,非独为苗患,且大为民害。"[68]

其次,"生苗"不仅经常扰乱社会秩序,而且时常对地方官员进行人身攻击,重者出命案。史料的记载很多,"清江亦黑苗,顺治十六年,杀县令赵玉奇"。[69]"康熙三十年冬十月,黎平府高洞苗,杀吏目刘浮"。"康熙四十年冬十月,黄革夷秒奴计、罗尤等拒捕,伤凯里都司胡国安,杀土官何瓒远"。[70]流官、土司不仅不能控制"生苗",反而经常为其所害。朝廷命官也会被苗民所杀,可见他们的实力之大,这也使得有的行政治所不得不出于行政安全的考虑而另迁他处,"清江亦黑苗也,与施秉旧县接壤,因迁施秉县治于偏桥以避之"。[71]"生苗"区的存在,成为了政府权力落实到地方的重大障碍,"苗疆"问题已经成为康雍乾时期急需处理的重大问题。历史上,苗族人民的生存空间一直在不断的遭到压缩,因而他们总是在不断的迁徙中生存,最后大都进入的生活条件恶劣的山区。苗族人民具有相当强的反抗精神,特别是"苗疆"历来就是封闭式的发展状态,对外部势力的进入有着高度的警惕性和抵抗性,这是维护他们生存空间不受侵犯的本能抗争。从这个角度看,当时苗族人民袭击政府官员是可以理解的。但这对强大的清帝国来说,是不可容忍的。

最后,苗民作乱,造成社会动荡不安。"康熙三十八年夏四月,都匀白苗甲多诸寨作乱"。"康熙四十二年冬十月,铜仁红苗乱"。"康熙五十年春三月,黎平蔡江洞苗老吴、大田做乱"。[72]此等实例还有很多。苗民既为民害,又为官害,且叛乱不已,而政府又无法控制,致使苗民肆意横行,连地方官也不敢过问,在当时统治者的头脑中就有"生苗自古为患"的观念。更为严重的是,苗、民勾结,"苗疆"就成了养奸纵恶的地方,"雍正五年九月十六日,云贵总督鄂尔泰奏:'据广泗禀称,查黎平西北之龙里、古州各土司所辖地方,逼近清水江、乌孟江等处生苗。此种生苗不独索性凶顽,肆无忌惮,且凡有罹罪犯法之人,携家窜入,恃作护符,实为养奸纵恶之地'"。[73]"省内苗瑶杂处,生苗以熟苗为护符,熟苗又勾串内地莠民,朋比为奸,与良民为难,地方官穷治株连,莫可殚诘,卒无法以弭其衅"。[74]这样一来,就严重影响到了地方的安稳,加大了中央王朝的治理难度。正如鄂尔泰疏言:"生苗盘踞黔楚粤三省接壤之间,若不相机清理,终为边方之患,难谋内地之安。"[75]

二,开通水运通道,便利交通,促进经济发展。这一点在黔东南地区体现的更为突出,其境内有清水江可通楚,有都柳江可通粤,加之得天独厚的自然资源,其商业经济发展具有巨大的潜力,可是"两江"都陷入"生苗"区,致使"清江,虽较潕溪为便,而估客帆樯不至焉。"[76]所以,武力开辟"苗疆"对清王朝来说具有很大的经济价值和战略意义。从上述原因可以看出,开辟"苗疆"、打通交通、以靖地方、把"化外生苗"纳入版籍,是当时的当务之急的大事,正如雍正三年三月丁卯谕云贵总督高其倬等,曰:"朕意,与其有事而加剿抚,孰若未事而预为计划。"[77]

除此之外,封疆大吏的好大喜功和对待"苗疆"问题的态度,极有可能是促使清廷做出开辟"苗疆"决策的重要因素。值得一提的是,开辟"苗疆"并非是因为要实现"清查田土,以增加租赋"的经济利益。清查田土是必要的,是清王朝为了了解"苗疆"实情,加强控制当地少数民族的需要。事实上,开辟"苗疆"后,清政府极力推行减免赋税的优待政策,甚至从来就不收赋税,"苗田不计亩,地丁钱粮均于雍正十三年奉旨蠲免,永不征收"。[78]再说,象征性的收取一定赋税,也是入不敷出,"雍正十三年八月初三日奉上谕:从前经理苗疆之意,原因苗性凶顽,久为地方居民之害,是以计议剿抚,为乂安百姓之计,若云利其民人,则其人不过如鸟兽之属,若云贪其土地,则其地本在吾版图之中,纵使日久之后,苗众挣诚向化,输纳钱粮,计算尚不及设汛养兵万分之一"。[79]由此看来,开辟"苗疆"主要是为了消地方居民之害,是乂安百姓之计。

招抚"生苗"之事,明代便有之,"明永乐三年乙酉,辰州卫指挥使龚能等招谕筸子坪三十五寨生苗"。[80]但对"苗疆"进行大规模征讨,并取得重大成功,则是在清代康雍时期。

对湘西、黔东北"苗疆"的开辟。康熙年间,以"红苗""出劫"和"反叛"为由,调集汉土官兵,对腊尔山"红苗"区进行"征剿",将军事力量逐步深入到腊尔山"生苗"腹地。至康熙四十二年(1703年),清廷更遣将调兵,对腊尔山"生苗"区进行大规模的武力"开辟"。次年,又于黔东北的正大营设"理苗同知",至雍正八年(1730年),因"吏目张文炳,把总张作志收粮,为落塘、稿平苗所戕。"经官军讨平后,"移正大营同知为松桃理苗同知,移铜仁协驻松桃"。置松桃厅。[81]

康熙四十二年(1703年),以"红苗人等不可令在三省接壤之地以为民害"[82]为由,遣在京大臣前往,直逼苗穴,勒令归诚。十一月礼部尚书席尔达等至镇筸晓谕,群苗望风归诚,其违抗者惟天星、马鞍、山毛、都塘、七兜树、打郎、湄亮、老家、两头羊、糯塘山、老旺山等。席尔达等领满汉官兵,至天星寨迤东爆木营立营,令益谟攻天星、龙蛟、岗排、六梁等寨,贵州提督李述芳攻糯塘山、上下葫芦、兜河等寨,广西提督张旺攻马鞍山、打郎、老旺山等寨,镇筸总兵官雷如攻毛都唐、老家、两头羊、湄亮、七兜树等寨。十二月十日,席尔达自爆木营赴苗穴,成龙、申乔率官兵应援。十三日,令长沙协副将高一靖等分四路进剿,至二十三日,经过十天的进剿搜捕,巨憝既迁,诸苗慑服,愿输课为良苗。因于辰州设乾州、凤凰二厅,分治苗疆。[83]"六里苗"于元时弃为"化外生苗"。明设崇山卫,后废,再次成为"化外生苗",雍正八年秋(1730年),巡抚赵恩、总兵周一德、辰永沅靖道兼副将王柔、永顺府同知李珣、保靖营游击王进昌,抚定六里生苗三百五十寨,于吉多坪设副将一员,归镇筸镇统辖,赐名永绥协,并设六里同知一员,隶辰州府。十年,奉旨改六里同知为永绥同知。[84]至此,对腊尔山"生苗"区的开辟最终完成。

对黔东南"苗疆"的开辟。"雍正六年五月十六日,张广泗由贵阳率兵赴都匀,六月初日,同都匀营参将赵文英等营于八寨隘口,招抚代理、代省、九门、长塘等寨,而杨排、杨老等寨拒抗如故,且胁数寨为援,……十二日,文英督兵攻击"[85],拉开了开辟"苗疆"的序幕。"八寨为都匀要隘,丹江、清江、古州之咽喉,窟穴其中者为黑苗"。[86]"其地既为苗疆之肯綮,其苗又属梗化之渠魁,欲靖苗疆,宜从八寨始"。[87]这就是从八寨拉开开辟"苗疆"序幕的原因所在。至十月,八寨始平,"余皆就抚,时十月五日也"。[88]遂建城设官隶都匀府。"八寨既平,议进丹江"。[89]总督鄂尔泰咨巡抚张广泗于雍正六年(1728年)十一月十一日率兵进取丹江,调副将苏大有直取小丹江,令副将张禹谟由乌溜进攻抱得,期会于大丹江,二十四日,广泗移营于小丹江,十二月初三日,大有进攻大丹江,平之。第二年,平叛苗,建城设官,亦隶都匀府。[90]

雍正十年春(1732年),出兵进剿清江苗,十一月二十二日,清江诸苗寨悉平。"清江亦黑苗境也,以上下九股为门户,丹江、八寨为藩篱,与施秉旧县接址,……春鄂尔泰驻贵阳,以八寨、丹江既坪,檄镇远府知府方显招抚九股,次及清江,又令副将张禹谟领官兵弹制之"。[91]于是显等亲历诸寨宣布皇威,下九股、上九股、小江、横坡、柳罗、柳爱相继降附,愿为良民。惟江外有公鹅苗与柳利、鸡摆、尾鸡、呼党、白汗、白索等十余寨,素相联结,不愿招抚,在"汉奸"的唆使之下,攻劫官兵。张广泗兼视机宜,以公鹅等寨逼处清水江,宜及时剿灭。五月十四日,攻其寨。六月初五日,公鹅诸逸贼愿受约束,直到十一月二十三日,贼大溃,车库、禾腊、党泥、白汗、党苗愿缴器械以就府,由是清江诸苗悉平,于公鹅寨建城设官,隶镇远府。[92]

雍正九年(1731)七月,两江悉定,鄂尔泰奏:"以古州上江百有八寨为都江厅,设都江通判驻之。"设上江副将一,游击一,守备、千总各二,把总四,驻官兵九百六十。又于境内设打略、拉缆、陇寨、柳叠等汛,筑打略、定旦、八开、滚纵、小丹江、鸡讲等十三汛土城。[93]

雍正十年(1732)七月,古州上下江逆苗悉平。七年二月,总督自云南来驻贵阳,居中调度,咨广泗开古州。六月十五日,广泗有清水江统兵至岑龙坡,取道黎平以进。十二月,来牛、定旦叛。八年正月二十一日,往攻定旦。定旦既平,来牛诸苗皆窜入林谷,自都江至平宇沿河四十余寨无不威惧,羊邦、羊翁十余寨去定旦甚远,亦来归附。惟八飞、陇寨阳顺阴通,狡黠特甚。二月十四日,破陇寨,二十一日移师进八飞,布养、半柳、摆劳等寨降。而来牛、摇排、摇晒、革招、革雄诸寨,截河以拒官兵,且期于是月二十五日并力攻大营。三月初七日,破老尔寨,摇排、摇晒乞抚。二十一日,师集来牛,凡要害处分兵弹压。六月,古州三保苗叛,初七日,赵文英等率兵进剿,至十二日,三保就抚。而来牛、定旦复叛,"总兵苏大有檄文英、万年率师进讨,为左右翼攻之,伐山通道,直逼其巢,力战破之,俘斩首或千人,乘胜攻附逆诸苗,皆克之"。[94]至九年七月,平定上下江,建城设镇于诸葛营,平隶黎平府。[95]

雍正十年(1732)九月初六日夜,因不满朝廷于台拱建城设兵,各寨苗俱集,杀通事郭英、欧玉胜等而叛。七日凌晨犯清军大营,九日,围排略驻军,直至十一月十五日,援兵转战而入,大营兵夹攻而出,苗围溃,至此解围。十二月,调湖南兵二千、广西兵一千八百赴贵州会剿九股苗。十一年三月十二日,哈元生移驻台拱,资霍昇会剿番招,番招是高坡苗寨。当时,高坡、番招、阳辽、交汪、乌脚交、乌脚南等苗寨数千人与九股苗筑土城于莲花屯,推其渠白党为主,并力死等官兵屡攻之不克。二十五日,元生至番招,二十八日,亲自临阵,分兵六路进攻,坡其屯,搜剿各箐,高坡平,九股各苗皆面缚赴营投诚。五月二十五日班师。建城设官,隶镇远府。[96]

自雍正六年(1728)讨八寨苗始,至十一年(1733)平定高坡、九股苗止,五年的大规模军事征讨取得胜利,并设置了八寨、丹江、都江、古州、清江、台拱六厅。把黔东南"生苗"区正式纳入中央王朝的控制范围,对黔东南"苗疆"的开辟就此完成。

对"苗疆"的成功开辟,把"化外"之地纳入统治范围,考验着清王朝的统治政策,也改变了当地少数民族的传统的社会发展状况,影响极其重大。

第二节　清代湘黔"苗疆"十厅的建置

一、湘西、黔东北四直隶厅

1、永绥直隶厅

永绥厅,"雍正八年抚定六里生苗,建今厅".[97] "清雍正八年庚戌开辟六里,设永绥厅".[98] "雍正八年奉旨化诲六里生苗,增设永绥同知".[99] "雍正八年抚定六里生苗,建设今厅".[100] "雍正八年,分乾州六里红苗,增设永绥厅,并隶辰州府".[101] 诸多记载显示,永绥厅设置于雍正八年(1730 年),属辰州府。乾嘉苗乱平后,于嘉庆元年(1796 年)升永绥厅为直隶厅,属湖南省。"嘉庆元年,升辰州府属之永绥为直隶厅".[102]

永绥厅的治所进行过迁移,"永绥厅治居湖南西北,自雍正八年开,治居吉多坪,距古崇山卫城二里。新治谓之新卫城,明崇山卫城谓之老卫城。今仍有吉多寨,乃系下吉多与新卫城,即吉多坪建治之地,两处相隔二三里之遥".[103] 由此可见,永绥厅自开治始,就治于离古崇山卫二三里之遥的吉多坪,即今吉卫镇。永绥厅深处"苗疆"腹地,他的治所也是孤悬苗地,形势较其他诸厅更为严峻。出于战略上的考虑,既要有利于控制苗疆,又要保证治所的行政安全,当时亦有官员请旨建城垣官署于吉多坪,上"六里善后事宜疏:雍正八年,永绥协系新开苗疆,屡经文武会勘,咸称吉多坪实为扼要之区,请于此建造城垣官署".[104] "雍正九年,辰州知府李珣,凤凰厅通判徐嘉惠议,即吉多坪筑土城".[105] 后来厅治迁往绥靖镇石堡,"绥靖镇石堡,即花园。嘉庆二年添设总兵大营,请帑修,经始于二年,至三年工竣。后改为永绥厅城".[106] 绥靖镇石堡,就是花园,即今花垣镇东南侧。

至于厅治从吉多坪迁往花园,则是嘉庆七年(1802)的事情了。"永绥厅城旧在吉多坪,雍正十一年,于永绥协右营花园汛修筑城堡,为驻兵之所。嘉庆元年平苗,二年改汛为绥靖镇,建筑石城,七年移厅治于此"。[107]"乾隆六十年,厅属排打扣有癫苗之变,嘉庆初勘定,二年乃设总镇于花园,七年移厅治于花园"。[108]很明显,花园具有重要的战略地位,原为设汛驻兵之地,乾嘉苗乱之后,由汛改镇,更是突出了它的重要性。

永绥厅的位置,光绪《湖南通志》载:"永绥厅在布政司西千一百九里,东至永顺府保靖县界二十五里,西至贵州松桃厅界六十五里,南至凤凰厅界百二十里,北至保靖县界三十五里,东南至乾州厅界七十五里,西南至松桃厅界七十里,东北至保靖县界二里,西北至四川秀山县界五十里,由厅治北四千三百九十八里达于京师。东西广九十五里,南北袤百五十五里。"[109]宣统《永绥厅志》说:"厅在布政司西一千二百里,辰沅道北二百零五里,东西广五十里,南北广一百五十五里。东至保靖古铜溪界二十五里,南至凤凰直隶厅黑土砦一百二十里,西至四川秀山县洪安汛界六十里、又至贵州松桃直隶厅三乂塘界六十五里,北至保靖县永和场界三十五里,东南至保靖县凉水井界四十四里、又至乾州直隶厅杨孟砦界七十五里,西南至贵州松桃直隶厅木树汛界七十里、又至该厅芭茅坪界一百一十里,西北至四川秀山县莪溶汛界五十里,东北至保靖清水江界二里。"[110]根据上述记载,永绥厅东、东北、北三面为湖南永顺府保靖县地;东南为湖南保靖县和乾州厅;南为湖南凤凰厅;西、西南为贵州松桃厅;西北为四川秀山县。约为今湖南省花垣县地。

2、凤凰直隶厅

康熙四十三年(1704年)设置,"康熙四十二年九月,群苗望风投诚,因请于辰州府增设乾州、凤凰二厅,分治苗疆。四十三年,设辰州府分防通判一员驻凤凰营,为凤凰厅"。[111]"康熙四十三年,增设乾州、凤凰二厅"。[112]初设之时,属辰州府。"康熙四十八年"移"凤凰营通判驻镇筸城"。[113]而《钦定大清会典事例》则记载为"康熙四十八年以镇筸镇地置凤凰厅",[114]此说当为凤凰厅治所迁移的时间,并不是说康熙四十八年(1709年)置凤凰厅。乾嘉苗乱平定后,于"嘉庆元年"(1796年)升"辰州府属之凤凰厅为直隶厅"。[115]属湖南省。

　　凤凰厅始治于凤凰山下的凤凰营,有史载,"厅之废城,在凤凰营坡山西,址为渭阳旧治,建于有唐,迨元、明为五寨司"。[116]"凤凰山,厅西南六十里,即前凤凰营,初设通判建置于此"。[117]凤凰营,即今黄丝桥。后来厅治进行了迁移,仍以凤凰名厅,"凤凰厅城先建于凤凰营后山,居厅之西南隅,康熙间,同知黄澍移建驻镇筸城,因改曰凤凰厅。凤凰山下有土司旧城,遗址犹存"。[118]"康熙四十八年己丑,移凤凰营通判驻镇筸城"。[119]"凤凰厅城在乌巢江南镇筸镇,明五寨司城遗址"。[120]"凤凰厅,厅城自元至明为五寨司土官,旧有土城,国朝康熙四十八年改为厅,议建石城"。[121]"五寨长官司故城,即今厅治,仍旧址,但改扩宽大耳"。[122]从上面史料中对厅治迁移的地点的记载来看,可以得出三种结论:一、厅治移于镇筸镇;二、凤凰厅移治于五寨司城;三、镇筸镇就是五寨司城。很明显,这些结论是矛盾的。

　　事实上,明王朝先后在湘西设立了镇溪军民千户所和筸子坪长官司,"太祖洪武三十年二月,置镇溪军民千户所。初,苗有不服造册者倡乱,泸溪县主簿孙应龙入峒抚谕,苗长杨二赴京师,奏准轻赋,至是以泸溪上五都蛮民分为十里,置镇溪所隶辰州卫"。[123]"成祖永乐三年,辰州卫指挥龚能等,招谕筸子坪三十五寨生苗,廖彪等各遣子入贡,七月设筸子坪长官司,以彪任其职,隶保靖州军民宣慰司"。[124] 镇筸镇是取镇溪军民千户所和筸子坪长官司两地名称的第一个字的合称,而《明史》却载"保靖州军民宣慰使司,领长官司二:五寨长官司,司南,元置,洪武七年六月因之;筸子坪长官司,司南,太祖甲辰年六月置筸子坪洞元帅府,后废,永乐三年六月置"。[125] 可见,镇溪军民千户所、筸子坪长官司和五寨长官司并非同一个地方,镇筸镇和五寨长官司也不是同一个地方。那么,历史记载为什么把三地混为一谈呢,为了明确的判断凤凰厅的治所,先要弄清楚一个地名间的复杂关系问题。有史载:

"厅名镇筸者,以昔日乾州之四里,永绥之六里,其苗人归镇溪千户所管辖,责永顺土司承担,为镇苗。凤凰沿边东北自湾溪西南至鸡公寨止,四十八寨苗獠归筸子坪长官司管辖,责保靖土司承担,为筸苗。设参将一员驻麻阳兼管镇溪、筸子坪二处苗,曰镇筸参将,此镇筸所由称也。嗣因参将职卑权轻,又麻阳距苗地较远,改设镇筸副将,移驻五寨司城,而五寨司逐以镇筸称名矣。又凤凰营距镇筸城六十里,旧设通判驻此,因道员驻镇筸,通判不时谒见于城内,自购民房为公寓,旋即建为公署,自此凤凰营之衙署遂废。迨后改通判为同知,升厅为直隶,而镇筸又遂以凤凰厅称名矣,其实,镇与筸异地,镇筸又与凤凰营异地,今之所称,亦概为相沿耳。"[126]

这段记载很明确的显示:第一,镇筸镇实为镇溪和筸子坪两地的合称;第二,镇筸副将驻五寨司城后,五寨司地以镇筸名之,实非镇筸之地;第三,镇筸与凤凰营异地,说明凤凰厅的治所进行过迁移,即从凤凰营迁往镇筸,只不过此处的镇筸并非正真的镇筸之地,而是五寨司,因为镇筸副将驻扎五寨司而改五寨司为镇筸。不弄清楚这些关系,很容易造成历史记载上的模糊。所以,可以认为凤凰厅于康熙四十八年(1709)移治五寨司城。即今沱江镇。

　　关于凤凰厅的疆域,《钦定大清会典图》载:"凤凰厅图:凤凰厅在省治西南一千五十里,至京师三千九百三十里。厅东及东北界辰州府,西及西南界贵州铜仁府,南及东南界沅州府,北界乾州厅,西北界永绥厅。"[127]光绪《湖南通志》和道光《凤凰厅志》的记载则是一致的,"东至辰州府辰溪县界百里;西至贵州铜仁县界八十四里;南至沅州府麻阳县界四十里;北至永绥厅界八十里;东南至麻阳县界二十里;西南至铜仁县界八十四里;东北至乾州厅界八十里;西北至贵州松桃厅界七十里。由厅治东北四千三百三里达于京师,东西广百八十里,南北袤百二十里"。[128]大致位于湖南省西部,离省城一千零五十里。东界湖南泸溪县,东北界湖南乾州厅,北界湖南永绥厅,西北界贵州松桃厅,西及西南界贵州铜仁县,南及东南界湖南麻阳县。东西长一百八十四里,南北宽一百二十里之地。约为今湖南省凤凰县地。

3、乾州直隶厅

　　清康熙四十三年(1704年)设置,"康熙四十三年,以辰州府属镇溪所地置乾州厅"。[129]"康熙四十三年,裁镇溪军民千户所,设厅于此"。[130]厅始设之时,属辰州府。乾嘉苗乱平定后,于"嘉庆元年升辰州府属之乾州厅为直隶厅"。[131]"嘉庆元年,苗平后升乾州厅为直隶厅"。[132]嘉庆元年(1796年)升乾州厅为直隶厅后,属湖南省。

　　关于乾州厅治,光绪《乾州厅志》记载:"宋熙宁三年置镇溪砦,明洪武三十年置镇溪军民千户所,隶辰州卫。宣德五年,设湾溪等堡,拨兵防守。正德八年,设守备镇乾州兼治各土官。嘉靖三十一年罢湾溪屯,设乾州哨、强虎哨。万历四十二年建乾州城,为屯粮之所,厅之有城,始此。国朝顺治十五年,设守备一员驻乾州分防麻阳、镇溪。康熙三十七年苗乱,平之。三十九年,移沅州游击驻乾州,为镇筸镇左营游击,移守备驻镇溪。四十三年,裁镇溪军民千户所,设厅于此,以旧哨名,名曰乾州厅。"[133]很明显,清代乾州厅则治于乾州,并以乾州旧哨名厅。而万历年间在乾州哨建乾州城,是厅城之始。即今吉首市乾州镇。

乾州厅位于湖南省西部。"乾州厅在布政司西千三十五里。东至辰州府泸溪县界四十五里;西至永绥厅界八十里;南至凤凰厅界四十里;北至永顺府保靖县界五十里;东南至辰州府泸溪县界九十里;西北至永绥厅界六十里。由厅治东四千二百八十八里达于京师。东西广百二十五里,南北袤百二十里"。[134]"东界泸溪,西界永绥,南界凤凰,北界保靖"。[135]光绪《乾州厅志》的记载尤为详细:"厅治距长沙省水程一千零五十里,路程九百六十五里。东至泸溪县属猪脚洞交界四十里,自界至泸溪县一百里;西至永绥厅属上高岩交界七十里,自界至永绥厅二十里;南至泸溪县属茨冲交界三十里,自界至泸溪县一百一十里;北至保靖县属荡坨交界五十里,自界至保靖县一百三十里;东南至泸溪县属上且交界五十里,自界至泸溪县七十里;西南至凤凰厅属三炮台七里交界,自界至凤凰厅八十里;东北至永顺县属保家楼五十里交界,自界至永顺县一百九十里;西北至永绥厅排彼六十里交界,自界至永绥厅八十里。由厅治东四千二百里达于京师。厅属东西广一百二十五里,南北袤九十里。"[136]据上所述,乾州厅东及东南为湖南辰州府属泸溪县,东北为湖南永顺府属保靖县和辰州府属泸溪县,北为湖南永顺府属保靖县,西及西北为湖南永绥厅,南及西南为湖南凤凰厅。约为今湖南省吉首市地。

4、松桃直隶厅

清置松桃厅,(乾隆)《贵州通志》载:"雍正八年平松桃红苗,移同知驻焉,仍隶府。"[137]道光《松桃厅志》载:"雍正八年平松桃苗,移正大营同知为松桃理苗同知,嘉庆二年善后案内,将铜仁拨驻松桃理苗同知,改为直隶军民厅。"[138]《钦定大清会典事例》:"雍正八年置松桃厅,隶铜仁府,嘉庆二年升松桃厅为直隶松桃厅。"[139]《清史稿》:"雍正八年,平松桃置厅,移同知驻。嘉庆二年升直隶厅。"[140]可见,雍正八年(1730)置松桃厅,隶铜仁府,嘉庆二年(1797)升为直隶厅,属贵州省。

松桃厅治所发生过迁移,"老松桃,距城十里,即长冲地"。[141]"长冲即松桃故址,雍正十一年移松桃于廖皋,建松桃城。十三年,城工竣,乾隆初年始行安插"。[142]"雍正八年平松桃红苗,建城于松桃山下,移同知驻焉,辖坡东、坡西新疆,此松桃所由名也。乾隆二年,城移于廖皋山下,在故城南十里"。[143]厅城始置于松桃山下的长冲,并以松桃名厅,后迁移至廖皋,沿用松桃旧名。厅治廖皋即今廖皋镇。《中华人民共和国地名词典·贵州省》的辞条认为"廖皋镇,清雍正八年(1730年)铜仁府理苗同知由正大营迁此,置松桃厅"。[144]其中忽略了松桃厅曾经治于长冲。

松桃厅的地理位置,《松桃厅志》说:"东至湖南凤凰厅属之小红岩界二十五里;西至四川秀山县晏农、茶园坳界三十五里,越秀山界至厅辖麻兔司抵酉阳州关子门界七十里;南至青溪县属刘家溪界一百六十里;北至四川秀山县属洪安汛界一百二十里;东南至铜仁县属颈坳塘界九十里;西南至思州府都素司界二百一十里;东北至湖南永绥厅属螺蛳蕫汛六十里;西北至秀山县乜家场九十里。东西广一百三十里,南北袤二百八十里。"[145]松桃厅位于贵州省东北部,其东为湖南省凤凰厅,其西为本省思南府、四川省秀山县,其南为本省铜仁府,其北为四川省酉阳州。约为今贵州省松桃苗族自治县地。

二、黔东南六散厅

1、古州厅

光绪《古州厅志》载："雍正七年,开辟古州一带,八年置古州同知,隶黎平府,九年七月,苗疆悉平。"[146]清雍正八年(1730)设古州同知,置厅,隶黎平府。

古州厅治所在诸葛营。乾隆《贵州通志》记载："雍正八年,文英、绍周等率所部兵于五月初七日回古州,议建城于诸葛营,九年,乃建城设镇于诸葛营。"[147]光绪《古州厅志》亦有相关记载："雍正九年,苗疆悉平,乃建城立镇于诸葛营。"[148]乾隆年间,古州厅治由土城改建为石城,"古州,雍正七年,巡抚张广泗剿抚苗寨,同知滕文炯建土城于诸葛营,乾隆十年,同知刘应樵改筑石城"。[149]爱必达则明确指出:"厅城在三保之中,旧为诸葛营。"[150]厅城就是诸葛营之地。

古州厅的位置,乾隆《贵州通志》载"府西一百八十里为古州同知所辖。东至本府属九朝寨界九十五里;西至都匀府都江通判摆料寨界一百五十里;南至广西柳州府罗城县高告寨界一百九十五里;北至镇远府清江通判幸磨寨界一百一十里;东南至永从县大洞巢界二百八十里;东北至本府八舟司界一百二十里;西北至都匀府丹江通判皆屯寨一百七十里"。[151]光绪《古州厅志》载:"古州在府治西一百八十里,省治东南六百七十里,距京师七千一百八十里。广二百五十里,袤三百九十里。东界黎平府属九潮寨九十五里;南界下江加牙寨二百一十里;西界都江厅属乔包寨一百五十里;北界镇远府清江厅稽寨一百八十里;东南界下江厅傅洞寨水塘田四十里;东北界经历司巴王寨一百五十里;西南界都江通判壩皆寨水塘一百五十里;西北界牛皮箐二百二十里。"[152]民国《贵州通志》:"古州同知,府西一百八十里,本生苗地。东界黎平府至九潮寨九十五里;西界都江厅至乔包寨一百五十里;南界下江厅至加牙寨三百一十里;北界清江厅至稽寨一百八十里;东南界下江厅至傅硐四十五里;东北界黎平府至巴王寨一百五十里;西南界都江厅至壩皆一百五十里;西北界丹江厅至牛皮箐一百一十里。路程至省六百七十里。"[153]可见,古州厅在黎平府西,贵州省东南地区。其东为黎平府属九潮寨,其南为下江厅加牙寨,其西为都江厅属乔包寨,其北为清江厅属稽寨,其东南为下江厅傅洞寨和永从县大洞寨,其东北为黎平府属巴王寨,其西北为牛皮箐(丹江厅之地),其西南为都江厅壩皆寨。东西广二百五十里,南北袤三百九十里之地。约为今贵州省榕江县地。

2、清江厅

明以前为"化外生苗"地,清置清江厅,乾隆《贵州通志·建置》记载:"雍正八年开清江苗,设同知驻其地,十一年平台拱,移清江同知驻焉,设通判驻清江,俱隶府。"[154]《镇远府志》的记载则混淆了清江设同知和通判的时间关系,"清江通判,明以前俱为化外生苗,国朝雍正八年讨平之,设通判驻其地"。[155]相关记载还有,"雍正八年开清江苗疆,置同知,十一年台拱移同知驻其地,而于清江置通判,俱隶府"。[156]《清史稿》载:"清江厅,明,清水江苗地,雍正八年平苗疆置,设同知,十一年移同知与台拱,改通判。"[157]由此说来,雍正八年(1730)设同知驻清江,置厅,属镇远府,十一年(1733)改为通判。

清江厅治为公鹅寨,"以公鹅寨据清江形胜,就其地建城设官,隶镇远府"。[158]《中华人民共和国地名词典·贵州省》的辞条认为:"柳川镇,古名公鹅、勾鹅,自清雍正八年(1730年)以后,历为清江厅,剑河县治。"[159]那么,公鹅寨即今贵州剑河县柳川镇。

　　清江厅的地理范围,《清江厅志》的记载最为详细,"清江在镇远府西南距府城一百八十里,东西相距三百七十里,南北相距一百八十里,周围一千一百一十里。由府大路六百里达黔省,四千六百一十里至京师。城东至左卫南嘉堡一百里,与黎平开泰县属苗光寨牛尾岭长滩头交界,又与开泰县属苗猴寨之苗猴坡顶交界;城西三十五里至接劳亭与台拱交界,又至乌交姑寨五十里与台拱属乌罗交界,又至乌溜寨五十里与台拱属交汪寨交界;城南至鸡寨一百里与古州朗洞擒蛮寨交界,又至姑讴寨一百里与古州朗洞属平地寨交界,又至南两寨一百二十里与古州朗洞鸡南寨交界,又至宰谟寨一百二十里与古州朗洞官舟寨交界;城北至右卫南金堡八十五里与镇远县属抱金寨、苗渡寨交界,又至台列堡九十里与镇远县邛水属台往寨交界,又至高略寨九十里与镇远邛水属邛水属归计寨交界;城东北至令冲寨三百二十里与黎平属亮江、毛平二寨交界,又至杨柳寨一百四十里与镇远县属邛水歇场交界,又至平珍寨一百三十里与天柱县属圭研寨交界,又至玉梁堡六十里与镇远县邛水属梁上寨交界;城东南至九衣寨一百里与古州朗洞属唐流寨交界,又至皆里寨一百二十里与黎平属丰寨交界;城西南至桃阳寨九十里与台拱属乌茫寨交界,又至昂烟寨一百六十里西与丹江黄毛岭交界、南与古州羊舍寨交界,又至乌连寨一百里与台拱属乌西寨交界;城西北至抱沟寨七十里西与台拱内寨交界、北与镇远属抱金寨交界。"[160]其他相关的记载还有,"府西南一百九十里为清江通判所辖。东至黎平府高洞寨界一百二十五里;西至台拱同知交汪寨界七十里;南至黎平府古州同知朗洞寨界一百一十五里;北至镇远县苗度寨界一百零五里;东南至黎平府锦屏县苗光寨界一百三十里;西南至都匀府丹江通判昂刀寨界一百一十五里;东北至镇远县圳洞寨一百二十五里;西北至镇远县鬼异寨界一百一十五

里"。[161]"清江通判,府东南一百八十里。东界黎平府至南嘉堡九
十里;西界台拱厅至乌亮塘三十里;南界古州厅至雁通寨九十里;
北界邛水县丞至台列堡八十里;东南界黎平府至新寨一百里;西南
界丹江厅至乔水寨一百里;东北界邛水县丞至杨柳寨一百三十里;
西北界镇远府至南金堡九十里。路程至省六百里,至京师四千六
百里"。[162]可见,清江厅位于贵州省东南部。其东为黎平府,南为
古州厅朗洞,西为台拱厅,北为镇远县,东北为黎平府属亮江、毛平
二寨及镇远府属镇远县和天柱县,东南为黎平府属古州厅和开泰
县,西南为台拱、丹江二厅,西北为台拱厅和镇远县。约为今贵州
省剑河县地。

3、台拱厅

明以前俱为九股生苗地,清置台拱厅。相关记载较多,"台拱
同知,明以前俱为九股化外生苗,国朝雍正十一年讨平之,设同知
驻其地"。[163]"台拱同知,明以前俱为九股化外生苗,国朝雍正十一
年讨平之,设同知驻其地"。[164]"台拱地属新辟疆土,明以前胥属化
外生苗。雍正十一年,至是开辟新疆,建石城,屯大军,并以理苗同
知驻"。[165]"台拱厅,明,九股生苗地,雍正十一年平苗疆置,移清江
同知驻之"。[166]"国朝雍正十一年,平定苗疆,设同知驻其地"[167]。
雍正十一年(1733年)平定苗乱,移清江同知驻其地,置台拱厅,隶
镇远府。

厅治为台拱寨,"台拱同知,明以前为九股生苗地,雍正十一
年平定苗疆,建城于台拱寨,设同知驻焉"。[168]"国朝雍正十一年平
定苗疆,建城于台拱寨,设同知驻其地"。[169]台拱寨即今贵州省台
江县台拱镇。

台拱厅的位置,乾隆《贵州通志》载:"府西南一百三十九里为
台拱同知所辖。东至清江乌溜寨界六十里;西至平越府黄平州岩

门司界一百一十里;南至都匀府丹江通判差提寨界一百五十里;北至施秉县胜秉汛界六十里;东南至清江带赖寨界一百三十里;西南至镇远县铅厂界六十五里;东北至清江鬼撒寨界九十里;西北至黄平州塞胆寨界一百零五里。"[170]乾隆《台拱厅志略》:"东至清江厅乌溜寨界六十里;西至黄平州岩门司界一百一十里;南至丹江厅差提寨一百五十里;北至施秉旧县胜秉汛界六十里;东南至清江厅代赖寨界一百三十里;西南至镇远县铅厂界六十里;东北至清江厅鬼撒寨界九十里;西北至黄平州在沾寨一百零五里。由厅至府,东北行一百四十里。"[171]民国《贵州通志》:"台拱同知,府南一百二十里。东至清江通判界亮寨五十三里;西至都匀府丹江排养寨四十里;南至丹江界差提寨一百五十里;北至黄平州岩门汛界六十里;西南至丹江岩门寨界四十里;东北至施秉县丞界五十里;西北至黄平州寨胆寨一百五里。路程至省四百二十二里,至京师四千四百六十里。"[172]前两种记载都认为台拱厅西南界镇远县铅厂,可是镇远县在台拱厅北部,又怎么会界台拱厅西南部呢,而后一种记载明确显示"西南至丹江岩门寨界四十里",这是矛盾之处。本文认为台拱厅西南界丹江厅。由此可知,台拱厅位于贵州省东南部,镇远府西南部。其东部、东南部、东北部皆为清江厅,北为施秉旧县胜秉汛,西北为黄平州,西部为黄平州和丹江厅,西南部、南部为丹江厅。约为今贵州省台江县地。

4、八寨厅

明属夭壩土司地,清以其地置八寨厅,对于八寨厅的设置时间的记载,有雍正六年(1728 年)一说,《清史稿》载:"八寨厅,明,夭壩土司地,雍正六年平苗置。"[173]"八寨同知,国朝雍正六年讨平之,设同知驻其地"。[174]但也有记载显示雍正八年(1730 年)置八寨厅,"八寨同知,明属夭壩土司,后为生苗所据,遂成化外。雍正六年讨平之,八年置同知驻其地,属都匀府"。[175]"雍正八年,贵州巡抚张广泗开生苗地,以夭霸长官司地置八寨厅,治以同知,而隶于都匀府。民国元年更改八寨厅为八寨县"。[176]由此,可以认为是雍正六年平八寨苗,后于雍正八年设同知驻其地,置厅。但是从开辟"苗疆"的分析中,可知是雍正六年十月平八寨苗,随后建城设官,隶都匀府,那么雍正六年一说更为合理。本文认为,雍正六年(1728年)置八寨厅,属都匀府。

关于八寨厅治,《黔南识略》载:"雍正九年,筑土城于乜窖寨,因地势陡窄,乾隆十二年,改建石城于龙里塘。"[177]可知,八寨厅始治于乜窖寨,后于乾隆十二年(1747)移治龙里塘。《八寨县志稿》说:"八寨旧城,即二区柔远堡,亦名老八寨,距今城东十二里。清雍正八年建置城垣土筑后,以地偏而隘且乏水,公私交困,于乾隆十二年始改设今城。"[178]比较两种记载,柔远堡,即老八寨,也就是置厅时的乜窖寨,而龙里塘就是《八寨县志稿》所说的"今城"。"今城"又为何地呢?柴兴仪先生的研究认为:"雍正八年置八寨厅,治今老八寨,乾隆十二年徙厅治于龙井铺(今县治)。"[179]从厅治迁移在时间上的吻合度来看,可以判定《八寨县志稿》所说的"今城"当为龙井铺,也就是当时的龙里塘。龙井铺就是今县治龙泉镇,乜窖寨即今天老八寨。

八寨厅的位置,乾隆《贵州通志》载:"府东九十里为八寨同知所辖。东至黎平府古州杨条寨界一百一十里;西至都匀县太平汛界三十里;南至独山州三角屯界六十里;北至丹江通判黄土寨界一百二十里;东南至都江通判底瓮寨界八十里;西南至都匀县普安司界五十五里;东北至丹江党浪寨界一百一十里;西北至麻哈州隆里界一百里。"[180]"八寨同知:府东一百九十里。东界都江厅至乔桑寨二百里;西界都匀府苟柿寨一十里;南界独山州至羊勇关二十五

里;北界至麻哈州排召寨二十里;东南界都江厅至夺弄寨六十里;
西南界独山州至的刁寨三十五里;东北界丹江厅至排夫寨九十里;
西北界府属至坡足寨十五里"。[181] 可见,八寨厅位于贵州省东南
部,都匀府东部。其东部、东南部俱为都江厅,东北为丹江厅,北部
为丹江厅和麻哈州,西北部为麻哈州,西为都匀县,西南为都匀县
和独山州。约为今贵州省丹寨县地。

5、丹江厅

关于丹江厅的设置时间,有雍正六年(1728 年)、雍正七年
(1729 年)和乾隆初等诸多说法,"丹江厅,明,生苗地,雍正六年平
苗疆置"。[182] "丹江通判,国朝雍正六年讨平之,设通判驻其地"。[183]
此类记载显示雍正六年置丹江厅。雍正七年一说,"总督鄂尔泰
咨巡抚张广泗于雍正六年十一月十一日率兵进取丹江,调副将苏
大有直取小丹江,令副将张禹谟由乌溜进攻抱得,期会于大丹江,
二十四日,广泗移营于小丹江,十二月初三日,大有进攻大丹江,平
之。第二年,平叛苗,建城设官,亦隶都匀府"。[184] 乾隆初置厅一
说,"丹江通判,雍正六年十月,八寨既平,十一月,巡抚张光泗率
师进讨,七年余党悉平,乾隆初置通判来属"。[185] 平大丹江是雍正
六年十二月的事情,直到雍正七年才平叛苗余党,建城设官。黔东
南六厅置于雍正年间,所以乾隆初一说的合理性不大。由此可见,
当是雍正七年置丹江厅,属都匀府。

关于厅治,本文采用柴兴仪先生的研究,"雍正八年置丹江
厅,治老丹江,同治十一年迁厅治于肇泰堡(今县城)"。"老丹江,
在雷山县丹江镇北 7 公里,属固鲁乡"。[186] 厅治始为老丹江,在雷山
县丹江镇北七公里处,同治十一年(1872 年)迁厅治于肇泰堡。肇
泰堡就是今雷山县城丹江镇。

丹江厅的位置,乾隆《贵州通志》载:"府东一百六十里为丹江

通判所辖。东至镇远府台拱同知交牙寨界九十里;西至麻哈州滕铺寨界七十五里;南至八寨同知也都寨界一百三十里;北至台拱同知台盘寨界一百零五里;东南至古州同知林培寨界一百五十五里;西南至八寨同知番瓮寨界一百三十五里;东北至台拱同知大台雄寨界一百里;西北至清平县凯里汛界七十五里。"[187]民国《贵州通志》:"丹江通判:府东一百四十里。东界镇远府台拱同知至交密寨八十里;西界八寨同知至老东寨七十五里;南界八寨同知至乌溜寨一百三十里;北界清平县至松林汛四十五里;东南界都江通判至乔桑场一百五十里;西南界八寨同知至岔河场一百三十五里;东北界台拱同知至排鸡塘一百里;西北界八寨同知至靖彝塘八十里。路程至省五百三十里,至京师五千一百六十里。"[188]丹江厅位于贵州省东南部,都匀府东部。其东为台拱厅,南为八寨厅,西为八寨厅和麻哈州,北为台拱厅和清平县,东南为都江厅和古州厅,东北为台拱厅,西北为八寨厅和清平县,西南为八寨厅。约为今贵州省雷山县地。

6、都江厅

清置都江厅,乾隆《贵州通志》:"都江通判,国朝雍正九年讨平之,设通判驻其地。"[189]雍正九年(1731年)置厅。而民国《贵州通志》记载:"都江通判,雍正九年苗乱,土人张纯熙、白登科导请清兵讨之,事平,以张纯熙为顺德营土千总,领地十八股,白登科为归仁营土千总,领寨五十三,世袭。乾隆初置通判,仍属府。"[190]民国志认为是乾隆初才置通判,不太合情理,因为黔东南六厅的设置完成于雍正年间。再者,从前文对开辟"苗疆"的分析可知,雍正九年,鄂尔泰奏请:以古州上江百有八寨为都江厅,设都江通判驻之。所以置都江厅应该是雍正九年的事。《清史稿》载:"都江厅,明,来牛大寨。雍正六年平苗疆置。"[191]当误,因为雍正六年(1728

年)还没有平都江苗。所以当为雍正九年(1731 年)置厅,属都
匀府。

"都江通判,府东南二百二十里,本府地曰来牛大寨"。[192] 可
见,厅治为都匀府属的来牛大寨,即今上江镇。

都江厅的位置,乾隆《贵州通志》载:"府东南二百四十里为都
江通判所辖。东至黎平府古州同知通倒寨界一百九十里;西至独
山州三脚屯界一百一十里;南至荔波县山洞寨界七十五里;北至八
寨同知也都寨界一百零五里;东南至古州同知瞭陇寨界五十里;西
南至荔波县坎牛坡界一百一十里;东北至古州同知乔史寨界一百
二十五里;西北至八寨同知方胜寨界九十八里"[193] 民国《贵州通
志》:"都江通判:府东南二百二十二里。东界古州厅至怎冷场一
百一十里;西界独山州至龙谷村五十里;南界荔波县至河西塘七十
里;北界八寨厅至摆花村一百三十里;东南界古州厅至平字塘,西
南界独山州至西音村俱五十里;东北界古州厅至莲形村一百七十
里;西北界八寨厅至芳顺村九十里。路程至省五百二十二里,至京
师五千二百七十二里。"[194] 可见,都江厅位于贵州省东南部,都匀
府东南部。其东为黎平府属古州厅,南为荔波县,西为独山州,北
为八寨厅,东南为黎平府属古州厅,东北为黎平府属古州厅,西北
为八寨厅,西南为荔波县和独山州。约为今贵州省三都水族自治
县东南部,即都江镇。

三、湘黔苗族社会与"苗疆"十厅设置的关系

顾名思义,"苗疆"地区的主要民族自然是苗族,本文所指的
对象仅限于"生苗"。苗族有不同的种类,生活在松桃直隶厅的基
本上是红苗,"松属皆红苗",其姓氏有五种,即"吴、龙、石、麻、
白",其中"最著麻、白,近湖广界吴、龙,近四川界石"。[195] 这些少数

民族主要"居住在正大汛、麦地汛、岩㘭汛、康金汛、巴茅汛等寨"。[196]凤凰、乾州、永绥三厅也以红苗为主,有史料记载:"三厅之中见诸载籍者,俱概称之曰红苗。"[197]此处所说红苗,主要是依据他们穿着的服饰来加以区别和判断,即因为他们所穿衣服的"衣领、腰带皆红,故曰红苗"。[198]当然,三厅之中也不完全是红苗,存在着一些差别,还有黑苗和土蛮在这里生活,按严如煜的说法,"永绥一厅为六里红苗,而厅西南黄瓜寨一带,厅南鸦西、栗林一带,则土民皆指为黑苗。至厅北已东坪茶洞、腊尔堡与保靖、秀山接界,又黑苗兼土蛮也。红苗寨多人繁,为诸部所畏,而黑苗之地险气悍,足与颉顽。红苗众于黑苗,黑苗凶于红苗"。[199]记载中提到了黑苗和土蛮的存在,而且黑苗生活在更加险要的地方,比红苗更凶,但总体上来说红苗在数量上比黑苗更多,是湘西苗疆的主体支系。从三厅厅志的记载来看,当地少数民族被统称为红苗,而《苗疆风俗考》中提到,严如煜在查阅当时的文案的时候,发现有很多称黑苗的地方,似乎黑苗在短时间大量出现,事实上他考证的结果是"近日之黑苗即往日之红苗,非三厅于红苗之外又添一黑苗种类也"。[200]这就否定了凤凰、永绥、乾州三厅有大量黑苗的存在。不管怎样,红苗在数量上一直占据主体地位,这是不争的事实,及至后人在湘西的民族调查报告也证实了这一点,"三厅之苗多来自贵州。以红苗为主要成分,黑苗次之,其他诸苗又次之。人数红苗为最多,故至今三厅仍以红苗著称"。[201]

世居在黔东南六厅的苗族有较多的称呼,分布范围广,有史料载"黑苗在都匀之八寨、丹江,镇远之清江,黎平之古州;九股苗在兴隆卫凯里司;紫薑苗在都匀丹江"。[202]在这诸多种类之中,黑苗占据了主要成分,根据安介生先生的研究,能够非常清楚的认识黔东南六厅的苗族种类及其分布态势,特摘录如下:

黔东南六厅苗族种类及分布表

厅名称	治所今地	民族种类与分布情况
古州厅	榕江县	境内有苗民五种：一为山苗，二为西苗，散居于各寨，三为洞苗，四为僮人，五为瑶人，均与汉民杂居。
八寨厅	丹寨县	境内苗民一种，名为黑苗，居住于上、下牌各寨
丹江厅	雷山县北	境内苗民一种，名为黑苗，散居于各寨
都江厅	三都水族自治县东南	境内苗民二种：一为黑苗，居住于甲找等寨；二为水苗，居住于夺弄等寨。
台拱厅	台江县	境内有苗民一种：名为黑苗，居住于八梗塘、龙偏等土弁辖地
清江厅	剑河县	境内有苗民三种：一为洞苗，居住于岑歌、小滴、平征、苗滚等寨；二为黑苗，居住于柳霁、富番牌等寨；三为白苗，居住于柳衰、姑欧、姑章等寨

注：此表为安介生著：《历史民族地理》第 855—857 页中表格的部分整合

在这里苗族被区分为诸如此类，其依据主要是苗族人民的服饰和他们居住地的特点。根据史料记载，当时苗族人民平时穿的衣服都是用皂黑布制成的，这与他们的生活环境应该有一定的关系，当地苗族被分成不同的种类，则是因为"其带用红者为红苗，缠足并用黑布者为黑苗，缠足用青布、白布者为青苗、白苗，衣褶绣花即缠脚亦用之者为花苗"。[203] 前面分析了生活在苗疆的少数民族大都生活在高山深箐之中，他们居住的地理实体被作为一种特征来描述苗族的种类，所谓"其山居者曰山苗，曰高坡苗，近河者曰洞苗"。[204] 当然，这里面存在着为了方便及时地描述当地少数民族的嫌疑，而并不是建立在对苗族族源问题的探寻基础上的。而"生苗"和"熟苗"的区别有文化因素的作用，同时也是政治因素的反映，"中有土司者为熟苗，无官者为生苗"。[205] 从文化上来说，他们长期封闭式的生活，与外界交往的少，形成了自己独立的文化系统,并没有受到其他文化的干扰;从政治上来说,政府很难对其区域进行行政管控,导致长期"化外"。由于本文不涉及民族识别的问题,只是根据史料记载对"苗疆"的民族构成作一个大概的阐述,便于进一步把握"苗疆"的社会状况。

"苗疆"历代为"化外"之地,当地少数民族大都生活在以腊尔山和雷公山为中心的高山深谷之中,尽是华篱险阻,箐密洞深之地。他们僻处山峒,远居深箐,深藏山谷,大都以寨为单位组织起来,形成了一个个强有力的集体,所以"生苗"生活区的社会基本组织形式就是苗寨。这类苗寨很多,生活在其中的苗族人口也不少。据记载湘西三厅有四百四十八寨,列表如下:

凤凰、永绥、乾州三厅苗寨数量表

厅别	所辖苗寨数量
乾州直隶厅	115
凤凰直隶厅	105
永绥直隶厅	228
合计	448(均为红苗寨)

资料来源:据《乾隆府厅州县图志》卷34《湖南布政司下·辰州府》的记载统计

黔东南六厅苗寨共计一千二百五十九寨,具体见下表:

另外,据《黔南识略》记载:"坡东、坡西、平头司、石岘卫共计苗民三百七十二寨,凡乌罗司地方,皆无苗民。"[206]可知,松桃直隶厅苗族人口的分布情况,其数量共计有苗寨372寨,这已经不是一个小数目了。姑且不论史料记载所显示的数据是否精准,但它很明确地告诉我们有大量的苗族人口生活在"苗疆"的事实。

黔东南六厅苗寨数量表

厅别	所辖苗寨数量
古州厅	571
清江厅	177
台拱厅	161
八寨厅	114
丹江厅	130
都江厅	106
合计	1259

资料来源:据《黔南识略》的记载统计,(清)爱必达纂修,清乾隆十四年修

　　十厅境内的苗族人口数量通常以寨为单位进行计算,数量是非常大的。由于特殊的地理环境,他们基本上是选择险要的地方作为居住点,同时对外部力量具有很高的警惕性,会产生很强的抵触性,以保护自己的生存空间不受侵犯,由此经常出现与官府对抗的事情,往往导致地方官被杀的结果,在政府的观念里边,当地苗族人民已经成为了官府之患。同时,苗族生活的地方社会经济落后,特别是遇到灾害的时候,生存将面临严重的威胁,为了解决这样的问题,时常会做一些骚扰地方的事情,严重的会导致流血冲突,这就成为了政府眼中的地方之害。这些都迫使清朝政府不得不重视对"苗疆"的管控。根据史料记载,生活在苗疆的苗族人民都是言语不通,不知礼仪,苗性顽梗,好怒喜杀,"其地绝险,其人绝悍"。[207]几乎成独立发展之势,给中央政府带来了管理上的极大困难。要知道这种态势曾经给清朝政府武力征讨"苗疆"形成了巨大的障碍,造成了极大的损失,想来治理"苗疆"亦非易事。在这种情况下,统治者不得不寻求一种特殊的管理模式来控制新开

辟的"疆土"。早在康熙四年（1665 年）七月十一日,贵州总督杨茂勋就认为"贵州一省在万山之中,苗蛮穴处,言语不通,不知礼仪,以睚眦为喜怒,以仇杀为寻常,治之之道,不得不与中土异"[208]。

　　"苗疆"所在地理位置可以说是跬步皆山,有些厅境内则是山居十之八九,于是形成了"山多田少"的特殊环境,直接导致当地社会经济的落后,比如松桃厅,"厅地维正之供,不足当他省大县十之一"。[209]这种丁田不多、经济不发达的地方,难以达到设县的条件。清朝政府在苗疆设官建制的目的是要有效的管控当地少数民族,从厅的长官加"理苗"字样可以看出,政府官员的进驻有着明确的管理苗族人民的政治需要。当然,理苗同知后来都演变成抚民同知了,主要是因为有大量的汉民的移入,有了对他们进行行政管理的需要,事实上,统治者对苗汉人民实行的是一定程度上的分治。为了有效控制苗疆,政府在政策上对苗族人民管理营造了一定程度的宽松环境,其中大范围的免征钱粮就是典型,从而使得政务较之内地为简,不便设立州县。但是苗疆的管理难,于是政府在"苗疆"管理措施的选择上就要有适当的考虑。

　　清廷曾经有在苗疆改厅设郡县的讨论,"议复苗疆善后事宜疏:又廷议内开,一,设立郡县,虽于新疆之体统似属可观,但钦奉谕旨,嗣后苗人争讼之事,俱照苗例完结,钱粮永行免征,若改立郡县,添设守令,不特无事可办,徒为糜费钱粮,应无庸议等。因臣查新疆较之内地政务甚简,有同知、通判等官分地而治,又添设古州巡道一员,则上下相维,足资料理,实可不必改设县郡"。[210]这实际上是否定了在苗疆改设郡县的提议。传统的观点认为,地方行政制度以设县为符合体统,这没有考虑到苗疆的特殊性。前面提到过,管理苗疆在一定程度上采取了较为宽松的政策,免征赋税,苗汉分治,在苗疆没有完全具备行使县的职能的条件和环境,也就是说设县是不可行的,有必要实现政策上的变通。清廷在苗疆设厅进行管控就是这种变通的结果,从上面改厅设郡县的讨论可以看出,厅的设置节约了行政资源,提高了行政效率,有利于达到政府行政功能的最大化。清廷否定改厅设郡县的议案,实质上也说明了政策变通的必要性和设厅的可行性。正如程幸超认为:"在新开发的边远地区,尤其是少数民族聚居区,因不便如同内地设府置县,清王朝也往往设厅以为变通之策。"[211]这种观点是合理的,其中的"不便"应用于新开辟的"苗疆"的话,就是上文所分析的特殊情况。总之,湘黔"苗疆"诸厅是在特殊的地域、特殊的民族构成和社会发展状况的基础上设立的特殊的行政管理制度,是清朝政府对地方行政管理制度实行变通后形成的特殊行政区划,是开辟"苗疆"的结果,也是经理"苗疆"的需要。

第三节　清代"苗疆"十厅政区地理要素探析

一、"苗疆"十厅之经界

　　清政府开辟"苗疆"后,在当地少数民族居住地区设置了十个厅。厅作为地方行政区划,是独立的政治单元,它的基本职能之一就是对地方事务的管理,而政区的职能首先从治所、幅员、层级、边界等基本要素体现出来。边界是它的基本地理要素,也就是政区的划界,划界是非常复杂的过程,要受到一些具体的因素的制约。政区的划界与幅员有着直接的联系,而幅员的大小又直接关系到中央对地方的管理力度的强弱。湘西、黔东北和黔东南"苗疆"的地域并不广，且是苗族聚居地，但是清廷人为的把十厅分属不同的高层政区和统县政区。其中腊尔山台地设置了永绥、凤凰、乾州、松桃四个厅，它们具有地理和民族构成上的同一性，但是这四厅却有着不同的行政归属，即分属湖南、贵州两省。而黔东南地区设有古州、清江、台拱、八寨、丹江、都江六厅，六厅之地从地理和民族上来看亦具有同一性，而且地域不大，却被行政划归贵州省所属镇远、黎平、都匀三府。对此，清王朝是出于什么样的考虑呢。厅界的划分，既体现了一般政区划界的原则，同时又有自己的特殊性所在，最终的目的就是为了有效控制"苗疆"。下面从山川形便原则、民族分割的政治需要、历史传承三个方面，对湘黔"苗疆"十厅的划界和归属进行一些粗略的探讨，可以说明清政府在特殊的历史、地理、民族背景下行政，必须充分考虑行政效率的提高和施政成本的降低。

（一）山川形便原则的运用

湘西、黔东北"苗疆"是苗族人民生活的区域，"苗疆周围千里，楚省环其东、南、北三面，其西则为黔边"。[212]原本并没有从行政上划分给湖南、贵州两省，"苗原不分湖贵，特以苗长食粮湖贵各哨，因以别其名"。[213]由此可见，由于苗长的经济利益，当地少数民族也被冠以黔苗、楚苗的称呼，其中不无政治意义。清廷设厅后，从行政上把"苗疆"分别划归贵州省和湖南省。

导致苗分黔、楚的重要因素是由于南北走向的腊尔山的存在，该山把"苗疆"分成地理上相对独立的两块区域，对生活在腊尔山东面苗族人民的管理权归湖南，而对腊尔山西面苗族人民的管理权归贵州，"腊尔山，城东北二十六里，山势狰狞，形状可怖。坡西松属，坡东楚属"。[214]险要的天心坡则成了松桃厅和四川的分界线,"天心坡,城西北三十五里,坡势险隘,高五六里,舆马不可行,山顶黔蜀分界,左厅属,右川属"。[215] 由于险要的腊尔山和天心坡的存在,使得松桃厅成为一个相对独立的地理单元,为其区域的划定提供了必要的地理依据。早在明代就以腊尔山为地理坐标来决定当地少数民族的政治归属,"明嘉靖二十二年诏万镗为副都御使,剿抚判苗。初湖贵间有山曰腊尔,诸苗居之东属镇溪千户所、箷子坪长官司,隶湖广;西有镇仁、平头二长官司,隶贵州。"[216] 直到今天,南北走向的腊尔山仍然是湖南省和贵州省的界山,可见,腊尔山在苗分湖、贵过程中的重要作用。

"苗疆"多江河是一大地理特点,在湘西,一部分溪河就成了确定凤凰、永绥、乾州三厅范围的部分分界线,其中武水,即泸溪,是乾、凤两厅的分界线,南岸为凤凰厅境,北岸为乾州厅境;酉水南源的存在,使得永绥厅西面与四川酉阳州交界,东、北、西与湖南省永顺府保靖县交界;高岩河(镇溪水)源于永绥厅,始向南流,后来折东流,就成了永绥厅和凤凰厅的分界线,接着折东北流,便成了永绥厅和乾州厅的分界线。《钦定大清会典图》对此有详细的记载:"乾州厅图:武水一曰武溪,即泸溪,南岸与凤凰厅分界。万溶江自厅东北注之,又经治南东流受镇溪水,水即永绥厅之高岩河,沿厅界东北流折入厅"、"凤凰厅图:武水自乾州厅来,缘厅北界东南流"、"永绥厅图:酉水南源自贵州松桃厅,缘界北流,又东北经厅治西南,西为四川酉阳州界,又东、北、西为永顺府保靖县界。高岩河即乾州厅之镇溪水,出厅西南腊尔山犀牛潭,南流折东右岸与凤凰厅分界东流,又东北右岸与乾州厅分界"。[217]

清廷在黔东南"苗疆"设置的六个厅,与松桃、永绥、乾州、凤凰四厅分属湖南、贵州两省不同,黔东南六厅是分属黎平、镇远、都匀三府,究其中之原因,与雷公山的地理位置不无关系。雷公山位于贵州省黔东南,是苗岭东段的主峰,略呈北东走向的带形褶皱山岭,地形复杂,地势险要。从今天的行政区划来看,是雷山、台江、剑河、榕江四县的界山,"雷公山,在贵州省东南部,雷山、台江、剑河、榕江四县交界地带"。[218]雷山、台江、剑河、榕江四县的前身就是清廷所设的丹江、台拱、清江、古州四厅,从厅的设置到今天,不过四百年时间,在这短暂的时间内,其地貌一般不会发生巨大的变化,也就是说,"苗疆"诸厅基本上也是以雷公山为界山。根据柴兴仪先生的研究,可以看出其情形:"台江县:清雍正十一年置台拱厅,治台拱,1913年废厅,改置台拱县。处黔东低山丘陵中部,雷公山北坡,地势由南向北倾斜"。"剑河县:雍正八年置清江厅,1913年废清江厅改置清江县,1914年更名剑河县。处黔东低山丘陵中部,雷公山东北坡麓地带。地势西南高,东北低"。"榕江县:雍正八年置古州厅,1913年废古州厅改置榕江县。处黔东低山丘陵南部,雷公山东南坡麓地带。地势西北高,东南低"。"雷山县:清雍正八年置丹江厅,1913年废厅置丹江县。1949年改为雷山县。处迁东低山丘陵西南部。地势东高西低,雷公山突起于东部"。"丹寨县:雍正八年置八寨厅,1913年废厅,改置八寨县。处黔东低山丘陵西南部与黔南山东部地交趾地带,雷公山支脉延伸县境","三都水族自治县:雍正八年置都江厅,1913年废都江厅置都江县,改三脚屯理苗州置三合县,1941年三合、都江二县合并,各取一字名三都县。处黔南山地和黔东低山丘陵交错地带,雷公山支脉向南延伸县境。东北山岭起伏,地势较高,南部地势平缓"。[219]即台拱厅位于雷公山北部,清江厅位于雷公山东北部,古州厅位于雷公山东南部,都江厅位于雷公山南部,丹江厅位于雷公山西部,基本上是环雷公山而置。《台拱厅志》则明确记载了雷公山是台拱厅和丹江厅的界山："雷公山,在城西南,系都匀府丹江厅之界山,山势雄伟,峰峦入云"。[220]可这种记载也证实了雷公山在当时的存在,并且成为政区划界过程中的地理依据,那么依靠现代行政区位来复原当时之情形是可靠的。同时黎平、镇远、都匀三府也是处在环雷公山的位置上,便顺势管辖了与自己处在同一方向的厅,体现了就近管理的原则。事实上,黔东南地区山地纵横,峰峦连绵,沟壑遍布,地形地貌奇异复杂,当地少数民族大都择险而居,高大的雷公山对于他们来说,不会造成活动上的多大障碍,因为他们原本就生活在大山之中。但对于清王朝来说,地理环境复杂险要的雷公山则成了控制和管理"苗疆"的巨大障碍,任何一府的势力要越过雷公山,去管理山背面的苗族人民,需要很高的施政成本,是一件极困难的事情。那么,六厅分属三府,由此提供了行政上的方便,从而降低了行政成本,提高了行政效率,是合情合理之举。

这种就近管理的原则在后来厅界变化当中时有体现,比如,"乾隆三年十一月二十三日,吏部又议:'丹江之打格等寨就近改隶台拱,清江之高定等寨就近改隶古州。'从之"。"乾隆十年十二月十二日,吏部议准张广泗疏称:'黎平府属之赤溪司旧管上下衙管寨,镇远府属之邛水司瓦寨,清江所属之那磨等寨,请就近改隶清江通判。'从之"。"乾隆十三年七月初六日,吏部等部议准云贵总督张允随导尿管疏称:'广西罗城县所辖之贾廷等大小一十四寨,从前俱系古州招抚,距古州之下江营仅三十余里、广西罗城县之通道镇二百二十余里,地势近黔,易于约束。请将现廷等七寨及附近之贾廷寨等七小寨,就近归隶古州管辖。至因洞、罗洞、寨麻、大蒙等四寨,虽经古州招抚,但离罗城之通道镇止四五十里,应归罗城管辖。'从之"。[221]这些情况充分体现了政区在管理地方当中的作用,同时可以看出,中央王朝既要实现对地方的控制,又必须考虑行政过程中的施政成本。

(二)实现民族势力分割的政治需要

山川因素在诸厅的划界和归属过程中起到了很重要的作用,但并不是决定作用。事实上,苗分黔、楚,黔东南诸厅分属三府,都不同程度地实现了对当地少数民族势力的政治分割,这种分割有利于巩固清王朝对地方统治,加强对"苗疆"的控制。"苗疆"历代"化外",在统治者眼中是一群"顽固不化"的苗民生活其中,实为难治之民。在平定苗乱的过程中,当地少数民族就是在复杂的地理环境中互相声援以抗拒官军的,清廷早就领略了其中的滋味。

腊尔山使得苗分黔、楚。腊尔山对于苗民来说,也许是平常之事,可统治者要从湖南越过险峻的腊尔山去管理控制背面的松桃"红苗",肯定是件很困难的事情,反之,从贵州越过险峻的腊尔山去管理控制永绥、凤凰、乾州三厅之苗,亦非易事,容易出现力不能及的尴尬局面。毕竟腊尔山地区山势险峻,群峰耸立,沟壑纵横,河谷深切,在这种情况下,分而治之才是上策,而腊尔山就顺理成章地成了对苗族势力进行政治分化的天然地理要素。雷公山的存在,使得黔东南六厅分属镇远、黎平、都匀三府,黔东南是典型的山岭地带,而且地势险要,当地少数民族大都择险而居,给统治者的管理带来了极大的困难,面对高而险峻的雷公山,没有那个府有能力越过它去控制背面的苗族人民,只能就近管辖,而高大险峻、地形复杂的雷公山,为清王朝实现对当地少数民族势力的政治分割提供了地理条件。这种分而治之的策略,实际上就是清王朝施政成本的优化过程。

苗分黔、楚也好,厅属三府也罢,都把在地域上统一、民族构成同一的"苗疆"进行了政治肢解,实质上是分化的苗族人民的力量,使其弱化。在这种情况下,当地少数民族要联合起来反抗清王朝的统治,则会有一定的顾虑,也会受到一定的牵制,从而降低了当地少数民族群而反之的可能性。更重要的是,这样可以联合两省或三府之力来共同控制"苗疆",一方有难,另一方尽力控制自己的辖地,如有需要,互相联防也成了份内之事,其中一项重要措施就是"于各厅沿边扼要地方分设卡座,严密防范,并驾驭苗弁约束散苗,俾各安分守法,不致暗结助势"。[222]这种互防措施则从政治上加剧了当地少数民族力量的分割。一旦当地少数民族联合起来闹事,与"苗疆"相关的政府力量则会责无旁贷地协力平乱,"黔楚交界,宜遇事商办,以靖边疆也"。[223]共同维护"苗疆"的安定。这种政治上的需要也说明了弹丸"苗疆"的难治。

(三)具有历史传承的蕴意

历史上存在的事情往往具有它的合理性,并且会对后世产生或多或少的影响,比如说行政区的传承性,这一点,在湘西、黔东北"苗疆"表现的比较突出。元代设置了湖广、四川、云南三行省,而今贵州之地则分属之,直到明永乐十一年(1413年),才在平定思南、思州二宣慰司之乱的基础上,废二宣慰司,以其地设镇远、黎平等十三府,建立贵州承宣布政使司,贵州从此成为省一级行政机关。而松桃厅地在元代就隶属于思州宣慰司,"松桃厅,元为思州宣慰司地"。[224]松桃"红苗"理所当然就随思州归属贵州省,事实上明朝统治者也是这样处理的,"明嘉靖二十二年诏万镗为副都御使,剿抚判苗。初湖贵间有山曰腊尔,诸苗居之东属镇溪千户所、筸子坪长官司,隶湖广;西有镇仁、平头二长官司,隶贵州"。[225]虽然说松桃"红苗"是历史上的三不管地区,但清王朝还是将上述行政归属的意念传承了下来,由于这些政治因素,苗便有了黔苗、楚苗之分。

自元朝以来,湘西就有五寨长官司、筸子坪长官司和镇溪所等土司的设置,"五寨长官司,元置,洪武七年六月因之"。[226]"太祖洪武三十年二月,以芦溪上五都蛮民分为十里,置镇溪所隶辰州府。成祖永乐三年,辰州卫指挥龚能等招谕筸子坪三十五寨生苗,七月设筸子坪长官司,隶保靖州军民宣慰使司"。[227]于是湘西苗民有了政治意义上的划分,各有所属,后来镇溪所和筸子坪长官司合称为镇筸,于是有了镇筸苗之称,其实"镇筸有镇苗、筸苗之分",[228]且各有所属,"镇苗向系镇溪所管抚,筸苗即红苗,向系筸子坪长官司管抚。前明以镇溪令永顺司担承,筸苗令保靖司担承"。[229]当然,这种归属关系包含了统治者的一种政治意念在里边,其实有些苗寨是流官、土官都无法控制的,这就是本文所说的"生苗",但不管怎样,这种行政归属观念已经存在,为后来统治者的分区治理提供了有力依据。事实上,凤凰厅基本上就是依五寨长官司而置,而乾州厅则基本上是依镇溪所而置。

早在明朝,镇溪苗就被分为十里,"自洪武三十年命孙应龙镇抚镇溪,始立制度,分镇溪、崇山等一百二十四寨为十里,自高岩河上为六里,下为四里"。[230]其中上六里苗曾因地近保靖司而隶于保靖,为了管理上的方便,后来划归清代所设的乾州厅统治管辖,"镇溪上六里苗因与保靖司相近,遂归保靖土司管辖,康熙四十九年,辰沅靖道委土弁宋纯汉清查各寨户口编管,臣查镇溪所六里苗民从前虽听保靖司管抚,今龙德思愿为编户,归汉纳粮,似难阻其归诚,相应准令复业,镇溪既设流官,应将六里苗民归乾州同知管辖"。[231]看来六里苗归保靖司管理只是权宜之计,一旦情况发生变化,还得权归乾州厅。但是"六里开辟之地,幅员五百余里,以形势而论,尚在镇筸之外"。[232]而且明廷曾设崇山卫于吉多坪,管理的大致就是这一地带,可以看出,上六里苗具有一定的独立性,这给上六里苗的被分治埋下了伏笔。到了清代,六里苗成为"生苗腹地",雍正年间对其进行大力征讨,苗乱平定后,就其地设厅控制也是顺理成章的事情,据史料记载,"划界分疆循六里之旧"。[233]事实上,分"十里"为"六里"和"四里"的高岩河就是清代永绥厅和乾州厅的分界线。关于"十里",还有另外一种说法,"镇溪军民千户所地分十六里,每十年照州县例攒造丁口,下十里之民颇遵汉法,与上六里异,雍正六年割上六里苗地增设永绥,下十里编作四里"。[234]

腊尔山苗族聚居区从政区上分属湖南、贵州两省,湘西部分则被划分为三个厅,在某种程度上是对前朝行政区划原则的继承。在流官、土官都无法控制的"生苗"地区,则是把前朝统治者关于当地少数民族的行政归属的政治意念落实下来,并从行政区划上表现出来。

从谭其骧先生主编的《中国历史地图集·明代卷》可以看出,黔东南六厅之地在明代是行政建置上的空白,是典型的"化外"区,哪怕是行政归属上的意念都难以找到相关事实。在这里,很难找到对历史的传承的因素。

当然,其中可能还有其他一些因素影响了厅的设置。比如说"苗疆"难治,体现在苗顽、地理环境复杂,苗民叛服无常,那么在武力征讨的过程中,往往及时地在战略重地建城设官进行控制,作为进一步征讨其他地方的后盾。战时所建的城和所设的官,在战后被延续下来了。

湘黔苗族聚居区,以雷公山和腊尔山为中心,这里山地纵横,山势险峻,群峰耸立,峰峦连绵,沟壑纵横,河谷深切,地形地貌奇异复杂。当地少数民族长期生活在高山峻谷之中,形成了自己独特文化习俗,对外界的事物具有很强的抵触心理。历代王朝不能对其进行有效的实际控制,特别是明王朝还对当地少数民族采取封锁政策,加剧了"苗疆"地区的封闭性,当地少数民族成为"化外生苗"。由于上述历史、地理、民族等方面的因素,湘黔"生苗"区成为典型的"内地边疆",独立自主的发展着。

清王朝武力开辟"苗疆"后,如何控制和管理"苗疆",成为一个重大问题。从行政制度上来看,清廷在"苗疆"设置了十个厅,作为管理地方的基本行政机构,以达到国家权力的下移到地方的目的。厅作为行政区划,它管控地方的职能首先从它本身的基本要素表现出来,行政区划的幅员,就是地方政府的管理幅度,更通俗点说就是地方政府的权利圈,直接关系到控制地方的有效性,而幅员与划界是有很大关系的。所以"苗疆"十厅的划界和归属,某种程度上就是在充分考虑政府的行政效果和施政成本。

"苗疆"山地纵横,群峰耸立,河谷深切,地形非常复杂,形成一道道天然障碍,在当时的交通条件下,很难逾越这些屏障。考虑到施政成本,清王朝在划定行政区划及其归属的时候,不得不以山川形便为依据。当地少数民族长期生活在大山之中,大都是据险为寨,为了维护自己的利益,他们凭借险要的地理形势,顽强地与外界势力展开斗争,而且常常是一呼百应,极易形成联合的态势。清军在开辟"苗疆"的过程中,吃尽了苦头,领略了其中的滋味。由此,清王朝在行政过程中,考虑到要对当地少数民族进行政治分割,以分化其力量,这种政治分割的另一面,则是加强了相关地方政府对当地少数民族的联防之势,从而达到有效控制"苗疆"的目的。在某种程度上,政区的设置还得考虑对前朝政区设置中的合理成分的继承,有助于行政的有序性,避免在管理上出现混乱局面。因为经过长期的发展,行政归属的观念已经形成,对于"化外生苗"区的行政归属,哪怕仅仅是一种政治意念,但终究是形成了,完全有必要考虑对这些观念和意念的延续和落实。所以,清王朝在对"苗疆"诸厅进行划界和确定其行政归属的过程中,不仅考虑了对当地少数民族的有力管控,还充分考虑到了政府行政效率的提高和施政成本的降低。

二、"苗疆"十厅治所选择与确定

中央王朝要实现对地方的有效管控,最基本的措施就是在地方设置政区,它是中央王朝在地方行政的基本单位,也是中央政府实现对地方的控制的重要标志。而治所是政区的核心所在,对一个具体行政区的稳定发展和有效管理起到了举足轻重的作用。它有着十分强的政治、军事、经济和文化功能,政区治所的选择受到了诸多因素的制约,比如政治因素、经济因素、民族因素、地理环境因素、还有对历史的传承等等,其中一个或多个因素相互交错决定了政区治所的选择。不管怎么样,它的选择不仅要考虑行政环境的安全,还要考虑到对辖区有效管控。

清王朝开辟"苗疆"后,设置了十个厅进行管理,"苗疆"的历史、地理、民族情况十分复杂,对它的管控难度很大,治所的选择因此显得尤为重要。下面主要通过对地理环境的限制和政治控制的需要这两方面因素的论述,对"苗疆"政区治所的选择和迁移进行分析,它的最终选定,是充分考虑了各种因素,使它们达到优化配置的结果,也是政区治所作用的最大化的过程。这种选择和迁移过程是清王朝对地方管控的强化过程。

(一)"苗疆"十厅治所的选择

首先,地理环境起到了很大的制约作用。湘黔"苗疆"是以腊尔山和雷公山为中心的两大块地区,该地区喀斯特地形相当突出,典型的山地地貌,奇峰突兀,平衍之处甚罕。这方面的记载十分常见,如"台拱地处苗疆,硅步皆山,田亩畸零,并无一二里之平阳场圃"。[235]"县多山,全境山居十八九"。[236]"古州西接都匀,南连西粤,附郭数十里地势平衍,余俱崇山峻岭"。[237]"苗疆地方,万山矗立,平衍之处甚少,惟乾州地面较为平坦,然数里之外,层叠皆山"。[238]等等。这种高山峡谷、溪河纵横、平地极少的复杂地理环境在很大程度上制约着政区治所的选择。虽说没有起到完全的决定作用,给人一种舍我其谁的感觉,但是在"苗疆"地域范围本来就狭窄的情况下,可供建城设官的地方屈指可数,不能不说"苗疆"的自然地貌在政区治所的选择过程当中起到了关键的作用。下面一例就是其关键作用的真实写照,"苗疆地方,跬步皆山,惟镇筸厅建城之处少为宽敞,永绥形势仿佛,乾州数里之外,层叠皆山,三厅城垣无移建之处"。[239]材料反映的就是地理环境对清代湘西凤凰厅、乾州厅和永绥厅治所选择的制约。高山区是不适宜建城设官的,而适合建城设官的平地又不多,政区治所的选择就这样被局限在有限的范围内,上述三厅的治所选择就是"苗疆"政区治所选择的缩影。

综观"苗疆"诸厅的治所,还可以发现另外一个现象:即绝大多数都是倚山面水。"苗疆"地区不仅山多,而且水也多,可以说是河网密布,湘西、黔东北"苗疆",有松桃河、武溪即泸溪、小河、崀河、万溶江、镇溪、酉水、高岩河,腊尔堡河、花园河、沱江等主要河流,向东可以出洞庭、入长江;黔东南地区显得尤为突出,以清水江和都柳江为核心,还有大丹江、小丹江、九股河、麻哈江等等,再加上众多支流,共同维系形成一张极具活力的水运交通网,可以通湖南、广西、广东。"苗疆"大多数政区治所就选择在这些江河附近,清江厅之公鹅寨意为水边(清水江)的寨子,古州厅之诸葛营亦是"倚山面川",[240]得古州江之势,丹江厅城,都江厅城亦得丹江、都江之形胜。永绥厅城旧址的选择考虑到了"兼有溪河萦带"，[241]后来移治花园，也有"花园河在厅东，绕厅城入永顺府保靖界"。[242]凤凰厅之五寨司即今之沱江镇，也有"沱江"作为"厅城北河也"。[243]乾州厅治所乾州则是南邻武溪，"乾州厅城在武溪之阳。嘉庆元年苗平后，升乾州厅为直隶厅，同知赵贵览领币扩建新城，南临河"。[244]松桃厅城则是从松桃山下移治松桃河畔，使得松桃城"建城之地，背山面河，小江迤西而南汇于东北之大江，以下达于楚，山环水抱，类智者所设施"。[245]对地理优势进行了充分发挥和利用。

从前文对"苗疆"地形的分析来看，不难理解其"倚山"之势，但它们为何都约定成俗似的"面水"呢。主要有以下几个方面的原因：一是，厅城大都深处"苗疆"，其自身的防卫和巩固往往是统治者优先考虑的事情，面对所谓的"顽苗"，厅城的安全就显得尤为重要，此时的江河就很自然的起到了天然护城河的作用；二是，任何城镇的建设，不能不考虑水资源这一因素，深处"苗疆"的厅城也不例外，当年八寨厅址迁移的原因之一就是由于"东北面虽有水，亦只小溪浅壑，喝饮堪虞"，[246]可见水对人们生活的重要性，此不失为"厅城"面水的又一重要因素；三是，相对优越的交通条件使然，清朝政府开辟"苗疆"，建城设官，一批文武官员的进驻，大量的兵丁布防，以及众多汉民的移入，生活用品的需求相应大幅增长，而"苗疆"地区经济发展水平十分低下，并且象布匹、食盐等日用生活必需品十分稀缺，使得对生活的补给显得格外重要，而这大都要从外地转运进来以满足需要，其中兵米的转运就是一个典型的例子，有省内的转运，有省际间的转运，这样一来，便利的交通就摆在了首要位置，在以崇山峻岭、山径峭仄、奇峰突起、平衍之地甚少而闻名的"苗疆"地区，统治者不得不重视水路这一有效通道,当然,重视水路的另一原因就是运兵的需要。

其次,政治因素在其中起到了不可低估的作用。

在政区治所的选择过程中,如果说地理环境只是起到了关键作用的话,那么在地理环境基础上的政治考虑则成了决定作用。前文所述,厅城的选址不得不考虑自然地形的因素,并且考虑的空间也不大,因为平地很少。"苗疆"诸厅的设置是在平定苗乱、开辟"苗疆"的背景下进行的,早在开辟"苗疆"前,当地少数民族时常杀害地方官,扰乱社会秩序和百姓生活,成为统治者眼中的地方一大害。武力征讨"生苗"过程中,清朝统治者领略了当地少数民族的顽和"苗疆"的难。厅城更是深处历代为"化外生苗"的地方,在统治者的眼中,苗民都是"顽梗不化"之辈。在这样的环境和背景下建城设官,首先要考虑的是如何才能有效的控制自己的辖区,并保证治所本身的安全,营造一个安全的行政环境。这样一来,政治方面的考虑在治所选择过程中成了不可或缺的因素,它与自然环境因素共同决定了一个治所的选择。

事实上也是如此。在台拱建城设官,不仅考虑到要镇抚当地少数民族,并且认识到了能与周边地区形成联防之势,"苗既凶狡,未经大创,虑又反侧,议于台拱建城设兵,以镇抚之。且上为丹江声援,下为清江犄角,而施秉、镇远之藩篱以固"。[247]清江厅之公鹅寨则与城南公鹅山上的卫城声势相连,屹屹为雄镇,"公鹅山,在城南,峰峦突兀,气势深厚,四山环抱如拱,卫城自河侧延袤而上,将至山之半。兵民凿梯架椽,层累而上,堞起伏而雉飞,瓦参差而鳞次,与公鹅大寨烟火相望,声势相连,屹屹为雄镇焉"。[248]古州厅治诸葛营,更是"倚山面水,俯视全境"。[249]占据了有利的地理形势,相传为孔明筑营之地,可以想象其战略地位。

松桃深处红苗之地,地理形势险峻,建置较晚,未服王化,"松桃者,黔与楚蜀之隙地,而赤苗出没之隩区也。其地华离险阻,菁密洞深,其人蚁伏鹑居,犷悍剽疾"。[250]治所的选择更是不能马虎,既要有优越的自然形胜,又要有极高的战略价值,事实上就是如此。"松厅设城又来已久,迄今且再葺焉,城基来脉绵远敦厚。建城之地,背山面河,南屏拥于前,太乙踞其后,山势重沓,周于四周,小江迤西而南汇于东北之大江,以下达于楚,山环水抱,类智者所设施"。[251]这样一来,就有了"乾隆六十年之役,逆苗窥伺久淹旬日,守陴者御之,裕如人力洵足凭哉,亦缘地利扼其险要,而操常胜之局也"[252]的战略论断。

永绥厅治吉多坪亦是扼要之区,"永绥协系新辟苗疆,屡经文武会堪,咸称吉多坪实为扼要之区,地势宽阔,兼有溪河萦带,应请于此造城垣官署"。[253]而乾州厅城的选择,更是显示了统治者详察形势,以得万全之地坐镇"苗疆"的意图。"乾州为岩疆重地,其详察形势以开基也,较别府州县度地居民尤加意焉,黔楚之苗蛮近在肘腋,峝溪之仡佬相距咫尺,内忧外患,触目惊心,势必得万全之地以坐镇焉,常则恃其弹压,变则易于剿抚,夫而后可以计安也"。[254]很明显,这些政区治所的选择都有明显的政治意图和充分的战略考虑,当然,这种政治意图的实现和战略价值的体现,都是建立在充分把握地理形胜的基础之上的。

另外,对历史的传承也是因素之一,比如永绥厅之吉多坪乃明代崇山卫地,凤凰厅之五寨司城也是前代土司城,古州厅之诸葛营,虽然是相传之事,但也体现了这一情况。当然,这些地方能够作为治所被传承下来,也反映了其本身的重要性。

(二)"苗疆"诸厅治所的迁移

政区治所的迁移从另外一个角度反映了政区治所的选择,迁徙本身实质上就是一种选择。鉴于"苗疆"在历史、地理、民族方面的特殊性,对该地区的有效控制就成了清王朝的首要任务。"苗疆"部分政区治所有过迁移,这种迁移除了受到地理环境的影响外,更主要的是出于行政方便的考虑和对地方的严格管控的政治需要。

　　八寨厅城的迁移与地理环境有密切的关系。雍正年间对黔东南"苗疆"的开辟始于八寨,设置八寨厅后治所选择在老八寨,是为了控制当地少数民族,史书记载是"以镇夷苗"[255],政治意图很浓。不过,这在当时只是权宜之计,也就是说,主要是出于镇抚苗民和继续开辟"苗疆"的需要。但随着人口的增多,经济的发展,"苗疆"地区得到进一步的开发,"苗疆"社会风气逐渐"开化",这样一来,治所原有的优势逐渐弱化,这时八寨旧城出现了"地偏而隘且乏水,公私交困"[256]的局面,既不能满足人们生活的需要,也不利于政府的行政。关于这一点,有史为证,"乾隆十二年,以其地势狭隘,城西南隅虽有山,不过丘陵土阜,瞭望不远,东北面虽有水,亦只小溪浅壑,喝饮堪虞,十二年乃改建今县治"。[257]松桃厅城的迁移,也是由于"地甚狭隘",于乾隆二年从松桃山下的长冲迁往廖皋山下的廖皋。这样的地理环境严重影响了人们的生活,更重要的是不利于政府对地方得的管控,治所的迁移就是为了摆脱这一不利局面。

　　凤凰厅治从凤凰营迁至五寨司城,主要是由于政府官员的职责活动而导致的结果,"凤凰营距镇筸城六十里",有行政上的不便,"旧设通判驻此,因道员驻镇筸,通判不时谒见于城内,自购民房为公寓,旋即建为公署,自此凤凰营之衙署遂废,迨后改通判为同知,升为直隶,而镇筸又遂以凤凰厅名矣"。[258]很明显,驻凤凰营之通判时常谒见道员,为了方便起见,通判在五寨司城自购民房为公寓,后成为公署,从而导致厅治的变动,公呼? 私呼? 这种变动,降低了政府的行政成本,提高了行政效率,最终还是有利于对"苗疆"的控制。当然,这里面也有地方官员出于自身考虑的一面,但这种考虑恰恰体现了政府有效管控地方的需要。值得注意的是,此处的镇筸就是五寨司城,前文对此有详细的考证。

永绥厅城因"逆苗"之变从吉多坪迁移至花园,是因为花园较之吉多坪,更为形胜,更有利于厅城本身的安全和对"苗疆"的控制。"永绥厅城旧在吉多坪,因逆苗之变,移建今治,南面归诸苗地,北面倚水为带,得呼地利,与昔日之孤悬苗地者殊矣"。[259]既然吉多坪孤悬苗地,那么当初为什么要选治吉多坪呢? 因为吉多坪也是形胜之地,当时在讨论治所迁移的时候,就有当事人说"其至旧治时,环视山川,叹为最称形胜,迁地实为非计"。[260]并且当时苗乱初平,防范措施严密,大量营汛的设立,与厅城相互呼应,共同维系"苗疆"的稳定,厅城也因有大量营汛的保卫而有了安全的环境。"自雍正间改土归流,始于其中置厅城,维时甫免土司之残暴,皆欣然乐生,而又防维周密,四路分置大小营汛四十八处,又高岩仓贮米石以供馈饷,所以能孤立苗巢中数十年也"。[261]从中不难想象治于吉多坪的情景和形势,也充分体现了控制政府控制当地少数民族的需要。厅城孤立"苗疆"腹地,必须有大量营汛的照应,同时为了震慑地方,就必需驻重兵,"盖处此深入堂奥之地,若欲拊背扼吭,非多驻重兵不足以建威销萌"。[262]大量文武官兵的进驻,需要大量的粮食供给。而"苗疆"的经济落后,不能满足需要,所需粮食主要是从外地转运进来,但由于交通不便,转运粮食也是件极困难的事情,使得粮食的供给成了一个大问题。况且吉多坪离贵州苗寨很近,加上土寨环列,自身安全受到严重威胁,从长期发展来看,就成了所谓的兵家绝地,事实上,"地既深处土寨,距贵州苗巢边界近则二十三十里,舟楫不通,粮运万难,土寨环列,汛防不易,所谓西山梁、北山梁、花老虎梁,皆彼此共之。若以兵家之言,几成绝地"。[263]另外一方面,驻兵太多,也容易生事,一旦生事,厅城的安全毫无保障可言,元、明两朝就是置而弃之。"大兵既驻,形胜相疑,衅隙易生,事机百变,一旦有故,外援难至,舟中敌国,智勇皆穷,故言守既无金城汤池之固,言战亦难运九天九地之奇,是以元弃之而安,明卒弃之而安"。[264]后来各路营汛裁撤,使得厅城缺乏必要的保护,难以示威,同时,水运通道也被阻塞,仓储无粮,运粮维艰,形势十分严峻,作为厅城的优势丧失殆尽,厅治的迁移势在必行,"各路营汛概行裁撤,惟余孤城深处其中,形如釜底,不能示威,转足启玩,兼以高岩河道梗塞,无仓贮粮,须至花园支领,相距七十余里,兵丁往返须两日,一遇雨雪封山,即虞匮乏"。[265]这无非是告诉我们,治所的选择不仅要考虑对地方的控制,还要考虑自身的安全。

移治花园,是因为花园有得天独厚的地理条件,尽得地利的优势,不再孤悬,并可以与周边地区连成犄角之势,互为唇齿,战略地位十分明显。不仅可以扼苗,还可以御四邻,花园"南面归诸苗地,自东之跃马卡汛西至螺蛳董汛沿边一带划疆而守,形似弯弓,北面倚水为带,得呼地利,与昔日之孤悬苗地者殊矣。万山绕廓,二水环城,碉卡星罗,营屯棋布,与秀松相犄角,联凤乾为齿唇,非惟扼群苗之吭,兼可御四邻之侮"。[266]可谓是尽得形胜之要,首先,地连黔、川及本省之保靖县、乾州、凤凰二厅,不再"孤悬",经济较为发达;其次,交通便利;最后,有重兵的维护和协防,居一面而临三面,以内御外(此"内"以内地而言),最得形势之要。有史为证:

> 今厅治昔保靖宣慰司彭氏宴游之所,故称花园。当日园圃甚宽也。东北东南俱界保靖,西北沿边川黔两省,西南界连

乾凤两厅地,而丛山复杂,为湖南省边寨,西北最高原,北带西江流域,舟楫上下,南负崇山峻岭,民土杂居中央,溪流灌溉,田良树美。厅治地势交通既便,就形胜而论,去保靖界对河即是,去保靖县城不四十里,陆路四五日至辰州,八九日至常德;水路顺流而下,当春涨时一日而至辰常洞庭间,即冬干水涸,亦不过三四日;东以狮子桥为重镇,但为至保靖大道渐进内地,故只一都司一营,西以茶洞为重镇,与四川之洪安汛、贵州之盘石营紧相连接,非第三省边要,亦且群土深处,故特设协营重兵,以资防范,震慑异心,中权花园为重镇,而总兵官率重兵驻焉。其南北二面土寨环列,土备弁兵棋布,以互相铃制,居一面而临三面,以内御外(此内以内地而言),最得形势之要。[267]

时人云苗疆各厅乃"外御其侮者,而要皆以花园为治所"。[268]除此之外,丹江厅治由老丹江迁徙至肇泰堡,由于史料的缺乏,使得其迁徙的原因很难准确的梳理。但根据前文所述的治所选择的背景和目的来看,其迁徙很可能也是因为地理环境和政治上需要。

值得注意的是,历史上对政区治所的选择,往往要考虑其腹地以满足经济、生活方面的需要。但"苗疆"诸厅城则很少有这方面的腹地可言,当地经济水平十分落后,没有能力为一厅之中心提供各种需要,其所需绝大数都是从外地转运进来,其中兵米的转运显得尤为突出。随着时间的推移,军屯、民屯逐渐兴起,促进了当地的开发,带动了经济的发展,也只是在一定程度上缓解了这一压力。如果要说重视经济因素的话,那也是从重视交通入手,对外地的经济进行远距离转移,从而实现其腹地在一定程度上的远延。这一点恐怕在其他地区并不多见。

清王朝武力开辟"苗疆"后,实现对这块曾经的"化外"之地的控制是重中之重。政区的设置作为管理地方的重要手段,其作用是不可小视的,而政区的管理职能主要是通过它的基本要素体现出来的。治所作为政区的核心要素,它的选择过程实质上就是政府对地方管控的强化过程。

"苗疆"地区的历史、地理、民族状况都非常特殊,政区治所的选择主要是出于严密控制"苗疆"的政治需要,当然,地理环境的限制作用也是一个重要因素,但对形胜之地的选择,也是为了行政控制的需要。从上文对"苗疆"政区治所的选择和迁移的分析,既可以看到控制"苗疆"的难度,也可以看到控制"苗疆"是清王朝的首要目标。治所选择的出发点都是出于维护自身安全、有效控制地方、降低施政成本、提高行政效率的需要。

三、"苗疆"十厅相关地名解析

关于地名的概念与来源,有多种不同的说法,比如徐兆奎的《中国地名史话》认为:地名是人类为便利自己的生产和生活,命定的地物和地域名称;华林甫的《中国地名学源流》认为:地名是人们赋予某一特定空间位置上,自然或人文地理实体的专有名称;王际桐的《地名与地名工作》认为:地名是人们对地球和其他星球上表示特定方位、范围的地理实体赋予的专有名称。陈根良的《怎样给地名下定义》认为:地名是人们共同约定给与各个地理实体的语言符号标记;陈仲雍的《马克思主义和地名学的理论建设》则认为:根据唯物辩证主义的认识论,我们可以说地名就是人们对于地物的反映和认识。人们在诸如政治活动、经济活动、军事活动、文化活动、日常生活活动等各种活动中都离不开地名,可见地名的重要性,它承担着众多的功能。

地名的命名方式也很多,特别是古代地名的命名缺乏统一的标准，比如有的以地形、地貌、动植物等自然景观为命名依据；有的以历史沿革和古来传说为命名依据；有的以人文开发为命名依据；有的以气候等自然现象为命名依据；也有以地理位置为命名依据的等等，很难对命名原则作全面精确的总结。各个地方的命名方式也有诸多不同之处，其性质、种类也很多，这里不重点论述。关于湘黔"苗疆"十厅及其治所的命名依据主要有以下几种，现据史料记载和后人的研究进行分析，主要有以下几类：

第一类、从少数民族语音译而来。

清江厅的治所在公鹅寨，公鹅寨就是今天贵州省剑河县柳川镇，公鹅是根据当地苗族语音音译过来的，还称勾鹅，意思是"水边的寨子"。[269]其中之"水边"应当就是黔东南的清水江边，清水江是黔东南的主要河流之一，具有很大的战略意义和经济效益。"清水江，因江水清澈，故名。"[270]虽然没有史料明确记载，但是清江厅很可能就是因清水江而得名。此时，可以想到的是：一江清水缓缓东流，两岸布列着具有民族风情的苗族山寨，当地少数民族与世无争的生活在祥和、恬静的环境之中，恰似一幅绝妙的山水田园画，人与自然达到了高度的和谐，只是这种和谐随着清政府对"苗疆"的开辟而被打破。

台拱厅的治所台拱寨，根据柴兴仪先生的研究，早在明代就有台拱寨之称，也是苗族语音译过来的，只是它的具体意思还有待于进一步考证。[271]其中"台雄山，在城西南，有大小台雄及台盘，山径峭仄，苗民依山而栖，结屋如巢"。[272]这样台拱寨及其附近居民就在台雄山的拱卫之中，那么"台拱寨"是不是就是台雄山拱卫下的寨子呢，在此仅作为一种猜测。而台拱厅因名于台拱寨，这一点是有很大可能性的。

第二类、因自然景观得名。

用山川等自然地理实体对一个地方进行命名是常见的方式。松桃直隶厅就是得名于境内的松桃山,雍正年间平定松桃苗族人民起义后,"建城于松桃山下,此松桃所由名也"。[273]所以松桃厅是因山而名。厅治所移于松桃河畔的蓼皋之后,还是沿用了松桃旧名,仍称松桃厅。蓼皋之名则是"因松桃河畔高地生长一种蓼科植物(开白花),故名"。[274]地名源于一种蓼科植物,可以想见这种蓼科植物已然成为当地的一道重要的风景线。

凤凰厅的命名依据则是境内的凤凰山。"凤凰之名,因山受之。宏惟我朝疆里边陲,初曰营后曰厅"。[275]凤凰厅命名所因之山就是今天潮井乡中北部的一个形似凤凰,海拔791米的大山,人们取其吉祥,称为凤凰山。"明隆庆三年(1569年),明廷在凤凰山设置一军营,以监视土司和防苗之乱,军营以凤凰山为名,称为凤凰营,从此,"凤凰"之名始见于史册"。[276]康熙四十三年,设通判驻凤凰营,名为凤凰厅,四十八年,移治所于五寨司地后,还是以凤凰厅为名。所以,凤凰厅得名于因取其吉祥而名的凤凰山,由是凤凰厅也透出了淡淡的吉祥之意。

第三类、以人文背景为命名原则。

湘黔交界地带的苗族聚居地区大都是以"寨"为单位维持社会生活状况,可以说是苗族社区主要的基层组织形式。八寨厅之名的来源和含义就与"寨"文化有关。且看下面的记载:"八寨县之有城垣,自前清雍正九年始。其时苗疆新辟,改土归流,人民新附,移都匀府同知坐镇县境,乃择县治东十里许之地筑城居之,以镇夷苗,因附近之寨有八,回环围绕,故以八寨名,即今之怀柔堡,又称老八寨者,是其遗址。"[277]很清楚,清廷武力开辟苗疆后,随之建官设置,管控苗族人民,当时所选择的治所周围有八个苗民寨子成环状罗列,也由此有了八寨厅一称。可以看出老八寨的中心位置,体现了"以镇夷苗"的政治目的,当然后来移治到更有利的地方。

古州厅的治所——诸葛营的来历则是传承了历史。据史料记载,古州厅之诸葛营与三国时期孔明的军事活动有着必然的联系,"诸葛营踞其中,倚山面水,俯视全境。相传孔明驻军之所,四周土垣尚存。"[278]从中还可以看到诸葛营的战略地位,孔明亦选择其作为驻军的地方,这使我们很容易明白清廷选其作为古州厅治所的政治和军事考虑。

永绥厅的治所——花园的命名则是另一番情景,"今厅治昔保靖宣慰司彭氏宴游之所,故称花园"。[279]当然,永绥厅在今天已经是花垣县,并没有继续使用"花园"二字。其实,花园并不单单是一个供游玩的良好场所,还是一个得形势之要的地方,因为永绥厅深处"苗疆"腹地,治所亦是孤悬苗地,所以在行政治所的选择必须考虑它的战略意义,这一点在下文将有详细论述。

第四类、传统文化的运用。

"乾州"这一名称始于明朝,"乾州之名始著于明史,溯之先代,概未有见也"。[280]它的命名过程充分利用了八卦理论。八卦是古代的一套有象征意义的符号,八卦互相搭配又得六十四卦,用来象征各种自然现象和人事现象,在《易经》中有详细的论述,后来用来占卜。当年,乾州村民在生活中观察地形,结合八卦理论,为自己生活的地方命名为乾州,明朝在这里设哨,为乾州哨,清朝在此置厅,为乾州厅,都是一脉相承的,有史载:"乾州命名之初,村民度地形,谓其地平坦而微起者三,又乾象焉,所居又乾巽向,潕溪自离方曲,曲朝抱离之先,天乾也,当名乾村。后小河其来,自兑会乾,艮水由后绕之,地在诸水中而高,有州之义,名其村曰乾州,前明设哨因之。康熙四十三年,裁镇溪军民千户所设厅于此,以旧哨名名曰乾州厅。"[281]其间地平且有水,在"苗疆"多山的情况下,其成为治所是为情理之中的事。

第五类、朝廷赐名。

"永绥"二字,是清朝雍正八年(1730年),清王朝派兵征服了六里苗民以后,于崇山卫故地吉多坪设副将一员,赐名'永绥协'而来,设同知驻其地时,为六里同知,不久改称永绥同知,是为永绥厅,嘉庆二年设镇于花园,赐名绥靖,七年永绥厅移治花园后,亦为永绥厅,"六里开辟,设副将营吉多坪,赐名永绥协,设六里同知一员,未几改为永绥同知。乾隆六十年,厅属排丁、扣有癫苗之变,嘉庆初勘定,二年乃设总镇于花园,辖永绥协,并置参将于保靖,隶之,赐名曰绥靖,盖协而厅而镇皆天赐嘉名,此当为海内各厅之所独"。[282]由协到厅,后来设镇都由朝廷赐名,这在清廷所设各厅当中是非常少见的。"绥"和"绥靖"都有安抚,使保持地方平静的意思,这里面充分反映了清王朝在"苗疆"的统治理念和期待,但事与愿违,永绥"苗疆"并没有始终保持平静的局面。

由于史料的缺乏,还有一些厅的地名难以理清。其中有些地名可能是苗语音译,其含义的解析有待于对民族语言的进一步研究。

注　释

1　(清)魏源:《圣武记》卷7《雍正西南夷改土归流记》上,中华书局,1974年,第283页。

2　《清实录·世宗实录》,中华书局,1985年,第8册,第827页。

3　龚柴:《苗民考》,(清)王锡祺辑:《小方壶斋·舆地丛钞》第8帙,杭州古籍书店影印,第 10 册,1985 年,第 76 页。

4 (清)严如煜:《苗防备览》,道光癸卯(1843 年)木刻本。

5 湖南省志编纂委员会编,《湖南省志·地理志》上册,湖南人民出版社,1961 年,第 201—202 页。

6 (清)严如煜:《苗防备览》,道光癸卯(1843 年)木刻 8 册。

7 (清)无名氏:《苗疆屯防实录》卷 1《苗疆图说》。

8 谭必友:《湘西苗疆:多民族社区的近代重构》,民族出版社,2007 年,第 7 页。

9 《明实录·神宗实录》卷 536。

10 (清)董鸿勋纂修:宣统《永绥厅志·地理门十三·苗峒》,清宣统元年(1909 年)铅印本。

11 方享咸:《苗俗记闻》,(清)王锡祺辑:《小方壶斋·舆地丛钞》第 8 帙,杭州古籍书店影印,第 10 册,1985 年,第 71 页。

12 刘显世等纂修:《贵州通志·前事志十九》,1948 年铅印本。

13 刘显世等纂修:《贵州通志·土司志四·古州土司》,1948 年铅印本。

14 刘显世等纂修:《贵州通志·前事志十九》,1948 年铅印本。

15 《明实录·太宗实录》卷 38。

16 《明实录·太宗实录》卷 44。

17 赵尔巽撰:《清史稿》卷 288《鄂尔泰传》,中华书局,1977 年标点本。

18 刘显世等纂修:《贵州通志·前事志十九》,1948 年铅印本。

19 (清)鄂尔泰等纂修:乾隆《贵州通志》卷 3《地理·建置·都匀府》,乾隆六年(1741 年)木刻本。

20 (清)鄂尔泰等纂修:乾隆《贵州通志》卷 3《地理·建置·黎平府》,乾隆六年(1741 年)木刻本。

21 (清)鄂尔泰等纂修:乾隆《贵州通志》卷 3《地理·建置·镇远府》,乾隆六年(1741 年)木刻本。

22 《贵州通史》编委会:《贵州通史》第 3 卷,当代中国出版社,2002 年,第 65 页。

23 严如煜:《苗疆风俗考》,(清)王锡祺辑:《小方壶斋·舆地丛钞》第 8 帙,杭州古籍书店影印,第 10 册,1985 年,第 125 页。

24 严如煜:《苗疆风俗考》,(清)王锡祺辑:《小方壶斋·舆地丛钞》第 8 帙,杭州古籍书店影印,第 10 册,1985 年,第 125 页。

25　(清)卞宝第等纂修:光绪《湖南通志》卷81《武备志四·苗防一》,光绪十一年刻本。

26　(清)徐鋐等纂修:道光《松桃厅志》卷2《地理门·建置》,道光十六年(1836年)刻本。

27　清鄂尔泰等奉敕编:《硃批谕旨》第9函第6册《鄂尔泰》,清雍正十年朱墨套印内府本,第49—52页。

28　民国《贵州通志·土民志二》,注:转引自伍新福等编:《湖南通史》(古代卷),湖南出版社出版,1994年,第535页。

29　(清)鄂尔泰等纂修:乾隆《贵州通志》卷3《地理·建置·都匀府》,乾隆六年(1741年)木刻本。

30　郭子章纂:万历《黔记》卷59,1966年贵州图书馆油印本。

31　方亨咸:《苗俗记闻》,(清)王锡祺辑:《小方壶斋·舆地丛钞》第8帙,杭州古籍书店影印,第10册,1985年,第71页。

32　龚柴:《苗民考》,(清)王锡祺辑,《小方壶斋·舆地丛钞》第8帙,杭州古籍书店影印,第10册,1985年,第76页。

33　(清)赵舆恺修,陈天佑纂:乾隆《台拱厅志略》卷3《人志·风俗》,清乾隆五十七年(1792年)修,钞本。

34　(清)严如煜撰:《苗防备览》第21卷《艺文》,道光癸卯(1843年)木刻三册。

35　(清)蔡宗建等修纂:乾隆《镇远府志》卷9《风俗》,乾隆五十六年(1791年)刻本。

36　蓝鼎元:《边省苗蛮事宜论》,(清)王锡祺辑:《小方壶斋·舆地丛钞》第8帙,杭州古籍书店影印,第10册,1985年,第153页。

37　(清)张廷玉等撰:《明史》卷316《贵州土司》,中华书局,1974年标点本,第8176页。

38　《苗族简史》编写组:《苗族简史》,贵州民族出版社,1985年,第88页。

39　(清)鄂尔泰等奉敕编:《硃批谕旨》雍正十年朱墨套印内府本。

40　(清)卞宝第等修纂:光绪《湖南通志》卷84《武备志七·苗防四》,光绪十一年刻本。

41　严如煜:《苗疆风俗考》,(清)王锡祺辑:《小方壶斋·舆地丛钞》第8帙,杭州古籍书店影印,第10册,1985年,第125页。

42　(清)鄂尔泰等奉敕编:《硃批谕旨》清雍正十年朱墨套印内府本。

43　（明）王来贤等修纂：万历《贵州通志》卷 15《镇远府·沿革》，万历二十五年本。

44　（明）王来贤等修纂：万历《贵州通志》卷 14《都匀府·沿革》，万历二十五年本。

45　（明）王来贤等修纂：万历《贵州通志》卷 15《黎平军民府·沿革》，万历二十五年本。

46　（清）鄂尔泰等纂修：乾隆《贵州通志》卷 3《地理·建置·都匀府》，乾隆六年（1741年）木刻本。

47　（清）徐鑅等修纂：道光《松桃厅志》卷 3《疆域》，道光十六年（1836 年）刻本。

48　（清）爱必达：《黔南识略》卷 20《松桃直隶同知》，乾隆十四年（1749 年）年修，1914年刻本。

49　（清）爱必达：《黔南识略》卷 20《松桃直隶同知》，乾隆十四年（1749 年）年修，1914年刻本。

50　（清）爱必达：《黔南识略》卷 20《松桃直隶同知》，乾隆十四年（1749 年）年修，1914年刻本。

51　（清）爱必达：《黔南识略》卷 20《松桃直隶同知》，乾隆十四年（1749 年）年修，1914年刻本。

52　湖南省志编纂委员会：《湖南省志·地理志》，上册，湖南人民出版社，1961 年。

53　严如煜：《苗疆风俗考》，（清）王锡祺辑：《小方壶斋·舆地丛钞》第 8 帙，杭州古籍书店影印，第 10 册，1985 年，第 125 页。

54　（清）徐家干：《苗疆闻见录》，《中国西南文献丛书》第 64 册第 14 卷，兰州大学出版社，2004 年 2 月，第 264 页。

55　（清）徐家干：《苗疆闻见录》，《中国西南文献丛书》第 64 册第 14 卷，兰州大学出版社，2004 年 2 月，第 287 页。

56　（清）徐家干：《苗疆闻见录》，《中国西南文献丛书》第 64 册第 14 卷，兰州大学出版社，2004 年 2 月，第 297 页。

57　湖南少数民族古籍办公室：《湖南少数民族史料》，岳麓书社，1991 年，第 505 页。

58　（清）杨瑞珍纂：《永绥直隶厅志》，同治七年刻本。

59　（清）严如煜撰：《苗防备览》卷 21《艺文》，道光癸卯（1843 年）木刻 8 册。

60　（清）蒋琦溥等纂修：《乾州厅志》卷 2《疆里志》，同治十一年本。

61　（清）徐鑅等纂修：道光《松桃厅志·序》，清道光十六年（1836 年）刻本。

62　（清）卞宝第等纂修：光绪《湖南通志》首卷之《诏谕一》，光绪十一年刻本。

63　龚柴:《苗民考》,(清)王锡祺辑:《小方壶斋·舆地丛钞》第 8 帙,杭州古籍书店影印,第 10 册,1985 年,第 77 页。

64　刘显世等纂修:《贵州通志·前事志十九》,1948 年铅印本。

65　(清)鄂尔泰等编《硃批谕旨》第 9 函第 3 册《鄂尔泰》,雍正十年朱墨套印内府本,第 103 页。

66　(清)爱必达:《黔南识略》卷 23《古州同知》,乾隆十四年(1749 年)修,1914 年刻本。

67　(清)徐鋐等修:道光《松桃厅志》卷 6《苗蛮》,道光十六年(1836 年)刻本。

68　刘显世等纂修:《贵州通志·前事志十九》,1948 年铅印本。

69　刘显世等纂修:《贵州通志·前事志十九》,1948 年铅印本。

70　刘显世等纂修:《贵州通志·前事志十八》,1948 年铅印本。

71　刘显世等纂修:《贵州通志·前事志十九》,1948 年铅印本。

72　刘显世等纂修:《贵州通志·前事志十八》,1948 年铅印本。

73　(清)鄂尔泰等编:《硃批谕旨》第 9 函第 3 册《鄂尔泰》,雍正十年朱墨套印内府本,第 103 页。

74　龚柴:《湖南考略》,(清)王锡祺辑:《小方壶斋·舆地丛钞》第 1 帙,杭州古籍书店影印,第 1 册,1985 年,第 159 页。

75　(清)余泽春等修纂:光绪《古州厅志》卷 13《艺文志》,清光绪十四年(1888 年)刻本。

76　刘显世等纂修:《贵州通志·前事志十九》,1948 年铅印本。

77　《清实录·世宗实录》第 7 册,中华书局,1985 年。

78　(清)爱必达:《黔南识略》卷 21《古州同知》,清乾隆十四年(1749 年)修,民国三年(1914 年)刻本。

79　文渊阁《四库全书》卷 159《世宗宪皇帝上谕内阁》,台湾商务印书馆,1986 年,第 415 册,第 790 页。

80　(清)严如煜撰:《苗防备览》,道光癸卯(1943 年)木刻八册。

81　《贵州通史》编委会:《贵州通史》卷 3,当代中国出版社,2002 年,第 75—76 页。

82　(清)卞宝第等纂修:光绪《湖南通志》首卷之《诏谕》,光绪十一年刻本。

83　(清)卞宝第等纂修:光绪《湖南通志》卷 84《武备志七·苗防四》,光绪十一年刻本。

84　（清）董鸿勋纂修:宣统《永绥厅志》卷3《地理门二·建置》,宣统元年(1909 年)铅印本。

85　（清）鄂尔泰等纂修:乾隆《贵州通志》卷24《武备·师旅考》,乾隆六年(1741 年)木刻本。

86　刘显世等纂修:民国《贵州通志·前事志十九》,1948 年铅印本。

87　（清）鄂尔泰等纂修:乾隆《贵州通志》卷24《武备·师旅考》,乾隆六年(1741 年)木刻本。

88　（清）爱必达:《黔南识略》卷9《八寨同知》,乾隆十四年(1749 年)修,1914 年刻本。

89　（清）鄂尔泰等纂修:乾隆《贵州通志》卷24《武备·师旅考》,乾隆六年(1741 年)木刻本。

90　（清）鄂尔泰等纂修:乾隆《贵州通志》卷24《武备·师旅考》,乾隆六年(1741 年)木刻本。

91　（清）胡章纂修:乾隆《清江志八卷》卷6《武备志·师旅考》,乾隆五十五年(1790年)修,钞本。

92　（清）鄂尔泰等纂修:乾隆《贵州通志》卷24《武备·师旅考》,乾隆六年(1741 年)木刻本。

93　余宏模:《清代雍正时期多贵州苗疆的开辟》,《贵州民族研究》,1997 年第 3 期,第70 页。

94　刘世显等纂修:(民国)《贵州通志·前事志十九》,1948 年铅印本。

95　（清）鄂尔泰等纂修:乾隆《贵州通志》卷24《武备·师旅考》,乾隆六年(1741 年)木刻本。

96　（清）鄂尔泰等纂修:乾隆《贵州通志》卷24《武备·师旅考》,乾隆六年木刻本。

97　（清）董鸿勋纂修:宣统《永绥厅志》卷8《营建门一·城堡》,清宣统元年(1909 年)铅印本。

98　（清）严如熤撰:《苗防备览》第15 卷《述往》,道光癸卯(1843 年)木刻八册。

99　（清）卞宝第等纂修:光绪《湖南通志》卷84《武备志七·苗防四》,光绪十一年刻本。

100　严如熤:《苗疆城堡考》,(清)王锡祺辑:《小方壶斋·舆地丛钞》第10 帙,杭州古籍书店影印,第 10 册,1985 年,第 84 页。

101　（清）觉罗清泰纂:《辰州府乡土志》第二章《古代沿革》,光绪三十三年钞本。

102　(清)崑冈等纂修:《钦定大清会典事例》卷152《户部一·疆理·湖南省》,《续修四库全书》本,上海古籍出版社,2003年。

103　(清)董鸿勋纂修:宣统《永绥厅志》卷4《地理门五·形胜》,清宣统元年(1909年)铅印本。

104　但湘良纂:《湖南苗防屯政考》卷2《建置》,《中国方略丛书》第1辑第23号,成文出版社,1968年,第399页。

105　严如煜:《苗疆城堡考》,(清)王锡祺辑:《小方壶斋·舆地丛钞》第10帙,杭州古籍书店影印,第10册,1985年,第84页。

106　严如煜:《苗疆城堡考》,(清)王锡祺辑:《小方壶斋·舆地丛钞》第10帙,杭州古籍书店影印,第10册,1985年,第83—84页。

107　(清)卞宝第等纂修:光绪《湖南通志》卷42《建置志二·城池二》,光绪十一年刻本。

108　(清)董鸿勋纂修:宣统《永绥厅志序》,清宣统元年(1909年)铅印本。

109　(清)卞宝第等纂修:光绪《湖南通志》卷8《地理志八·疆域·形势》,光绪十一年刻本。

110　(清)董鸿勋纂修:宣统《永绥厅志》卷4《地理门三·疆域》,宣统元年(1909年)铅印本。

111　《湖南苗防屯政考》卷首《纪事》,《中国方略丛书》第1辑第23号,据但湘良纂,光绪九年刊本影印,成文出版社,1968年,第125—126页。

112　(清)觉罗清泰纂:《辰州府乡土志》第2章《古代沿革》,光绪三十三年钞本。

113　(清)谢鸣谦纂:《辰州府志》卷12《备边考》,乾隆三十年刻本。

114　(清)崑冈等纂修:《钦定大清会典事例》卷152《户部一·疆理·湖南省》,据清光绪石印本影印,《续修四库全书》本,上海古籍出版社,2003年。

115　(清)崑冈等纂修:《钦定大清会典事例》卷152《户部一·疆理·湖南省》,《续修四库全书》本,上海古籍出版社,2003年。

116　(清)黄应培修,孙均铨、黄元复纂:道光《凤凰厅志》卷1《城池志》,道光四年(1824年)刻本。

117　(清)黄应培修,孙均铨、黄元复纂:道光《凤凰厅志》卷3《山川志》,道光四年(1824年)刻本。

118　(清)卞宝第等纂修:光绪《湖南通志》卷42《建置志二·城池二》,光绪十一年刻本。

119　（清）谢鸣谦纂:《辰州府志》卷12《备边考》,乾隆三十年刻本。

120　（清）卞宝第等纂修:光绪《湖南通志》卷42《建置志二·城池二》,光绪十一年刻本。

121　（清）谢鸣谦纂:《辰州府志》卷7《城池考》,乾隆三十年刻本。

122　（清）黄应培修,孙均铨、黄元复纂:道光《凤凰厅志》卷3《山川志·古迹》,道光四年(1824年)刻本。

123　（清）卞宝第等纂修:光绪《湖南通志》卷83《武备志六·苗防三》,光绪十一年刻本。

124　（清）卞宝第等纂修:光绪《湖南通志》卷83《武备志六·苗防三》,光绪十一年刻本。

125　（清）张廷玉等撰:《明史》卷44《地理五》,中华书局,1974年标点本,第1099页。

126　（清）黄应培修,孙均铨、黄元复纂:道光《凤凰厅志》卷1《沿革》,清道光四年(1824年)刻本。

127　（清）崑冈等纂修:《钦定大清会典图》卷203《舆地六十五·疆理·湖南省五》,《续修四库全书》本,上海古籍出版社,2003年。

128　（清）卞宝第等纂修:光绪《湖南通志》卷8《地理志八·疆域·形势》,光绪十一年刻本;(清)黄应培修,孙均铨、黄元复纂:道光《凤凰厅志》卷之二《疆里》,清道光四年(1824)刻本。

129　（清）崑冈等纂修:《钦定大清会典事例》卷152《户部一·疆理·湖南省》,《续修四库全书》本,上海古籍出版社,2003年。

130　（清）蒋琦溥等纂修:光绪《乾州厅志》卷1《沿革志·沿革》,光绪三年(1877年)续修,同治十一年本。

131　（清）崑冈等纂修:《钦定大清会典事例》卷152《户部一·疆理·湖南省》,据清光绪石印本影印,《续修四库全书》本,上海古籍出版社,2003年。

132　（清）卞宝第等纂修:光绪《湖南通志》卷42《建置志二·城池二》,光绪十一年刻本。

133　（清）蒋琦溥等纂修:光绪《乾州厅志》卷1《沿革志·沿革》,光绪三年(1877年)续修,同治十一年本。

134　（清）卞宝第等纂修:光绪《湖南通志》卷8《地理志八·疆域·形势》,光绪十一年刻本。

135　吴高增:《乾州小志》,(清)王锡祺辑:《小方壶斋·舆地丛钞》第6帙,杭州古籍
　　　书店影印,第八册,1985年,第212页。

136　(清)蒋琦溥等纂修:光绪《乾州厅志》卷2《疆里志》,清光绪三年(1877年)续修,
　　　同治十一年本。

137　(清)鄂尔泰等纂修:乾隆《贵州通志》卷2《地理·建置·铜仁府》,乾隆六年
　　　(1741年)木刻本。

138　(清)徐鉉等纂修:道光《松桃厅志》卷3《疆域》,道光十六年(1836年)刻本。

139　(清)崑冈等纂修:《钦定大清会典事例》卷153《户部·疆理·贵州省》,《续修四
　　　库全书》本,上海古籍出版社,2003年。

140　赵尔巽撰:《清史稿》卷75《地理·贵州》,中华书局,1976年标点本,第2369页。

141　(清)徐鉉等纂修:道光《松桃厅志》卷6《古蹟》,道光十六年(1836年)刻本。

142　(清)徐鉉等纂修:道光《松桃厅志》卷3《疆域》,道光十六年(1836年)刻本。

143　(清)爱必达:《黔南识略》卷20《松桃直隶同知》,清乾隆十四年(1749年)修,
　　　1914年刻本。

144　柴兴仪编:《中华人民共和国地名词典·贵州省》,商务印书馆出版,1994年,第
　　　234—235页。

145　(清)徐宏等纂修:道光《松桃厅志》卷3《疆域》,清道光十六年(1836年)刻本。

146　(清)余泽春等纂修:光绪《古州厅志》卷1《地理志·沿革》,光绪十四年(1888
　　　年)刻本。

147　(清)鄂尔泰等纂修:乾隆《贵州通志》卷24《武备·师旅考》,乾隆六年(1741年)
　　　刻本。

148　(清)余泽春等纂修:光绪《古州厅志》卷1《地理志·沿革》,光绪十四年(1888
　　　年)刻本。

149　(清)余泽春等纂修:光绪《古州厅志》卷2《建置志·城垣》,光绪十四年(1888
　　　年)刻本。

150　(清)爱必达纂修:《黔南识略》卷22《古州同知》,乾隆十四年(1749年)修。

151　(清)鄂尔泰等纂修:乾隆《贵州通志》卷4《地理·疆域·黎平府》,乾隆六年
　　　(1741年)木刻本。

152　(清)余泽春等纂修:光绪《古州厅志》卷1《地理志·疆域》,光绪十四年(1888

年)刻本。

153　刘显世等纂修：民国《贵州通志》之《舆地志·建置沿革六》，1948 年铅印本。

154　(清)鄂尔泰修，靖道谟纂：乾隆《贵州通志》卷 3《地理·建置·镇远府》，乾隆六
　　　年(1741 年)木刻本。

155　(清)蔡宗建修，龚傅绅纂：乾隆《镇远府志》卷 4《沿革》，乾隆五十六年(1791 年)
　　　刻本。

156　(清)刘显世等纂修：民国《贵州通志》之《舆地志·建置沿六》，1948 年铅印本。

157　赵尔巽撰：《清史稿》卷 75《地理·贵州·镇远府》，中华书局，1976 年标点本，第
　　　2358—2359 页。

158　(清)鄂尔泰修，靖道谟纂：乾隆《贵州通志》卷 24《武备·师旅考》，乾隆六年
　　　(1741 年)木刻本；(清)胡章纂修：乾隆《清江志八卷》卷 6《武备志·师旅考》，清
　　　乾隆五十五年(1790 年)修，钞本。

159　柴兴仪主编：《中华人民共和国地名词典·贵州省》，商务印书馆，1994 年，第
　　　276—277 页。

160　(清)胡章纂修：乾隆《清江志八卷》卷 2《地理志·疆域》，清乾隆五十五年(1790
　　　年)修，钞本。

161　(清)鄂尔泰修，靖道谟纂：乾隆《贵州通志》卷 4《地理·疆域·镇远府》，乾隆六
　　　年(1741 年)木刻本。

162　(清)刘显世等纂修：民国《贵州通志》之《舆地志·建置沿革六》，1948 年铅印本。

163　(清)鄂尔泰修，靖道谟纂：乾隆《贵州通志》卷 3《地理·建置·镇远府》，乾隆六
　　　年(1741 年)木刻本。

164　(清)蔡宗建修，龚傅绅纂：乾隆《镇远府志》卷 4《沿革》，乾隆五十六年(1791 年)
　　　刻本。

165　(清)赵舆恺修，陈天佑纂：乾隆《台拱厅志略·序》，清乾隆五十七年(1792 年)
　　　修，钞本。

166　赵尔巽撰：《清史稿》卷 75《地理·贵州·镇远府》，中华书局，1976 年标点本，第
　　　2358—2359 页。

167　(清)爱必达：《黔南识略》卷 13《台拱同知》，清乾隆十四年(1749 年)修，1914 年
　　　刻本。

168　(清)刘显世等纂修：民国《贵州通志》之《舆地志·建置沿革六》，1948 年铅印本；

（清）爱必达：《黔南识略》卷13《台拱同知》，清乾隆十四年（1749年）修，1914年刻本。

169　（清）爱必达：《黔南识略》卷13《台拱同知》，清乾隆十四年（1749年）修，1914年刻本。

170　（清）鄂尔泰修，靖道谟纂：乾隆《贵州通志》卷4《地理·疆域·镇远府》，乾隆六年（1741年）木刻本。

171　（清）赵舆恺修，陈天佑纂：乾隆《台拱厅志略》卷2《地志·疆域》，清乾隆五十七年（1792年）修，钞本。

172　（清）刘显世等纂修：民国《贵州通志》之《舆地志·建置沿革六》，1948年铅印本。

173　赵尔巽等撰：《清史稿》卷75《地理·贵州·都匀府》，中华书局，1976年标点本，第2357页。

174　（清）鄂尔泰修，靖道谟纂：乾隆《贵州通志》卷3《地理·建置·都匀府》，乾隆六年（1741年）木刻本。

175　刘显世等纂修：民国《贵州通志》之《舆地志·建置沿革六·都匀府》，1948年铅印本。

176　郭辅相修，王世鑫纂：民国《八寨县志稿》卷2《沿革》，1932年铅印本。

177　（清）爱必达纂修：《黔南识略》卷9《八寨同知》，清乾隆十四年（1749年）修。

178　郭辅相修，王世鑫纂：民国《八寨县志稿》卷8《古蹟》，1932年铅印本。

179　柴兴仪主编：《中华人民共和国地名词典·贵州省》，商务印书馆，1994年，第311页。

180　（清）鄂尔泰修，靖道谟纂：乾隆《贵州通志》卷4《地理·疆域·都匀府》，乾隆六年（1741年）木刻本。

181　刘显世等纂修：民国《贵州通志》之《舆地志·建置沿革六·都匀府》，1948年铅印本。

182　赵尔巽等撰：《清史稿》卷75《地理·贵州·都匀府》，中华书局，1976年标点本，第2357页。

183　（清）鄂尔泰修，靖道谟纂：乾隆《贵州通志》卷3《地理·建置·都匀府》，乾隆六年（1741年）木刻本。

184　（清）鄂尔泰等纂修：乾隆《贵州通志》卷24《武备·师旅考》，乾隆六年（1741年）木刻本。

185　刘显世等纂修:民国《贵州通志》之《舆地志·建置沿革六·都匀府》,1948 年铅印本。

186　柴兴仪主编:《中华人民共和国地名词典·贵州省》,商务印书馆,1994 年,第307、309 页。

187　(清)鄂尔泰修,靖道谟纂:乾隆《贵州通志》卷3《地理·建置·都匀府》,乾隆六年(1741 年)木刻本。

188　刘显世等纂修:民国《贵州通志》之《舆地志·建置沿革六·都匀府》,1948 年铅印本。

189　(清)鄂尔泰修,靖道谟纂:乾隆《贵州通志》卷3《地理·建置·都匀府》,乾隆六年(1741 年)木刻本。

190　刘显世等纂修:民国《贵州通志》之《舆地志·建置沿革六·都匀府》,1948 年铅印本。

191　赵尔巽等撰:《清史稿》卷75《地理·贵州·都匀府》,中华书局,1976 年标点本,第2358 页。

192　刘显世等纂修:民国《贵州通志》之《舆地志·建置沿革六·都匀府》,1948 年铅印本。

193　(清)鄂尔泰修,靖道谟纂:乾隆《贵州通志》卷3《地理·建置·都匀府》,乾隆六年(1741 年)木刻本。

194　刘显世等纂修:民国《贵州通志》之《舆地志·建置沿革六·都匀府》,1948 年铅印本。

195　(清)徐鋐等纂修:道光《松桃厅志》卷6《苗蛮》,清道光十六年(1836 年)刻本。

196　安介生著:《历史民族地理》,山东教育出版社,2007 年,第859 页。

197　严如煜:《苗疆风俗考》,(清)王锡祺辑:《小方壶斋·舆地丛钞》第8 帙,杭州古籍书店影印,第10 册,1985 年,第125 页。

198　吴高增:《乾州小志》,(清)王锡祺辑:《小方壶斋·舆地丛钞》第6 帙,杭州古籍书店影印,第8 册,1985 年,第212 页。

199　严如煜:《苗疆风俗考》,(清)王锡祺辑:《小方壶斋·舆地丛钞》第8 帙,杭州古籍书店影印,第10 册,1985 年,第125 页。

200　严如煜:《苗疆风俗考》,(清)王锡祺辑:《小方壶斋·舆地丛钞》第8 帙,杭州古籍书店影印,第10 册,1985 年,第129 页。

201　凌纯声,芮逸夫著:《湘西苗族调查报告》,民族出版社,2003年,第19—22页。

202　(清)鄂尔泰等纂修:乾隆《贵州通志》卷7《地理·苗蛮》,乾隆六年(1741年)木刻本。

203　严如煜:《苗疆风俗考》,(清)王锡祺辑:《小方壶斋·舆地丛钞》第8帙,杭州古籍书店影印,第10册,1985年,第129页。

204　(清)鄂尔泰等纂修:乾隆《贵州通志》卷7《地理·苗蛮》,乾隆六年(1741年)木刻本。

205　(清)鄂尔泰等纂修:乾隆《贵州通志》卷7《地理·苗蛮》,乾隆六年(1741年)木刻本。

206　(清)爱必达纂修:《黔南识略》卷20《松桃直隶厅》,清乾隆十四年(1749年)修,1914年刻本

207　严如煜:《苗疆风俗考》,(清)王锡祺辑:《小方壶斋·舆地丛钞》第8帙,杭州古籍书店影印,第10册,1985年,第126页。

208　中国科学院贵州分院民族研究所编:《〈清实录〉贵州资料辑要》,贵州人民出版社,1964年,第326页。

209　(清)徐鎔等纂修:道光《松桃厅志》卷14《食货门·蠲恤》,道光十六年(1836年)刻本。

210　(清)余泽春等纂修:光绪《古州厅志》卷10《艺文志》,光绪十四年(1888年)刻本。

211　程幸超著:《中国地方行政制度史》,四川人民出版社,1992年,第279—280页。

212　(清)卞宝第等纂修:光绪《湖南通志》卷85《武备志八·苗防五》,光绪十一年刻本。

213　(清)卞宝第等纂修:光绪《湖南通志》卷85《武备志八·苗防五》,光绪十一年刻本。

214　(清)徐鎔修,萧琯纂:道光《松桃厅志》卷5《关隘》,道光十六年(1836年)刻本。

215　(清)徐鎔修,萧琯纂:道光《松桃厅志》卷5《关隘》,道光十六年(1836年)刻本。

216　(清)严如煜撰:《苗防备览》卷14《述往》,道光癸卯(1843年)木刻8册。

217　(清)崑冈等纂修:《钦定大清会典图》卷203《舆地六十五·疆理·湖南省五》,《续修四库全书》本,上海古籍出版社,2003年。

218　柴兴仪主编:《中华人民共和国地名词典·贵州省》,商务印书馆,1994年,第

416 页。

219　柴兴仪主编:《中华人民共和国地名词典·贵州省》,商务印书馆,1994 年,第
　　416、272、275、276、303、307、311、360 页。

220　(清)赵舆恺修,陈天佑纂:乾隆《台拱厅志略》卷 2《地志·山川》,乾隆五十七年
　　(1792 年)修,钞本。

221　中国科学院民族研究所贵州少数民族社会历史调查组、中国科学院贵州分院民
　　族研究所编:《〈清实录〉贵州资料辑要》,贵州人民出版社,1964 年,第 263、
　　267 页。

222　但湘良纂:《湖南苗防屯政考》卷 4《征服下》,《中国方略丛书》第 1 辑第 23 号,成
　　文出版社,1968 年 9 月,第 713—714 页。

223　但湘良纂:《湖南苗防屯政考》卷 4《征服下》,《中国方略丛书》第 1 辑第 23 号,成
　　文出版社,1968 年 9 月,第 911 页。

224　(清)爱必达:《黔南识略》卷 20《松桃直隶同知》,乾隆十四年(1794 年)修,1914
　　年刻本。

225　(清)严如煜撰:《苗防备览》卷 14《述往》,道光癸卯(1843)木刻 8 册。

226　(清)张廷玉等撰:《明史》卷 44《地理五》,中华书局,1974 年标点本,第 1099 页。

227　(清)卞宝第等纂修:光绪《湖南通志》卷 83《武备志六·苗防三》,光绪十一年
　　刻本。

228　(清)卞宝第等纂修:光绪《湖南通志》卷 84《武备志七·苗防四》,光绪十一年
　　刻本。

229　(清)卞宝第等纂修:光绪《湖南通志》卷 84《武备志七·苗防四》,光绪十一年
　　刻本。

230　(清)董鸿勋纂修:宣统《永绥厅志》卷 3《地理门二·建置》,宣统元年(1909 年)
　　铅印本。

231　(清)卞宝第等纂修:光绪《湖南通志》卷 84《武备志七·苗防四》,光绪十一年
　　刻本。

232　(清)卞宝第等纂修:光绪《湖南通志》卷首 2《诏谕》,光绪十一年刻本。

233　(清)董鸿勋纂修:宣统《永绥厅志》卷 3《地理门二·建置》,宣统元年(1909 年)
　　铅印本。

234　(清)蒋琦溥等纂修:光绪《乾州厅志》卷 1《沿革志·沿革》,光绪三年(1877 年)

续修,同治十一年本。

235　丁尚固修,刘增礼纂:《台拱文献纪要·农桑》,1919 年石印本。

236　郭辅相修,王世鑫纂:民国《八寨县志稿》卷 17《农桑·农地》,1932 年铅印本。

237　(清)余泽春等纂修:光绪《古州厅志》卷 1《地理志·气候》,清光绪十四年(1888年)刻本。

238　(清)严如煜撰:《苗防备览》卷 19《艺文》,道光癸卯(1843 年)木刻 8 册。

239　(清)严如煜撰:《苗防备览》卷 19《艺文》,道光癸卯(1843)木刻 8 册。

240　刘显世等纂修:民国《贵州通志》之《前事志十九》,1948 年铅印本。

241　但湘良纂:《湖南苗防屯政考》卷 2《建置》,《中国方略丛书》第 1 辑第 23 号,成文出版社,1968 年,第 339 页。

242　(清)卞宝第等纂修:光绪《湖南通志》卷 24《地理志·山川十三·永绥厅》,光绪十一年刻本。

243　(清)卞宝第等纂修:光绪《湖南通志》卷 24《地理志·山川十三·凤凰厅》,光绪十一年刻本。

244　(清)卞宝第等纂修:光绪《湖南通志》卷 42《建置志二·城池二》,光绪十一年刻本。

245　(清)徐铉修,萧琯纂:道光《松桃厅志》卷 7《营建门·城池》,道光十六年(1836年)刻本。

246　郭辅相修,王世鑫纂:民国《八寨县志稿》卷 3《城垣》,1932 年铅印本。

247　(清)鄂尔泰修,靖道谟纂:乾隆《贵州通志》卷 24《武备·师旅考》,乾隆六年(1741 年)木刻本。

248　(清)胡章纂修:乾隆《清江志八卷》卷 2《地理志·山川》,清乾隆五十五年(1790年)修,钞本。

249　刘显世等纂修:民国《贵州通志》之《前事志十九》,1948 年铅印本。

250　(清)徐铉修,萧琯纂:道光《松桃厅志·序》,道光十六年(1836 年)刻本。

251　(清)徐铉修,萧琯纂:道光《松桃厅志》卷 7《营建门·城池》,道光十六年(1836年)刻本。

252　(清)徐铉修,萧琯纂:道光《松桃厅志》卷 7《营建门·城池》,道光十六年(1836年)刻本。

253　(清)严如煜撰:《苗防备览》第 19 卷《艺文》,道光癸卯(1843 年)木刻 8 册。

254 (清)蒋琦溥等纂修:光绪《乾州厅志·舆图志》,清光绪三年(1877年)续修,同治十一年本。

255 郭辅相修,王世鑫纂:民国《八寨县志稿》卷3《城垣》,1932年铅印本。

256 郭辅相修,王世鑫纂:民国《八寨县志稿》卷8《古蹟》,1932年铅印本。

257 郭辅相修,王世鑫纂:民国《八寨县志稿》卷3《城垣》,1932年铅印本。

258 (清)黄应培等纂修:道光《凤凰厅志》卷1《沿革》,道光四年(1824年)刻本。

259 (清)董鸿勋纂修:宣统《永绥厅志》卷4《地理门五·形胜》,宣统元年(1909年)铅印本。

260 (清)董鸿勋纂修:宣统《永绥厅志》卷4《地理门五·形胜》,宣统元年(1909年)铅印本。

261 (清)卞宝第等纂修:光绪《湖南通志》卷85《武备志八·苗防五》,光绪十一年刻本。

262 (清)董鸿勋纂修:宣统《永绥厅志》卷4《地理门五·形胜》,宣统元年(1909年)铅印本。

263 (清)董鸿勋纂修:宣统《永绥厅志》卷4《地理门五·形胜》,宣统元年(1909年)铅印本。

264 (清)董鸿勋纂修:宣统《永绥厅志》卷4《地理门五·形胜》,宣统元年(1909年)铅印本。

265 (清)卞宝第等纂修:光绪《湖南通志》卷85《武备志八·苗防五》,光绪十一年刻本。

266 (清)董鸿勋纂修:宣统《永绥厅志》卷4《地理门五·形胜》,宣统元年(1909年)铅印本。

267 (清)董鸿勋纂修:宣统《永绥厅志》卷4《地理门五·形胜》,宣统元年(1909年)铅印本。

268 (清)董鸿勋纂修:宣统《永绥厅志》卷4《地理门五·形胜》,宣统元年(1909年)铅印本。

269 柴兴仪主编:《中华人民共和国地名词典·贵州省》,商务印书馆,1994年,第277页。

270 柴兴仪主编:《中华人民共和国地名词典·贵州省》,商务印书馆,1994年,第439页。

271　柴兴仪主编:《中华人民共和国地名词典·贵州省》,商务印书馆,1994 年,第
　　　272 页。

272　(清)蔡宗建修,龚傅绅纂:乾隆《镇远府志》卷 5《山川》,乾隆五十六年(1791
　　　年)刻。

273　(清)爱必达:《黔南识略》卷 20《松桃直隶同知》,乾隆十四年(1749 年)修,1914
　　　年刻本。

274　柴兴仪主编:《中华人民共和国地名词典·贵州省》,商务印书馆,1994 年,第
　　　235 页。

275　(清)黄应培等纂修:道光《凤凰厅志》卷首《旧序》,道光四年(1824 年)刻本。

276　石水生著:《湘西地名文化》,香港天马出版社,2001 年,第 9 页。

277　郭辅相修,王世鑫纂:民国《八寨县志稿》卷 3《城垣》,1932 页铅印本。

278　刘显世等纂修:民国《贵州通志》之《前事志十九》,1948 年铅印本。

279　(清)董鸿勋纂修:宣统《永绥厅志》卷 4《地理门五·形胜》,宣统元年(1909 年)
　　　铅印本。

280　(清)蒋琦溥等纂修:光绪《乾州厅志》卷 1《沿革志·沿革》,同治十一年本。

281　(清)蒋琦溥等纂修:光绪《乾州厅志》卷 1《沿革志·沿革》,光绪三年(1877 年)
　　　续修,同治十一年本。

282　(清)董鸿勋纂修:宣统《永绥厅志·序》,宣统元年(1909 年)铅印本。

第 八 章
清代湘黔"苗疆"十厅管理体制

　　根据前文的论述,我们知道湘黔交界地带的苗族聚居地,其中有两大块地域是历代不为流官、土官实际控制,成为"化外"之地的。当地少数民族长期生活在高山深谷之中,具有很大的封闭性,形成了自己独特的文化和生活秩序,对外来势力表现出很大的排斥心理,激烈时则会演变为武装反抗,给地方政府以重创。由此,流官、土官都轻易不敢进入此等"生苗化外"之区,他们要么筑边墙以防,要么修碉卡以防,把当地少数民族限制、封闭在固定的区域,任其独立自主的发展,俨然一个"独立王国",事实上已经成了典型的"内地边疆"。这种情况一直延续到清朝,康熙、雍正年间成功地对"苗疆"进行了武力征讨,继而设官建置进行行政控制,消除了"苗疆"的"化外"之势。大清帝国开疆拓土的雄心抱负、统治者不留统治死角的理念,是不允许"独立王国"存在的。"苗疆"开辟后,摆在清朝政府面前的问题是如何管理这之前没有实际有效管控过的疆土,在统治者眼中,当地少数民族是从未教化的苗蛮,是一批"顽固"之民,面对这样的情况,清朝统治者采取了不同于其他地区的治理措施,进行了特殊的政权建设。鉴于"苗疆"的特殊情况,清朝政府在此设置了特殊的行政区划——厅,推行一套特殊的管理体制,对曾经的"化外生苗"进行管理和控制。

第一节 "苗疆"十厅的行政构架

清代康熙、雍正年间完成了对湘黔"苗疆"的武力开辟,使"化外"之地始入"版籍",成为真正的实际可控之域,这就为政府行政权力下沉到"苗疆"地方提供了先决条件。有效的政治控制是管理"苗疆"的前提条件,鉴于当时当地的特殊情况,清朝政府权衡事宜,建立了一套以厅为核心的行政管理制度。

一、"苗疆"十厅职官体系

"苗疆"十厅建立起了以同知、通判为行政长官的行政体系。清朝官军对"苗疆"的武力征讨一旦取得胜利,就在形胜之地建城设置并派出同知、通判驻扎,管理"苗疆"事务。同知、通判本为知府的佐贰官,尽协助知府管理地方事务的职责,各有所司,"同知分掌督粮、捕盗、海防、江防、清军、理事、抚苗、水利诸务,通判分掌粮运、督捕、水利、理事诸务,以佐知府之政治"。[1]此类同知、通判时常被派往地方处理一些具体事务,厅之名称就是来源于他们派出地方办事的处所,"同知、通判的办事处所被称为厅"[2]。不同的是,作为地方行政区划的"苗疆"十厅的官员同知、通判不再是辅助知府管理政事,而是"专驻苗疆"、"专理苗务",有了自己专管的地方和人口,他们的身份发生了本质的变化,已经演变成为地方行政单位的行政长官。《钦定大清会典》明确的记载了同知、通判在不同情况之下表现出的不同性质,"府分其治于厅,凡抚民同知、通判,理事同知、通判有专管地方者为厅,其无专管地方之同知、通判是为府佐贰,不列于厅焉"。[3]至乾隆朝,清朝政府在开辟后的

"苗疆"基本上完成了地方行政建制,安设了一定数量的同知和通判对苗疆进行管控,具体情况如下:

职官	数量	驻地
同知	6	一驻乾州,一驻永绥,一驻八寨,一驻台拱,一驻松桃,一驻古州。
通判	4	一驻凤凰营,一驻丹江,一驻都江,一驻清江。

资料来源:(清)洪亮吉撰:《乾隆府厅州县图志》卷34《湖南布政司下·辰州府》、卷47《贵州布政司上》、卷48《贵州布政司下》,清嘉庆八年刻本,《续修四库全书》,《续修四库全书》编辑委员会,复旦大学图书馆古籍部编,上海古籍出版社,2003年。

这些厅的行政长官——同知和通判,分别是正五品、正六品。

同知、通判作为厅的行政长官,负责一厅的所有事务,而厅作为地方一级行政单位,同样有属于自己的一套职官体系。为了行政上的需要,鉴于不同的具体情况,同知、通判之下还设有一些属官,这些职官的设置情况不尽相同,这也是厅作为特殊行政区划的地方。所设属官主要是经历司经历、知事、照磨所照磨、县丞、主薄、巡检,以及司狱、仓大吏等,品秩与职掌都与府属各官相同。"各府经历,正八品,同知经历品级同;各府知事,正九品;各府照磨,从九品,同知照磨品级同;各府司狱,从九品,同知、通判司狱品级同。各府经历、照磨掌受发文移,磨勘卷宗,司狱掌察理系囚"。[4]"县丞,正八品,主薄,正九品,县丞、主薄分掌粮马、征税、户籍、巡捕之事,以佐其县"。[5]这些官员在同知、通判之下,则是"以佐其厅"。"巡检,从九品,掌捕盗贼,诘奸宄"。[6]各厅员额也不一定,"官自同知以下,事简者不备"。[7]毕竟厅不同于县,厅地还不够设县的条件,具体的行政事务有繁有简,那么厅员的安设也会视具体情况而有所损益。从而使各厅的行政建构,因民族与社会差异,呈现出各自的一些不同特点。

　　黔东南"苗疆"开辟后,面对复杂而艰难的善后事务,张广泗曾有《议复苗疆善后事宜疏》,其中对"苗疆"设官的基本情况和完善其职官体系的建议和情由有很明确的表述:

　　　惟是该丞卒等处驻扎地方,均系岩疆重地,兼有监仓之责,除古州、台拱二处各有佐杂,其清江、都江、八寨、丹江等处但仅有同知、通判二员,或遇因公出境,升迁事故,一切事务致无员办理。再朗洞地方去古州一百八十余里,现设立营汛,今既不设县,断不可无文员在此协办,应请将原驻古州之开泰县县丞改驻朗洞,仍隶古州同知统辖;至清江下河之柳霄地方为水路要区,去清江城一百余里,前议于清江协拨游击一员带兵驻扎,应请添设天柱县县丞一员分驻其处,仍隶清江通判统辖;再古州一带,兵粮悉粤米协济,收贮接运,不便无专员管理,应于古州添设仓大吏一员;再黎平府照磨一员改驻古州,以备道标指臂之用。此外,于清江添设镇远知事一员,八寨设都匀府知事一员,丹江色环清平县主薄一员,都江设都匀府主薄一员,俾各厅员资其佐理。[8]

"苗疆"是清朝政府重点经略的地方,可实际上在"苗疆"开辟之初,地方行政构建是极不完善的,比如清江、都江、八寨、丹江等处无佐贰,带来了行政上的诸多不便,还有很多地方由于官职的空缺而导致行政管理不能落实,此类情况的出现与"苗疆"开辟过程的长期性和对"苗疆"具体情况的不甚了解有着很大的关系。随着时间的推移,对"苗疆"情况的深入掌握,上述行政建制上的不足会不断得到弥补,经略"苗疆"不是小事。另外,从张广泗的《议复苗疆善后事宜疏》可以看出,"苗疆"厅员的添设并不像州县一样有一套固定的符合体制的职官体系。各厅员的安设大都是根据具体情况而定,比如说设营汛之地,要设文员协理,以便更好的经理苗疆,古州是外省协济兵粮的转运地点,因而设仓大吏有了必要等等,哪里需要就在哪里设,需要什么官缺就设什么官缺。这种具体问题具体分析的做法,有利于达到行政资源配置的优化。

为了达到在苗疆地区"治理有人,要地不致缺员"的目的,张广泗在《议复苗疆善后事宜疏》中提出的厅员设置措施基本上得到了肯定,于是黔东南六厅之内改设、添设了县丞、知事、仓大使、主薄等属官。乾隆《贵州通志》对此有详细记载:"都匀府,知事一员,国朝乾隆元年设,分驻八寨;镇远府:知事一员,国朝雍正元年设,分驻清江;黎平府:照磨一员,国朝雍正十二年设,分驻古州;仓大吏一员,国朝乾隆元年设,分驻古州。"[9]乾隆三年(1738 年),设县丞作为清江通判的属员,"通判一员,属员:县丞一员,国朝乾隆三年设,驻柳霁"。[10]这基本上符合张广泗的思想,该地区的行政管理体系也得以逐渐完善。

湘西的凤凰、乾州、永绥三厅,在设厅之初,同知、通判的属员主要是巡检、训导、吏目等。"康熙四十二年,添设分防同知一员,巡检一员,以分理之"。[11]"分防同知二,一驻乾州,一驻永绥,通判一,驻凤凰营,辖下并置巡检"。[12]康熙四十三年,设辰州府分防同知一员,驻乾州,为乾州厅,设分防通判一员驻凤凰营,为凤凰厅,各设巡检,并设五寨司吏目一员"。[13]"乾州厅训导,乾隆元年移芦溪县训导设;凤凰厅训导,雍正十三年移麻阳县训导设;永绥厅训导,乾隆二十四年移辰溪县训导设"。[14]乾嘉苗乱平定后,凤凰、永绥、乾州三厅被升为直隶厅,为了符合当时体制,该三厅的行政职官有了一定的调整,"兹三厅既改为直隶同知,加知府顶戴,则该衙应各设经历一员,以符体制"。[15]凤凰城巡检、乾州厅巡检被改为苗疆经历,乾州厅之河溪则添设了巡检一员,"嘉庆元年十一月丙寅,大学士议复,凤凰城巡检,乾州城巡检,俱改为苗疆经历,管司狱事务,乾州添设巡检一员,驻河溪,永绥厅排补美巡检,移驻隆团,均应如所请"。[16]并添设了县丞,"前按部复:现据明亮等奏称添设县丞巡检,酌改知府经历,于寻常更改者不同,应如所请"。[17]

凤凰、永绥、乾州三厅级别的提升是经理"苗疆"的需要,其本身也是厅制建设当中的一个重要事件,此等举措加强了对"苗疆"的防范和控制力度,深化了在"苗疆"的政权建设。乾嘉苗民起义为凤凰、永绥、乾州三厅提升为直隶厅提供了重要的契机。厅地方辽阔,地理形势险要,当地少数民族反复无常,实属难治之地,所以平定乾嘉苗乱后,为了更强势的管控苗疆,曾经有于三厅之中"酌量改设知府一员,于驾驭弹压事宜"[18]的提议,并认为这是治理"苗疆"的得力措施。但是"府厅职分,相去甚远,而设官体制各殊"。[19]如果改厅为府的话,则原有体制将面临大换血,府所属的州县等官也得相应的移改添设,动作未免过大,势必造成行政资源的浪费,也就是说改厅设府将会带来复杂的善后工作,同时具有操作的不便性。所以清廷并不赞同改厅设府之策,而是认为"莫若将三厅改为直隶厅,凡有民苗交涉事件,尽归辰员沅道核转,则事权可期归一"。[20]直接把凤凰、永绥、乾州三厅升为直隶厅,加知府顶戴,以示控制"苗疆"的决心,这种意见得到清朝政府的肯定和支持,"明亮等请将凤凰、永绥、乾州三厅改为直隶同知,应如所请"。[21]于是三厅长官也升为直隶同知,不再归辰州府管辖,为了"符合体制",其属官也发生了相应的变化。

松桃厅的行政建构也经历了从散厅到直隶厅的变化。雍正八年(1730年)平松桃红苗后,设同知驻松桃山下,属铜仁府。嘉庆二年(1797年)讨平松桃苗乱后,因为"红苗性最犷悍,贪而无亲,负恃其众,凭依险阻,又处三省连界之地,控制尤难"。[22]于是"以松桃厅直隶贵东道,设直隶同知专辖焉,增设经历一员,移府学训导为厅学训导,皆为同知属官。现制松桃直隶厅同知一员,训导一员,经历一员"。[23]

二、"苗疆"十厅的基层管理

十厅的基层管理形式,主要由各厅的同知、通判管辖的百户、寨长等组成。该类官员直接巡察约束苗民,征收杂粮,属于"苗疆"的最基层的政权组织形式,"苗地设寨长、土百户催征巡缉"。[24]雍正十年(1732 年)九月,工部议复湖广巡抚招弘恩疏言:"至乾州向设百户,请照旧安设,令与汛弁一同居住,额征杂粮,即令各百户按数征收。从之。"[25]百户、寨长的设立主要是为了管理当地少数民族的需要,长期"化外"的"生苗"文教不通,与内地汉民有很大的差异,且对外来势力有很的排斥性,致使对其管理有诸多不便,迫使政府采取"以苗治苗"的策略。"设立之初,原因苗人惧见官长,如偶犯细故,即令百户为之处分,如必须勾摄到官,亦必令百户传唤"。[26]寨长、百户的设立,成了官与民的沟通桥梁。凤凰、永绥、乾州三厅百户"原额三十六人",[27]由于记载的缺乏,"苗疆"所设百户、寨长的准确数量难以统计。他们的地位相当于内地的里正、保甲之类,"文武管辖其苗寨,内止设百户、寨长,如内地之里正、保甲而已"。[28]但由于"该百户等人微权轻,苗众既不甚听约束,且向例汉人亦准承充,更无非奸蠹无籍之徒,无事则专意欺凌,有事则全无控驭,甚属无益"。[29]政府对基层的管理更多的是依靠屯田当中所设的苗弁、苗兵,这点在对屯政的分析过程中会有所涉及。

值得一提的是,为了保证深处"苗疆"的厅员的安全,从同驻的营伍当中拨出一定数量的官兵,归同知、通判亲辖,雍正七年

(1729年)十二月戊申,议复云贵总督鄂尔泰疏奏黔省新辟苗疆立营设官事宜:"所设同知、通判专驻苗疆,不可护卫无人,应照湖南乾凤二厅之例,于同驻之官兵内,各拨给把总一员,兵一百名,以为亲標。从之。"[30]这样一来,厅员就有了亲兵,既可护身,又可防苗,可谓一举两得之策。

三、"苗疆"十厅教育体系创建

"苗疆"开辟前,当地少数民族长期处于"化外",被称为"生苗",言语不通,风俗迥异,在统治者眼中他们"自古未归王化,其人愚悍,罔知法度"。[31]清朝政府为了有效治理"苗疆",大兴教育,以期开化苗民子弟,加强对当地少数民族的思想控制,所谓"学校,王政之本也"。[32]

清朝政府在"苗疆"构建的"教化"体系主要包含儒学、书院、义学等形式。最高层次的当为儒学,"乾隆元年始改镇溪所学为乾州厅学,以芦溪县学训导为乾州训导"。[33]"古州厅学,清道光十三年建;松桃厅儒学,在松桃西门内廖皋山顶"。[34]儒学之外是书院,"乾州厅:立诚书院在厅城东门外。凤凰厅:敬修书院在厅城内。永绥厅:绥阳书院在厅城东门外"[35]。"台拱:三台书院,城内西街;拱辰书院,城内南街,莲花书院,厅城东南隅。八寨:龙泉书院,厅城北街。丹江:鸡窗书院;丹阳书院。古州:榕城书院;龙岗书院。松桃直隶厅:崧高书院;松茂书院;松阳书院"。[36]

书院之外则是广布"苗疆"的义学,它们是最基层的学校,清朝统治者主要就是依靠义学对当地少数民族进行教导,是"化导"苗民的主要机构。深处"苗疆"的还有社学,也是基层教育组织。当然,社学与义学有着性质上的区别,"书院之外有社学,有义学。凡汉人在乡之学总曰社学,所以别于府州县在城之学也。各乡离城远近不一,岂能尽人复笈来城,故于巨乡大堡另立社学。朝廷为彝洞设立之学,及府州县为彝洞捐立之学,则曰义学"。[37]按此说,社学的教育对象主要是生活在乡村的汉民,一般设于巨乡大堡。而义学的主要教育对象是当地少数民族,由此看来,其教化功能远大于社学。

贵州省设义学始于康熙年间,教育对象是土司承袭子弟和苗人子弟,"康熙四十四年议准贵州各府州县设立义学,将土司承袭子弟送学肄业,以俟袭替其族属人等,并苗民子弟愿入学者,亦令送学"。[38]而"苗疆"设置义学,则是雍正年间平定苗乱之后的事情,"雍正八年,总督鄂尔泰、巡抚张广泗、学政晏斯盛题请设古州等处义学,化导苗民子弟"。[39]准确的说黔省"苗疆"义学最早设置于雍正八年(1730年),当时设置的义学主要有,"八寨义学,在八寨,国朝雍正八年奉旨设;大丹江义学,在大丹江,国朝雍正八年奉旨设;小丹江义学,在小丹江,国朝雍正八年奉旨设;都江义学,在都江,国朝雍正八年奉旨设;清水江义学,在清水江,国朝雍正八年奉旨设;台拱义学,在台拱,国朝雍正八年奉旨设;古州寨头、藏弩义学,在寨头、藏弩,国朝雍正八年奉旨设;古州口寨、丹寨义学,在口寨、丹寨,国朝雍正八年奉旨设"。[40]随着时间的推移,政府在"苗疆"统治慢慢深化,在"苗疆"的政权日益巩固,义学的数量有很大的上升。(民国)《贵州通志》记载,"古州厅义学表:车寨义学,雍正年间总督张广泗题请设;月寨义学,南关义学,北关义学,平江义学,怀新义学,朗山义学,鸭凤堡义学,忠诚堡义学,兴隆堡义学,章鲁义学;城厢义学三处,一在北门内,一在厅署,一在城外;朗洞营义学。八寨义学表:城乡义学,雍正八年奉旨立。同治十二年有设立义学十一所。丹江义学表:大丹江义学,小丹江义学,城乡义学。都江义学表:厅义学,训苗义学。台拱厅义学表:厅城义学。清江厅义学表:城乡义学。松桃直隶厅义学表:厅城义学共二"。[41]

康熙年间,设置了凤凰、乾州二厅,湖南"苗疆"义学也几乎同时出现。"康熙四十三年十二月丙戌,户部等衙门议复:'湖广总督喻成龙疏言,红苗归化,将麻阳县儒学训导移驻五寨司,就近训导,五寨司等处设立义学,听苗民肄业,应如所请,从之'"。[42]此为诏令湖南"苗疆"设立义学的开始。此后,开始有了发展,"雍正十年九月,工部议复湖广巡抚招弘恩疏言,于每里设立义学二处,以资教导。从之"。[43]"义学,乾隆三年,同知王伟详设二处,一在乾州城,一在镇溪所。屯义学八处,新义学十一处"。[44]乾嘉苗民起义平息后,大兴屯田,与之相伴的是义学的长足发展,据光绪《湖南通志》载:"乾州厅:义学二所,屯义学八所,新义学十所。凤凰厅:义学六所,屯义学二十七所,新义学十七所。永绥厅:义学十二所,屯义学十三所,新义学十二所。"[45]

关于湘黔"苗疆"义学的数量,于晓燕的博士论文《清代南方民族地区的义学研究》有准确的统计,为了直观的呈现义学的设置情况,现在把《清代南方民族地区的义学研究》对义学的统计整合如下:

这样,清廷在"苗疆"建立起一套严密的学校制度,其中义学占有很大比重,可以说是"苗疆"教育制度的核心,它呈现在我们面前的是以义学为中心的教育体系。这种教育制度的开展,特别是义学的兴起,在启迪当地少数民族,提高当地民族文化素质方面起到了巨大的作用。同时,从思想上为"苗疆"的政权建设扩大了社会基础,为清廷治理"苗疆"提供了有力的支持。

根据前文的分析可以知道,随着控制和管理的深入,清朝政府在湘黔"苗疆十厅"构建了一套特殊的管理体系。

湘黔"苗疆"义学数目表

贵州"苗疆"		湖南"苗疆"	
厅别	义学数	厅别	义学数
古州厅	14	永绥厅	44
八寨厅	12	凤凰厅	58
丹江厅	35	乾州厅	26
都江厅	13		
清江厅	2		
台拱厅	1		
松桃直隶厅 （笔者补）	2		
合计	79	合计	128

出于对当地少数民族严密控制和震慑的需要,大量安设绿营兵,实行重兵布防。驻兵即多,花费也大,但当地社会经济发展极为落后,无力承担军费开支,全靠政府出资,从他省挽运接济,而"国家经费有常",经不起长期消耗,为了解决驻兵耗费的需要,加强对"苗疆"的控制,大兴屯政,形成了屯防驻军的格局。

作为特殊环境下的行政区,虽然其官制不如内地府州县复杂,但也形成了以同知、通判为首的行政管理体制。作为曾经"化外"的少数民族地区,其社会经济文化落后,这给清朝政府的管理带来了很大的障碍,为了有效控制和治理"苗疆",安设了一批土官、土弁,管理当地少数民族,形成以苗治苗的格局。这虽然是土司制度的借鉴,但土官是在流官的控制之下的,不再是土流分治,本质上并非土司制度,而是因俗而治的一种表现。

为了提高当地少数民族的文化,加强思想控制,以利于政治统治,清朝政府在十厅之地设立学校,传播汉文化,形成了一套以厅学、儒学、义学为主要内容的教育体系。

第二节　清朝在"苗疆"十厅地区的军事驻防与屯政

一、绿营兵军事驻防

为了严密控制、防范当地少数民族,配合政府在"苗疆"的行政管理,清廷不遗余力的在新辟"苗疆"安扎重兵。雍正八年七月二十四日,鄂尔泰奏:"新辟如许生苗地界,理应增添兵弁者,万不可惜小费,而致贻后悔,如果训导苗顽,俾凶愚之性如内地人民知礼讲法,比时再加抽减未为不可也。"[46]如此看来,安重兵主要是因为"苗性顽劣",致使统治者不得不小心行事。可谓是"苗疆险要,防范尤不可不严"。[47]实际上,"苗疆"设重兵不仅仅是为了防"生苗",同时也是防汉奸及熟苗朋比为奸之事,"且设兵之意,所以禁约汉奸播弄搆衅,又以查察熟苗私人勾引,朋比为奸,非特以新附之苗为不可信而以重兵弹压之也"。[48]

"苗疆"驻军主要是绿营兵。绿营兵的最高长官是提督(从一品);其下是镇守总兵官(正二品);镇下设协,由副将(从二品)统领;协下设营,由参将(正三品)、游击(从三品)、都司(正四品)、守备(正五品)统领;营下设汛,由千总(从六品)、把总(正七品)统领。此外,还有经制外委、额外外委等官。外委有外委千总、外委把总,其职位与千总、把总相同。

绿营兵的大量驻扎,对"苗疆"行政建设起到了坚强的后盾作用,其本身也是清王朝在"苗疆"的管理体系中的重要组成部分。

本文仅通过对湘西三厅驻兵情况的个案分析来阐述其军事建置情况。根据光绪《湖南通志》记载,经过多次变动,到光绪年间的情况大致是:

镇筸镇:中、左、右前四营。总兵官一员,驻凤凰厅;游击三员,一驻凤凰厅、一驻晒金塘、一驻得胜营;都司一员,驻凤凰厅;守备五员,一驻廖家桥、一驻岩门、一驻旧司坪、一驻清溪哨、一驻乐豪汛;千总九员,一驻凤凰厅、一驻四路口、一驻麻阳县、一驻木林坪、一驻沟田汛、一驻苜蓿冲、一驻靖疆营、一驻黄土坳、一驻全胜营;把总十九员,一驻凤凰厅、一驻廖家桥、一驻观景山、一驻冷风坳、一驻大坪汛,一驻鸭保洞、一驻潭江汛、一驻高村汛、一驻晒金塘、一驻龙肷汛、一驻炮台坡、一驻仁树坡、一驻筸子坪、一驻得胜营、一驻黄岩江、一驻三角岩、一驻锡蜡树、一驻凤凰营、一驻落潮井;外委千把总二十三员,额外外委二十一员,马兵一百三十六名,战兵一千八百二十一名,守兵二千一百四名。

绥靖镇:中、后二营。总兵官一员、游击一员,皆驻永绥厅城;都司一员,驻狮子桥;守备二员,一驻三角岩、一驻跃马卡;千总四员,一驻永绥厅、一驻依栖汛、一驻狮子桥、一驻的得胜坡;把总六员,二驻永绥厅、一驻三角岩、一驻狮子桥、一驻跃马卡、一驻腊尔堡;外委千把总十员,额外外委六员,马兵三十四名,战兵六百七十八名,守兵六百六十七名。

永绥协:中、左两营,绥靖镇管辖。副将一员、都司一员,皆驻茶洞城;守备二员,一驻吉多坪、一驻螺蛳董;千总三员,一驻八排汛、一驻小江汛、一驻茶洞;把总五员,一驻茶洞、一驻踏沙汛、一驻吉洞坪、一驻老鸦塘、一驻螺蛳董。外委千把总七员,额外外委六员,马兵二十八名,战兵五百四十七名,守兵六百一十七名。

乾州协:提督管辖。副将一员、都司一员,皆驻乾州厅城;守备二员,一驻张虎汛、一驻湾溪汛;千总四员,一驻捧捧坳、一驻乾州厅、一驻三岔坪、一驻桂岩坡;把总三员,一驻乾州厅、一驻强虎汛、一驻湾溪汛。外委千把总七员,额外外委六员,马兵二十二名,战兵四百一十名,守兵四百五名。

镇溪营:提督管辖。游击一员,驻镇溪营城;守备一员,驻喜鹊营;把总四员,一驻镇溪营、一驻喜鹊营、一驻镇头汛、一驻良章汛。外委千把总三员,额外外委一员,马兵十九名,战兵二百三十九名,守兵二百三十三名。[49]

据上述记载统计,共有总兵官 2 名、副将 2 名、游击 5 名、都司 4 名、守备 12 名、千总 20 名、把总 37 名、外委千把总 50 名、额外外委 40 名、驻马兵 239 名、战兵 3695 名、守兵 4026 名,共 7960 名。如此重兵,主要是为了震慑当地少数民族,随时准备应对突发事件,在维护"苗疆"安定当中扮演了十分重要的角色。

在清朝统治者眼中,"苗疆"新辟,苗民顽梗,非重兵不能控制,在乾嘉苗乱以后,清朝政府加大了对湘西、黔东北"苗疆"的控制力度,兵防就显得尤为重要,于是"设兵于要害杂处以防之"。驻兵即多,花费也随之增大,但当地社会经济发展极为落后,无力承担军费开支,全靠政府出资,从他省挽运接济,而"国家经费有常",经不住长期消耗,所以"边防兵勇不能久而不撤",可是"遽行裁回,则边备空虚。"这不是统治者想要的结果,也不是治理"苗疆"之良策。对于经略"苗疆"的情形来看,势"非碉卡不能保护,碉卡非练勇不能驻守,练勇非屯田不能养赡"。[50]屯田势在必行,当时官员也认为:"安边之法除屯田而外,别无长策。"[51]于是形成了屯田以养兵,养兵以制苗的又一军事格局。

"苗疆"地区屯防的绿营兵,自乾隆元年(1736年)开始,在黔东南地区展开,屯防军队以"卫"为组织形式,"苗疆"共设置了古州左卫、古州右卫、台拱卫、清江左卫、清江右卫、八寨卫、丹江卫、黄平卫(后改为黄施卫),另加凯里卫,共九卫,都江厅未设卫。"新疆九卫共设堡百有九,屯军八千九百三十户"。[52]其中,除凯里卫之外,其他八卫情况是:

1、古州厅设左、右两卫:

> 厅设左右两卫,各千总一员。左卫驻王岭,辖二十二堡,共安军一千六百八十一户。曰恩荣、曰仁育、曰义正、曰德化、曰兴隆、曰昇平、曰增胜、曰安乐、曰忠诚、曰和顺、曰永清、曰锡庆、曰长治、曰修文、曰太平、曰鸣凤、曰怀来、曰玉麟、曰嘉会、曰清宁、曰靖远、曰镇安。右卫驻寨蒿,辖一十八堡,共安屯军八百三十八户。曰寿昌、曰泰元、曰威亨、曰富有、曰普安上下、曰平定、曰敦仁、曰崇义、曰维新、曰福善上下、曰顺宁上下、曰建威、曰信城上下、曰宣化。[53]

2、清江厅设左、右两卫:

> 左右两卫,每卫设千总一员。左卫辖十一堡:章圣堡、上德阜堡、下德阜堡、九仪堡、柳金堡、宣号堡、绕庆堡、新柳堡、汪泽堡、天培堡、南嘉堡,计安屯军九百四十一户。右卫辖十一堡:嘉年堡、万安堡、镇门堡、松乔堡、南金堡、台列堡、顺安堡、玉梁堡、培养堡、柳阴堡、观摩堡,计安屯军九百七十七户。[54]

3、台拱厅辖台拱、黄施两卫:

厅辖两卫,每卫设千总一员领之。台拱卫领十二堡,曰德丰、曰永安、曰覃膏、曰宣教、曰庆溥、曰宝贡、曰来同大堡、曰来同小堡、曰怀化大堡、曰怀化小堡、曰大德大堡、曰小德小堡;黄施卫领十堡,曰固围、曰通厓、曰康衢、曰苞桑、曰干城、曰松茂、曰棠荫、曰遵路、曰石洞、曰湛露,共屯军一千七百八十六户。由卫弁、百户经管台拱营兵粮。[55]

4、丹江厅辖丹江卫:

丹江卫屯堡十二:曰连城、曰震威、曰南屏、曰治安、曰肇泰、曰长丰、曰永定、曰望抚、曰抚远、曰绥宁、曰北键、曰培塘,安屯军八百三十户,卫千总一员领之。[56]

5、八寨厅卫:

八寨同知:卫千总一员领之,凡十一堡,曰望城、曰柔远、曰长清、曰丰乐、曰平夷、曰兴仁、曰咸凝、曰中孚、曰石桥、曰守望、曰双峰,安军八百一十户。[57]

都江厅没有设卫屯军。各厅驻防军事机构和屯军统计如下:

黔东南六厅屯防驻军情况表

厅别	卫	堡	卫千总	屯军(户)
古州厅	2	40	2	2519
清江厅	2	22	2	1918
台拱厅	2	22	2	1786
丹江厅	1	12	1	830
八寨厅	1	11	1	810
合计	8	107	8	7863

此类屯防驻军当中还设有百户、总旗、小旗及散军。从乾隆五十五年(1790年)的《清江志》的记载可知,清江厅总计设百户9名、总旗36名、小旗189名、散军1724户。绿营兵与屯防军同时驻扎十厅,构建了清朝政府在"苗疆"的军事驻防体系,这种体系的出现,是苗民难治的结果,也是强力控制当地少数民族的需要。

二、苗兵组织形式与驻防

除了政府安设的绿营兵和屯防军外,还起用了一批苗族军官,下辖一定数量的苗兵,采取"以苗治苗"的办法对"苗疆"进行管理。由于当地少数民族长期自立自主的生活,形成了自有的社会组织形式和管理方式,因此不能完全依靠政府的一套组织管理方式在"苗疆"不加变通的实施。当地少数民族的抗争心理很强,当他们的利益和习俗遭到严重损害时,往往会揭竿而起,单靠政府驻军震慑难以达到完美的效果。"苗疆"的地理环境十分复杂和艰险,带来了军事控制上的极大不便,武力开辟"苗疆"时期,政府军曾经是大吃苦头。所以在"苗疆"的军事管理有必要实行一定的变通,传统的任用土官进行管理的办法成了首选。据史料记载,当时起用的苗官主要有苗守备、苗千总、苗把总和苗外委等,具体情况如下:

从下表的数据可以看出,苗守备之类的官职主要出现在黔东北,即松桃厅地,而黔东南六厅不见有。需要指出的是,苗守备、苗千总、苗把总、苗外委等官并不止设于贵州,嘉庆十年(1805年)在乾州厅"设苗守备四员,千把总、外委额外四十四名,苗兵八百名,归厅管辖"。[58]不仅属于军事组织,同时还归厅的管辖,服从行政领导。凤凰、永绥二厅也有设置,这些苗守备之类的官员直接领有苗兵,以资控制管理"苗疆","现在挑留壮健苗兵五千名内,凤凰厅

官职	驻地	员额	合计
苗守备	贵州铜仁县	1	8
	松桃厅	7	
苗千总	贵州铜仁府	1	28
	铜仁县	2	
	安化县	1	
	松桃厅	24	
苗把总	贵州铜仁府	2	39
	铜仁县	2	
	安化县	1	
	松桃厅	34	
苗外委	贵州铜仁府	5	56
	铜仁县	2	
	安化县	1	
	松桃厅	48	

资料来源:(清)崑冈撰等纂修:《钦定大清会典》卷四五《兵部》,据清光绪石印本影印,《续修四库全书》,《续修四库全书》编辑委员会,复旦大学图书馆古籍部编,上海古籍出版社,2003 年。

二千名,乾州厅八百名,永绥厅一千八百名。派令苗备弁管带,每苗守备一员,同苗千把总、外委等共带一二百名不等,各于该管各寨要地巡查防守"。[59]苗守备等直接管理"苗疆"基层社会,此之类官职与土守备等同属于土官,但不能等同于土司,因为这类土官是受流官节制的,它的设置是"以苗治苗"之策。

三、"苗疆"十厅的屯政

武力征讨"生界"苗族人民的战事取得胜利后,清朝政府于乾隆初年在黔东南"苗疆"大力推行屯田政策,作为管理当地少数民族的重要善后措施。屯田政策是"苗疆"政权建设的重要内容,也是使"苗疆"永久义安之计,意义十分重大。此处屯田的特点是,苗疆相安无事时,屯兵主要从事农业生产,农闲时操练,社会出现动乱时则随时准备抵御、镇压,就是传统意义上的兵农合一制度,此乃历代统治者常用的一种制度,对于稳定边疆来说,有着自己独特的作用。"屯兵者,授之田,而资其力以为用者也"。[60]核心的意图是大量安设屯兵,从而达到控制"苗疆"的目的,同时有可以通过生产来满足兵粮需求,进而减轻了政府的军用负担,一举两得,实乃"驾驭苗疆良法"。这种制度与"军民府"的特点有相似之处,"寇乱则聚为军,事平则散为民,故名军民府。"[61]

"苗疆"屯政的推行是在大规模武力征讨苗族人民结束之后。经过雍正朝多年的生死较量,清政府赢得了对黔东南"生苗"的军事胜利。为了有效控制"苗疆",同时,面对大量因战事而荒芜的田地,雍正末年、乾隆初年清廷在六厅之地推行屯田。裴宗锡在乾隆四十四年(1779 年)所上的《议增苗疆屯防疏》中提到"黔省古州一带均系新辟苗疆,乾隆元年酌议善后事宜,案内遵奉谕旨安设屯军,分隶九卫管辖"。[62]可见乾隆元年(1736 年)才全面落实屯军的安设,并分属九卫,即前文所述的包括凯里卫在内的九卫。屯田的推行,对黔东南苗疆社会的稳定和经济的发展起到了重要的作用。鉴于黔东南地区屯田的成功开展和卓著效果,嘉庆初年,湘西、黔东北苗民起义平息后,"以傅鼐为首的流官群体以起义善后治理为契机,在凤凰厅开展均田运动。嘉庆六年(1801 年)十二月,刚加升道衔并被正式任命为以凤凰厅同知身份总理'苗疆'边务的傅鼐,便立即在整个'苗疆'推广均屯田,次年,几乎在整个'苗疆'(包括后划入的"苗疆"后路的麻阳、泸溪两县),都开展了均屯田运动"。[63]总的来说,雍正末年、乾隆初年"苗疆"屯政首先在黔东南得到推行,而湘西则是在平定"乾嘉苗乱"之后才开展起来的,很大程度上是借鉴了黔东南屯政的成功经验。

　　推行屯政的基本思想是通过屯田安设屯军,从而达到加强对"苗疆"的震慑和控制的同时,解决驻兵消耗的需要,另外,屯田的开展可以很好地利用一大批因战事而荒芜的土地,使社会经济得到发展。政府军武力征服"生苗"区后,当地少数民族人民有的死于战乱,有的逃亡山林,出现了一批无人耕种的田地,成为统治者眼中所谓的逆苗绝产。对这些土地的重新利用也成为了重要议题,安军屯田似乎是最有效的办法。"雍正十三年,逆苗包利、红银结众悖叛,大兵剿抚后,将逆苗绝产设堡安军"。[64]此实乃"苗疆"安设屯军之始。

　　面对如何利用苗族人民曾经耕种过的、而今已荒芜的田地的问题,当时的地方大员首先想到的是从内地招纳一批汉族人口迁往苗疆,并把土地分配给他们耕种。贵州总督张广泗向朝廷上奏苗疆善后事宜的时候,就提出"将内地新疆逆苗绝户田产,酌量安插汉民领种"[65]的想法。但是这种想法很快被乾隆帝否决,其原因主要是考虑到了苗族人民的叛服无常,担心前往"苗疆"的内地汉人有朝一日遭到苗族人民反抗而带来的侵害。乾隆元年十一月辛亥,谕总理事务王大臣时说:"朕思苗性反复靡常,经此番兵威大创之后,虽畏惧慑伏,而数十年后,岂能预料,若于新疆各处,将所有逆产招集汉民耕种,万一苗人滋事蠢动,则是以内地之民人,因耕种苗地而受其荼毒,此必不可行者。"[66]可以说在军事对抗时期,苗族人民为了维护自身利益而进行的顽强抵抗,使清朝政府心有余悸,乃至在治理这块"新辟疆土"时也不得不把它作为必须考虑的重要因素。乾隆帝同时又强调"逆苗因罪入官之地,自无复赏给逆苗之理。"与苗族人民争夺利益的决心还是很大的,在这矛盾之中,他认为"与其招集汉人,不若添设屯军"。[67]大量屯军的存在本身就是对"苗疆"的一种威慑,一旦出现社会动乱则可以就地组织抵御,而承平时期,屯军便可实现身份的转换,从事农业生产,收获的粮食可以作为军粮的补贴,从而减少从内地省份转运接济的麻烦,还可以减少政府的财政负担,闲置的田地也得到了利用,更重要的是,可以为政府造就一支既能够自食其力又能够守卫疆土、维护地方安定的队伍,可谓是一举多得。乾隆帝的考虑是合理的,所以他认为添设屯军较之招集汉人"较属有益"。否定招集汉人领种苗地后,更合理、更有效的军屯制度在"苗疆"兴起。

　　持有"与其招集汉民,不若添设屯军"这种主张的人,除了上述原因外,还有其他方面的考虑。不同于政府额定安设的汛防兵,屯军主要是根据田地的多少酌情添设的,跟汛防兵不是同一个体系,但是这种屯防兵的添设,可以使驻扎在苗疆的兵丁总量增加,有着使苗疆"兵气自奋,且省添兵之费"的好处。再说了,招集汉人前来耕种也并不是一件很容易的事情,要考虑多方面的因素,毕竟稳定"苗疆"是首位的。当时有人认为"内地人民良顽不一,在良者安土重迁,因所不愿,即无田之人,如果有家室生理,亦不肯舍袵席而蹈危险。是应招募者,势不免杂以奸顽,则恃强欺弱,而苗民被其欺扰,转于新疆无益"。[68]这是非常缜密的、极有远见的思考,老百姓的观念里有着不愿背井离乡的情结,几千年传统文化的积淀使得这种情结十分强烈,如果强行招募汉人入苗疆,不仅不会有好的效果,而且势必会引发内地的离乱之苦;退一步说,就算招纳到一些汉人,也是难免鱼龙混杂,那些心怀不良之人仗势欺压当地少数民族不说,更有甚的是他们会唆使苗族人民起来闹事,这不仅达不到稳定"苗疆"的目的,反而会引起社会动乱,实际上就是得不偿失的举措。维持"新辟疆土"的稳定和实现对"苗疆"社会的管控是政府的当务之急,因而招纳汉人耕种"苗疆"田土似乎是万不可行的,当时的政府官员亦认为"与其另招无赖游民,似不若暂给驻守兵丁并兵丁子弟就近耕种"。[69]鉴于"苗疆"的特殊情况,最好的办法就是安设屯军,通过屯田来发展生产和养军,通过养军设防来守卫疆土,这当中充分考虑到了行政成本和行政效率,是抚绥和管理"苗疆"的好办法,只有这样才能达到"足垂永久"的效果。

随着屯政的推行,大批屯防军进入"苗疆",大量土地得到重新利用。各屯堡散处厅地,管理体制则是参照了明代卫所制度和清代绿营兵制(卫所制度的形式没有在湘西"苗疆"推行),政府设置屯守备、屯千总、屯把总、屯外委,屯额外、卫千总等屯弁对屯田事务及屯防军进行管理。如设屯守备6员,即湖南凤凰厅3人,永绥厅2人,乾州厅兼辖古丈坪、保靖1人,每屯6员。屯千总6员,湖南凤凰厅属同全坡、新场堡、永平卡、得胜营,永绥厅属花园、茶洞各1员;屯把总9员,分别设于湖南凤凰厅属同全坡、新场堡、旧司、麻阳县属在城、浦市,永绥厅属狮子桥、花园、高岩仓、古丈坪笼鼻嘴等地;屯外委共18员,任命于湖南凤凰厅属同全坡、新场堡、罗无寨、浪中江、定胜卡、靖边卡、岩门、拖冲、四都坪以及管军装局,永绥厅属吉洞坪、潮水溪、螺蛳董堡,乾州厅属湾溪堡、新街堡,保靖县属本城、印山台等地;还有卫千总10员,主要在贵州贵东道属古州左卫、右卫、八寨卫、台拱卫、黄施卫、丹江卫、凯里卫、清江左卫和右卫以及松桃厅属石岘卫等。[70]

很明显,屯千总主要出现在湘西三厅,而黔东南六厅和黔西北松桃厅则是卫千总。湘西"苗疆"的屯田与黔省"苗疆"屯田在形式上有所差别,不再以"卫"的形式出现,而是采用均屯的方式进行。我们知道,湘西屯田是在借鉴了黔东南屯田的成功经验的基础上推行的,当时有改卫千总为屯千总的主张,"查黔省屯制,分设卫千总九员,以资管束。惟安设屯弁原以约束屯丁,并无领运之责,未便仍沿卫千总名色,自应改为屯千总"。[71]其中还道出了改屯千总的缘由。所以在《钦定大清会典》中有"湖南苗屯,贵州苗卫"。[72]的记载,说的就是湖南和贵州屯政在形式上的区别。关于屯田所用田地的来源亦有所差别,在黔东南划归军屯之田主要是所谓叛苗绝户田产。乾隆二年(1737 年)八月,开始在古州设卫屯田,当时张广泗上奏:"遵旨筹划苗疆,业将叛苗绝户田产安设屯军。"[73]这类田产的数量亦是较为客观,足以安设一万多户,有史料载"前计算绝田约可安屯军五六千户,清江可安屯军二千六百余户,古州三保安一千一余户,八寨可安八百余户,丹江可安九百余户,其余尚有古州山苗一带暨台拱、凯里、黄平、施秉、胜秉、清平等处约计可安五六千户"。[74]根据张广泗的奏稿可知,这些田产都是"此皆清出叛苗绝产分布安屯,其应设屯堡一百余处,亦皆形势扼要,若去营汛稍远不宜安屯者,皆拨还苗人"。[75]对于屯堡的安设,清廷在安全问题和稳定"苗疆"方面做出了充分的考虑,部分绝户田产归还给苗族人民耕种,虽然有迫不得已的嫌疑,但是在一定程度上起到了缓解矛盾的作用。屯田政策的推行,实际上是与当地少数民族争夺利益,很容易引起冲突,所以清廷对屯政管理很严格,尽量避免与苗民争利。乾隆十七年(1752 年)七月,总督硕色曾经上疏朝廷,建议督促开垦古州一带山头地角的空隙地,但是遭到清廷的反对。硕色主张开垦隙地的理由是"从前所给屯田不敷日用"[76]，而乾隆帝认为必不可行，则主要是出于维持"苗疆"的稳定相安的考虑。我们知道，屯地和苗地同处苗疆，经过长时间的经营，维持了一种相安的局面，但是这种局面如履薄冰，这种相安局面在利益冲突面前时非常脆弱的。而能够开垦的空隙地大都是在苗地附近，当时乾隆帝认为"一令开垦，将来越界占垦无已，必有借此侵占苗田生事启衅者"。[77]屯军开垦隙地，甚而有侵占苗田者，这本身就是在压缩当地少数民族的生存空间，随着苗族人口的增加，此时的隙地在彼时就不再是隙地，所以"至开垦之后，必不甘心，争夺之端由此而起，是所补于屯军者甚微，而关系苗疆者甚大，不可因屯军一时之感激，而不为苗疆久远之计也"。[78]但不管怎么样，为了实现管控苗疆的长久之计，清朝政府给苗族人民造成的伤害已经够大了。而在湘西，除了叛苗绝产外，还有当地及周边州县民人均出的土地，"士民皆知恃边自卫，情愿呈出归公田地二万余亩，作为丁勇屯耕守御之计。不敷分授之田，拟于该同知代为清理，资给复业，贴近凤凰之泸溪、麻阳各民户内，酌量均出拨补"。[79]所以又称为均屯，就是民人均出田地供屯军耕种的意思，均出的田地一部分是老百姓自愿出让的，还有一部分则是被迫出让的。

屯军基本上是以户为单位进行组织的，"每十户设一小旗，每五十户设一总旗，每百户设一百户，责令管束稽察"。[80]据《古州厅志》和《清江志》载，古州二卫共设百户二十四名，总旗四十六名，小旗二百二十三名；清江二卫共设百户九名，总旗三十六名，小旗一百八十九名。这些小旗、总旗、百户首领就是基层军弁，直接管束稽察所属屯军。同时，设置仓大使管理仓庾以及收贮接运外地协济的兵粮。在湘西则设有屯长、仓书、斗级等基层管理人员。屯长是屯田的直接经营管理者，"计凤凰、永绥、古丈坪四厅、保靖、麻阳、泸溪三县地方辽阔，应设屯长四十名，散屯长一百六十名，方足以资经理"。[81]设屯长、散屯长的原因及来历,傅鼐有专门的论述:"前于各厅县衿土民人内,择其公正勤慎明白谙练者,举充首事,给以钱粮,随同委员清丈造册,并分管公仓,收发仓谷,年来承办一切,最为得力,现届均屯告蒇。此项人等,系各厅县土著,并有倡首均田,奏蒙恩旨赏给顶戴之人,办事颇为急公。此时虽已新设屯弁,各有操防之责,其于经营仓谷,清查坵段,催收租籽,支发口粮,并修葺碉卡要工,势难一一兼顾。应将各首事改为屯长,仍令帮办屯务,并设总屯长,稽察董率,以专责成。"[82]屯长即先前的首事,由于新设屯弁主责在于操防,难以兼顾其他事务,而先前所设首事是当地土民,受到朝廷的恩赐,办事公正得力。屯政推行后,改首事为屯长,管理基层事务,是可行的,同时设总屯长进行监督。而仓书、斗级则象仓大使一样管理仓库,是最基层的办事人员,据谭必友研究,仅凤凰、永绥、乾州三厅就有一百六十五名。自乾嘉苗民起义平息后在凤凰厅开展均屯田以来,"至嘉庆十年,在汉土民社区共均归公田60100余亩。在苗族社区,采取收缴'占田'、'叛产'的方式进行均田,共35100余亩。整个'苗疆'共均田95200余亩。嘉庆十一年以后,'苗疆'可用的屯田在上年的基础上又增加了57000亩,屯田总数达到152157余亩"。[83]有诗云:"曰寨群苗聚,曰堡众兵屯。"[84]这就是屯政推行以来,广大"苗疆"社会状况的真实反映。

需要说明的是,清代"苗疆"屯田是为了防控的需要而推行的,其实也是一种农业生产模式。它采用的是军事编制的管理形式,但事实上是归属于地方行政体系,由厅同知、通判管辖,比如"古州左卫千总一人,属古州同知管辖;古州右卫千总一人,属古州同知管辖;八寨卫千总一人,属八寨同知管辖;台拱卫千总一人,属台拱同知管辖;丹江卫千总一人,属丹江通判管辖;清江左卫千总一人,属清江通判管辖;清江右卫千总一人,属清江通判管辖"。[85]所设千总、把总等武官,只是管理农事和训练屯兵。

为了有效管理苗寨,还设置了一批土弁,作为"苗疆"的基层管理者。这些土弁主要有土守备、土千总、土把总、土外委等。土弁的设置,实际上是"以苗制苗"之法,在某种程度上是土司制度的遗存,或者说是一种参照,"照各省土司之例,每一营分酌设一二人为土守备,土守备之下酌设土千把外委等,俾令管束苗民,凡有苗民格斗盗窃等事,均著落此种土官缉拿办理,该土弁并归文武地方官约束"。[86]这些土守备之类的土弁往往是择对战事有功的土人担任,就近管理其地。他们是少数民族首领,也是政府控制苗民的一种依靠力量,受地方文武官员约束,直接管理苗寨和苗人。"设苗弁以资管束各寨"。[87]"责成苗弁管束散苗"。[88]雍正年间"开辟苗疆"后,在黔东南"新疆"地区增设了一大批土弁,据《贵州通史》研究:台拱厅属有南市、高坡、番柳、乌漏、趱架、番陇、龙塘、容山八外委土把总;清江厅属有平夏、柳利、格东、那磨、柳榜、旁洞、返迷、鸡摆、番乾、返号、柳罗等外委土把总;八寨厅属有上牌、中牌、下牌三外委土把总;都江厅属有归仁营、顺德营两外委土千总;丹江厅属有鸡讲、黄茅、乌叠等外委土千总;古州厅属有岑台、六百、滚纵、八开、八卫、乐乡等外委土千总及高表、平江外委土把总。湘西凤凰诸厅的土弁数量,傅鼐在《苗疆均屯经久章程八条》中,"将苗兵编制固定为五千人,苗官的数目随之确定为五百三十七人"。[89]

第三节　湘黔"苗疆"十厅管理体制特点

清朝在历代管理的空白区域湘黔"苗疆"地区逐渐建立其一

种特殊的强力的管理体系,有效的控制了新开辟的"苗疆"地区,使这块"新辟疆土"走上整体发展的道路。

一、行政管理与军事控制相辅相成

在清代流官管理体系下,"苗疆十厅"的情形是少见的,可以说是特殊的政权管理模式,这使得"厅"也成为特殊的地方管理机构和行政区划,形成了军事控制屯垦与行政管理相辅相成的局面,其管理体系结构如下图:

湘黔"苗疆"管理体系结构图

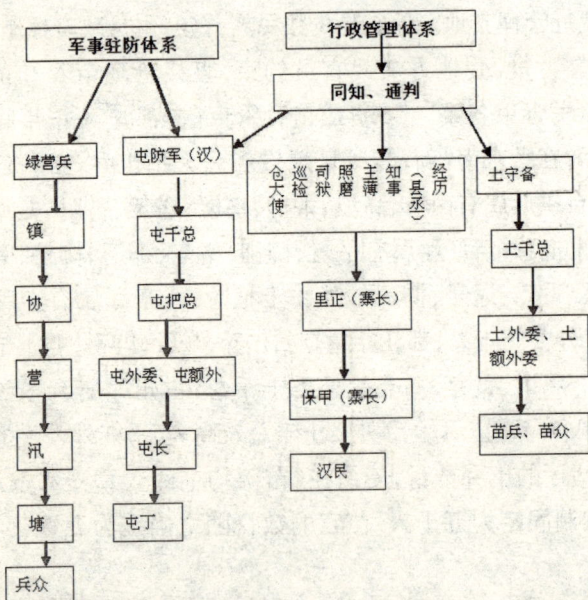

```
        ┌─────────────┐          ┌─────────────┐
        │ 军事驻防体系 │          │ 行政管理体系 │
        └─────────────┘          └─────────────┘
                                        │
                                 ┌─────────────┐
                                 │ 同知、通判   │
                                 └─────────────┘

  绿营兵   屯防军(汉)   仓大使 巡检 司狱 照磨 主簿 知事(县丞) 经历   土守备
    │        │                              │                      │
    镇      屯千总                          里正(寨长)            土千总
    │        │                              │                      │
    协      屯把总                          保甲(寨长)      土外委、土额外委
    │        │                              │                      │
    营    屯外委、屯额外                     汉民                苗兵、苗众
    │        │
    汛      屯长
    │        │
    塘      屯丁
    │
   兵众
```

鉴于"苗疆"的社会发展特点,清廷在开辟"苗疆"后,并没有设置府、州、县这样的行政机构,而是派驻同知或通判对新辟"苗疆"进行管理,即构建了以厅为核心的行政管理体制。事实上,厅作为地方行政区划,始创于清代,往往置于边疆地区。"苗疆"并

非边疆,但由于该地区在历史发展进程中保持了长期的"化外"形式,已然成为典型的"内地边疆"。清廷在经营"苗疆"的过程中,设置了厅这样的特殊行政区划进行管控,实质上就是使这块"内地边疆"走上与内地一体化发展的道路。"苗疆"诸厅作为一种行政效率较高的过渡形式,有着自身的特点。

首先,湘黔"苗疆"十厅形成了行政区划,实现了清朝统治者对该地区真正的行政管理,其职官体系以同知、通判为行政主官,具有行政管理和军事镇抚职能,但偏重于行政管理。同知、通判为行政主官之下不仅有属官,还建立了与正式政区散州和县一级行政区划基本类似的行政管理下属机构,如县丞、经历、知事、主簿、磨照、司狱、巡检、仓大使等,具有行政管理效力,是一级独立的行政区划。学界一般认为分地域与分层级的管理体系就是行政区划。它的基本要素主要包括:一定的具体区域,建城设官进行职守,有自己的行政中心,处在一定的行政序列当中,简单地说就是治所,层级,幅员,边界,政区名称等。

作为行政区划的"苗疆"各厅都有自己的行政中心,且都是选择在地理形势优越的地方。相互毗连的行政管理实体经过了分疆划界,管辖了一定的区域,行政权力不得越过划定的界线,各专其职,只是在必要的时候才可以联防。光绪《清会典》:"府分其治于厅,凡抚民同知、通判,理事同知、通判有专管地方者为厅,其无专管地方之同知、通判是为府佐贰,不列于厅焉。"[90]这里明确告诉我们,同知、通判没有专管的地方的话,就不是厅,而是府的佐贰官,只有专辖一定的区域才成为行政区划意义上的厅。这种专辖的区域构成了行政区划的幅员,从中也可以知道,同知和通判本是府的派出机构,是辅助知府管理地方的佐贰官,当这种佐贰官被赋予了具有相对独立性的行政管辖权力,专管一定的地方,就演变成为了厅的行政长官。光绪《清会典》明确规定:"直隶厅:凡抚民同知直隶于布政司者为直隶厅。"[91]直隶厅直隶于布政司,与府平级,基本上不统辖县级行政单位,另外还有一种厅隶属于府,就是学界常说的散厅,它与县平级。"苗疆"十厅初设时,都是与县平级的散厅,其中湘西的永绥厅、凤凰厅、乾州厅隶属于湖南省辰州府,松桃厅隶属于贵州省铜仁府。古州厅隶属于贵州省黎平府,清江厅和台拱厅隶属于贵州省镇远府,八寨厅、都江厅和丹江厅隶属于贵州省都匀府。平定乾嘉苗族人民起义后,为了加强对"苗疆"的管理和控制,清廷把起义规模浩大的湘西、黔东北四厅升为直隶厅,分属于湖南省和贵州省。

湘黔"苗疆"十厅是带有浓厚军事管控色彩的特殊行政实体。前面分析到厅是一级独立的行政区,有自己的属员,符合当时的体制。但与内地州县相比,"苗疆"有它的特殊性,是新辟疆土,当地少数民族长期"与世隔绝",礼教不通,这给官府的管理带来了很大的困难。同时,面对从未有过的汉民统治,当地少数民族表现出一种强烈的敌视和反抗意识,给政府控制"苗疆"带来了极大的挑战。针对这样的情形,清政府在厅的建设中采取了灵活的措施,为了保护厅官的人身安全,同知、通判可以亲辖一定数量的军队,"康熙四十五年,移拨各镇协营兵九百名归镇篁镇,拨本镇左右营马步兵二百名分属乾州同知、凤凰通判,各二百名为厅標兵"。[92]"康熙四十五年,设標把总一员,標兵一百名,標把总驻劳神寨,汛兵五十名,归厅管辖。"[93]"所设同知、通判专驻苗疆,不可护卫无人,应照湖南乾凤二厅之例,于同驻之官兵内,各拨给把总一员,兵一百名,以为亲標。从之"。[94]另外,"苗疆"普遍推行兵农合一的屯田政策,其长官和兵丁都听抚民同知、抚民通判节制,"国朝乾隆元年,设古州左右二卫,共屯堡四十,安屯军二千五百一十九户,以千总二员管理屯田事务,隶古州同知"。[95]这种情况在"苗疆"是一种既定的政策,不仅如此,厅官还辖有一定的苗兵,"嘉庆十年,设屯把总一员,屯外额四员,屯丁六百名,苗守备四员,千把总、外委额外四十四名,苗兵八百名,归厅管辖"[96]。"乾隆六十年,石柳邓叛,平定后,改松桃为直隶厅,更设苗弁,自守备迄外委一百余名,隶以苗兵,听其约束"。[97]这样一来,厅官不仅有军队作为自己的亲標,还辖有大量的屯军和苗兵,其本身具有了很大的军事色彩。厅长官既辖文官,又辖武将,这与知州、知县是有很大区别的。同时,大量绿营兵的进驻,突出体现了重兵震慑的意图,加重了十厅的军事色彩。

镇与防——湘黔"苗疆"十厅内在机能的另外一种表现。"理苗之道,不外剿抚两端,边防之策,务使兵民相间"。[98]其中之"兵",不仅有绿营兵,还有大量的屯田之兵,二者声势联络,互为控驭,足以震慑一方。剿也是理苗之道,而且是统治阶级治理地方的重要手段,治理"苗疆"更是不得不考虑,只有在镇和抚有效结合的基础上,才能实现"苗疆"的长治久安。这点能从厅的浓厚的军事色彩中很好的体现出来,其中的屯兵措施,不仅仅是要防范苗民,必要的时候还会毫不手软的镇压突发事件。即使相安无事,也有兵威存在,"均田屯勇,寓兵于农,而后民气日固,兵威日壮,加以约束苗弁,明示劝惩,庶可渐臻驯服,久远相安"。[99]再如,松桃厅屯政"垂今三十余年,附近石岘各村寨,民情安帖,无犬吠之警,则屯兵力也"。[100]

二、掌地、治民、控土司

湘黔"苗疆"诸厅均为抚民厅,古州厅、清江厅、台拱厅、都江厅、丹江厅、八寨厅等属于散厅,主官是抚民同知和抚民通判,光绪

《大清会典》明确指出："贵州省都匀府属八寨厅,镇远府属台拱厅,黎平府属古州厅各一人,均为抚民同知。镇远府属清江厅,都匀府属都江厅,丹江厅,均为抚民通判。"[101]松桃厅、凤凰厅、永绥厅、乾州厅是直隶厅,直隶厅的定义在光绪《钦定大清会典》中有明确的表述:"凡抚民同知直隶于布政司者为直隶厅。"[102]那么四直隶厅的主官当为抚民同知。此前,作为知府的佐贰官,"同知分掌督粮、捕盗、海防、江防、清军、理事、抚苗、水利诸务,通判分掌粮运、督捕、水利、理事诸务,以佐知府之政治"。[103]成为厅的行政长官后,则主管一方行政事务,具有掌土、治民、控土司等职权。清廷在开辟后的"苗疆"设立十厅,设立这种特殊行政区划的目的,就是因地制宜,对"苗疆"实施有效管控,使这块具有典型民族特性的长期未经实际有效治理的"内地边疆"平稳的走上与内地一体化发展的道路,实现民族地区的行政规制向内地行政区划体制的平稳过渡。"苗疆"诸厅作为过渡型的特殊行政区划在特殊的民族地区推行,具有自己独特的内在特征。

世居"苗疆"的少数民族主要是苗族,时人大都以寨为单位来描述生活在"苗疆"的少数民族群体。据前文统计,湖南乾州直隶厅:115 寨、凤凰直隶厅:105 寨、永绥直隶厅:228 寨;贵州松桃直隶厅:372 寨、古州厅:571 寨、清江厅:177 寨、台拱厅:161 寨、八寨厅:114 寨、丹江厅:130 寨、都江厅:106 寨。其中,大部分是曾经的"化外生苗",不服政府管理,独立自主的发展。清廷武力开辟苗疆后,在该地区实行减免赋税的政策,"苗田不计亩,地丁钱粮均于雍正十三年奉旨蠲免,永不征收"。[104]这种赋税政策不同于内地,它的实施是出于对"苗疆"十厅的特殊情况的考虑。其中苗田不计亩,可以看出对苗户的管理是不同于汉户的,存在着户籍管理上的差异性。苗户的直接管理者是百户、寨长之属,他们在厅长官的管控之下约束苗民,但百户、寨长人微权轻,且后来有被汉人充任的现象,所以苗民的约束力量主要是土守备、土千总、土把总、土外委等一批土弁,及其手下的苗兵,时人亦称之为苗守备、苗千总、苗把总等苗弁。湘西凤凰、乾州、永绥等三厅的苗兵编制为五千人,苗官数量则为五百三十七人,黔东南亦设有三十多名土千总、土把总。这是以苗制苗的方法,但不同于之前的土司制度,流官是最高行政长官,苗弁在抚民同知、抚民通判的节制下管理苗民。

清廷成功开辟"苗疆"后,随即建城设官,深入把控苗疆事务,大量汉人亦因此进入"苗疆",其中包括行政人员及其所领亲標、绿营兵、屯防兵、屯民等。经多次变化,到光绪年间,驻湘西绿营兵计有七千九百六十户,至嘉庆十一年,湘西屯田达到十五万二千一百五十七亩,所需种田汉民当不在少数。黔东南自乾隆元年屯田以来,屯防军有个时段有近九千户之多,除此以外,有一批客民因各种原因自主前往"苗疆"生活。有史载,"买当苗人田土客民共三万一千四百三十七户,佃种苗人田土客民一万三千一百九十户,贸易手艺佣工客民共二万四百四十四户,住居城市、乡场及隔属买当苗人田土客民一千九百七十三户,并住户城市、乡场买当苗民全庄田土客民及佃户共四千四百五十五户"。[105]合计共有六万七千零四十四户。此类汉族移民,在数量上远远超过了屯民。这移居"苗疆"的广大汉民直接置于以同知、通判为首的行政序列实体和具有兵农合一特点的屯防体系的管理之下。

"苗疆"置厅之初,最高行政长官中有理苗同知这一官阶,现有明确记载的则是松桃厅和台拱厅,"雍正八年移正大营同知为松桃理苗同知",[106]嘉庆二年松桃理苗同知升为直隶厅,此时松桃理苗同知已经改为抚民同知,因为直隶厅为抚民同知隶于布政司者。"台拱地属新辟疆土，雍正十一年，至是开辟新疆，建石城，屯大军，并以理苗同知驻"。[107]而光绪《大清会典》则明确记载台拱同知为抚民同知，这显然是一个变化的过程。"苗疆"为苗族人民世居，且大多是曾经的"化外生苗"，此时苗疆的民族构成较为单一，初置理苗同知专门管理苗族人民的事务，具有很大的针对性。大量汉族人口的移居，改变了"苗疆"基本单一的少数民族构成，形成了苗汉杂居的局面，由此导致户籍管理和赋税征收上的差异性，从而形成了苗官管理苗民，同知、通判管理汉民的行政管理双结构，当然，同知、通判是"苗疆"的最高行政长官，苗官必须听其节制，不再是土流分治。

　　值得一提的是，清朝统治者非常重视教化的社会治理功能，康熙九年（1670年），有诏谕说："朕惟至治之世，不专以法令为务，而以教化为先。若徒恃法令，而教化不先，是舍本而务末也。"[108]这种社会治理的思想在民族地区表现的更为明显，清朝对新开辟的"苗疆"社会的治理，基本上是本着抚绥的指导思想进行的，反映此类思想的诏谕不在少数。"康熙二十五年十二月庚子，朕思从来控制苗蛮，惟绥以恩德，不宜生事骚扰"。[109]"康熙五十年三月乙卯，上谕之曰：至于红苗，处在荒隅，不得与内地百姓同视，宜善为抚绥"。[110]"雍正十二年六月庚午，得旨，新定苗地，全赖抚绥，抚绥之方，先除扰累"。[111]"雍正十二年九月甲申，宣谕古州等处苗蛮人等，谕曰：革面革心者，悉加意抚绥，俾游乐土"。[112]这样直接表露抚绥思想的例子很多，恕不一一列举。在实际治理过程当中，统治者大范围的免征苗民赋税，苗民之事按苗例完结等，"绥以恩德"，尽量做到不加恶于苗民。以义学为中心的教育体系的构建，其主要目的教化苗民，以达到统治者心中的所谓"开化"，实际上，是抚绥的政治理念在教育文化方面的表现。而湘西"苗疆"之永绥协，绥靖镇,永绥厅,均为朝廷赐名,直观的反映了政府尽扶绥当地少数民族之能事,以实现"苗疆"社会的安定与平稳过渡的政治诉求。

注　释

1　杨家骆主编:《中国职官史料·清代编》,中国史料系编,鼎文书局印行,1977 年,第459—460 页。

2　傅林祥:《清代抚民厅制度形成过程初探》,《中国历史地理论丛》2007 年第 1 期。

3　(清)崑冈撰等纂修:《钦定大清会典》卷 4《吏部》,《续修四库全书》本,上海古籍出版社,2003 年。

4　杨家骆主编:《中国职官史料·清代编》,中国史料系编,鼎文书局印行,1977 年,第459—460 页。

5　杨家骆主编:《中国职官史料·清代编》,中国史料系编,鼎文书局印行,1977 年,第468 页。

6　杨家骆主编:《中国职官史料·清代编》,中国史料系编,鼎文书局印行,1977 年,第30 页。

7　杨家骆主编:《中国职官史料·清代编》,中国史料系编,鼎文书局印行,1977 年,第29 页。

8　(清)余泽春等纂修:光绪《古州厅志》卷 10《艺文志》,光绪十四年(1888 年)刻本。

9　(清)鄂尔泰等纂修:乾隆《贵州通志》卷 16《秩官·官制》,乾隆六年(1741 年)木刻本。

10　(清)胡章纂修:乾隆《清江志》卷 5《秩官制·职官》,乾隆五十五年(1790 年)修,钞本。

11　吴高增:《乾州小志》,(清)王锡祺辑:《小方壶斋·舆地丛钞》第 6 帙,杭州古籍书店影印,第 8 册,1985 年,第 212 页。

12　(清)洪亮吉撰:《乾隆府厅州县图志》卷 34《湖南布政司下·辰州府》,《续修四库全书》本,上海古籍出版社,2003 年。

13　湘良纂:《湖南苗防屯政考》卷首《纪事》,成文出版社,1968 年,第 125—126 页。

14　(清)卞宝第等纂修:光绪《湖南通志》卷 122《职官志十三·文职十三》,光绪十一年刻本。

15　但湘良纂:《湖南苗防屯政考》卷2《建置》,《中国方略丛书》第1辑第23号,成文
　　出版社,1968年,第408页。

16　《清实录·仁宗实录》,第28册,中华书局,1986年,第177页。

17　但湘良纂:《湖南苗防屯政考》卷2《建置》,《中国方略丛书》第1辑第23号,成文
　　出版社,1968年,第414页。

18　但湘良纂:《湖南苗防屯政考》卷2《建置》,《中国方略丛书》第1辑第23号,成文
　　出版社,1968年,第405页。

19　但湘良纂:《湖南苗防屯政考》卷2《建置》,《中国方略丛书》第1辑第23号,成文
　　出版社,1968年,第405—406页。

20　但湘良纂:《湖南苗防屯政考》卷2《建置》,《中国方略丛书》第1辑第23号,成文
　　出版社,1968年,第405—406页。

21　《清实录·仁宗实录》,第28册,中华书局,1986年,第177页。

22　(清)爱必达:《黔南识略》卷20《松桃直隶同知》,清乾隆十四年(1749年)修,1914
　　年刻本。

23　刘显世等纂修:民国《贵州通志》之《职官表八》,1948年铅印本。

24　(清)严如煜撰:《苗防备览》第15卷《述往》,道光癸卯(1843)木刻8册。

25　《清实录·世宗实录》,第8册,中华书局,1985年,第620页。

26　但湘良纂:《湖南苗防屯政考》卷3《征服上》,《中国方略丛书》第1辑第23号,成
　　文出版社,1968年,第929页。

27　但湘良纂:《湖南苗防屯政考》卷3《征服上》,《中国方略丛书》第1辑第23号,成
　　文出版社,1968年,第929页。

28　但湘良纂:《湖南苗防屯政考》卷3《征服上》,《中国方略丛书》第1辑第23号,成
　　文出版社,1968年,第929页。

29　但湘良纂:《湖南苗防屯政考》卷3《征服上》,《中国方略丛书》第1辑第23号,成
　　文出版社,1968年,第929页。

30　《清实录·世宗实录》,第8册,中华书局,1985年,第198—199页。

31　刘显世等纂修:民国《贵州通志·前事志十九》,1948年铅印本。

32　(清)黄应培等纂修:道光《凤凰厅志》卷6《学校·学校志》,道光四年(1824年)
　　刻本。

33　(清)蒋琦溥等纂修:光绪《乾州厅志》卷1《沿革志·沿革》,光绪三年(1877年)续修,同治十一年本。

34　刘显世等纂修:民国《贵州通志·学校志一·儒学》,1948年铅印本。

35　(清)卞宝第等纂修:光绪《湖南通志》卷70《学校志九·书院三》,光绪十一年刻本。

36　刘显世等纂修:民国《贵州通志·学校志三·书院》,1948年铅印本。

37　刘显世等纂修:民国《贵州通志·学校志四·义学》,1948年铅印本。

38　刘显世等纂修:民国《贵州通志·学校志四·义学》,1948年铅印本。

39　(清)鄂尔泰等纂修:乾隆《贵州通志》卷9《营建·义学》,乾隆六年(1741年)木刻本。

40　(清)鄂尔泰等纂修:乾隆《贵州通志》卷9《营建·义学》,乾隆六年(1741年)木刻本。

41　刘显世等纂修:民国《贵州通志·学校志四·义学》,1948年铅印本。

42　《清实录·圣祖实录》,第6册,中华书局,1985年,第207页。

43　《清实录·世宗实录》,第8册,中华书局,1985年,第620页。

44　(清)蒋琦溥等纂修:光绪《乾州厅志》卷4《学校》,清光绪三年(1877年)续修,同治十一年本。

45　(清)卞宝第等纂修:光绪《湖南通志》卷70《学校志九·书院三》,光绪十一年刻本。

46　(清)鄂尔泰等奉敕编:《硃批谕旨》第9函,第7册《鄂尔泰》,雍正十年朱墨套印内府本。

47　刘显世等纂修:民国《贵州通志·前事志二十》,1948年铅印本。

48　刘显世等纂修:民国《贵州通志·前事志二十》,1948年铅印本。

49　(清)卞宝第等纂修:光绪《湖南通志》卷79《武备志二·兵制二》,光绪十一年刻本。

50　但湘良纂:《湖南苗防屯政考》卷5《均屯一》,《中国方略丛书》第1辑第23号,成文出版社,1968年,第929页。

51　(清)严如煜撰:《苗防备览》第13卷《屯防》,道光癸卯(1843年)木刻。

52　刘显世等纂修:民国《贵州通志·前事志二十》,1948年铅印本。

53　(清)爱必达:《黔南识略》卷22《古州同知》,清乾隆十四年(1749年)修,1914年刻本。

54　（清）爱必达:《黔南识略》卷 13《清江通判》,清乾隆十四年(1749 年)修,1914 年刻本。

55　（清）爱必达:《黔南识略》卷 13《台拱同知》,清乾隆十四年(1749 年)修,1914 年刻本。

56　（清）爱必达:《黔南识略》卷 13《丹江通判》,清乾隆十四年(1749 年)修,1914 年刻本。

57　（清）爱必达:《黔南识略》卷 13《八寨同知》,清乾隆十四年(1749 年)修,1914 年刻本。

58　（清）蒋琦溥等纂修:光绪《乾州厅志》卷 1《沿革志·沿革》,清光绪三年(1877 年)续修,同治十一年本。

59　（清）黄应培修,孙均铨、黄元复纂:道光《凤凰厅志》卷 8《屯防一》,道光四年(1824年)刻本。

60　（清）徐鋐等纂修:道光《松桃厅志》卷 18《屯兵》,道光十六年(1836 年)刻本。

61　（清）严如熤撰:《苗防备览》卷 15《往述》,道光癸卯(1843 年)木刻 8 册。

62　《续修四库全书》之《诏令奏议类·皇清奏议卷六三》,上海古籍出版社,2003 年,第 533 页。

63　谭必友:《19 世纪湘西"苗疆"屯政与乡村社区新阶层的兴起》,《民族研究》,2007年第 4 期,第 70 页。

64　（清）余泽春等纂修:光绪《古州厅志》卷 1《苗寨》,清光绪十四年(1888 年)刻本。

65　《清实录·高宗实录》,第 9 册,中华书局,1985 年,第 623—624 页。

66　《清实录·高宗实录》,第 9 册,中华书局,1985 年,第 623—624 页。

67　《清实录·高宗实录》,第 9 册,中华书局,1985 年,第 623—624 页。

68　（清）余泽春等纂修:光绪《古州厅志》卷 3《田赋志·屯政》,光绪十四年(1888 年)刻本。

69　（清）余泽春等纂修:光绪《古州厅志》卷 3《田赋志·屯政》,光绪十四年(1888 年)刻本。

70　（清）崑冈撰等纂修:《钦定大清会典》卷 45《兵部》,《续修四库全书》本,上海古籍出版社,2003 年。

71　（清）黄应培修,孙均铨、黄元复纂:道光《凤凰厅志》卷 8《屯防志》,清道光四年

（1824 年）刻本。

72　（清）崑冈撰等纂修，《钦定大清会典》卷四五《兵部》，《续修四库全书》本，上海古籍出版社，2003 年。

73　刘显世等纂修：民国《贵州通志·前事志二十》，1948 年铅印本。

74　刘显世等纂修：民国《贵州通志·前事志二十》，1948 年铅印本。

75　刘显世等纂修：民国《贵州通志·前事志二十》，1948 年铅印本。

76　刘显世等纂修：民国《贵州通志·前事志二十》，1948 年铅印本。

77　刘显世等纂修：民国《贵州通志·前事志二十》，1948 年铅印本。

78　刘显世等纂修：民国《贵州通志·前事志二十》，1948 年铅印本。

79　但湘良纂：《湖南苗防屯政考》卷 5《均屯一》，《中国方略丛书》第 1 辑第 23 号，成文出版社，1968 年，第 913—914 页。

80　《朱批奏折·民族类》，乾隆二年三月十一日，允椽等折，藏中国第一理事档案馆。转引自潘洪钢《清代改土归屯简论》，《贵州民族研究》，1990 年，第 10 期，第 53—54 页。

81　（清）黄应培修，孙均铨、黄元复纂：道光《凤凰厅志》卷 8《屯防一》，道光四年（1824 年）刻本。

82　（清）黄应培修，孙均铨、黄元复纂：道光《凤凰厅志》卷 8《屯防一》，道光四年（1824 年）刻本。

83　谭必友：《19 世纪湘西"苗疆"屯政与乡村社区新阶层的兴起》，《民族研究》，2007 年第 4 期，第 70 页。

84　（清）余泽春等纂修：光绪《古州厅志》卷 10《艺文志》，光绪十四年（1888 年）刻本。

85　刘显世等纂修：（民国）《贵州通志·武备志·兵制三》，1948 年铅印本。

86　但湘良纂：《湖南苗防屯政考》卷 3《征服上》，《中国方略丛书》第 1 辑第 23 号，成文出版社，1968 年，第 929 页。

87　刘显世等纂修：（民国）《贵州通志·前事志二十一》，1948 年铅印本。

88　但湘良纂：《湖南苗防屯政考》卷 4《征服下》，《中国方略丛书》第 1 辑第 23 号，成文出版社，1968 年，第 929 页。

89　谭必友：《19 世纪湘西"苗疆"屯政与乡村社区新阶层的兴起》，《民族研究》，2007 年第 4 期，第 70 页。

90　（清）崑冈撰等纂修：《钦定大清会典》卷四《吏部》，《续修四库全书》本，上海古籍出版社,2003年。

91　(清)崑冈撰等纂修:《钦定大清会典》卷四《吏部》,《续修四库全书》本,上海古籍
出版社,2003年。

92　但湘良纂:《湖南苗防屯政考》卷首《纪事》,《中国方略丛书》第1辑第23号,成文
出版社,1968年,第929页。

93　(清)蒋琦溥纂修:光绪《乾州厅志》卷1《沿革志·沿革》,清光绪三年(1877年)续
修,同治十一年本。

94　《清实录·世宗实录》,第8册,中华书局,1985年,第198—199页。

95　(清)余泽春等纂修:光绪《古州厅志》卷3《田赋志·屯政》,清光绪十四年(1888
年)刻本。

96　(清)蒋琦溥纂修:光绪《乾州厅志》卷1《沿革志·沿革》,清光绪三年(1877年)续
修,同治十一年本。

97　(清)余上华等纂修:光绪《铜仁府志》卷2《地理·苗蛮》,清光绪十八年(1892年)
刻本。

98　但湘良纂:《湖南苗防屯政考》卷5《均屯一》,《中国方略丛书》第1辑第23号,成
文出版社,1968年,第913页。

99　但湘良纂:《湖南苗防屯政考》卷5《均屯一》,《中国方略丛书》第1辑第23号,成
文出版社,1968年,第913页。

100　(清)徐鉉等纂修:道光《松桃厅志》卷18《屯兵》,清道光十六年(1836年)刻本。

101　(清)崑冈撰等纂修:《钦定大清会典》卷4《吏部》,《续修四库全书》本,上海古籍
出版社,2003年。

102　光绪《钦定大清会典》卷17《户部》。

103　杨家骆主编:《中国职官史料·清代编》,中国史料系编,鼎文书局印行,1977年,
第459—460页。

104　(清)爱必达:《黔南识略》卷21《古州同知》,清乾隆十四年(1749年)修,民国三
年(1914年)刻本。

105　(清)爱必达:《黔南识略》卷1《总叙》,清乾隆十四年修,1914年刻本。

106　(清)徐鉉等纂修:道光《松桃厅志》卷3《疆域》,道光十六年(1836年)刻本。

107　(清)赵与恺修,陈天佑纂:乾隆《台拱厅志略·序》,清乾隆五十七年(1792年)
修,钞本。

108　（清）卞宝第等纂修：光绪《湖南通志》卷首之《诏谕一》，光绪十一年刻本。

109　《清实录·圣祖实录》，第5册，中华书局，第319页。

110　《清实录·圣祖实录》，第6册，中华书局，第436页。

111　《清实录·世宗实录》，第8册，中华书局，第805页。

112　《清实录·世宗实录》，第8册，中华书局，1985年，第826—827页。

第 九 章

清代"苗疆"商业经济发展

  清朝政府武力开辟"苗疆",消除"生苗"的"化外"之势,在腊尔山和雷公山苗族人民居住区设置了十个厅,建立了一套特殊而有效的行政管理模式,对"苗疆"进行强势管理,改变了当地少数民族自立自主的发展状态。这对民族地区政治、经济、文化的发展产生了重要的影响,在经济上就政府方面来说,加强了对当地人口和土地的控制,政府的赋税收入有一定的增加;就"苗疆"社会经济发展来说,大量汉族人口流入所带来了先进的生产力对土地利用、农业发展有很大的促进作用,并进一步推动了商业的发展和市场的壮大。

  本文仅以开辟"苗疆"对黔东南的商业经济发展为个案进行研究,从中窥探清代"苗疆"商业经济的发展。"苗疆"开辟前,当地社会基本上处在一个"封闭"的状态,跟外界没有什么经济往来,当地少数民族按照自己传统的方式生活着,商业经济极不发达。随着"苗疆"的开辟,政府力量强势介入,打破了此前的封闭状态,交通状况也得到了极大的改善,为商业的发展提供了基础条件;大量汉族人口迁移进来,一方面提高了当地的社会生产力,加快了农业的发展,为商业经济的发展提供了部分物质基础,另一方面,汉民的增加直接拉动了贸易的兴起,由于苗疆社会经济的落后,而人们的需求又不能省缺,进而拉动了省级贸易的兴起。同时,"苗疆"的资源优势得到的更大的发挥,黔东南盛产木材,苗疆开辟后,木材贸易更是达到了兴盛,从而拉动了以木材贸易为特点的商业经济的发展。总的来说,清廷开辟"苗疆"的措施和对苗疆的行政管理,促成了黔东南市场机制的初步形成以及省际商业网络的建立,下面将对其作一些初步的分析。

第一节 "苗疆"地区的自然环境与资源

黔东南地区位于云贵高原东南边缘,东邻湖南,南接广西。地势西高东低,自西部向北、东、南三面倾斜,海拔最高 2178 米,最低 137 米,苗岭绵延黔东南,以雷公山为境内最高峰,余脉入广西三江、湖南通道。境内沟壑纵横、山峦延绵、重崖叠峰、气候宜人、资源丰富,特别是森林资源,向有"树海"之称,丹江、台拱、清江、黎平、古州、下江、锦屏、天柱、丹寨、都江一带,"周数百余里,皆深林木箐,林木葱茏,其木多杉"。[1]清水江流域,"自清水江以下至茅坪二百里,两岸翼云,承日无隙,土无漏阴,栋梁杠桷之材,靡不备具"。[2]可见黔东南盛产木材,是发展木材市场的天然之地。而且当地土特产极具商品价值,是当地少数民族民众与周围及其邻省汉族人民经济交往的重要商品,"清江南北两岸及九股一带,虽多复岭重岗,而泉甘土沃,产桐油、白蜡、棉花、毛竹、桅木等物,若上下通舟楫无阻,财货流通,不特汉人食德,苗民亦受其福,此黔省大利也。诚能开辟,则利可兴也"。[3]

都柳江和清水江平行贯穿黔东南南、北部,由于苗岭的存在,都柳江和清水江分属珠江流域和长江流域,进而使黔东南地区维系了珠江流域和长江流域的大片区域。清水江和都柳江及其支流，构成了黔东南地区的水运交通网，"清水江萦迴宽阔，上通平越府黄平州之重安江，其旁支则通黄丝驿，下通湖南黔阳县之洪江，其旁支又通广西"。[4]"都柳江是红水河左岸支流柳江的上游，源于独山县拉林乡，经从江入广西"。[5]可见清水江和都柳江上通平越以达贵阳，下入湖广以贯内地，南系广西以近沿海，是黔东南地区乃至贵州与外界经济交往的重要水运通道。历史上"两江"大都为可通航河道，"今黔中诸水入粤者三，盘、濛二水虽入粤不通舟楫，惟都江自独山之三脚屯浮舟直达粤东，水盛两旬可至"。[6]"清水江历史上都匀以下河段可通木船"[7]。不通航之处也在"开辟苗疆"后得到疏浚，其作用可以辐射整个黔东南地区。清代，清水江和都柳江成为该地区的交通大动脉，这样黔东南地区的对外经济交往就有了很好的依托，从而使得黔东南成为贵州对外贸易的前沿阵地。

由此可见，黔东南地区具有良好的经济环境，商业性木材业已经成为推动黔东南地区经济优势增长的巨大的潜在动力，但是，雍正以前黔东南主要是"皇木"采办地，商业性木材经营较为稀缺，且集中在黔东南靠近湖南、广西的边地，其他商业活动就更不要说了，这是值得我们注意的。干扰黔东南地区经济潜力发挥的因素，有历史原因，也有地理环境的制约。黔东南地区，宋、元以后，以雷公山脉为中心，逐渐形成了一个以苗族、侗族为主的少数民族聚居区，其中，有"熟苗"，亦有"生苗"。"生苗"者："镇远清水江者，沅水上游也，下通湖广，上达黔粤，而生苗踞其上游，曰九股河，曰大小丹江，沿岸数百里皆其巢窟。"[8]"古州为百蛮地，自古不通声教。幅员一千余里，东西二百十里，南北三百六十里许，计苗民四百五十四寨，计户二万七千有奇"。[9]据《贵州通史》记载:黔东南这块所谓的"生苗"区,大致是东起黎平界,西至都匀,北达施秉、镇远界,南抵古州(今榕江),处于清水江和都柳江之间,以雷公山为中心,南北较宽,东西稍窄的长方形地带,从现在的行政区划看,包括台江(原台拱)、剑河(原清江)、凯里、雷山(原丹江)、丹寨(原八寨)、榕江(原古州)等县市,其人口数经明清之际的再"征讨",至改土归流前尚应在二十万人以上。

历史上"生苗"居住在偏僻山区,与汉人关系疏远,言语不通,生活习俗各异,中央王朝和地方官吏鞭长莫及,不能对其进行直接统治,故历史文献上以"化外"称之,说明这一地区的少数民族仍保持自立自主状态,因此这里世居的民族又被称为"生苗"。"生苗则僻处山洞,据险为寨,言语不通,风俗迥异"。[10]、"曰生苗,以其强悍不通声教,且别于熟苗也,生苗自古为患"。[11]可以看出,"生苗"据险为寨,独自发展,历代王朝很难对其居住地区进行经济开发。"黔东南雷公山区:今榕江县,明中叶后,这一带苗族屡次起义,流官土官已无力控制,明廷只得放弃,在清水江另设'防苗办事官',封锁山口渡头,防止苗民外出活动"。[12]明和清初,封建王朝在苗疆地区大修边墙以防苗,也足以说明这一点,同时也加剧了"生苗"地区自立自主的、与周围地区隔绝的状态,不利于政府对黔东南的资源控制和开发,大大阻碍了黔东南地区的经济发展。据上所述,"生苗"人口虽然达二十万之众,但统治者的隔绝政策、地理环境的特殊性,造成了黔东南地区长期与外界交往的不足,并且二十万的"化外"人口及其长方形生活地域分布状态,足以把黔东南地区"拦腰切断",从而使清水江和都柳江的航运之利无法发挥,至少可以说无法正常发挥,"凡属生苗,概不与汉族接近,惟熟苗则尚有交通。如剑河、榕江一带,自来王化不及,人迹罕至"。[13]而且"生苗"控制大多数资源,使得黔东南地区的经济优势处于潜力之中，难以发挥，经济发展受到严重阻碍。"国初，吴三桂死，伪将马宝兵由楚窜滇，取道古州，诸苗遮获其大炮、重甲、火药，由是械斗日犷狠，而上下江尤甚"。[14]有武器装备之吴军，亦逃不过苗患，手无寸铁的客户和商帮，要进入其地经营，其情况可想而知，这恐怕是雍正武力"开辟苗疆"前，商业不能发展，市场不能兴起之关键所在。

黔东南地处要害，具有十分重要的战略地位和经济意义，但历代为"生苗"所踞，其战略地位和经济意义难以实现。为了改变当地少数民族自立自主的状态，消除"化外"，雍正王朝在黔东南地区进行武力"开辟苗疆"，设厅建置，进行有效控制。

"开辟苗疆"后，清水江和都柳江水道得到疏浚，航运之利与自然资源之优势得以切合，木材贸易的兴起不可阻挡，它的兴起必将会促进整个黔东南地区商业的发展。同时，大量的屯田移民和客民的流入，促使商品贸易的多样化，拉动了一批场市的兴起，推动了商业经济的发展。在这基础上，省际商业有了很好的联动发展。

第二节　交通网络的构建

武力开辟苗疆，设六厅，朝廷建官设置，进行直接统治，开通了清水江和都柳江两大水运通道，以"两江"为中心的省内、省际交通网络得以构建。

前面提到"生苗"，深居偏僻山区，据险为寨，而黔东南地区大都地势险要，具有"一夫当关，万夫莫开"之势，为了使开辟"苗疆"的武力征讨能顺利进行，必须重视黔东南地区水路的修整。由此，为了保证军运粮运，以配合清军对"苗疆"的军事行动，处于"不籍有司,且无管辖"状态的"苗疆"地区的清水江和都柳江得到大大整治。雍正七年(1729年),云贵总督鄂尔泰在"西南议流"过程当中,为了打通"苗疆",运兵运粮,令都匀、镇远、黎平三府分段治理清水江,并疏通台拱(今台江)巴拉河。"清水江在城北,旧陷苗境,舟楫未通。雍正七年,总督鄂尔泰,巡抚张广泗始开'新疆',题请开浚自都匀府至黔阳一千一百二十余里,舟行无阻,今称便焉"。[15]这些为军事行动而大为修治的水路,到和平时期却发挥出巨大的航运之利,成为商业发展的重要条件和核心区域。战后清政府能对都柳江和清水江进行大力修治,也得益于武力"开辟苗疆"。"工部议准:贵州总督张广泗奏称,黔省地方,由独山州属之三脚屯达来牛、古州,抵粤西属之怀远县,直达粤东,乃天地自然之利,请在各处修治河道,凿开纤路以资挽运而济商民,从之"。[16]通过战时、战后的整修,"两江"可通航河道大大增长,且更为便利,"开辟苗疆"后,清水江和都柳江两条水运通道得到基本开通。

清水江和都柳江水运通道开通以后,黔东南出现了两条航运大动脉,以此为基础,水陆相济,交通网络初步形成。台拱厅因其交通的四通八达而尤为显眼,几乎通达了整个黔东南地区,"台拱厅:雍正十一年平定苗疆,今道路开辟,可通行旅,由番陇、羊遼等塘东至清江、朗洞、古州,西通丹江、凯里、清平,北达胜秉、镇远、黄平,俱为通衢"。[17]清江通判之交通亦称便利,"清江通判:东北大路通镇远,东南大路至古州,西北大路至台拱,东北大路至柳霁湳洞司天柱营"。[18]由此可见,清水江水运通道的辐射功能主要是通过台拱和清江两地来实现。而都柳江之古州则为都柳江黔东南段的交通重镇,"臣查古州一处,东自黎平,西抵都匀,计程五百里,北自清江南抵粤西荔波(后来荔波划归贵州—笔者注),计程七百里,必得四通八达"。[19]从他们的相互联系来看,"两江"得以很好的整合,内部形成相互通达的交通网。

　　同时,"两江"牢牢地把平越州、都匀府系住,并以其作为向省城和滇黔大道伸展的桥头堡。清水江和都柳江都源出都匀,与其具有天然的联系性。都柳江以三脚屯为码头,把自己的航运之势深入都匀府属各地,这一点从古州镇兵米的挽运可窥其大略,"古州镇所需兵米悉系奉拨黎平、都匀府州县挽运供支,都匀府州县米运交三脚屯仓,由都江水运至古"。[20]"设古州、都江、下江三仓,系接收都匀府、都匀县、八寨、独山四处挽运兵米,由州同转运古州"[21]。这样,都柳江就通过三脚屯这一"中转站",把黎平府和都匀府紧紧扣在一起。并通过都匀进一步与贵阳府联系起来,"贵阳府:北市蜀,西市滇,东市楚,南市粤。南市则上古州江而至三脚屯,由陆而经独山、都匀亦达贵定"。[22]与黔省其他地区的交通联系,清水江表现的更为突出,近可系平越州和都匀府。"清水江平漾宽阔,向可通舟,由清水江上可直抵黄平州之重安江,由重安江而上另有小河可通平越府之黄丝驿"。[23]"由重安江至都匀府亦有河道,少加疏凿,即可行舟"。[24]更值得注意的是清水江水运通道以此为跳板,连通了通往黔省经济中心贵阳府的交通路线,并进一步与滇黔大道接轨。"由黄丝驿至贵阳省城不过百余里"。[25]"贵阳府:北市蜀,西市滇,东市楚,南市粤。东市则转运资于沅溆,溯溆者,至黄平陆运而达乎开州,溯沅者至都匀陆运亦而达乎贵定"。[26]

　　"两江"对外则通湖南、广西,使得黔东南成为贵州对外交往的重要码头。清水江通沅江,出洞庭湖,入长江,进而可以与长江中下游沿岸诸省进行贸易往来,同时,清水江还可以通广西。"清水江而下可通湖广之黔阳县直抵辰州、常德两府,又清水江旁支另有溪河一道,少加开浚,亦可通广西"。[27]都柳江则是黔东南通往广西的重要水运通道,它的开通,大大加强了与广西和广东的联系。

"古州八万有都江河道,上可至黔之都匀,下可至粤之柳州府等处,船可通行,既便且近。"[28]

"开辟苗疆"后,"两江"水运通道就显示出了强大的生命力。作为黔东南的核心交通干线,"两江"的航运优势,借助域内各水陆通道之力,内延至区内其他各府、州、县,并进一步渗透到黔省的经济中心—贵阳,形成一张庞大的而且极具活力的交通网。同时,"两江"接轨湘黔、滇黔大道,并直接连通两粤和长江沿岸诸省,从而形成了极具经济意义的省际交通大干线。在"开辟苗疆"之前,这一充满活力的交通网络是不可能出现的,因为作为交通大动脉的"两江"水运通道在"生苗"的割据下一直处于沉睡状态。

第三节　木材贸易的兴起

清水江和都柳江水运通道开通后,航运之利兴起,黔东南地区的木材乘势顺"两江"大量外销,林业经济日趋盛旺,大大促成了该地区商业的活跃。据《贵州财经资料汇编》第四篇"农林"第三章"林产概况"记载:

> 往昔本省森林,向极盛密,……各林区以水运及市场限制,昔日木材可大量外销者,亦仅限于清水江、榕江及赤水河三大流域,尤以清水江为最重要,约占十分之五,赤水河流域约占十分之二强,榕江林区约占十分之二,其余不足十分之一则由其他林区输出。

由此可见,黔东南地区几乎占整个贵州木材外销贸易量的百分之七十,特别是清水江流域,竟占到一半,可以断言,黔东南木材贸易的兴起对整个贵州木材贸易的兴起具有决定性作用,而清水江流域的木材贸易则是关键中的关键。笔者认为:清水江木材大量外销,在黔省木材贸易中占绝对地位,应该是在"开辟苗疆"之后,因为清水江的水运条件是形成于"开辟苗疆"以后。下面重点讨论清水江流域木材贸易兴旺的情况。

明末清初,清水江流域的木材大都以"皇木"采办的形式外运,但是明末,政府把采办"皇木"之职责委任于木商,于是清水江流域的木材贸易逐渐兴起。前文已述,清水江的航运之利及其得天独厚的经济环境,木材贸易的发展应是理所当然,但历代为"生苗"所踞,向为"化外"之地,从而使得木材贸易难以兴起,明末清初,木材贸易应兴起于未陷"苗疆"的清水江下游的锦屏、天柱地一带。一般认为清水江木材业兴于明,盛于清,准确的说,清水江木材贸易的兴旺是在"开辟苗疆"以后。因为"开辟苗疆"后,"化外"之势消除,清水江水运通道得以开通,水运条件凸显,该区木材可以顺清水江下沅江入洞庭湖出长江,远销长江中下游各省,转运于江淮之间。在利润的驱使下,清水江中上游林区出现了以经营木材业为主的侗族、苗族商人,称之为"山客"(木材卖方),而且是当地少数民族的第一代商人,"往时苗人未识种杉,近亦效为之,放木筏顺流而下,获利甚厚"。[29]同时,各地木商也纷沓而至,称之为"水客",他们在王寨、茅坪、卦治等地通过中介进行买卖,共同结成木材贸易的链环,木材贸易的兴旺,是为情理。所以,《贵州通史》记载:木材业兴起于"开辟苗疆"后的清水江流域,逐渐形成了以三寨(王寨、茅坪、卦治)为中心的木材交易市场,维持了82年之久。清水江流域之木材,自明以来就大量砍伐,至乾隆时大盛,"坎坎之声,铿訇空谷,商贾络绎于道,偏巨筏放之大江,转运于江淮间者,产于此也"。[30]进入了木材贸易的黄金时期,可以想象当时商贾之多,转运出黔的木材数量之大,同时,还可以从材料中了解到清水江木材贸易是兴于明,而于雍正后大盛,析个中原委,与"开辟苗疆"不无关系。而雍正以降,锦屏等地出现了一番新的景象,雍正至光绪年间,法定三寨(王寨、茅坪、卦治)开木行,木材贸易空前繁荣,木行乃"山客"和"水客"的中介,它的出现和数量的增多直接反映当时木材业的繁荣程度。雍正年间,张广泗用兵黔东南,在"开辟苗疆"的同时,在锦屏设弹压局征收木税,是为黔东南木材征税之始。又设总木市,法定王寨、茅坪、卦治开设木行。此后,经过一段时间的发展,"三寨"木行大兴,"兹据调查,锦屏已达一百二十余户,卦治七十余户,茅坪一百五十余户,一共约三百余户,现均依赖木行为生"。[31]可见锦屏一带木材贸易兴旺的程度。锦屏处于清水江下游,是其出省口岸,以其地理位置的优势,成为清水江流域的木材集散地,是最大的木材交易市场。但它的兴旺,一定有一个实力雄厚的腹地在支撑,而这一腹地就是"开辟苗疆"后的清水江中上游林区,它才是促使锦屏木材业在"开辟苗疆"后迅速壮大的真正原动力之所在,反过来也再现了"开辟苗疆"后出现的繁忙的木材交易状况。

有学者在清水江侗族、苗族地区收集到大量的买卖山林的文书契约,从这些契约可以看到木材已经高度商品化。绝大多数契约集中出现在乾隆以后,是因为"开辟苗疆"后,清水江木材贸易声势浩大,木材市场繁荣,为山林买卖提供了一种现实基础。下面是一张乾隆元年的山林买卖契约:

> 立断约人姜君德、姜云龙、姜计三、姜国祥。为因军需难办,缺银用度。今有平鳌寨姜子云、姜有德、起霞、起云等。自问文堵上下两寨,凭中三面议同价银二十四两整。其山地名污拜碑,上凭顶,下凭溪三条大岭为界。即时凭中交银与四房领回应用。即交此山与平鳌寨姜子云等子孙久远管业,文堵

四房子孙不得异言争论。今欲有凭,立此段约为照。

　　一纸

　　　　　　　　　　　此系子约　老约在有德存

　　　　　　　凭中　姜吉祥　姜文书担银二钱

　　　　　　　　　　代笔　姜霞云受银三钱

　　立约合同为照[共书在断约二纸上,各纸有字半边,藉以仿伪]

　　　　　　　　　　乾隆元年三月二十三日　立[32]

　　这样的契约有很多,恕不一一列举。更有甚者,一批湖南籍农民跑到黔东南地区来租佃山林,栽树谋生,这说明木材贸易繁荣的影响力已经波及到了邻省,并向传统的自然经济模式提出了挑战,这可不是一般的商业发展所能做到的。兹举一例:

　　　　立佃载杉木字人勤【黔】阳县周万镒、周顺镒兄弟二人。自己亲身问到下文堵寨姜朝瑾兄弟五人之祖山,坐落土名乌格溪。其山下节,杉木成林,主家自己修理,周姓不得系分。其有上节,佃与周姓栽杉,言定五股均分,残木在内,主家占三股,周姓占两股。候四五年杉木成林,另分合同。如有不栽杉木修理,周姓无分。今欲有凭,立佃帖是实。

　　　　　　　　　　　　　代笔　龙光地

　　　　　　　　　　嘉庆三年二月二十四日　立[33]

　　清水江流域土特产极其丰富,主要有桐油、白蜡、棉花、毛竹、楹木、油茶,特别是以"苗药"著称。木材业兴起的同时,土特产业大量外销,形成自己独有的土特产市场,共同促进了黔东南地区林业经济的壮大。以油茶为例,据目前发现的油山买卖契约可以判定,嘉庆至道光年间,出现了大量的油山买买卖活动,这只能说明当时当地土特产外销频繁也已经高度商品化,并形成市场。这同样促进了黔东南商业市场的壮大、商业经济的繁荣。都柳江流域木材贸易也趋繁荣,自都柳江开通后,沿江苗民伐木运往柳州,誉名为"柳木"。碍于篇幅,在此不再多述。

至此,可以得出一个结论:"开辟苗疆"后,"两江"水运通道开通,木材贸易迅速高度繁荣,在构建省际商业贸易市场网络当中起到了关键作用,强有力的拉动了黔东南商业的快速发展。

第四节 市场体系初步形成

武力"开辟苗疆"后,清廷在此设立营卫,大行屯田,加之规模巨大的客民流入,拉动了一批乡村场市出现,同时,在对外经济交往的过程当中,"两江"沿岸兴起了一批商业城镇,这些商业城镇很好的把各地场市联系起来,构成了市场网络,当地商业经济由此走向兴盛。

"开辟苗疆"后,清政府在黔东南置六厅,安营设卫,安扎大量屯户,台拱厅辖两卫,台拱卫领 12 堡,黄施卫领 10 堡;清江厅辖两卫,左卫领 11 堡,右卫领 11 堡;八寨厅设一卫,领 11 堡;丹江厅设一卫,领 12 堡;都江厅未设屯;古州厅辖两卫,左卫领 22 堡,右卫领 18 堡,实行屯田,在黔东南"苗疆"六厅共安设屯军 7863 户。一方面,当地农业生产得到开发,不仅稻米产量突增,其他杂粮也相继出现,"乾隆四年,贵州古州镇总兵韩勋奏:'向来新疆地方,小麦、高粱、小米、黄豆、麻、荍麦等种,素不产出,自安设屯军之后,地方文武设法劝种杂粮,今岁俱有收获'"。[34]从而为场市的兴起提供了必要的物资供应;另一方面,大量汉族人口的迁入,对日常生活用品的需求量急剧增加,于是拉动了作为商品交换的农村市场的出现。"苗疆"兵米最为紧要,有一部分是其他府州县挽运供支,但有一批是买自场市,"都匀府:每年不敷拨运之数,赴司领银,采买米五百五十二石六斗一升"。[35]"兵粮前系采买屯米及平越府县挽运供支,至乾隆三十七年裁存实兵八百一名,改赴粮库请领,采买屯军苗民余米二千一百八十一石供支"。[36]这种采买兵米的情况比比皆是,这样就促使屯民和苗民把余粮投放场市,再购买自己生活所需的用品,"苗民俱食糯米,收获较迟,九、十月方始登场。屯军均种粘谷,收获最早,三月内即吐颖结实,六、七月新谷满市矣"。[37]另据记载,苗民向食杂粮,稻谷除了缴纳赋税之外,全部投放场市出售。此外,还有大量的客民进入"苗疆",他们或佃种苗人田土,或买当苗人田土,或进行贸易活动和手工艺生产。有史载:"买当苗人田土客民共三万一千四百三十七户,佃种苗人田土客民一万三千一百九十户,贸易手艺佣工客民共二万四百四十四户,住居城市、乡场及隔属买当苗人田土客民一千九百七十三户,并住户城市、乡场买当苗民全庄田土客民及佃户共四千四百五十五户。"[38]可见他们的数量之大,远远超过屯民,广大客民对黔东南的开发起到了更大的作用,对商业经济的发展起到了更大的推动作用。清政府的某些政策也有利于"新疆"场市的出现,"大学士伯鄂尔泰等遵旨议覆贵州总督兼管巡抚张广泗条奏,应如所请,将薪蔬菽粟各项另立场市,豫定日期,令兵役等交易,并委妥练员兵弁弹压"。[39]在这样的形势下,场市的出现是为大势所趋,而清政府所设厅、卫、屯堡,它们所处的地理位置好,交通条件优越,人口较为密集,货物的需求量较大,就适应了这一趋势,由起初的军事据点、政治中心、屯田之地发展成为一批农村场市,形成大小不等的商业活动中心,"贵州古州镇总兵韩勋奏:苗疆向无市廛,近今兴立场市,各寨苗民商贩俱按期交易称便,并无强买强卖,军苗实属乐业"。[40]"清平县:乾隆四十二年,设场市五,各有定期"、"凯里县丞:乾隆二年建,场市一"、"台拱同知:集场以六日为期"、"清江通判:场市四,各有定期趁集"。[41]这些场市对各自周围产生一定的辐射作用,而各个府州县则通过各个场市辐射更大的区域,府州县与府州县之间,则依赖便利的交通条件互通有无,逐渐形成黔东南地区内部市场网络。

清水江和都柳江水运通道的开通,使得黔东南地区呈天然的开放之势,其内部市场绝不会封闭式运行,况且本地有些物资短缺,不能满足自身市场的需要,额尔泰于雍正八年十一月二十日奏:"黔地素不产盐,皆籍川淮盐斤,价值甚贵,兼之布帛鲜有。"[42]而大量汉民的移入,需要大量的盐、布帛之物,这就有必要发展对外交往,就近取得,"黔省向食川盐,古州距蜀甚远,艰于负贩,开辟后改食粤盐,由广南水运至古,责成古州同知督销,设有总埠,黎平、丙妹、三脚屯分身子埠,源源接运,逐成水陆通衢"。[43]而淮盐则逆清水江而上。本地土特产也外销不息,就连清政府也注意到了其中之利害,额尔泰于雍正八年十一月二十日奏:"运米之回空船只,即载苗地货物带往湖广、江浙各处发卖,卖完之日,即载淮盐绸布赴黔贩卖。"[44]外来物产不单单是盐、布,还不乏其他物品,"珍果如椰子、荔枝、槟榔,皆由粤东附盐艚而来,非古州所产","冬笋楚来,市价极廉。"[45]都柳江在雍正"开辟苗疆"后,得到修治,下通两粤,其航运之利得以发挥,密切了两粤同黔东南地区的贸易往来,繁荣了商业活动,"自设盐埠以来,广东、广西、湖南、江西贸迁成市,各地俱建会馆,衣冠文物,日渐饶庶,今则上下河街,俨然货币流通,不减内地"。[46]从而在"新开辟的古州,有广东会馆、广西会馆、江西会馆、福建会馆和四川会馆"。[47]清水江则下通湖南,并远及长江中下游地区,更是一派繁荣景象,使得清水江上游辐射地黄平旧州出现了"今黔楚货棉、靛、烟、布诸物,鳞集旧州"[48]的局面,由于省际贸易兴隆而呈现"来樯去橹如织"[49]的盛况;黎平地区"商贾日众,南海百货,亦捆载而至,古州逐为一都会"。[50]各地盐贩、商贩纷沓而至,造就了黔东南的商业繁荣景象。在这种大的背景之下,"两江"地区兴起了一批商业城镇,都柳江流域的三脚屯(今三都),成为食盐和商品的水陆转运码头,八洛(原名浪泡)为两粤物资向黔东南沅水流域转运的水陆联运码头,丙妹(今从江)为四寨河口,是附近物资集散地。清水江沿岸一些居民点也兴起为商贸集镇和港埠码头,中上游新兴的港埠有清江(今剑河)、离洞(今施秉境)、台拱(今台江)、下习、重安江、都匀等,其中下司、都匀为清水江右源龙头河上的水路联运码头,重安江又为左源重安江上的水路联运码头。

综上所述,黔东南地区的商业城镇和乡村场市已初具规模。这些城镇大多为地方供需型城镇和商业转运型城镇,它们与农村场市构成了黔东南地区的商业层级网络,频繁的"上传下输",共同推进黔东南地区的商业化进程。

清廷武力"开辟苗疆",移民屯田,客户的进入,推动了当地农业的高速发展,黔东南地区经济发展的人文背景得到改变,清水江和都柳江水道的修治,加之政府对资源的控制,使黔东南的自然生态环境和经济环境的优势得到很大发挥,这一切为黔东南地区场市的兴起,商业的繁荣扫除了障碍,对历史上黔东南地区经济发展有举足轻重的作用。黔东南这一贵州对外开放的前沿阵地的活力在一定程度上已经释放出来,其丰富的林业资源和土特产以及食盐、布帛等生活用品的稀缺性,依托清水江和都柳江这两条水运交通大动脉,极大地推动了省际商业贸易往来和商品贸易的多样化。黔东南地区通过湘、粤同其他省份发生经济联系,省际间的商业贸易网络由此构建,从而便利了贵州商业经济发展融入到整个国内商业经济的发展当中去。

　　总之,由于"苗疆"地区地理环境复杂,高山深谷,地势险要,当地少数民族据险为寨,长期与外界隔绝,言语不通,风俗迥异,成为统治者眼中的"生苗"。加之明代中央王朝的封锁政策,使得"苗疆"处于历代中央王朝政府的实际控制之外,成为典型的"内地边疆",这对于力图强化对国家的控制、不愿留任何统治死角的清王朝来说,是不可容忍的。康熙、雍正年间,统治者对"苗疆"的武力征讨成功之后,开始了对此地区的控制和治理,由此改变了该"化外"地区的独自发展历程,使其走上了与祖国一体化发展的道路。

　　"苗疆"这一概念始于明代,以雷公山和腊尔山为中心的苗族聚居区,是典型的"生苗"区,中央政府没有进行设治。当地少数民族"为害"一方,不利于统治者的统治,开辟"苗疆"还可以开通水运通道,便利交通,促进经济发展,加之封疆大吏的好大喜功,在这种情况下,清朝政府武力征讨了"苗疆",随后设厅进行行政控制。厅境以苗族为主,湘西、黔东北是红苗,黔东南则以黑苗为主,且刚刚脱离"化外",难于治理;十厅的地理环境是山多田少,且大多是高山纵谷,平衍之处甚少,河网密布。这些使得十厅具有不同于其他府、州、县的一些特点,比如,厅的划界和归属问题,就充分考虑了山川形便原则的运用和民族分割的政治需要,这样既可以分化当地少数民族的势力,还可以在省与省之间、府与府之间形成联防之势,达到对十厅的强力控制。多山多水的地理环境,使得治所的选择大多依山面水,且可移建之处不多,从政治因素方面考量,十厅的特殊政治环境,决定了其治所的选择必须考虑镇抚群苗、有效地控制其区域的需要，并能保证治所本身的安全。值得一提的是，"苗疆"的社会经济极为落后，且丁田不多，十厅的治所缺乏经济腹地的支持，由此，统治者不得不重视交通，对外地的经济进行转移，实现其腹地的远延，这也是其特殊之处。

虽然十厅之地走上了与祖国一体化发展的道路，但当地的民族发展状况和社会结构不同于内地，且是硅步皆山、山多田少的特殊地理环境。出于有效控制"苗疆"的需要，清朝政府设置了灵活多变的厅进行管理，逐渐形成了一套独特的管理模式，其一，流官和土官两种行政体系并存，当然，此时的土官直接归厅长官管辖，而不是土流分治；其二，绿营兵和屯防军这两种驻防形式并存，这种管理模式是清朝政府根据"苗疆"地区的具体情况，为了有效控制"苗疆"而逐渐构建的。土官直接管理苗民，流官不仅管理汉民，还通过土官治理苗民，从而达到对社会基层的有效管理。大量绿营兵和屯防军的安扎，对当地少数民族起到了震慑作用，在这种震慑的基础上达到治民的作用。

十厅的设置，政府对"苗疆"管理的不断深入，产生了重要的影响，其中社会经济落后的民族地区的商业经济发展起来就是一个重要方面。黔东南地区的水运交通得以开通，航运之利得以发挥，水路、陆路并进，构建了少数民族地区的交通网络，并与省内、省外的联系日益密切。当地的木材资源优势随之得以凸显，木材贸易由此兴盛。随着清朝政府对"苗疆"的管理的深入，大量汉民移入，拉动了一批场市和商业重镇的出现，市场体系初步形成。这些使得黔东南的商业经济有了很大的发展，并走上了与内地联动发展的道路。

鉴于"苗疆"的特殊情况，清朝政府在这一地区设置了"厅"这种特殊的行政单位，推行了一种特殊的管理体制，形成中央政府对

"苗疆"的强势控制。同时,大量汉民的移入、封建正统教育体系的建立,促使了当地少数民族社会的巨大变化:民族结构发生变化、汉文化广泛传播、少数民族的素质不断提高、经济得以开发。这一切使得湘黔"苗疆"社会逐渐融入祖国的整体发展进程。

注　释

1　转引自李振纲、史继忠、范同寿:《贵州六百年经济史》,贵州人民出版社,1998年,第115—116页。

2　(清)爱必达:《黔南识略》卷21《黎平府》,清乾隆十四年修,1914年刻本。

3　刘世显等纂修:民国《贵州通志·前事志》卷19,1948年铅印本。

4　刘世显等纂修:民国《贵州通志·前事志》卷19,1948年铅印本。

5　贵州师大地理系编:《贵州省地理》,贵州人民出版社,1990年,第69页。

6　(清)爱必达:《黔南识略》卷8《都匀府》,清乾隆十四年修,1914年刻本。

7　柴兴义:《中华人民共和国地名词典·贵州省分册》,商务印书馆,1994年,第439页。

8　魏源:《西南夷改流记》,(清)王锡祺辑:《小方壶斋·舆地丛钞》第8帙,杭州古籍书店影印,1985年,第149页

9　林溥著:《古州杂记》,(清)王锡祺辑:《小方壶斋·舆地丛钞》第7帙,杭州古籍书店影印,第10册,1985年1月,第378页。

10　龚柴:《苗民考》,(清)王锡祺辑:《小方壶斋·舆地丛钞》第8帙,杭州古籍书店影印,第10册,1985年1月,第76页。

11　刘应中:《平苗记》,(清)王锡祺辑:《小方壶斋·舆地丛钞》第8帙,杭州古籍书店影印,第10册,1985年1月,第144页。

12　《苗族简史》编写组:《苗族简史》,贵州民族出版社,1985年,第88页。

13　(清)罗文彬:《平黔纪略》,《中国西南文献丛书》第65册第15卷,兰州大学出版社,2004年2月,第4页。

14　魏源:《西南夷改流记》,(清)王锡祺辑:《小方壶斋·舆地丛钞》第8帙,杭州古籍书店影印,第10册,1985年1月,第149页。

15　(清)爱必达:《黔南识略》卷13《清江通判》,清乾隆十四年修,1914年刻本。

16　《清实录·高宗实录》卷 74，乾隆三年八月庚寅。中华书局影印本，1986 年，第 185 页。

17　（清）爱必达：《黔南识略》卷 13《台拱同知》，清乾隆十四年修，1914 年刻本。

18　（清）爱必达：《黔南识略》卷 13《清江通判》，清乾隆十四年修，1914 年刻本。

19　（清）鄂尔泰等奉敕编：《硃批谕旨》第 9 函第 3 册《鄂尔泰》，雍正十年朱墨套印内府本，第 51 页。

20　（清）林溥：《古州杂记》，《中国西南文献丛书》第 64 册第 14 卷，兰州大学出版社，2004 年 2 月，第 337—338 页。

21　（清）爱必达：《黔南识略》卷 10《三脚屯州同》，清乾隆十四年修，1914 年刻本。

22　刘显世等纂修：（民国）《贵州通志·贵阳府·风土志》，1948 年铅印本。

23　（清）鄂尔泰等奉敕编：《硃批谕旨》第 9 函第 3 册《鄂尔泰》，雍正十年朱墨套印内府本，第 102—103 页。

24　（清）鄂尔泰等奉敕编：《硃批谕旨人》第 9 函第 6 册《鄂尔泰》，雍正十年朱墨套印内府本，第 24—25 页。

25　（清）鄂尔泰等奉敕编：《硃批谕旨》第 9 函第 3 册《鄂尔泰》，雍正十年朱墨套印内府本，第 102—103 页。

26　刘显世等纂：（民国）《贵州通志·贵阳府·风土志》，1948 年铅印本。

27　（清）鄂尔泰等奉敕编：《硃批谕旨》第 9 函第 3 册《鄂尔泰》，雍正十年朱墨套印内府本，第 102—103 页。

28　（清）鄂尔泰等奉敕编：《硃批谕旨》第 9 函第 7 册《鄂尔泰》，雍正十年朱墨套印内府本，第 16 页。

29　（清）爱必达：《黔南识略》卷 13《清江通判》，清乾隆十四年修，1914 年刻本。

30　（清）爱必达：《黔南识略》卷 21《黎平府》，清乾隆十四年修，1914 年刻本。

31　转引自贵州编写组：《侗族社会历史调查》，贵州民族出版社，1988 年，第 36 页。

32　唐立、杨有赓、武内房司主编：《贵州苗族林业契约文书汇编：1736—1950 年》，第 1 卷《史料篇》，东京外国语大学，2001 年。

33　唐立、杨有赓、武内房司主编：《贵州苗族林业契约文书汇编：1736—1950 年》，第 1 卷：《史料篇》，东京外国语大学，2001 年。

34　《清实录·高宗实录》卷 105，乾隆四年十一月二十九日，中华书局影印本，1986 年，第 581 页。

35 （清）爱必达：《黔南识略》卷8《都匀府》,清乾隆十四年修,1914 年刻本。

36 （清）爱必达：《黔南识略》卷9《丹江通判》,清乾隆十四年修,1914 年刻本。

37 （清）林溥：《古州杂记》,《中国西南文献丛书》第64 册第14 卷,兰州大学出版社, 2004 年2 月,第341 页。

38 （清）爱必达：《黔南识略》卷1《总叙》,清乾隆十四年修,1914 年刻本。

39 《清实录·高宗实录》卷78,乾隆三年十月甲申,中华书局影印本,1986 年,第 229 页。

40 《清实录·高宗实录》卷105,乾隆四年十一月二十九日,中华书局影印本,1986 年,第581 页。

41 （清）爱必达：《黔南识略》卷13《清江通判》,清乾隆十四年修,1914 年刻本。

42 （清）鄂尔泰等奉敕编：《硃批谕旨》第9 函第8 册《鄂尔泰》,雍正十年朱墨套印内 府本,第1—4 页。

43 （清）林溥：《古州杂记》,《中国西南文献丛书》第64 册第14 卷,兰州大学出版社, 2004 年2 月,第335—336 页。

44 （清）鄂尔泰等奉敕编：《硃批谕旨》第9 函第8 册《鄂尔泰》,雍正十年朱墨套印内 府本,第1—4 页。

45 （清）林溥：《古州杂记》,《中国西南文献丛书》第64 册第14 卷,兰州大学出版社, 2004 年2 月,第343 页。

46 （清）林溥：《古州杂记》,《中国西南文献丛书》第64 册第14 卷,兰州大学出版社, 2004 年2 月,第335—336 页。

47 《贵州通史》编委会编：《贵州通史》,当代中国出版社,2002 年,第250 页。

48 （清）吴振棫：《黔语》,《中国西南文献丛书》第56 册第6 卷,兰州大学出版社,2004 年2 月,第567—568 页。

49 （清）吴振棫：《黔语》,《中国西南文献丛书》第56 册第6 卷,兰州大学出版社,2004 年2 月,第567—568 页。

50 （清）吴振棫：《黔语》,《中国西南文献丛书》第56 册第6 卷,兰州大学出版社,2004 年2 月,第567—568 页。

参考文献

一、文献资料

1.《隋书》,中华书局标点本。

2.《新唐书》,中华书局标点本。

3.《旧唐书》,中华书局标点本。

4.《宋史》,中华书局标点本。

5.《元史》,中华书局标点本。

6.《明史》,中华书局标点本。

7.《清史稿》,中华书局标点本。

8.《宋会要辑稿》,中华书局影印本,1957 年。

9. (宋)李心传撰,徐规点校:《建炎以来朝野杂记》,中华书局,2000 年。

10.《续资治通鉴长编》,中华书局,2004 年。

11. (元)马端临:《文献通考》,浙江古籍出版社,1988 年。

12. 姚燧:《牧庵集》,王云五主编《丛书集成初编》,商务印书馆。

13.（元）刘应李原编，詹友谅改编：《大元混一方舆胜览》，郭声波整理本，四川大学出版社，2003 年。

14.（宋）周去非撰，杨武泉校注：《岭外代答校注》，中华书局，1999 年。

15.（元）苏天爵编：《元文类》，任继愈主编：《中华传世文选》，吉林人民出版社，1998 年。

16. 顾祖禹：《读史方舆纪要》，贺次君等点校，中华书局，2005 年。

17.《明实录》，（台北）中央研究院历史语言研究所，1962 年。

18.（明）申时行等修：《大明会典》。

19.（明）李贤撰：《大明一统志·云南等处承宣布政使司》，方国瑜主编：《云南史料丛刊》第 7 卷，云南大学出版社，2000 年。

20.（明）彭时等纂修：《寰宇通志·云南等处承宣布政使司》，方国瑜主编：《云南史料丛刊》第 7 卷，云南大学出版社，2000 年。

21.（明）陈文修，李春龙、刘景毛校注：《景泰云南图经志书校注》，云南民族出版社，2002 年。

22.（明）周季凤撰：正德《云南志》，方国瑜主编：《云南史料丛刊》第 6 卷，云南大学出版社，2000 年。

23.（明）邹应龙修，李元阳纂：万历《云南通志》，方国瑜主编：《云南史料丛刊》第 6 卷，云南大学出版社，2000 年。

24.（明）刘文征撰：天启《滇志》，古永继校点本，云南教育出版社，1991 年。

25.（明）谢肇淛撰：《滇略》，方国瑜主编：《云南史料丛刊》第 6 卷，云南大学出版社，2000 年。

26.（明）诸葛元声撰：《滇史》，刘亚朝校点，德宏民族出版社，1994 年。

27.《清实录》,中华书局影印本,1987 年。

28.《嘉庆重修大清一统志》,《续修四库全书》本,上海古籍出版社,2002 年。

29.（清）允裪等奉敕撰:《钦定大清会典》,《四库全书》本,台湾商务印书馆,1986 年。

30.《钦定大清会典则例》,《四库全书》本,台湾商务印书馆,1986 年。

31.（清）鄂尔泰等奉敕编:《硃批谕旨》,雍正十年（1732）朱墨套印内府本。

32.（清）崑冈等纂修:《钦定大清会典图》《续修四库全书》本,上海古籍出版社,2003 年。

33.（清）崑冈等纂修:《钦定大清会典事例》《续修四库全书》本,上海古籍出版社,2003 年。

34.（清）允禄奉敕编,弘画续编:文渊阁《四库全书》卷 159《世宗宪皇帝上谕内阁》,台湾商务印书馆,1986 年。

35.（清）洪亮吉撰:《乾隆府厅州县图志》,嘉庆八年刻本,《续修四库全书》本,上海古籍出版社,2003 年。

36.（明）王耒贤、许一德纂修:万历《贵州通志》,万历二十五年（1579）刻本。

37.（明）郭子章纂:万历《黔记》,1966 年贵州省图书馆油印本。

38.（清）鄂尔泰、张广泗修、靖道谟等纂:乾隆《贵州通志》,乾隆六年（1741 年）刻本。

39.（清）爱必达纂修:乾隆《黔南识略》,乾隆十四年（1749 年）修,1914 年刻本。

40.（清）罗绕典纂:道光《黔南职方纪略》,道光二十七年

(1847 年)刻本。

41. 刘显世等纂修:民国《贵州通志》,1948 年修铅印本。

42.（清）卞宝第等纂修:光绪《湖南通志》,光绪十一年刻本。

43.（清）蔡宗建修龚传绅纂:乾隆《镇远府志》,1965 年贵州省图书馆油印本。

44.（清）刘宇昌修唐本洪纂:道光《黎平府志》,道光二十五年(1845 年)刻本。

45.（清）俞渭修,陈瑜纂:光绪《黎平府志》,光绪十八年(1892 年)刻本。

46.（清）余上华等纂修:光绪《铜仁府志》,光绪十八年(1892 年)刻本。

47.（清）张天如原本,魏式曾等修纂:同治《永顺府志》,同治十二年(1873 年)增刻乾隆本。

48.（清）谢鸣谦纂:《辰州府志》,乾隆三十年刻本。

49.（清）觉罗清泰纂:《辰州府乡土志》,光绪三十三年钞本。

50. 阮略纂修:(民国)《剑河县志》,1965 年贵州省图书馆油印本。

51.（清）胡章纂修:(乾隆)《清江志》,清乾隆五十五年(1790 年)修,钞本。

52.（清）赵舆恺修、陈天佑纂:乾隆《台拱厅志略》,清乾隆五十七年(1792 年)修,钞本。

53. 丁尚固修,刘增礼纂:《台拱文献纪要》,1919 年石印本。

54.（清）余泽春修、余嵩庆、陆渐鸿纂:光绪《古州厅志》,清光绪十四年(1888 年)刻本。

55. 李绍良编:《榕江乡土教材》,1943 年编,钞本。

56. 郭辅相修、王世鑫纂:民国《八寨县志稿》,1932 年铅印本。

57. 宝全曾修,陈矩等纂:民国《都匀县志稿》,1925 年铅印本。

58. 许用檴修,胡嵩纂:民国《三合县志略》,1940 年铅印本。

59. (清)刘岱等纂修:乾隆《独山州志》,1965 年贵州省图书馆油印本。

60. (清)徐鉉修,萧琯纂:道光《松桃厅志》,道光十六年(1836年)刻本。

61. (清)蒋琦溥原本,林书勋等续纂修:光绪《乾州厅志》,同治十一年(1872 年)修,光绪三年(1877 年)续修刻本。

62. (清)董鸿勋纂修:宣统《永绥厅志》,宣统元年(1909 年)铅印本。

63. (清)黄应培等修纂:道光《凤凰厅志》,道光四年(1824年)刻本。

64. (清)侯晟等纂修:光绪《凤凰厅续志》,光绪十八年(1892年)刻本。

65. (清)王錫祺辑:《小方壶斋·舆地丛钞》,杭州古籍书店影印,1985 年。

66. 中国西南文献丛书编辑委员会编:《中国西南文献丛书》,兰州大学出版社出版发行,2004 年 2 月。

67. (清)魏源:《圣武记》,中华书局,1974 年。

68. (清)严如煜:《苗防备览》,道光癸卯(1843 年)木刻本。

69. 但湘良纂:《湖南苗防屯政考》,《中国方略丛书》第 1 辑,成文出版社,1968 年。

70. 中国科学院民族研究所贵州少数民族社会历史调查组、中国科学院贵州分院民族研究所编:《〈清实录〉贵州资料辑要》,贵州人民出版社,1964 年。

71. 杨家骆主编:《中国职官史料·清代编》,中国史料系编,鼎文书局印行,1977 年。

　　72. 湖南少数民族古籍办公室:《湖南少数民族史料》,岳麓书院,1991 年。

二、论著

　　1. 李昌宪:《宋代安抚使考》,齐鲁书社,1997 年。

　　2. 余蔚博士论文:《宋代地方行政制度研究》,复旦大学历史地理中心,2004 年。

　　3. 蔡美彪主编:《元史论丛》第 5 辑,中国社会科学出版社,1993 年。

　　4. 李治安著:《行省制度研究》,南开大学出版社,2000 年。

　　5. 葛剑雄主编,吴松弟著:《中国人口史》第 3 卷《宋辽金元时期》,复旦大学出版社,2000 年。

　　6. 周振鹤著:《中国地方行政区划史》,上海人民出版社,2005 年

　　7. 周振鹤主编,李治安、薛磊著:《中国行政区划通史·元代卷》,复旦大学出版社,2009 年。

　　8. 周振鹤著:《体国经野之道》,中华书局(香港)有限公司,1990 年。

　　9. 周振鹤、李晓杰著:《中国行政区划通史·总论·先秦卷》,复旦大学出版社,2009 年。

　　10. 高树林著:《元代赋役制度研究》,河北大学出版社,1997 年。

　　11. 张金铣著:《元代地方行政制度研究》,安徽大学出版社,2001 年。

12. 胡其德著:《元代地方的两元统治》,蒙藏专题研究丛书 116。

13. 李治安著:《元代分封制度研究》,天津古籍出版社, 1992 年。

14. 赵泉澄著:《清代地理沿革表》,中华书局,1953 年。

15. 牛汉平主编:《清代政区沿革综表》,中国地图出版社, 1994 年。

16. 陆韧著:《变迁与交融——明代云南汉族移民研究》,云南教育出版社,2001 年。

17. 秦树才著:《清代云南绿营兵研究——以汛塘为中心》,云南教育出版社,2004 年。

18. 王培志主编:《贵州经济社会发展概要》,中国计划出版社,1989 年。

19. 石水生著:《湘西地名文化》,香港天马出版社,2001 年。

20. 石启贵著:《湘西苗族实地调查报告》,湖南人民出版社, 1986 年。

21. 龙春林著:《侗族传统社会林业研究》,云南科技出版社, 2003 年。

22. 田穗生等著:《中国行政区划概论》,北京大学出版社, 2005 年。

23. 安介生著:《历史民族地理》,山东教育出版社,2007 年。

24. 吉首大学学报编辑委员会《湘西苗族》编写组编:《湘西苗族》初稿,湖南,1982 年 9 月。

25. 刘锋著:《百苗图疏证》,民族出版社,2004 年。

26. 伍新福,龙伯亚著:《苗族史》,四川民族出版社,1992 年。

27. 伍新福著:《中国苗族通史》,贵州人民出版社,1999 年。

28. 伍新福著:《苗族历史初探》,贵州民族出版社,1992 年。

29. 伍新福等编:《湖南通史》(古代卷),湖南出版社,1994 年。

30. 张民主编:《贵州少数民族》,贵州民族出版社,1991 年。

31. 陈永孝著:《贵州省经济地理》,新华出版社,1993 年。

32. 李汉林著:《百苗图校释》,贵州民族出版社,2001 年。

33. 吴永章著:《中国土司制度渊源和发展史》,四川民族出版社,1988 年。

34. 李世愉著:《清代土司制度论考》,中国社会科学出版社,1998 年。

35. 吴泽霖、陈国钧著:《贵州苗夷社会研究》,民族出版社,2004 年。

36. 李晓杰著:《体国经野:历代行政区划》,长春出版社,2004 年。

37. 李振纲、史继忠、范同寿主编:《贵州六百年经济史》,贵州人民出版社,1998 年。

38. 杨聪著:《中国少数民族地区交通运输史略》,人民交通出版社,1991 年。

39. 范同寿著:《贵州简史》,贵州人民出版社,1991 年。

40. 周春元著:《贵州古代史》,贵州人民出版社,1983 年。

41.《苗族简史》编写组:《苗族简史》,贵州民族出版社,1985 年。

42. 秋阳著:《苗疆风云录》,贵州民族出版社,2003 年。

43. 贵州师大地理系:《贵州省地理》,贵州人民出版社,1990 年。

44. 贵州省民族研究所编:《贵州的少数民族》,贵州人民出版社,1980 年。

45. 贵州省地方志编纂委员会编:《贵州省志·地理志》,贵州人民出版社,1985 年。

46. 贵州省地方志编纂委员会编:《贵州省志·交通志》,贵州人民出版社,1991 年 7 月。

47.《贵州通史》编委会:《贵州通史》,当代中国出版社,2002 年。

48. 贵州省编辑组:《侗族社会历史调查》,贵州民族出版社,1988 年。

49. 贵州省编辑组:《苗族社会历史调查》,贵州民族出版社,1987 年。

50. 唐立、杨有赓、武内房司主编:《贵州苗族林业契约文书汇编:1736—1950 年》第 1 卷《史料编》,东京外国语大学,2001 年。

51. 柴兴仪编:《中华人民共和国地名词典·贵州省》,商务印书馆,1994 年。

52. 凌纯声,芮逸夫著:《湘西苗族调查报告》,民族出版社,2003 年。

53. 夏鹤鸣、廖国平主编:《贵州航运史:古、近代部分》,人民交通出版社,1993 年。

54. 谢华编著:《湘西土司辑略》,中华书局,1959 年。

55. 程幸超著:《中国地方行政制度史》,四川人民出版社,1992 年。

56. 湖南省志编纂委员会编:《湖南省志·地理志》,湖南人民出版社,1959 年。

57. 游俊等著:《湖南少数民族史》,民族出版社,2001 年。

58. 谭必友著:《湘西苗疆:多民族社区的近代重构》,民族出版社,2007年。

59. 裴淮昌主编:《中华人民共和国地名词典·湖南省》,商务印书馆,1992年。

60. 瞿同祖著:《清代地方政府》,法律出版社,2003年。

61. 张轲风:《民国时期西南大区区划演进研究》,云南大学历史地理专业2009年博士论文。

62. 刘本军:《震动与反响——鄂尔泰在西南》,云南大学专门史1999年博士论文。

63. 何伟福:《清代贵州商品经济史研究》,云南大学。

64. [美]特纳著,黄巨兴译,张芝联校:《边疆在美国历史上的重要性》,《历史译丛》1963年第51期。

65. Franz Schurmann, Problems of political Organization During the Yuan Dynasty, 《Trudy》XXV, Mezhduunarodnogo Kongressa Vostokovetov, Vo;.5, p.p. 26—31, Moscow, 1963.

三、论文

1. 顾诚:《明前期耕地数新探》,《中国社会科学》1986年第4期。

2. 顾诚:《明帝国的疆土管理体制》,《历史研究》1989年第3期。

3. 邹逸麟:《我国历史上地方行政区划制度的演变看中央和地方权利的转化》,《历史教学问题》,2001年第2期。

4. 周振鹤:《中国历史上两种基本政治地理格局分析》,《历史地理》第21辑,上海人民出版社,2004年。

5. 周振鹤:《建构历史政治地理学的设想》,《历史地理》第25

辑,上海人民出版社,2008 年。

　　6.周振鹤:《中国历史上自然区域、行政区划与文化区域相互关系管窥》,《历史地理》第 19 辑,上海人民出版社,2002 年。

　　7.周振鹤:《行政区划史研究的基本概念与学术用语刍议》,《复旦学报(社会科学版)》2001 年第 3 期。

　　8.李治安:《元代政区地理的变迁轨迹及特色新探(一)》,《历史教学(高校版)》2007 年第 1 期。

　　9.李治安:《元代政区地理的变迁轨迹及特色新探(三)》,《历史教学(高校版)》2007 年第 3 期。

　　10.陆韧:《明代云南汉族移民定居区的分布与拓展》,《中国历史地理论丛》2006 年第 3 期。

　　11.郭红、于翠艳:《明代都司卫所制度与军管型政区》,《军事历史研究》2004 年第 4 期。

　　12.真水康树:《清代"直隶厅"与"散厅"的"定制"化及其明代起源》,《北京大学学报(哲学社会科学版)》,1996 年第 3 期。

　　13.傅林祥:《清代抚民厅制度形成过程初探》,《中国历史地理论丛》,2007 年第 1 期。

　　14.王晓利:《凤凰江西会馆》,《寻根》,2002 年第 6 期。

　　15.于晓燕:《清代滇黔义学比较》,《云南师范大学学报》2008 年第 1 期。

　　16.古永继:《元明清时期贵州地区的外来移民》,《贵州民族研究》,2003 年第 1 期。

　　17.龙先琼:《略论历史上湘西的开发》,《民族研究》2001 年第 5 期。

　　18.石邦彦:《清朝对湘西苗区的"三防"统治》,《中南民族学院学报》1988 年第 4 期。

19. 伍新福:《试论清朝前期对南方少数民族的统治政策》,《贵州文史丛刊》1986 年第 2 期。

20. 伍新福:《傅鼐"治苗"政策述评——兼析与和琳〈善后章程〉的异同》,《中南民族学院学报》1990 年第 5 期。

21. 伍新福:《清代湘黔边"苗防"考略》,《贵州民族研究》2001 年第 4 期。

22. 张永国:《略论贵州"改土归流"的特点》,《贵州文史丛刊》1981 年第 3 期。

23. 张永国:《乾嘉苗民起义的意义和影响》,《贵州文史丛刊》1985 年第 4 期。

24. 张永国:《论苗族的社会历史发展特点》,《贵州民族研究》1986 年第 1 期。

25. 杨伟兵:《清代黔东南地区农林经济开发及其生态——生产结构分析》,《中国历史地理论丛》2004 年第 1 期。

26. 张羽琼:《贵州古代教育发展述略》,《贵州文史丛刊》2000 年第 2 期。

27. 吴兴然:《明清时期锦屏苗木生产经营初探》,《贵州社会科学》1990 年第 4 期。

28. 杨有赓:《清代黔东南清水江流域木行初探》,《贵州社会科学》1988 年第 8 期。

29. 杨有赓:《清水江流域商业资本的发展、流向与社会效应》,《贵州民族研究》1989 年第 3 期。

30. 杨有赓:《清代苗族山林买卖契约反映的苗汉等族间的经济关系》,《贵州民族研究》1990 年第 3 期。

31. 杨有赓:《清代锦屏木材运销的发展与影响》,《贵州文史丛刊》1988 年第 3 期。

32. 杨有赓:《清代清水江林区林业租佃关系概述》,《贵州文史丛刊》1990 年第 2 期。

33. 何伟福:《清代贵州境内的外省商贾》,《贵州社会科学》2005 年第 3 期。

34. 张应强:《边墙兴废与明清苗疆社会》,《中山大学学报》2001 年第 2 期。

35. 余宏模:《清代雍正时期对贵州苗疆的开辟》,《贵州民族研究》1997 年第 3 期。

36. 张岳奇:《剑河屯堡的安设及其消亡》,《贵州民族研究》1980 年第 1 期。

37. 张岳奇:《鄂尔泰对黔东南苗族用兵史实》,《贵州文史丛刊》1986 年第 1 期。

38. 陈涛:《"改土归流"以来湘西黔东北的民族关系》,《贵州民族研究》1985 年第 1 期。

39. 张捷夫:《关于雍正西南改土归流的几个问题》,《清史论丛》第 5 辑,中华书局 1984 年 4 月。

40. 何静梧:《明清两代的贵州书院》,《贵州文史丛刊》1981 年第 1 期。

41. 罗友林:《评雍正时期的"改土归流"》,《贵州民族学院学报》1987 年第 3 期。

42. 范同寿:《鄂尔泰及其经济活动浅析》,《贵州社会科学》,1984 年第 3 期。

43. 林建曾:《清朝前期完善贵州省建置、开辟"苗疆"及其影响》,《贵州民族研究》1992 年第 2 期。

44. 林建曾:《清代前期治黔政策对贵州经济发展的影响》,《贵州文史丛刊》1988 年第 3 期。

45. 庞思纯：《方显与"开辟苗疆"》，《贵州文史丛刊》2007 年第 4 期。

46. 罗康隆：《浅论明朝对黔东南地区的开发》，《贵州民族学院学报》1990 年第 1 期。

47. 罗康隆：《明清两代贵州汉族移民特点的对比研究》，《贵州社会科学》1993 年第 3 期。

48. 罗康隆：《苗疆六厅初探》，《贵州文史丛刊》1989 年第 1 期。

49. 侯绍庄：《沅江通航考》，《贵州文史丛刊》1984 年第 1 期。

50. 侯绍庄：《古州考》，《贵州文史丛刊》1983 年第 1 期。

51. 姚金泉：《略论明清边墙碉卡对湘西苗族社会的影响》，《云南民族学院学报》2001 年第 3 期。

52. 姚金泉：《明清统治者对湘黔边苗民的政策及其影响》，《中央民族大学学报》2002 年第 3 期。

53. 姚金泉：《历史上湘西苗疆的学校教育》，《民族教育研究》2001 年第 2 期。

54. 胡致祥：《贵州古代少数民族地区经济与货币流通》，《贵州民族研究》1987 年第 4 期。

55. 贺国鉴：《论苗族地区历史上的羁縻州制》，《贵州民族研究》1985 年第 2 期。

56. 顾龙先：《"苗疆义学"历史考察》，《贵州民族研究》1995 年第 1 期。

57. 黄少英：《贵州近代市场发育研究》，《贵州文史丛刊》2000 年第 1 期。

58. 龚荫：《元明清王朝土司制及其历史作用与流弊》，《贵州民族学院学报》1993 年第 4 期。

59. 黄修义:《试论清雍正至嘉庆年间在湘黔川边苗区实行的"治苗"政策》,《湖北民族学院学报》2002 年第 6 期。

60. 程昭鑫:《贵州土司制度与改土归流》,《贵州民族研究》1989 年第 4 期。

61. 蓝勇:《西南边疆政区名称教化功能演变研究》,《中国边疆史地研究》2004 年第 4 期。

62. 谭必友:《19 世纪湘西"苗疆"屯政与乡村社区新阶层的兴起》,《民族研究》2007 年第 4 期。

63. 谭必友:《当代腊尔山苗族接受新文化的基础及其消解规律》,《吉首大学学报》1997 年第 4 期。

64. 潘洪钢:《清代乾隆朝贵州苗区的屯政》,《贵州文史丛刊》1986 年第 4 期。

65. 潘洪钢:《清代改土归屯简论》,《贵州社会科学》1990 年第 10 期。

66. 颜勇:《明清贵州苗族教育述论》,《贵州民族研究》1994 年第 2 期。